Das bayerische
Ödlandgesetz

vom 6. März 1923

Handausgabe

mit Einleitung, Erläuterungen, Ausführungs-
bestimmungen und Register

Bearbeitet von

Dr. Otto Woerner

Oberregierungsrat im Staatsministerium für Landwirtschaft

1925

München, Berlin und Leipzig

J. Schweitzer Verlag (Arthur Sellier).

Druck von Dr. F. P. Datterer & Cie., Freising-München

Inhaltsverzeichnis.

Verzeichnis der Abkürzungen.

AB. = Ausführungsbestimmungen vom 30. Juni 1923 zum Ödlandgesetz (GVBl. S. 210).
Anm. = Anmerkung.
Brenner = Gustav Brenner, Das Wassergesetz für das Königreich Bayern. München 1909.
BGB. = Bürgerliches Gesetzbuch.
Eymann = Otto Eymann, Das Wassergesetz für das Königreich Bayern. 2 Bände. Ansbach 1908.
GVBl. = Gesetz- und Verordnungsblatt.
Harster-Cassimir = Theodor Harster und Joseph Cassimir, Kommentar zum bayerischen Wassergesetz vom 23. März 1907. München 1908.
KO. = Konkursordnung.
MABl. = Ministerialamtsblatt.
RGBl. = Reichsgesetzblatt
VGG. = Verwaltungsgerichtsgesetz.
VGH = Entscheidungen des Verwaltungsgerichtshofs.
ZPO. = Zivilprozeßordnung.

Einleitung.*)

I.

Der bayerische Staat hat der Verbesserung des landwirtschaftlichen Bodens seit Jahrzehnten besonderes Augenmerk zugewendet. Er hat nicht nur die gesetzlichen Unterlagen zu einem wirksamen Vorgehen auf diesem Gebiet geschaffen, sondern auch Behörden eingesetzt, die beratend und leitend die zweckmäßigste Durchführung der Bodenverbesserung sicherstellen sollen, und ein Kreditinstitut — die Bayerische Landeskulturrentenanstalt — geschaffen, das die erforderlichen großen Geldmittel zu sehr günstigen Bedingungen zur Verfügung gestellt hat.

Wenn ich hier von Bodenverbesserung spreche, so denke ich dabei nicht an die sich jährlich in einem ordentlichen landwirtschaftlichen Betrieb wiederholenden Arbeiten (Pflügen, Eggen, Verwendung von Stallmist, Jauche und Kunstdünger usw.), sondern an solche Maßnahmen, die erst die Voraussetzung dafür schaffen sollen, daß durch die regelmäßige Bewirtschaftung ein genügender Ertrag erzielt werden kann. Es gilt also, Mängel des Grundstückes auszugleichen, die auch bei sorgfältigster Bewirtschaftung einen vollen Ertrag verhindern.

Bisher hat man besondere Beachtung den Mängeln geschenkt, die auf den Wasserverhältnissen des Grundstückes beruhen. Das Grundstück kann zu feucht oder zu trocken sein, d. h. das Grundwasser kann zu hoch oder zu niedrig stehen. Hier kann vielfach durch Bewässerung oder Entwässerung abgeholfen werden. Handelt es sich bei der ersteren darum, Grundstücken, die zu trocken sind, als daß auf ihnen die Pflanzen richtig gedeihen könnten, durch Zuleitung von Wasser in Gräben und Röhren die nötige Feuchtigkeit zuzuführen, so will die Entwässerung umgekehrt der Pflanzenwuchsschicht von Grundstücken, die infolge übermäßiger Feuchtigkeit nur saures Gras und andere minderwertige Pflanzen liefern, die übermäßige Wassermenge durch die Anlegung von Entwässerungsanlagen und Drainröhrenleitungen und die hierdurch bewirkte Senkung des Grundwasserstandes entziehen. Welch große Steigerung des landwirtschaftlichen Ertrages sich durch solche Be- und Entwässerungsanlagen erzielen läßt, ist bekannt. Andere wasserbautechnische Maßnahmen sollen Schädigungen der Grundstücke und ihres Ertrages verhindern: Die Verbauung der Wildbäche, der Uferschutz, die Anlage von Hochwasserdämmen usw. sollen verhüten, daß Humus oder

*) Ziffer I ist einem Aufsatz von mir (Bayer. Staatszeitung 1922 Nr. 276, Die Selbstverwaltung, 4. Jahrgang 1923 Nr. 5/6), die Ziffern II bis IV sind der Begründung des Gesetzentwurfs auszugsweise entnommen.

Erzeugnisse des Grundstückes (namentlich Heu und Grummet) weggeschwemmt oder die Grundstücke vermurt oder versandet werden. Alle diese Maßnahmen bezwecken sonach den Mangel oder das Übermaß von Wasser auszugleichen und Schädigungen durch Hochwasser zu verhindern.

Es liegt auf der Hand, daß der ungenügende Ertrag eines landwirtschaftlichen Grundstückes auch auf anderen Ursachen als dem Mangel oder dem Übermaß von Wasser beruhen kann. Diese Ursachen können sehr verschiedenartig sein: ungenügende Humusschicht, besondere Armut des Bodens an gewissen Pflanzenernährungsstoffen, unebenes Gelände, starke Durchsetzung des Bodens mit Wurzelwerk oder Felsbrocken, wodurch das Pflügen verhindert wird, Verfilzung der oberen Schicht, Bestand mit Gestrüpp oder urwaldähnlichem Wuchs usw. Auch diese Mängel lassen sich großenteils beheben. Dem Nährstoffmangel kann durch einmalige oder wiederholte Verwendung von Dünger begegnet werden. Die Durchsetzung des Bodens mit Wurzelwerk und der Bestand mit Gestrüpp und ähnliches lassen sich durch planmäßiges Roden beseitigen. Löcher und Erhöhungen können eingeebnet werden. Die Verfilzung des Bodens läßt sich durch Aufreißen mittels des Landbaumotors beheben.

Wenn auch in den meisten Fällen die Steigerung der geringen Ertragsfähigkeit des Bodens technisch möglich ist, so kann sie doch dann nicht durchgeführt werden, wenn sie unwirtschaftlich wäre.

Die Fälle der Unwirtschaftlichkeit lassen sich in zwei Gruppen teilen.

Die eine Gruppe umfaßt die Fälle, in denen die Kosten der Bodenverbesserung so groß sind, daß die auf dem verbesserten Boden gewonnenen Bodenerzeugnisse bei richtiger Berechnung so teuer werden, daß sie ohne Verlust nicht mehr abgesetzt werden können. Aber auch solche, bei normaler Berechnung zu teure Bodenverbesserungen lassen sich häufig noch durchführen, z. B. wenn die Arbeiten durch Strafgefangene gegen geringen Lohn ausgeführt werden oder wenn sie von Erwerbslosen vorgenommen werden und Reich, Staat oder Gemeinde die Beträge, die sie an Erwerbslosenunterstützung infolge der Beschäftigung der Erwerbslosen ersparen, ganz oder teilweise dem Unternehmer als Prämie gewähren.

Die andere Gruppe schließt die Fälle in sich, in denen zur Durchführung der Bodenverbesserung solche Materialien (insbesondere bestimmte Kunstdüngerarten) benötigt werden, die nicht in ausreichender Menge vorhanden sind und auf anderem Boden eine größere Ertragssteigerung herbeiführen könnten.

Lediglich unter diesem Gesichtspunkt kann man richtig beurteilen, was an dem vielgebrauchten und viel mißbrauchten Satze richtig ist: „Es ist zweckmäßiger, die bereits vorhandenen Kulturböden besser zu bewirtschaften als neue Kulturböden zu schaffen". Gewiß wäre es verkehrt, durch Schaffung neuen Kulturbodens den Hektarertrag von 0 auf 6 zu erhöhen, wenn man mit dem gleichen Aufwand von Kunstdünger auf einem bereits vorhandenen Kulturboden mehr Erfolg erreichen könnte; es werden dann aber häufig auch die Aufwendungen auf dem Kulturboden nicht gemacht. Ich halte daher die Durchführung aller Bodenverbesserungen für richtig, die finanziell (in dem oben angegebenen Sinne) einwandfrei sind und bei denen nicht nachgewiesen ist, daß sie ungenügend vorhandene Materialien der besseren Bewirtschaftung von Kulturböden entziehen, deren Durchführung unbedingt gesichert ist und einen größeren Erfolg der Materialien gewährleistet. Denn es ist immer ein größeres Verdienst, durch Gewinnung neuen Kulturbodens eine Ertragssteigerung von 6 Punkten zu erzielen, als eine mögliche Ertragssteigerung von 10 Punkten auf einem vorhandenen Kulturboden zu unterlassen.

Es ist daher zweifellos das Richtige, neben der selbstverständlich mit allen Mitteln zu fördernden besseren Bewirtschaftung der vorhandenen Kulturböden neue Kulturböden innerhalb der vorstehend gezogenen Grenzen zu schaffen.

Wenn wir prüfen, welche Arten von Bodenverbesserungen vorgenommen werden sollen, so kann zunächst festgestellt werden, daß seit der Schaffung des Wassergesetzes Bodenverbesserungen durch Änderung der Wasserverhältnisse in ganz Bayern in größtem Umfang durchgeführt worden sind. Dagegen hätte durch sonstige Bodenverbesserungen erheblich mehr geschehen können. Der Staat ist hier zwar bahnbrechend vorangegangen, aber auch er konnte die Verbesserungen vielfach nicht so durchführen, wie er es gewünscht hätte. Die Gemeinden haben, obwohl sie reichliche Gelegenheit gehabt hätten, nahezu nichts getan und auch die privaten Grundbesitzer haben außerordentlich viel versäumt. Ganz besonders muß bedauert werden, daß bei allen Entwässerungsunternehmungen zwar die Wasserverhältnisse einwandfrei geregelt, die anderen Verbesserungsarbeiten (die sog. Folgeeinrichtungen) aber vielfach — leider muß ich sagen: meist — unterlassen worden sind, obwohl gerade sie erst den vollen Erfolg der Verbesserung ermöglicht hätten.

II.

Unter den Maßnahmen zur Hebung der landwirtschaftlichen Erzeugung spielt die Umwandlung des Ödlandes in landwirtschaftlich nutzbare Böden eine bedeutende Rolle. Es läßt sich in einer Zeit, in der das deutsche Volk darauf angewiesen ist, seinen Bedarf an landwirtschaftlichen Erzeugnissen, soweit nur irgend möglich, aus dem eigenen Boden zu gewinnen, nicht mehr rechtfertigen, daß noch beträchtliche Flächen Land, die landwirtschaftlich genutzt werden könnten, entweder nicht oder völlig unzenügend bewirtschaftet werden.

Welche Bedeutung in Bayern die Heranziehung des Ödlandes zur landwirtschaftlichen Nutzung hat, ergibt sich aus nachfolgenden Zahlen, die der Erhebung über die Bodenbenützung im Jahre 1913 (Heft 87 der Beiträge zur Statistik des Königreichs Bayern) entnommen sind.

Landwirtschaftlich benutzte Fläche . . .	4 598 091,4 ha oder 60,61 v. H.,
Forstwirtschaftlich benutzte Fläche . . .	2 494 342,2 ha oder 32,88 v. H.,
Land- und forstwirtschaftlich nicht genutzte Fläche (Haus- und Hofräume, Moorflächen, Öd- und Unland, Wege, Parkanlagen, Gewässer usw.)	493 507,5 ha oder 6,51 v. H.,
Bayerisches Staatsgebiet	7 585 491,1 ha oder 100,00 v. H.,

Im einzelnen sind folgende Bodenbenutzungsarten festgestellt worden:

Ackerland	2 910 858,2 ha oder 38,37 v. H.,
Gartenländereien	91 465,7 ha oder 1,21 v. H.,
Wiesen	1 323 781,5 ha oder 17,45 v. H.,
Reiche Weiden	55 050,5 ha oder 0,72 v. H.,
Geringere Weiden und Hutungen . . .	192 140,1 ha oder 2,53 v. H.,
Obstanlagen auf dem Felde	3 511,8 ha oder 0,05 v. H.,
Weinberge (auch Weingärten)	21 283,6 ha oder 0,28 v. H.,
Forsten und Holzungen	2 494 342,2 ha oder 32,88 v. H.,
Haus- und Hofräume	58 958,2 ha oder 0,78 v. H.,
Moorflächen (unkultiviert)	34 722,8 ha oder 0,46 v. H.,
Sonstiges Öd- und Unland	149 343,4 ha oder 1,97 v. H.,
Wege, Friedhöfe, öffentliche Parkanlagen, Gewässer usw.	250 483,1 ha oder 3,30 v. H.,
Bayrisches Staatsgebiet	7 585 941,1 ha oder 100,00 v. H.

Als Ödland können sonach angesprochen werden:

Geringere Weiden und Hutungen	192 140,1 ha oder 2,53 v. H.
Moorflächen (unkultiviert) . . .	34 722,8 ha oder 0,46 v. H.
Sonstiges Öd- und Unland . . .	149 343,4 ha oder 1,97 v. H.
zusammen	376 206,3 ha oder 4,96 v. H.

also ungefähr ein Zwanzigstel der Gesamtfläche des bayerischen Staats.

Diese Flächen verteilen sich auf die einzelnen Kreise wie folgt:

Kreis	Geringere Weiden und Hutungen	Unkultivierte Moorflächen	Sonstiges Öd- und Unland	Zusammen
	ha	ha	ha	ha
Oberbayern	49 034,0	23 890,2	59 535,8	132 460,0
Niederbayern	10 827,5	1 076,6	9 667,5	21 571,6
Pfalz	1 793,1	356,9	5 600,4	7 750,4
Oberpfalz	28 035,2	1 130,4	20 148,8	49 314,4
Oberfranken	11 339,5	118,6	9 389,8	20 847,9
Mittelfranken	17 323,1	77,0	8 597,1	25 997,2
Unterfranken	9 225,8	494,0	12 657,3	22 377,1
Schwaben	64 561,9	7 579,1	23 746,7	95 887,7

In Hundertteilen der Gesamtfläche der Kreise ausgedrückt:

Kreis	Geringere Weiden und Hutungen	Unkultivierte Moorflächen	Sonstiges Öd- und Unland	Zusammen
	ha	ha	ha	ha
Oberbayern	3,0	1,4	3,6	8,0
Niederbayern	1,0	0,1	0,9	2,0
Pfalz	0,3	0,1	0,9	1,3
Oberpfalz	2,9	0,1	2,1	5,1
Oberfranken	1,6	0,02	1,4	3,0
Mittelfranken	2,3	0,01	1,1	3,4
Unterfranken	1,1	0,1	1,5	2,7
Schwaben	6,6	0,8	2,4	9,8

90 vom Hundert des Ödlandes gehören Privatpersonen und zwar hauptsächlich kleinen Grundbesitzern. Von den Mooren stehen 10 306,7 ha im Eigentum des bayerischen Staates.

Nach dem heutigen Stande der landwirtschaftlichen Wissenschaft und Praxis ist die Umwandlung des weitaus überwiegenden Teiles des Ödlandes in landwirtschaftliches Kulturland technisch möglich. Von den Mooren bieten die an Fläche weitaus überwiegenden Niedermoore ein dankbares Feld für eine im allgemeinen einfache und lohnende Urbarmachung. Diese Flächen besitzen meist schon eine Vorflut und die weitere Entwässerung bereitet, soferne sie nicht ohnehin entbehrlich ist, nur geringe Schwierigkeiten, so daß sofort die landwirtschaftlichen Kulturmaßnahmen (Umbruch, insbesondere mittels Landbaumotors, Tellern, Düngen) durchgeführt werden können. Zieht man von der Gesamtödlandsfläche die Niedermoore und die einer Kultur unzugänglichen Teile des Hochgebirges ab, so verbleibt noch eine sehr ansehnliche Fläche. Auch dieses Ödland bietet, soweit es sich nicht um ausgesprochene Kies- oder Sandböden handelt, für die Kultur im allgemeinen keine größeren Schwierigkeiten als die Niedermoore.

Ein besonders dankbares Feld der Betätigung bietet sich bei Flächen, die schon (meist durch Wassergenossenschaften) entwässert sind, bei denen aber die sog. landwirtschaftlichen Folgeeinrichtungen nicht durchgeführt worden sind. Hier lassen sich die Verbesserungsarbeiten besonders billig vornehmen, weil die kostspieligen Entwässerungen bereits angelegt sind.

In wirtschaftlicher Hinsicht darf nicht übersehen werden, daß die Ödlandkultur eine Erhöhung der Erzeugungskosten für die einheimischen Lebens- und Futtermittel gegenüber den auf bisherigen Kulturböden gewonnenen bedeutet. Diese erhöhten Kosten werden getragen, solange in unserer Volkswirtschaft der Bedarf so groß ist, daß auch die Böden zu seiner Befriedigung noch notwendig sind, auf denen die Erzeugung am teuersten ist, und solange dieser Bedarf nicht billiger aus dem Ausland gedeckt werden kann. Heute ist die Größe des Bedarfes und der Umfang des Bezugs aus dem Ausland unsicher. Die Größe des Bedarfs hängt in erster Linie von der Bevölkerungsentwicklung und der Kaufkraft der breiten Bevölkerungsmassen ab. Gelingt es, die starke Industrialisierung unserer Volkswirtschaft aufrecht zu erhalten und weiter zu entwickeln, so ist ein die landwirtschaftliche Erzeugung gefährdender Rückgang im Konsum nicht zu erwarten. Der Bezug aus dem Ausland hängt von den Auslandspreisen, den Geld- und Kreditverhältnissen und der Zollgesetzgebung ab. Soweit nicht ein Ausgleich durch Agrarzölle geschaffen wird, ist im allgemeinen die Lebensmittelerzeugung auf den Böden gefährdet, die teuerer erzeugen als die ausländische Ware zu stehen kommt. In erster Linie wird hiervon wohl das durch die Kulturmaßnahmen gewonnene frühere Ödland betroffen werden.

Diese Erwägungen lassen den allzu großen Optimismus nicht als gerechtfertigt erscheinen, mit dem von manchen Seiten die Ödlandkultur beurteilt wird. Gleichwohl wäre es verfehlt, der Ödlandkultur nicht die größte Aufmerksamkeit zuzuwenden. Denn heute sind auch die wirtschaftlichen Bedingungen für die Ödlandkultur noch gegeben, und es ist in hohem Grade wünschenswert, diese günstigen Bedingungen und die bestehende Kulturfreudigkeit nach Möglichkeit auszunützen.

III.

Die Prüfung der Ödlandverhältnisse in Bayern ergibt, daß zwei Hindernisse der raschen Ödlandkultur entgegenstehen.

Das erste Hindernis bilden die Besitzverhältnisse. Es wurde schon oben erwähnt, daß 90 vom Hundert des Ödlandes Privatpersonen und zwar hauptsächlich Kleingrundbesitzern gehören. Diese Personen verfügen weder über die technischen Erfahrungen, noch über die Vorrichtungen und Maschinen, die zur Ödlandkultur erforderlich sind. Bei dem geringen Besitz, den sie haben, lohnt es sich auch nicht, daß sie die erforderlichen Geräte beschaffen. Die wichtigsten Maschinen, wie der Landbaumotor, kommen schon wegen ihrer Leistungsfähigkeit und Kostspieligkeit nur für große Betriebe in Frage. Außerdem erfordert die richtige Ödlandkultur ein systematisches Arbeiten. Würde jeder Besitzer sein Land nach eigenem Gutdünken verbessern, so würde die Einheitlichkeit fehlen und viele Verbesserungen, die bei großzügiger Durchführung der Kultur nach einem einheitlichen Plane möglich sind, könnten nicht erzielt werden; ja, es besteht sogar die Gefahr, daß unter Umständen die Kulturarbeiten des einen die Arbeiten eines anderen hindern und das Gegenteil des beabsichtigten Erfolges erreichen.

Ein zweites Hindernis bei der Ödlandkultur ist die geringe Entschlußfreudigkeit vieler Ödlandbesitzer zur Vornahme von Kulturen. Diese geht auf verschiedene Ursachen zurück. Bei manchen Landwirten fehlt es an technischem und wirtschaftlichem Verständnisse, bei anderen an den Mitteln, bei sehr vielen liegt ein privatwirtschaftlicher Zwang zur Kultur nicht vor; sie benötigen das ihnen gehörige Ödland zur Aufrechterhaltung ihres Anwesens nicht, weil sie genügend guten Grund besitzen; andere sind mit der Streunutzung zufrieden, ja, sie fürchten, nach der Kultur keine Streu mehr von dem Grunde gewinnen zu können, übersehen aber, daß ihnen der Boden nach der Kultur viel wertvollere Erzeugnisse liefern wird. Auch ein oft sehr stark ausgeprägter Hang zum Festhalten an den bisherigen Bewirtschaftungsarten steht der Neuerung entgegen.

Will man Fortschritte bei der Ödlandkultur erzielen, so muß man die erwähnten Haupthindernisse beseitigen.

Die Schwierigkeit, die in den Besitzverhältnissen liegt, läßt sich durch den genossenschaftlichen Zusammenschluß beheben. Wieviel auf diesem Wege geleistet werden kann, kann man bei den öffentlichen Wassergenossenschaften sehen. Es ist daher unerläßlich, daß auch öffentliche Ödlandgenossenschaften gebildet werden. Die Zusammenfassung der Kultur aller beteiligten Grundstücke zu einem einzigen Unternehmen ermöglicht es, die Kultur großzügig nach einem einheitlichen Plan durch geschultes Personal und unter Verwendung aller zweckmäßigen Maschinen und Geräte durchzuführen und damit die höchstmögliche Verbesserung des Bodens zu erreichen.

Das zweite Hindernis läßt sich, so unerfreulich dies auch sein mag, nur durch staatlichen Zwang beseitigen. Der Staat kann nicht zusehen, daß einzelne Grundeigentümer durch ihren Starrsinn die Durchführung von Bodenverbesserungen verhindern, die von der Mehrheit der Beteiligten gewünscht werden. Der staatliche Zwang muß in doppelter Beziehung vorgesehen werden, nämlich als Zwang zum Beitritt zu einer Genossenschaft, falls es sich um ein Unternehmen mit einer größeren Anzahl von Beteiligten handelt, und als Enteignung von Rechten, wenn nur einzelne Beteiligte in Frage kommen.

Wie schon erwähnt, haben in Bayern viele Entwässerungsunternehmungen deswegen nicht zum erreichbaren Höchsterfolge geführt, weil es unterlassen worden ist, nach der Durchführung der Entwässerung das entwässerte Land richtig umzuarbeiten und zu bestellen. Diese Unterlassung ist in der Hauptsache daraus zu erklären, daß sich die Aufgabe der Wassergenossenschaften auf die Durchführung der Entwässerung und die Instandhaltung der Entwässerungsanlage beschränkt, so daß die landwirtschaftliche Kultur des entwässerten Gebietes und zwar auch in den ersten Jahren nach der Entwässerung, in denen besondere Maßnahmen erforderlich sind, den Beteiligten überlassen ist. Viele von diesen sehen aus Gleichgültigkeit oder weil sie den entwässerten Grund nicht dringend benötigten, von der Kultur des entwässerten Landes ab und vereiteln dadurch den Eintritt des vollen Erfolges der Entwässerung. Das Ödlandgesetz soll Mittel an die Hand geben, um auch diesen Schwierigkeiten zu begegnen. Die Staatsregierung erachtet dies als eine der allerwichtigsten Aufgaben des Ödlandgesetzes, weil es sich hier um recht beträchtliche Flächen Land handelt, die mit verhältnismäßig geringem Aufwande in kurzer Zeit in beste Böden umgewandelt werden können und weil die für die Entwässerung aufgewendeten Mittel des Staates, der Kreise und der Beteiligten erst durch die Schaffung der sogenannten Folgeeinrichtungen voll nutzbar gemacht werden.

IV.

Die Landesgesetzgebung ist zur Regelung der in Frage kommenden Rechtsgebiete zuständig.

Nach Art. 7 Nr. 12 der Reichsverfassung hat das Reich die Gesetzgebung über das Enteignungsrecht. Da aber das Reich bisher, abgesehen von Art. 153 Abs. II der Reichsverfassung ein allgemeines Enteignungsgesetz noch nicht erlassen hat, haben die Länder auf diesem Gebiete nach Art. 12 Absatz I der Reichsverfassung das Gesetzgebungsrecht. Außerdem kann das Reich nach Art. 10 Nr. 4 der Reichsverfassung im Wege der Gesetzgebung Grundsätze für das Bodenrecht aufstellen; auch hierfür fehlen reichsgesetzliche Vorschriften, so daß die Länder in der Gesetzgebung nicht behindert sind.

Auch soweit bürgerliches Recht in Betracht kommt, ist eine, wenn auch beschränkte Zuständigkeit der Landesgesetzgebung vorhanden. Art. 65 des Einführungsgesetzes zum Bürgerlichen Gesetzbuch überläßt der Landesgesetzgebung das Wässerrecht einschließlich der Vorschriften zur Förderung der Bewässerung und Entwässerung von Grundstücken. Nach Art. 109 dieses Gesetzes bleiben die landesgesetzlichen Vorschriften über die im öffentlichen Interesse erfolgende Entziehung, Beschädigung oder Benutzung einer Sache, Beschränkung des Eigentums und Entziehung oder Beschränkung von Rechten unberührt. Art. 111 des gleichen Gesetzes schafft einen Vorbehalt für die Landesgesetzgebung bei den Vorschriften, welche im öffentlichen Interesse das Eigentum in Ansehung tatsächlicher Verfügungen beschränken. Endlich läßt Art. 113 des Einführungsgesetzes unberührt die landesgesetzlichen Vorschriften über die Zusammenlegung von Grundstücken, über die Gemeinheitsteilung, die Regulierung der Wege, die Ordnung der gutsherrlich-bäuerlichen Verhältnisse sowie über die Ablösung, Umwandlung und Einschränkung von Dienstbarkeiten und Reallasten; dies gilt insbesondere auch von den Vorschriften, welche die durch ein Verfahren dieser Art begründeten gemeinschaftlichen Angelegenheiten zum Gegenstande haben oder welche sich auf den Erwerb des Eigentums, auf die Begründung, Änderung und Aufhebung von anderen Rechten an Grundstücken und auf die Berichtigung des Grundbuches beziehen.

Die auf Grund des Ermächtigungsgesetzes vom 8. Dezember 1923 (RGBl. S. 1179) erlassene Verordnung zur Förderung der Forst- und der Weidewirtschaft vom 7. Februar 1924 (RGBl. S. 50) enthält weitere Ermächtigungen für die Landesgesetzgebung, soweit die Ödlandkultur eine Aufforstung oder die Schaffung oder Verbesserung von Bergweiden betrifft. Hienach können die Landesgesetze zur Förderung der Forstwirtschaft außer dem Eigentümer auch dem Nutzungsberechtigten die Verpflichtung auferlegen, 1. bestimmte Maßregeln zur ordnungsmäßigen Bewirtschaftung der Waldungen auszuführen mit der Maßgabe, daß der Eigentümer oder Nutzungsberechtigte die Betriebsart und innerhalb der Grenzen einer pfleglichen Forstwirtschaft auch die Wirtschaftsziele, den Gang der Abnutzung und die technische Behandlung des Waldes nach seinem Ermessen bestimmen kann, 2. abgeholzte Flächen, Räumden und Ödländereien aufzuforsten. Des weiteren können zur Förderung der Bergweidewirtschaft die Landesgesetze außer dem Eigentümer auch dem Nutzungsberechtigten die Verpflichtung auferlegen, die Bergweiden als solche zu erhalten und ordnungsgemäß zu bewirtschaften. Die Landesgesetze können ferner Vorschriften zur Sicherung der Erfüllung aller dieser Verpflichtungen treffen, insbesondere die Ausführung notwendiger Arbeiten auf Kosten des Säumigen, bei der Bergweidewirtschaft auch die Übertragung der Bewirtschaftung an hiefür geeignete Dritte und die zwangsweise Verpachtung der Grundstücke zum Zwecke der Bewirtschaftung verschreiben.

Endlich sind durch die Verordnung vom 28. Oktober 1914 über die privatrechtlichen Verhältnisse von Genossenschaften zum Zwecke der Bodenverbesserung (RGBl. Seite 466) die Länder ermächtigt worden, die sonst der reichsgesetzlichen Regelung vorbehaltenen privatrechtlichen Verhältnisse von solchen Genossenschaften zu regeln, die während des Kriegs auf Grund des Landesrechts zum Zwecke der Bodenverbesserung von Moor-, Haide- und ähnlichen Ländereien gebildet wurden. Da sich im Interesse einer erhöhten landwirtschaftlichen Erzeugung die Bildung solcher Genossenschaften nach Beendigung des Krieges als notwendig erwies, ist durch die Verordnung vom 3. Juli 1919 (RGBl. Seite 636) und Berichtigung vom 19. August 1919 (Reichsgesetzbl. Seite 1474) bestimmt worden, daß die Verordnung vom 28. Oktober 1914 auch nach Beendigung des Kriegszustandes bis zum 31. Dezember 1920 in Kraft bleiben soll. Eine weitere Verordnung vom 29. Oktober 1920 (RGBl. Seite 1845) bestimmte, daß die Verordnung vom 28. Oktober 1914 bis längstens 31. Dezember 1922 in Kraft bleibe. Durch Reichsgesetz vom 18. Dezember 1922 (RGBl. Seite 928) endlich wurde die Gültigkeit der Verordnung auch für die Zeit nach dem 31. Dezember 1922 aufrechterhalten.

V.

Die Gesetzesmaterialien sind in folgenden Drucksachen enthalten:

Gesetzentwurf mit Begründung: Landtag 1922/23, Beilagenband XI, Seite 208, Beilage 2986,

Zusammenstellung des Entwurfs nach den Ausschußbeschlüssen in erster Lesung (nur für die Landtagsmitglieder gedruckt),

Mündlicher Bericht des Ausschusses für Aufgaben wirtschaftlicher Art zum Entwurf eines Ödlandgesetzes (enthält auch die Ausschußbeschlüsse zweiter Lesung): Landtag 1922/23, Beilagenband XI, Seite 526, Beilage 3308,

Plenarberatung: Landtag 1922/23, Stenographische Berichte, Band VII, Seite 839.

Plenarbeschluß: Landtag 1922/23, Beilagenband XI, Seite 559, Beilage 3334.

Gesetz vom 6. März 1923 (GVBl. S. 89).

VI.

Mit der Verbesserung des Ödlands befaßt sich auch die Reichsverordnung vom 13. Februar 1924 über die Vereinfachung der Genossenschaftsbildung und die Förderung der Ödlanderschließung (RGBl. S. 111), die am Schlusse dieses Buches abgedruckt und erläutert ist. Näheres siehe dort.

II. Ödlandgesetz.

Vom 6. März 1923 (GVBl. S. 89).

Der Landtag des Freistaates Bayern hat das folgende Gesetz beschlossen:

I. Abschnitt.

Allgemeines.

Vorbemerkung.

Das Ödlandgesetz behandelt die Ödlandkultur nur soweit, als organisatorische (Ödlandgenossenschaften) oder Zwangsmaßnahmen (Zwangsrechte) erforderlich sind. Insoweit müssen aber klare Rechtsverhältnisse geschaffen werden. Hiezu ist in erster Linie notwendig, daß der Ödlandbegriff klar umschrieben (siehe Art. 1) und das Verhältnis der Ödlandkultur zu den Naturschutzbestrebungen geregelt wird (Art. 2). Darin erschöpft sich der erste Abschnitt.

Soweit besondere organisatorische und Zwangsmaßnahmen nicht erforderlich sind, befaßt sich die bayerische Gesetzgebung mit der Ödlandverbesserung nur insoferne, als sie für diese Bedürfnisse billigen Kredit durch die Bayerische Landeskulturrentenanstalt zur Verfügung stellt. Siehe Art. 87 nebst Anm.

Im übrigen ist es zwar nicht zu einem Eingreifen der Gesetzgebung gekommen, doch hat der bayerische Staat sehr viel für die Ödlandverbesserung geleistet. Er gewährt nicht nur Jahr für Jahr sehr beträchtliche Zuschüsse, sondern er hat auch staatliche Behörden geschaffen, welche sich teils ausschließlich, teils nebenher mit der Ödlandverbesserung befassen.

Hier ist zunächst die Landesanstalt für Moorwirtschaft zu nennen. § 2 der Verordnung vom 3. Juli 1900 (GVBl. S. 570) bestimmt folgendes:

„I Die Landesanstalt für Moorwirtschaft hat zunächst folgende Aufgaben:

1) Die Erforschung und Feststellung aller für die wirtschaftliche Ausnützung der Moore wichtigen Verhältnisse;
2) die Förderung der Kultur der Moore insbesondere durch Gewährung von Beirat und Beihilfe an die beteiligten Grundbesitzer sowie durch Anlegung und Betrieb von Kulturstationen und Versuchsfeldern.

II Durch das Staatsministerium für Landwirtschaft können der Anstalt weitere mit dem Zwecke derselben zusammenhängende Aufgaben überwiesen werden.

III Der Beirat und die Beihilfe werden in der Regel kostenlos gewährt.“

Durch Verordnung vom 8. April 1919 (MABl. S. 90) ist der Landesanstalt für Moorwirtschaft die Förderung der Kultur von Ödland nach den für die Förderung der Kultur von Moorland maßgebenden Grundsätzen übertragen worden. Die Tätigkeit der Landesanstalt im einzelnen ist durch die Geschäftsordnung (Bekanntmachung vom 4. Juli 1905, MABl. S. 276) geregelt.

Daneben gehört die Beratung und Unterstützung in allen Fragen der Ödlandkultur, soweit es sich um rechtliche, organisatorische und finanzielle Fragen handelt, zu den Aufgaben der Bezirksverwaltungsbehörden. An technischen Behörden kommen weiter die Landwirtschaftsstellen, und, soweit wasserwirtschaftliche Fragen (insbesondere Bewässerungen und Entwässerungen) hereinspielen, die Kulturbauämter in Betracht.

Die Mitwirkung der staatlichen Behörden bei der freiwilligen Ödlandverbesserung wird auch in den nachstehenden §§ 1—4 der AB. behandelt.

Ausführungsbestimmungen.

Grenzen der Ödlandverbesserung. *§ 1.*

I Der Hebung des landwirtschaftlichen Pflanzenertrags dienen zwei Hauptgruppen von Massnahmen:

1. *die Steigerung des Ertrags auf dem landwirtschaftlich genutzten Boden,*
2. *die Umwandlung von Ödland in landwirtschaftlichen Kulturboden.*

II Die wichtigere Massnahme ist die erstere, schon wenn man berücksichtigt, dass in Bayern die Ödlandflächen nur 8,18 v. H. der landwirtschaftlich benutzten Fläche ausmachen.

III Gleichwohl bedarf die Umwandlung von Ödland in landwirtschaftlichen Kulturboden entschiedenster Förderung. Sie gewinnt der Volkswirtschaft sehr beträchtliche neue Anbauflächen; die Ertragssteigerung auf derselben Flächengrösse ist bei richtiger Bearbeitung und Düngung auf Ödland oft grösser als auf Kulturland. Dies gilt insbesondere für Moore; manche nur in beschränkten Mengen vorhandenen teuren Stickstoff-Düngemittel brauchen auf Niedermoor nicht oder nur in geringen Mengen verabreicht zu werden.

IV Die Verbesserung von Ödland ist daher im Rahmen der finanziellen Möglichkeiten da in Angriff zu nehmen, wo sie wirtschaftlich und technisch zweckmässig ist und keine Vernachlässigung des bereits landwirtschaftlich benutzten Bodens nach sich zieht.

V Es wäre falsch, wahllos alles Ödland zu verbessern. Die Vornahme der Verbesserung soll vielmehr nach dem Grade der Verbesserungswürdigkeit des Ödlands erfolgen. Es sind daher vor allen anderen solche Ödländereien zu verbessern, die einen günstigen Erfolg sicher versprechen, einen verhältnismässig geringen Arbeits- und Kostenaufwand bedingen, günstig zu Wirtschaftsgebäuden gelegen oder durch eine geeignete Wirtschaftsform von dem unmittelbaren Zusammenhang mit den Wirtschaftsgebäuden losgelöst sind und in naher Zeit schon landwirtschaftlich genutzt werden können.

Förderung der Ödlandverbesserung. § 2.

I Die Verwaltungsbehörden und die technischen Behörden haben jede wirtschaftlich und technisch zweckmässige Verbesserung von Ödland zu fördern.

II Hiezu gehören insbesondere die Anregung solcher Verbesserungen bei den Beteiligten, die Auskunfterteilung und Beratung bei allen rechtlichen, wirtschaftlichen, finanziellen und technischen Fragen der Ödlandverbesserung, Verhandlungen und Besprechungen mit Ödlandeigentümern, die aus irgendwelchen Gründen Bedenken gegen die Durchführung der Ödlandverbesserung haben, die Untersuchung der Boden- und Wasserverhältnisse, die Aufstellung von Plänen, Entwürfen, Wirtschaftsplänen und Kostenanschlägen, die Vermittlung von Landeskulturrentendarlehen usw.

Freiwillige Verbesserung. § 3.

I Die Ödlandverbesserung verspricht im allgemeinen nur dann einen dauernden Erfolg, wenn die Ödlandeigentümer Wert und Bedeutung der Ödlandverbesserung erkennen und dabei freudig mitarbeiten.

II Es ist daher in erster Linie auf die freiwillige Vornahme der Ödlandverbesserung hinzuwirken. Handelt es sich um einen einzelnen Grundeigentümer, so wird er selbst die erforderlichen Massnahmen mit Unterstützung der technischen Behörden treffen können. Kommen mehrere Beteiligte in Frage und sind die Voraussetzungen für die Bildung einer öffentlichen Ödlandgenossenschaft erfüllt, so ist der Zusammenschluss der Beteiligten zu einer Genossenschaft empfehlenswert und anzustreben.

III Von den Zwangsrechten soll nur ausnahmsweise Gebrauch gemacht werden, insbesondere, wenn ein einzelner Besitzer ein grösseres Unternehmen durch seinen Widerspruch ohne triftigen Grund vereiteln würde oder wenn sich der Eigentümer von Ödland, das besonders verbesserungsbedürftig und -würdig ist, trotz aller Vorstellungen weigert, die Verbesserung durchzuführen; denn durch den Eigensinn eines Einzelnen darf nicht die Allgemeinheit geschädigt werden.

Art der Verbesserung. *§ 4.*

In welcher Weise das Ödland verbessert werden soll, insbesondere ob es in Ackerland, Wiesen, Gärten, Wald usw. umgewandelt werden soll, kann nur für den einzelnen Fall entschieden werden. Grundsatz muss hiebei sein, dass innerhalb der Grenzen der wirtschaftlichen und technischen Zweckmässigkeit der höchstmögliche Erfolg erreicht werden soll. Kann daher Ödland in Acker- oder Wiesenland oder in eine gute Viehweide umgewandelt werden, so genügt im allgemeinen die Aufforstung nicht.

Begriff. **Art. 1.**

Ein Grundstück gilt als Ödland[1] im Sinne dieses Gesetzes[2], wenn es[3]

1. ohne planmäßige landwirtschaftliche Bearbeitung[4] im wesentlichen[5] sich selbst überlassen ist,[6]
2. höchstens einen Ertrag[7] abwirft, der hinter dem Ertrag von Kulturland[8] übermäßig weit zurückbleibt,[9]
3. in wirtschaftlich und technisch zweckmäßiger Weise[10] in land- oder forstwirtschaftliches Kulturland umgewandelt[11] werden kann und
4. infolge dieser Umwandlung[12] voraussichtlich[13] nachhaltig[14] einen erheblich[15] größeren Ertrag[16] gewähren wird.

1. Ödland. Der Regierungsentwurf enthielt eine andere Begriffsbestimmung des Ödlands. Die vorliegende Fassung entspricht einem Antrag, den die Staatsregierung im Landtag gestellt hat. Sie war hiezu veranlaßt, weil nach Vorlage des Ödlandgesetzentwurfs das Reichsgesetz vom 18. Dezember 1922 über die privatrechtlichen Verhältnisse von Genossenschaften zum Zwecke der Bodenverbesserung (RGBl. S. 928) erschienen ist, dessen Entwurf in seiner Begründung eine Begriffsbestimmung des Ödlandes enthält. Da dieses Reichsgesetz die rechtliche Grundlage für den II. Abschnitt des Ödlandgesetzes bildet, darf der Begriff des Ödlands nach dem Ödlandgesetz nicht weiter sein, als der reichsrechtliche Begriff. Es blieb daher nichts übrig, als die bayerische Begriffsbestimmung der reichsrechtlichen Begriffsbestimmung anzupassen. Die Ziffern 1 und 2 entsprechen der reichsrechtlichen Begriffsbestimmung, die Ziffern 3 und 4 enthalten Beschränkungen des reichsgesetzlichen Ödlandbegriffs. Die Einschränkungen sind ohne weiteres zulässig; sie sind notwendig, weil der Begriff des Ödlands nicht bloß für den II., sondern auch für den III. Abschnitt des Ödlandgesetzes maßgebend sein soll und die tunlichste Sicherung des Eigentums und der übrigen Rechte eine weitere Einschränkung bedingt. Der Begriff des Ödlands ist nicht etwas unveränderlich Feststehendes; er hängt von dem wirtschaftlichen und technischen Stande der Landwirtschaft ab und wird daher Veränderungen mit den Fortschritten der Landwirtschaft und mit den Änderungen der Bedeutung der Landwirtschaft für die gesamte Volkswirtschaft (Notwendigkeit der Einfuhr landwirtschaftlicher Erzeugnisse usw.) unterworfen sein. Der Begriff des Ödlands kann auch örtlich verschieden sein; die Notwendigkeit der Berücksichtigung der wirtschaftlichen Zweckmäßigkeit (Ziffer 3) wird dazu führen, bei günstig gelegenen Grundstücken einen strengeren Maßstab an die Bewirtschaftungsform anzulegen. — Soweit bei der Ödlandverbesserung auch wasserwirtschaftliche Maßnahmen (Bewässerung, Entwässerung usw.) notwendig sind, gilt das Wassergesetz. Wegen der gemeinschaftlichen Durchführung beider Maßnahmen durch Genossenschaften siehe Art. 32.

2. dieses Gesetzes. Die Begriffsbestimmung des Ödlands gilt nur für das Ödlandgesetz selbst, nicht aber für andere Gesetze. Daß die Begriffsbestimmung sich nicht auf das Reichssiedlungsgesetz erstrecken kann, ergibt sich schon daraus, daß ein Landesgesetz ein Reichsgesetz nicht authentisch auslegen kann. Die Begriffsbestimmung gilt aber für den Art. 87, welcher eine Änderung des Landeskulturrentengesetzes bringt, und damit auch für das Landeskulturrentengesetz selbst, das an keiner anderen Stelle den Begriff „Ödland" enthält. Auch bei der Anwendung des Landeskulturrentengesetzes ist daher der Begriff „Ödland" im Sinne des Art. 1 auszulegen.

3. wenn es. Damit der Begriff „Ödland" gegeben ist, müssen sämtliche vier Voraussetzungen nebeneinander bestehen; es genügt nicht, daß nur eine oder einzelne dieser Voraussetzungen erfüllt sind. Von den vier Voraussetzungen beziehen sich zwei (1 und 2) auf den gegenwärtigen, die zwei anderen (3 und 4) auf den künftigen Zustand des Grundstücks; die Ziffern 1 und 3 befassen sich mit der Bearbeitung, die Ziffern 2 und 4 mit dem Ertrag.

4. Bearbeitung. Die landwirtschaftliche Bearbeitung umfaßt die Tätigkeiten, die zur landwirtschaftlichen Nutzbarmachung von Grundstücken üblich sind, insbesondere Umgraben, Pflügen, Eggen, Walzen, Düngen, Säen, Pflanzen von Zwiebeln oder Stecklingen, nicht aber die Erntearbeiten. Bei der Benützung eines Grundstückes als Weide ist zu unterscheiden, ob der Hauptzweck der Weide die Gewinnung von Futter für die weidenden Tiere oder die Gewinnung von Düngerstoffen für das Grundstück ist. Werden Schafe gepfercht, so dient der Pferch in der Regel der Düngung des Grundstücks; werden sie ohne Pferch geweidet, so handelt es sich in der Regel vorwiegend um Nutzung des Pflanzenwuchses. Wird an einem Grundstück keine sonstige Bearbeitung vorgenommen, außer, daß auf ihm Schafe gepfercht werden, so kann ich darin allein noch keine landwirtschaftliche Bearbeitung erblicken. — Unter die Landwirtschaft im Sinne des Ödlandgesetzes fällt auch die Forstwirtschaft, der Gemüsebau (feldmäßig und gartenmäßig), der Hopfenbau, der Weinbau, der Obstbau, der Tabakbau, die Blumenzucht, die Weidenkultur (im Gegensatz zu den wildwachsenden Weiden), der Baumschulbetrieb, der Wiesenbau; als landwirtschaftliche Bearbeitung gilt also auch die entsprechende, bei dieser Verwendung der Grundstücke übliche Tätigkeit. — Die Bearbeitung muß planmäßig sein, d. h. sie darf nicht rein zufällig sein und sie muß auch so vorgenommen werden, daß sie bei

objektiver wirtschaftlicher und technischer Beurteilung als zweckentsprechend erachtet werden kann; dagegen kann nicht verlangt werden, daß sie allen Erfordernissen der neuzeitlichen landwirtschaftlichen Wissenschaft und Erfahrung genügt und in einem solchen Ausmaß erfolgt, als es zur Erreichung des größtmöglichen Erfolges notwendig ist.

5. im wesentlichen. Um die Voraussetzung der Ziffer 1 auszuschließen, genügt es nicht, daß einzelne Handlungen vorgenommen werden, sondern sie müssen so umfassend sein, daß sich mit ihrer Hilfe ein, wenn auch mäßiger landwirtschaftlicher Ertrag erzielen läßt.

6. überlassen ist. Die Voraussetzung der Ziffer 1 ist sonach z. B. erfüllt bei Mooren, Sumpfflächen, Filzen, ungepflegten Weiden, insbesondere Schafweiden, Schilf- und Streuwiesen, urwaldähnlichen Beständen, Gestrüpp, unordentlich gepflegtem Baumwuchs, Torfstichen, Lehm-, Sand- und Kiesgruben, Steinbrüchen, Geröllhalden, Waldblößen, Exerzierplätzen, Bauplätzen usw.

7. Ertrag. Zum Begriff Ödland gehört keineswegs völlige Ertragslosigkeit. Es ist besonders wichtig, zu beachten, daß es sich hier nicht um den Geldertrag, sondern um den landwirtschaftlichen Ertrag, also um den Wert der gewonnenen Pflanzen handelt. Die derzeit übermäßig hohen Pachtpreise für Schafweiden vermögen also nicht auszuschließen, daß die Voraussetzung unter Nr. 2 erfüllt ist. — Es handelt sich außerdem nicht um den Jahresertrag, sondern um den Gesamtertrag. Bei Pflanzen, die nicht einen jährlichen Ertrag abwerfen, z. B. Bäume, Wald, ist daher nicht der Ertrag eines bestimmten Jahres, sondern der Durchschnittsjahresertrag für die ganze Nutzungsperiode zu berücksichtigen.

8. Kulturland. Hier darf natürlich nur vergleichbares Kulturland herangezogen werden, also Grundstücke der gleichen oder einer solchen Bewirtschaftungsart, in welche das Ödland umgewandelt werden kann, also z. B. nicht Moore mit Weinbergen, dagegen Moore mit Wiesen und Äckern, Waldblößen, Geröllböden und ehemalige Kiesgruben mit Wald, Exerzierplätze und Bauplätze je nach der Bodenbeschaffenheit mit Äckern, Wiesen, Gartenland oder Wald, aufgelassene Weinberge mit Weinbergen usw.

9. zurückbleibt. Der Ertrag darf keinesfalls den Ertrag von schlechtem Kulturland gleicher oder ähnlicher Art erreichen. Im allgemeinen darf man annehmen, daß der Ertrag übermäßig weit zurückbleibt, wenn er nicht mehr als ein Drittel des durchschnittlichen Ertrages des Kulturlandes gleicher oder ähnlicher Art (siehe Anm. 8) beträgt. Die Voraussetzung ist z. B. erfüllt bei Streuwiesen gegenüber vollwertigen Wiesen, bei Filzen gegenüber Wiesen und Äckern, bei Schafweiden gegenüber Wiesen, bei aufgelassenen, in Wäldern gelegenen Eisenbahnkiesgruben gegenüber Wäldern usw.

10. Weise. Die technische Zweckmäßigkeit verlangt, daß die beabsichtigte Umwandlung, technisch betrachtet, einen günstigen Erfolg verspricht oder, negativ ausgedrückt, daß die Beibehaltung der gegenwärtigen Beschaffenheit des Grundstücks nicht einen größeren Erfolg erwarten läßt; es muß auch ausgeschlossen sein, daß bei der Umwandlung in eine andere als die beabsichtigte Kulturart voraussichtlich ein erheblich größerer technischer Erfolg eintreten wird. — Die wirtschaftliche Zweckmäßigkeit verlangt außerdem noch, daß die technisch zweckmäßige Lösung einen günstigen finanziellen Erfolg gewährleistet. Wenn ein Ödland

technisch zweckmäßig in Kulturland bestimmter Art umgewandelt werden kann, so wäre diese Umwandlung wirtschaftlich unzweckmäßig, wenn die Kosten der Umwandlung so hoch wären, daß sie außer Verhältnis zu der Erhöhung des Werts stünden, oder wenn das Grundstück so gelegen ist, daß seine Bewirtschaftung einen Aufwand verursachen würde, der nicht im Verhältnis zum Ertrag steht. Die wirtschaftliche Zweckmäßigkeit ist auch dann ausgeschlossen, wenn eine andere als die landwirtschaftliche Benutzung des Grundstücks einen höheren wirtschaftlichen Erfolg verspricht. Unter wirtschaftlichem Erfolg ist hier aber nicht nur der einzelwirtschaftliche, sondern auch der volkswirtschaftliche Erfolg zu verstehen. Der wirtschaftliche Erfolg ist daher nicht mit dem geldlichen Vorteil des Grundstückseigentümers identisch. Beispiel: Ein landwirtschaftlicher Grundbesitzer hat einige Hektar Streuwiesen. Er will sie nicht verbessern, weil er zur Unterbringung des zu gewinnenden Heues seine Scheune erweitern müßte und damit für ihn erhebliche Kosten verbunden wären. Oder: Ein Bauspekulant will seine Bauplätze nicht verbessern, weil er durch den Verkauf der Bauplätze in einigen Jahren einen höheren geldlichen Vorteil erwarten kann, als er durch die Verbesserung erzielen würde. In allen Fällen ist daher neben der einzelwirtschaftlichen auch die volkswirtschaftliche Zweckmäßigkeit zu berücksichtigen. Es wird sich z. B. bei den Bauplätzen darum handeln, ob die Bauplätze voraussichtlich in naher Zeit bebaut werden und ob die einmaligen Kosten der Verbesserung so groß sind, daß ihre Tilgung bis zur Bebauung neben den laufenden Bewirtschaftungskosten aus den Erträgen gedeckt werden kann. Bei den gegenwärtig unsinnig hohen Pachtpreisen für Schafweiden kann nicht der gegenwärtige Pachterlös, sondern nur ein Pachterlös berücksichtigt werden, der dem objektiven Wert der Schafweide entspricht; denn sonst wäre die Umwandlung der dürftigsten Schafweide in bestes Kulturland nicht möglich, weil zurzeit für die schlechtesten Schafweiden teilweise höhere Pachtpreise bezahlt werden, als für bestes Kulturland; es kann aber nicht bestritten werden, daß die Nichtumwandlung solcher schlechten Schafweiden in gutes Kulturland volkswirtschaftlich nicht nur unzweckmäßig, sondern geradezu schädlich wäre. Bei der Prüfung der wirtschaftlichen Zweckmäßigkeit dürfen natürlich nicht die einmaligen Verbesserungskosten dem Ertrag eines Jahres gegenübergestellt werden, selbst wenn sie von dem Grundstückseigentümer sogleich bar bezahlt werden sollen. Dem Ertrag eines Jahres dürfen vielmehr nur die jährlichen Bewirtschaftungskosten und die Kosten der Verzinsung und angemessenen Tilgung der einmaligen Kosten gegenübergestellt werden. — Es ist zu beachten, daß die technische und wirtschaftliche Zweckmäßigkeit vorhanden sein muß, wenn die Voraussetzung unter 2 erfüllt sein soll.

11. umgewandelt. Unter Land- und Forstwirtschaft sind auch hier die in Bem. 4 angegebenen Bewirtschaftungsarten zu verstehen. Der Regierungsentwurf sah auch die Umwandlung des Ödlands in einen Teich vor. Bei den Landtagsverhandlungen war aber die übereinstimmende Auffassung, mit der sich auch die Staatsregierung einverstanden erklärte, daß diese Art der Umwandlung durch das Gesetz nicht gedeckt werden soll. Es ist daher als Wille des Gesetzgebers und des Gesetzes zu betrachten, daß das Ödlandgesetz auf die Umwandlung von Ödland in einen Teich nicht anwendbar sein soll. — Zu dem land- und forstwirtschaftlichen Kulturland sind auch die zur Bewirtschaftung dieses Landes notwendigen Hilfsgrundstücke, insbesondere Wege und Straßen, Wasserläufe, Gräben, Brücken, Überfahrten, Wirtschaftsgebäude (Städel, Scheunen, Ställe, Unterstände), Wohngebäude, Hofräume, Düngerstätten usw. zu verstehen. Diese können bei den Genossenschaften als Einrichtungen der Genossenschaft oder der einzelnen Genossen angesehen werden. Die Wege können daher im Eigentum der Genossen (Anlieger) oder der Genossenschaft stehen; die Unterhaltspflicht kann die Genossenschaft oder die Genossen treffen; welche Regelung gewählt wird, wird durch die Satzung und die satzungsmäßigen Beschlüsse bestimmt. Aber auch wenn die Wege im Eigentum der Genossenschaft stehen oder von ihr unterhalten werden, so sind diese Wege keine öffentlichen Wege, sondern private Feldwege. Selbstverständlich können auch diese wie alle anderen Wege von der Gemeinde übernommen und durch Widmung der Gemeinde zu öffentlichen Wegen erklärt werden. — Ob das Ödland zweckmäßig in landwirtschaftliches Kulturland umgewandelt werden kann, kann endgültig erst nach der Durchführung des Unternehmens beurteilt werden. Es genügt aber dem Gesetz, daß die zweckmäßige Umwandlung voraussichtlich möglich ist; wenn auch das Wort „voraussichtlich" in Ziffer 3 nicht gebraucht ist, so entspricht diese Auslegung doch dem klar erkennbaren Willen des Gesetzes.

12. Umwandlung. Umwandlung und Ertragssteigerung müssen in einem Kausalzusammenhang zueinander stehen: die Umwandlung muß die Ursache der Ertragssteigerung sein.

13. voraussichtlich. Die entscheidende Behörde wird in der Regel Sachverständige hierüber einzuvernehmen haben. Ob sich die Annahme nachträglich bei oder nach der Ausführung des Unternehmens als unrichtig erweist, ist belanglos.

14. nachhaltig. Unerläßliche Voraussetzung ist, daß die Ertragssteigerung voraussichtlich nicht schon nach kurzer Zeit oder nach einigen Jahren verschwindet, sondern bei ordnungsmäßiger Bewirtschaftung dauernd oder doch eine längere Reihe von Jahren bestehen bleibt.

15. erheblich. Die Voraussetzung der wirtschaftlichen Zweckmäßigkeit wäre schon erfüllt, wenn überhaupt ein höherer Ertrag erzielt wird; darüber hinaus verlangt Ziffer 4 noch einen erheblich größeren Ertrag. Was unter erheblich größerem Ertrag zu verstehen ist, läßt sich nur für den Einzelfall beantworten. Als Richtschnur hiefür kann dienen, daß im allgemeinen bei einer Ertragssteigerung von 20. v. H. ein erheblich größerer Ertrag angenommen werden kann.

16. Ertrag. Auch hier ist nicht der Geldertrag, sondern die gewonnene Pflanzenmenge zu verstehen. Soweit die Berücksichtigung des Geldertrages gerechtfertigt ist, ist diesem durch die Notwendigkeit der Prüfung der wirtschaftlichen Zweckmäßigkeit der Umwandlung (Ziffer 3) genügend Rechnung getragen.

Naturschutz.

Art. 2.

Bei der Verbesserung von Ödland ist auf die Erhaltung von Naturdenkmalen und Naturschutzgebieten sowie auf das Landschaftsbild tunlichst Rücksicht zu nehmen[1].

Ausführungsbestimmungen.

Naturschutz. *§ 6.*

Um zu würdigen, ob und in welchem Umfang auf Naturdenkmale, auf Naturschutzgebiete und auf das Landschaftsbild Rücksicht zu nehmen ist, hat, soweit erforderlich, die sachbehandelnde Behörde vor Inangriffnahme der Verhandlungen das Gutachten des Bayerischen Landesausschusses für Naturpflege in München einzuholen. Den Wünschen dieser Stelle ist, soweit nicht überwiegende wirtschaftliche Belange entgegenstehen, Rechnung zu tragen. Auflagen, die sich hiebei als notwendig erweisen, sind in der Entscheidung der Verwaltungsbehörde festzulegen. Dies hat in der Form von Bedingungen zu geschehen (Art. 58 Abs. I). Kosten, die sich aus Art. 2 und aus der Durchführung der Bedingungen ergeben, fallen dem Unternehmen zur Last.

1. nehmen. Moore und Heiden bieten in ihrer Einsamkeit und Stille, mit ihrer besonderen Tier- und Pflanzenwelt und nach ihrer landschaftlichen Lage und Umgebung einen besonderen Reiz; außerdem sind einzelne Moore gerade wegen dieser Eigenart ihrer Tier- und Pflanzenarten Gegenstand regster wissenschaftlicher Forschung und Ausbeutung geworden. Wenn auch die Forderungen nach Ödlandkultur wichtiger und stärker sind als die Bedürfnisse des Naturschutzes, so soll doch die hervorragende Bedeutung der Ödländer, Moore usw. für die Landschaft und für die Naturforschung bei der Ödlandkultur im Rahmen der Möglichkeit berücksichtigt werden. In welcher Weise den Bedürfnissen des Naturschutzes Rechnung getragen werden kann, wird im Einzelfall der Landesausschuß für Naturschutz, dessen Einvernahme in § 6 der Vollzugsvorschriften angeordnet ist, vorschlagen. — Die Fassung des Art. 2 („tunlichst") deutet an, daß es sich hier nur um eine Anweisung an die mit dem Vollzug betraute Behörde, nicht um eine Rechtsvorschrift handelt, deren Übertretung besondere Nachteile nach sich zieht. Die Behörden können in mehrfacher Richtung eingreifen. Die Aufsichtsbehörden der Ödlandgenossenschaften können die Beachtung der Vorschrift einschärfen und nötigenfalls auf Grund der Art. 38 und 39 erzwingen. Außerdem kann die Behörde die Einräumung von Zwangsrechten davon abhängig machen, daß bestimmten Forderungen des Naturschutzes genügt wird. Endlich können zum Vollzug des Art. 2 auf Grund des Art. 85 Abs. II oberpolizeiliche Vorschriften oder Anordnungen der Verwaltungsbehörden erlassen und deren Nichtbeachtung unter Strafe gestellt werden.

II. Abschnitt.

Öffentliche Ödlandgenossenschaften.

Vorbemerkungen.

Mit der Verbesserung von Ödland können sich bürgerlich-rechtliche Vereinigungen (Gesellschaften nach §§ 705 ff. BGB., Vereine nach § 22 BGB., Genossenschaften nach dem GenG., Gesellschaften nach dem Handelsrecht usw. und öffentliche Ödlandgenossenschaften befassen. Für erstere Vereinigungen gelten die Art. 3 ff. des Gesetzes nicht. Soll eine juristische Person zur Verbesserung von Ödland geschaffen werden, so ist in allen Fällen die öffentliche Ödlandgenossenschaft den anderen Rechtsformen vorzuziehen, weil sie eine bevorzugte Rechtsstellung genießt (Körperschaft des öffentlichen Rechts) und auf die besonderen Bedürfnisse der Ödlandverbesserung zugeschnitten ist. Ihre Hauptunterschiede gegenüber der Genossenschaft des bürgerlichen Rechts bestehen in folgendem: Mitglieder sind bei den Ödlandgenossenschaften die jeweiligen Eigentümer der Ödlandgrundstücke, bei den bürgerlich-rechtlichen Genossenschaften bestimmte Einzelpersonen, so daß bei einem Wechsel des Eigentümers eines Ödlandgrundstückes stets eine Änderung in der Zusammensetzung der Genossenschaft eintritt. Bei den Ödlandgenossenschaften können einzelne beteiligte Ödlandeigentümer zwangsweise zur Mitgliedschaft bei der Genossenschaft herangezogen werden, während bei den anderen Genossenschaften diese Möglichkeit nicht besteht. Die Ödlandgenossenschaften genießen die bevorzugte Rechtsstellung der öffentlichen Körperschaften (insbesondere in steuerrechtlicher Hinsicht), die bürgerlich-rechtlichen Genossenschaften nehmen daran keinen Teil. Die Beitragspflicht ist bei den öffentlichen Ödlandgenossenschaften eine öffentliche Last des Grundstücks, steht also bei der Zwangsversteigerung im Range vor fast sämtlichen Belastungen der Grundstücke, insbesondere vor den Hypotheken, während sie bei den bürgerlich-rechtlichen Genossenschaften eine bürgerlich-rechtliche obligatorische Verbindlichkeit ohne besondere Bevorzugung darstellt. Öffentliche Ödlandgenossenschaften unterstehen der Staatsaufsicht, andere Genossenschaften nicht. Die öffentlichen Ödlandgenossenschaften können das zur Durchführung der Ödlandverbesserung benötigte Kapital bei der Landeskulturrentenanstalt ohne Hypothekbestellung aufnehmen, andere Genossenschaften, falls sie nicht Grundstückseigentümer sind, überhaupt nicht, die Eigentümer der Grundstücke nur gegen Hypothekbestellung innerhalb der ersten Wertshälfte des Grundstücks. Die öffentlichen Ödlandgenossenschaften können bei der Durchführung ihres Unternehmens Zwangsrechte nach Art. 41 ff. in Anspruch nehmen, während den anderen Genossenschaften diese Befugnis nicht zusteht.

Der zweite Abschnitt des Ödlandgesetzes enthält das materielle Genossenschaftsrecht. Soweit dieses nicht im Gesetze selbst enthalten ist, muß es in der Satzung geregelt werden. Der Stellung der Ödlandgenossenschaften als Körperschaften des öffentlichen Rechtes entspricht es, daß sie unter Staatsaufsicht stehen und daß das Gründungsverfahren gesetzlich bis ins Kleinste vorgeschrieben ist und behördlich geleitet wird. Die Vorschriften hierüber sind in den Art. 66 bis 79 enthalten.

Bis 31. Dezember 1928 ist auch die Errichtung von öffentlichen Ödlandgenossenschaften im Verwaltungswege nach der Reichsverordnung vom 13. Februar 1924 (s. am Schlusse dieses Buches) möglich. Näheres dort.

Ausführungsbestimmungen.

Zwecke.

§ 13.

I Durch das Ödlandgesetz ist der Kreis der Genossenschaftszwecke erheblich erweitert worden.

II Während bisher Genossenschaften auf öffentlichrechtlicher Grundlage zum Zwecke der Bodenkultur nur für wasserwirtschaftliche Unternehmungen, insbesondere zur Durchführung von Bewässerungen und Entwässerungen und zur gemeinschaftlichen Ausführung des Uferschutzes und Dammbaues sowie für Flurbereinigungen errichtet werden konnten, sieht das Ödlandgesetz die Bildung von öffentlichen Genossenschaften auch für solche Bodenkulturunternehmungen vor, die mit wasserwirtschaftlichen Massnahmen oder mit Flurbereinigungen nicht verbunden sind.

Zwecke.

Art. 3.

I Öffentliche Ödlandgenossenschaften [1] können [2] zur planmäßigen Verbesserung [3] von Ödland [4] gebildet [5] werden.

II Der Zweck [6] der Genossenschaften kann auch auf die Bewirtschaftung und die Nutzung des verbesserten Ödlands [7] erstreckt [8] werden.

Ausführungsbestimmungen.

§ 31.

I Das Ödlandgesetz sieht auch vor, dass der Zweck der Genossenschaften auf die gemeinschaftliche Bewirtschaftung und Nutzung der genossenschaftlichen Grundstücke ausgedehnt werden kann (Art. 3 Abs. II, Art. 31 des Gesetzes).

II Dieser Fall ist nur gegeben, wenn die gemeinschaftliche Bewirtschaftung und Nutzung nach der Durchführung der Ödlandverbesserung stattfinden soll. Wenn dagegen die Oedlandverbesserung ausschliesslich oder teilweise gerade in einer besonderen Art der Bewirtschaftung besteht, so gehört diese Bewirtschaftung und Nutzung schon zur Verbesserung und ist auch bei den Genossenschaften durchzuführen, deren Zweck nicht ausdrücklich auf die gemeinschaftliche Bewirtschaftung und Nutzung der genossenschaftlichen Grundstücke ausgedehnt ist.

III Die gemeinschaftliche Bewirtschaftung und Nutzung der genossenschaftlichen Grundstücke nach Durchführung der Verbesserung ist besonders in den Fällen anzustreben, in denen eine weitere sachverständige Bearbeitung und Bewirtschaftung des Bodens in den ersten Jahren nach der Verbesserung notwendig oder nützlich ist oder in denen die Gefahr besteht, dass die Grundeigentümer die Grundstücke nicht entsprechend bearbeiten und bewirtschaften, weil sie ohnehin genügend Grund besitzen oder weil die verbesserten Grundstücke von dem Anwesen weit entfernt liegen.

1. Ödlandgenossenschaften. Vgl. die Vorbemerkungen.

2. können. Ein Zwang zur Errichtung solcher Genossenschaften wird nicht geübt; bei den Ödlandgenossenschaften gibt es daher im Gegensatz zu den Wassergenossenschaften keine Zwangsgenossenschaften. Eine durch Mehrheitsbeschluß der Beteiligten ordnungsgemäß gebildete Genossenschaft hat keinen Anspruch auf Satzungsgenehmigung nach Art. 16. Das Zustandekommen einer öffentlichen Ödlandgenossenschaft liegt daher in dem freien Ermessen der Mehrheit der Beteiligten und dem pflichtgemäßen Ermessen der Regierung, Kammer des Innern.

3. Verbesserung. Unter „Verbesserung" eines Grundstücks versteht man im allgemeinen eine Einwirkung auf das Grundstück, durch welche dieses auf unbestimmte Zeit, sei es in seiner Substanz oder in seinem Ertrag, wertvoller wird. Im Ödlandgesetz ist der Begriff der Verbesserung in einem engeren Sinne gebraucht. Dieser Begriff ist aus Art. 1 Nr. 3 und 4 abzuleiten. Verbesserung ist hienach nichts anderes, als die Ausnutzung der in Art. 1 Nr. 3 erwähnten Möglichkeit mit dem in Art. 1 Nr. 4 aufgeführten voraussichtlichen Erfolg. Es sind daher die Anmerkungen zu Art. 1 Nr. 3 und 4 zu vergleichen. Man versteht hienach unter Verbesserung im Sinne des Ödlandgesetzes nur eine Einwirkung auf das Grundstück, welche dieses für unbestimmte Zeit auf den technisch und wirtschaftlich höchstmöglichen Ertrag bringt. Infolgedessen kann z. B. die Umwandlung von Ödland, das sich technisch und wirtschaftlich zur Umwandlung in Acker eignet, in einen Wald nicht als Verbesserung im Sinne der Art. 3 und 41 angesehen werden. Vgl. auch AB. § 4 S. 14). Ob eine beabsichtigte Maßnahme als Verbesserung in diesem Sinne anzusehen ist, entscheidet im Genossenschaftsgründungsverfahren vorläufig die Bezirksverwaltungsbehörde nach Artikel 67 und Artikel 68 Abs. 1, endgültig die Regierung, Kammer des Innern, als Zwischenpunkt im Satzungsgenehmigungsverfahren (Art. 75) oder die Regierung, Kammer des Innern, oder der Verwaltungsgerichtshof im verwaltungsrechtlichen Verfahren über die Einsprüche und Widersprüche (Art. 74); im Verfahren zur Bestellung von Zwangsrechten entscheidet darüber die Verwaltungsrechtsinstanz. — Die Verbesserung muß der Hauptzweck der Genossenschaft sein. Es genügt daher nicht, daß ein Grundstück, das Sand, Kies, Steine, Lehm, Mergel, Schiefer, Torf usw. enthält, abgebaut und lediglich nachträglich noch in einen landwirtschaftlichen Kulturzustand versetzt wird. Dagegen widerspricht es nicht dem Gesetz, daß eine Genossenschaft, deren Hauptzweck

die Verbesserung von Ödland ist, vorhandene Torfbestände gewinnt und dann die landwirtschaftliche Kultur anschließt. Welches der Hauptzweck ist, ergibt sich aus der Satzung und dem Plan des Unternehmens. — Dem Gesetz ist nicht durch eine regellose Verbesserungstätigkeit genügt. Es muß vielmehr ein einheitlicher Plan aufgestellt und durchgeführt werden. Diese Verpflichtung kann nötigenfalls im Staatsaufsichtsverfahren erzwungen werden. — Eine Erweiterung des Zwecks der Genossenschaft ist in Abs. II vorgesehen.

4. Ödland. Das Wort „Ödland" ist hier wie an allen Stellen des Gesetzes im Sinne des Art. 1 gebraucht.

5. gebildet. Wie die Bildung erfolgt, ist in Art. 4 ausgeführt.

6. Zweck. Nämlich die Verbesserung von Ödland (Abs. I).

7. Ödlands. Es kann Fälle geben, in denen die Verbesserung des Ödlands nur durch diese gemeinsame Bewirtschaftung und Nutzung erreicht wird. In solchen Fällen fällt letztere schon unter Abs. I (vgl. AB § 31 Abs II S 21). In welchen sonstigen Fällen die gemeinschaftliche Bewirtschaftung und Nutzung anzustreben ist, bestimmen die AB. § 31 Abs. III (S. 22). — Die gemeinschaftliche Bewirtschaftung und Nutzung kann auf bestimmte Zeit, z. B. einige Jahre nach der Verbesserung, oder auf einen Teil der Genossenschaftsfläche beschränkt werden, in letzterem Falle nehmen natürlich nur diese Grundstücke an den Vorteilen und Lasten der gemeinsamen Bewirtschaftung und Nutzung teil. Die Rechtsverhältnisse im einzelnen regelt Art. 31.

8. erstreckt. Aus der ausdrücklichen Betonung, daß die Ausdehnung des Genossenschaftszwecks auf die Bewirtschaftung und Nutzung zulässig ist, kann geschlossen werden, daß die Ausdehnung auf andere Zwecke nicht zulässig ist. Es soll jedoch hiebei nicht kleinlich verfahren werden, insbesondere kann z. B. eine vorausgehende Abtorfung unbedenklich in die Genossenschaftszwecke aufgenommen werden, sofern sie nicht Selbstzweck, sondern nur Mittel zum Zweck der Bodenverbesserung ist. Wegen der Ausdehnung auf die Zwecke der Wassergenossenschaften siehe Art. 32.

Die Ausdehnung erfolgt dadurch, daß in die Satzung (vgl. Art. 15 Abs. II Nr. 2) aufgenommen wird, daß der Zweck der Genossenschaft auch die Bewirtschaftung und die Nutzung des verbesserten Ödlandes umfaßt. — Wegen des Verfahrens und der Berechnung der erforderlichen Mehrheit siehe Art. 78 nebst Anm.

Entstehung.

Art. 4.

Die Genossenschaften werden gebildet[1]:

1. durch freiwillige Vereinbarung der Beteiligten (freiwillige Genossenschaften[2]),

2. durch Mehrheitsbeschluß der Beteiligten mit zwangsweiser Beiziehung der Minderheit (Genossenschaften mit Beitrittszwang[3]).

1. gebildet. Das Wassergesetz kennt noch eine dritte Gruppe von Wassergenossenschaften, nämlich die Zwangsgenossenschaften. Diese sind jedoch nur für Genossenschaften zur Instandhaltung von Gewässern zugelassen, nicht auch für Genossenschaften zur Benützung von Gewäs-

fern, insbesondere zur Be- und Entwässerung. Das Ödlandgesetz kennt Zwangsgenossenschaften überhaupt nicht. Es ging von dem Gedanken aus, daß eine genossenschaftliche Ödlandverbesserung aussichtslos ist, wenn nicht wenigstens die Mehrheit für das Unternehmen zu gewinnen ist; es handelt sich hier um Maßnahmen, die auch eine tätige Mitarbeit oder zum mindesten eine lebendige Anteilnahme der Genossen verlangen, wenn sie Erfolg haben sollen. — Verfahren bei der Genossenschaftsbildung: Art. 66 ff. Die Genossenschaft wird grundsätzlich durch freiwilligen Beitritt der Beteiligten gebildet. Die Beitrittserklärung wird jedoch ersetzt und zwar bei den Personen, die trotz ordnungsmäßiger Ladung in der Verhandlungstagfahrt weder erschienen noch vertreten sind oder nicht abstimmen, durch die Fiktion der Art. 68 Abs. II Nr. 4, Art. 70 Abs. I, bei den Personen, die ausdrücklich widersprechen, durch die verwaltungsrechtliche Entscheidung nach Art. 74. — Voraussetzungen der Genossenschaftsbildung: Art. 6. — Dieses Verfahren ist auch bei der Umwandlung einer Gesellschaft des bürgerlichen Rechtes in eine öffentliche Genossenschaft durchzuführen (VGH. 34, 171). — Ob eine Genossenschaft eine freiwillige Genossenschaft oder eine Genossenschaft mit Beitrittszwang wird, ergibt sich erst im Lauf des Gründungsverfahrens dadurch, daß festgestellt wird, ob alle Beteiligten der Genossenschaft freiwillig beitreten oder nicht (Eymann II S. 229). Die Art der Bildung hat nur Bedeutung für das Genossenschaftsgründungsverfahren. Ist die Genossenschaft gegründet, und die Satzung genehmigt, so besteht zwischen den beiden Arten von Genossenschaften kein Unterschied mehr (Eymann Art. 111 Anm. 1). — Bis 31. Dezember 1928 können Ödlandgenossenschaften auch vom Staatsministerium für Landwirtschaft nach der Reichsverordnung vom 13. Februar 1924 (s. am Schlusse dieses Buches) errichtet werden. Näheres dort.

2. Freiwillige Genossenschaften. Materielle Voraussetzung der freiwilligen Genossenschaften: Bei dem Unternehmen muß ein Interesse des Gemeinwohls oder ein gemeinwirtschaftlicher Nutzen vorliegen (Art. 6 Abs. I); formelle Voraussetzungen: freiwillige Zustimmung aller Beteiligten im Verfahren nach Art. 66 ff. und Genehmigung der Satzung durch die Regierung, Kammer des Innern (Art. 16, 75). — Die Vereinbarung wird von der Bezirksverwaltungsbehörde beurkundet (Art. 69 Abs. IV). — Eine freiwillige Genossenschaft liegt auch dann vor, wenn einzelne Beteiligte, trotz ordnungsmäßiger Ladung zur Verhandlungstagfahrt nicht erschienen sind oder nicht abstimmen und daher als zustimmend erachtet werden (Art. 68 Abs. II Nr. 4, Art. 70; ebenso Eymann Art. 111 Anm. 3). Dagegen ist eine freiwillige Genossenschaft nicht gegeben, wenn alle Mitglieder einer bürgerlich-rechtlichen Gesellschaft oder Genossenschaft die Umwandlung in eine öffentliche Genossenschaft einstimmig beschließen, aber weitere Beteiligte, die von der Verwaltungsbehörde festgestellt und zur Verhandlungstagfahrt geladen sind, den Beitritt ablehnen (VGH. 34, 171).

3. Beitrittszwang. Materielle Voraussetzung der Genossenschaften mit Beitrittszwang: Bei dem Unternehmen muß ein Interesse des Gemeinwohls oder ein gemeinwirtschaftlicher Nutzen vorliegen (Art. 6 Abs. I). Das Unternehmen darf in wirtschaftlich oder technisch zweckmäßiger Weise nur durch Ausdehnung auf die Grundstücke der Widerstrebenden ausgeführt werden können und der voraussichtliche Nutzen muß den

zu erwartenden Schaden überwiegen (Art. 6 Abs. II). Formelle Voraussetzungen: Freiwillige Zustimmung der Mehrheit der Beteiligten (über die Berechnung der Mehrheit siehe Art. 5) im Verfahren nach Art. 66 ff., Entscheidung der Regierung, Kammer des Innern, über die zwangsweise Beiziehung der Widersprechenden (Art. 74 Abs. II), Genehmigung der Satzung durch die Regierung, Kammer des Innern (Art. 16, 75).

Mehrheitsbeschluß.

Art. 5.

I Ein Mehrheitsbeschluß im Sinne des Art. 4 Nr. 2[1] liegt vor[2], wenn die Zustimmenden[3] mehr als die Hälfte der beteiligten Grundfläche[4] besitzen[5] und[6] wenn sich mindestens ein Fünftel der Beteiligten[7] für das Unternehmen erklärt[8].

II Bei der Berechnung der Mehrheit[9] (Abs. I) werden die Miteigentümer[10] eines Grundstücks als eine Person gezählt[11].

III Besteht bei den Miteigentümern eines Grundstücks eine Meinungsverschiedenheit[12], so gilt es als Zustimmung, wenn sich wenigstens die Hälfte, nach dem Teilnahmeverhältnis berechnet[13], für das Unternehmen ausspricht[14].

IV Besteht über das Eigentum oder die Grenzen eines Grundstücks ein Rechtsstreit[15] und können sich die Parteien über die Abgabe der Stimmen nicht einigen, so gilt zunächst[16] der Besitzer als stimmberechtigt; ist auch der Besitz streitig, so gilt es als Zustimmung, wenn sich einer der streitenden Teile[17] für das Unternehmen ausspricht.

1. Art. 4 Nr. 2. Der Beschluß einer Mehrheit, die genügt, um eine Genossenschaft mit Beitrittszwang ins Leben zu rufen. Ist der Beschluß über die Errichtung der Genossenschaft gefaßt, so bemißt sich für alle übrigen Beschlüsse, auch für die Feststellung der Satzung das Stimmenverhältnis nach Art. 22. Lediglich für die Ausdehnung des Genossenschaftszweckes auf Zwecke der Wassergenossenschaften ist die im Wassergesetz vorgesehene Mehrheit erforderlich. Hierüber Näheres bei Art. 32 und 78.

2. liegt vor. Die Mehrheit braucht nicht schon in der Verhandlungstagfahrt gegeben zu sein; es genügt, wenn sie später dadurch erreicht wird, daß Personen, die zuerst widersprochen haben, nachträglich ihren Widerspruch zurückziehen und der Errichtung der Genossenschaft zustimmen. Ist einmal die Mehrheit in der Verhandlungstagfahrt oder nachträglich erreicht, so kann sie im allgemeinen nicht mehr umgestoßen werden, weil die Zustimmung nicht mehr zurückgezogen werden kann und auch den Rechtsnachfolger bindet (Art. 69 Abs. IV). Eine vorhandene Mehrheit kann nur dadurch wieder beseitigt werden, daß solche Personen, die wegen Nichterscheinens nach Art. 70 Abs. I als zustimmend erachtet werden, Wiedereinsetzung bewilligt erhalten, gegen den Beitritt Widerspruch erheben und dadurch die Mehrheit in eine Minderheit umwandeln (Art. 70 Abs. II, Art. 73 Abs. II). — Die Bezirksverwaltungsbehörde prüft vorläufig, ob die Mehrheit erreicht ist (Art. 71, 72);

die endgültige Entscheidung darüber erfolgt durch die Regierung, Kammer des Innern, bei der Satzungsgenehmigung (Art. 75), oder, wenn Widersprüche eingelegt sind, im verwaltungsrechtlichen Verfahren des Art. 74. Näheres siehe bei diesen Artikeln.

3. Zustimmenden. Als zustimmend gelten die Personen, die selbst oder deren Rechtsvorgänger (Art. 69 Abs. IV) der Genossenschaft beigetreten sind, ferner die Personen, die bei der Tagfahrt trotz ordnungsmäßiger Ladung (Art. 68) weder erschienen, noch vertreten sind oder nicht abstimmen (Art. 70 Abs. I). Da diese Personen zu den Zustimmenden gerechnet werden, kann es leicht vorkommen, daß ein Mehrheitsbeschluß nach Art. 5 Abs. I zustande kommt, obwohl nur die Minderheit aller Beteiligten für das Unternehmen ist; dieser Fall kann dann vorkommen, wenn Gegner des Unternehmens zu der Tagfahrt nicht erscheinen. — Eine Zustimmung mit einer auflösenden Bedingung oder einem Endtermin gilt als Ablehnung, eine Zustimmung unter einer aufschiebenden Bedingung oder einem Anfangstermin gilt, so lange die Bedingung oder der Termin noch nicht eingetreten sind, als Ablehnung, alsdann als Zustimmung. Die Vorschriften des Bürgerlichen Gesetzbuches sind hier nicht anwendbar, weil es sich um öffentliches Recht handelt.

4. Grundfläche. Welche Grundfläche beteiligt ist, ergibt sich aus Art. 8 Abs. I; hienach sind alle Grundstücke beteiligt, auf die sich das Genossenschaftsunternehmen in seiner nutzbringenden Wirkung erstreckt. Welche Grundstücke dies sind, ergibt sich, falls ein Projekt bereits vorliegt, aus diesem, andernfalls muß es besonders festgestellt werden. Die Einbeziehung durch das Projekt ist jedoch keine endgültige Entscheidung darüber, ob das Genossenschaftsunternehmen in seiner nutzbringenden Wirkung sich auf das Grundstück erstreckt. Im Streitfalle wird diese Frage vorläufig von der Bezirksverwaltungsbehörde (Art. 71, 72) endgültig im Satzungsgenehmigungsverfahren (Art. 75), oder, falls Widersprüche vorliegen, im verwaltungsrechtlichen Verfahren nach Art. 74 entschieden. — Ist ein Grundstück bloß teilweise beteiligt, so ist nicht die Größe des ganzen Grundstücks, sondern nur die beteiligte Fläche zu berücksichtigen.

5. besitzen. Trotz des Wortes „besitzen" kommt es in der Regel nicht auf die Zustimmung der Besitzer, sondern der Eigentümer an, weil Genossen nicht die Besitzer, sondern die Eigentümer der Grundstücke sind (Art. 7 Abs. II, Art. 8 Abs. I); lediglich in den Fällen der Art. 5 Abs. IV und des Art. 86 Abs. I ist die Zustimmung des Besitzers genügend. Ein nachträglicher Wechsel im Eigentum kann eine in der Verhandlungstagfahrt vorhanden gewesene Mehrheit nicht mehr in eine Minderheit verwandeln, weil die Zustimmung auch den Rechtsnachfolger bindet (Art. 69 Abs. IV).

6. und. Die beiden Voraussetzungen müssen nebeneinander bestehen; es genügt nicht, daß nur die eine oder die andere erfüllt ist.

7. Beteiligten. Beteiligt sind die Eigentümer (in den Fällen der Art. 5 Abs. IV und Art. 86 Abs. I die Besitzer) der Grundstücke, auf welche sich das Genossenschaftsunternehmen in seiner nutzbringenden Wirkung erstreckt (vgl. Anm. 4). Die Miteigentümer eines Grundstücks werden nur als eine Person gezählt (Art. 5 Abs. II). Es ist anzunehmen, daß im Falle des Art. 86 Abs. I auch der Eigentümer und der Besitzer nur als eine Person gezählt werden dürfen. Gehören mehrere

beteiligte Grundstücke demselben Eigentümer, so wird er nicht so oft, als er beteiligte Grundstücke besitzt, sondern nur einmal, gezählt. Ist jemand Alleineigentümer eines und Miteigentümer eines anderen beteiligten Grundstücks, so wird er gleichwohl nur einmal gezählt. — Ergibt sich bei der Berechnung ein Bruchteil, so ist dieser auf die nächste ganze Zahl aufzurunden, weil sonst die Voraussetzung des Gesetzes nicht erfüllt ist. Bei 24 Beteiligten müssen daher mindestens 5 (nicht etwa bloß 4) zustimmen.

8. erklärt. Hierdurch soll insbesondere verhindert werden, daß eine größere Anzahl von kleineren Grundbesitzern durch einen Großgrundbesitzer überstimmt wird. Die Kommentare zum Wassergesetz (Brenner Art. 140 Anm. 5, Eymann Art. 140 Anm. 7, Harster-Cassimir Art. 140 Anm.) sind bei dem gleichlautenden Artikel 140 Buchst. a des Wassergesetzes der Auffassung, daß aus den Worten „sich für das Unternehmen erklärt" geschlossen werden muß, daß hier eine positive Zustimmung verlangt wird, so daß also die Personen, die trotz richtiger Ladung in der Tagfahrt weder erschienen, noch vertreten waren, oder nicht abgestimmt haben, und daher nach Art. 68 Abs. II Nr. 4 und Art. 70 Abs. I als zustimmend erachtet werden, nicht zu den Personen zu rechnen sind, die sich „für das Unternehmen erklärt" haben. Ich halte diese Auffassung für falsch. Daß der Ausdruck „sich für das Unternehmen erklären", statt des Ausdruckes „zustimmen" gebraucht wurde, scheint mir, ebenso wie in Abs. III der Gebrauch des Ausdruckes „dafür aussprechen" lediglich auf stilistische Gründe zurückzuführen zu sein. Ein innerer Grund, warum bei der Berechnung der Personenmehrheit ein strengerer Maßstab als bei der Berechnung der Grundstücksmehrheit angelegt werden sollte, ist weder aus dem Gesetz selbst, noch aus dem Zweck der Bestimmung zu entnehmen; im Gegenteil, es ist wohl kein Zweifel darüber, daß die Grundstücksmehrheit die wichtigere ist; dann wäre es aber sinnlos, bei der wichtigeren Mehrheit geringere Anforderungen zu stellen. Ich bin daher der Auffassung, daß auch die Personen, die nach Art. 68 Abs. II Nr. 4 und Art. 70 Abs. I als zustimmend erachtet werden, zu den Personen zu zählen sind, die sich für das Unternehmen erklärt haben. — Als „Erklärung für das Unternehmen" ist der Beitritt zur Genossenschaft erforderlich und genügend; eine Erklärung für das Unternehmen liegt daher auch dann vor, wenn ein Beteiligter zur Genossenschaft beigetreten ist, aber dem Projekt nur mit Abänderungen, die von der Mehrheit abgelehnt worden sind, zugestimmt hat. Dies ergibt sich daraus, daß der Mehrheitsbeschluß nach Art. 4 nur für die Genossenschaftsbildung verlangt wird. — Es kann vorkommen, daß nach der Tagfahrt das Grundstück eines Zustimmenden in das Eigentum einer Person übergeht, die nicht zustimmt und daß nunmehr die qualifizierte Minderheit nicht mehr vorhanden ist. Dies ist belanglos, weil nach Art. 69 Abs. IV die Zustimmung auch den Rechtsnachfolger bindet. Es genügt daher, daß in der Tagfahrt oder in einem späteren Zeitpunkt sowohl die Flächenmehrheit als auch die qualifizierte Personenminderheit vorhanden waren.

9. Mehrheit. Trotz des Wortlautes ist anzunehmen, daß die Zählung der Miteigentümer als nur einer Person, auch für die Berechnung der qualifizierten Minderheit (mindestens ein Fünftel) gelten soll; dies kann trotz des Wortes „Mehrheit" aus dem ausdrücklichen Hinweis auf Abs. I entnommen werden; außerdem entspricht dies dem Sinn der Vorschrift und der Zweckmäßigkeit. (Ebenso Eymann Art. 141 Anm. 2.) — Für die Berechnung der Flächenmehrheit hat Abs. II nur insoferne Bedeutung, als er zum Ausdruck bringt, daß für jedes Grundstück nur eine einheitliche Erklärung möglich ist. Ergibt sich diese einheitliche Erklärung nicht schon aus der Übereinstimmung sämtlicher Miteigentümer, so ist Abs. III heranzuziehen.

10. Miteigentümer. Gleichgültig, ob es sich um Miteigentümer zur gesamten Hand oder um Miteigentümer nach Bruchteilen handelt (ebenso Eymann Art. 141 Anm. 3; a. A. Brenner Art. 141 Anm. 2 und Harster-Cassimir Art. 141 Anm. 1, welche beide anscheinend nur das Miteigentum nach Bruchteilen hierher rechnen). Es muß jedoch wirklich Miteigentum vorliegen. Dies ist nicht der Fall, wenn das Alleineigentum einer Person und die Verwaltung und Nutznießung einer anderen Person zusteht, wie es häufig beim ehelichen Güterrecht vorkommt. Vgl. auch den Sonderfall des Art. 86 Abs. I, der ebenso zu behandeln ist.

11. gezählt. Stimmen alle Miteigentümer ausdrücklich zu oder stimmt ein Teil zu, während der andere zur Tagfahrt nicht erscheint oder nicht abstimmt (Art. 68 Abs. II Nr. 4, Art. 70 Abs. I), so liegt Zustimmung vor. Lehnen sämtliche Miteigentümer ab, so liegt Ablehnung vor. Stimmt ein Teil zu, der andere nicht, oder erscheint ein Teil nicht oder stimmt er nicht ab, während der andere Teil ablehnt, so gilt Abs. III.

12. Meinungsverschiedenheit. Diese besteht dann, wenn ein Teil der Miteigentümer tatsächlich oder fiktiv (Art. 68 Abs. 2 Nr. 4, Art. 70 Abs. I) dem Beitritt zur Genossenschaft zustimmt, während ein anderer Teil der Miteigentümer widerspricht. Soweit Ehegatten wirkliche Miteigentümer sind, ist es besonders wichtig, daß beide Ehegatten zur Tagfahrt erscheinen, weil beim Erscheinen nur eines Ehegatten auf Grund des Abs. III ohne weiteres die Zustimmung angenommen wird, auch wenn der erschienene Ehegatte widerspricht.

13. berechnet. Die Berechnung erfolgt bei dem Miteigentum nach Bruchteilen auf Grund der Bruchteile, bei dem Miteigentum zur gesamten Hand nach der Zahl der Miteigentümer.

14. ausspricht. Dieser Ausdruck ist gleichbedeutend mit dem Ausdruck „Zustimmung", er umfaßt also auch die fingierte Zustimmung nach Art. 68 Abs. II Nr. 4 und Art. 70 Abs. I. Vgl. Anm. 8.

15. Rechtsstreit. Diese Voraussetzung ist nur erfüllt, wenn ein Zivilprozeß über das Eigentum an einem Grundstück oder einem Grundstücksteil bei einem Gericht oder einem Schiedsgericht anhängig ist.

16. zunächst. Bis zur rechtskräftigen Erledigung des Rechtsstreits. Wird in dem Rechtsstreit das Eigentum endgültig der anderen Partei zugesprochen, so ist die Erklärung der ursprünglich besitzenden Partei hinfällig; denn der nunmehrige Eigentümer ist nicht Rechtsnachfolger des bisherigen Besitzers (denn nicht der Besitz, sondern das Eigentum begründet die Mitgliedschaft bei der Genossenschaft, Art. 7 Abs. II, Art. 8 Abs. I) und lediglich der Rechtsnachfolger ist durch die Erklärung seines Vorgängers gebunden (Art. 69 Abs. IV). A. A. Harster-Cassimir, Wassergesetz Art. 141 Anm. 3.

17. Teile. Besteht dieser aus mehreren Personen, so sind die Absätze II und III entsprechend anzuwenden.

Allgemeine Voraussetzungen. **Art. 6.**

I Die Bildung einer Genossenschaft[1] (Art. 3) ist nur zulässig[2], wenn bei dem Unternehmen[3] ein Interesse des Gemeinwohls[4] oder ein gemeinwirtschaftlicher Nutzen[5] vorliegt.

II Die Bildung von Genossenschaften mit Beitrittszwang (Art. 4 Nr. 2) setzt außerdem voraus[6], daß das Unternehmen in wirtschaftlich[7] oder[8] technisch[9] zweckmäßiger Weise nur durch Ausdehnung[10] auf die Grundstücke[11] der Widerstrebenden[12] ausgeführt[13] werden kann und daß der voraussichtliche Nutzen des Unternehmens den zu erwartenden Schaden überwiegt[14].

Ausführungsbestimmungen.

§ 14.

I Voraussetzung für die Bildung öffentlicher Ödlandgenossenschaften ist das Vorhandensein von Interessen des Gemeinwohls oder eines gemeinwirtschaftlichen Nutzens.

II Ein gemeinwirtschaftlicher Nutzen wird in der Regel auch dann gegeben sein, wenn sich eine geringere Anzahl von Beteiligten zum Zwecke dieses Unternehmens auch für eine Fläche nur kleineren Umfangs vereinigt, da mit einer solchen Anlage bei ordnungsmässiger Bewirtschaftung und Pflege der Grundstücke eine dauernde Verbesserung des Bodens verbunden ist.

1. Genossenschaft. Durch die Verweisung auf Art. 3 ist klargestellt, daß sich Abs. I auf die öffentlichen Ödlandgenossenschaften bezieht. Damit ist gesagt, daß er einerseits auf die bürgerlich-rechtlichen Genossenschaften nicht anzuwenden ist, andererseits aber für alle Ödlandgenossenschaften, also sowohl für die freiwilligen Genossenschaften (Art. 4 Nr. 1) als auch für die Genossenschaften mit Beitrittszwang (Art. 4 Nr. 2) gilt.

2. zulässig. Ob die Voraussetzungen des Art. 6 gegeben sind, wird vorläufig von der Bezirksverwaltungsbehörde (Art. 67), endgültig von der Regierung, Kammer des Innern, bei der Satzungsgenehmigung (Art. 16, 75) geprüft. Wird das verwaltungsrechtliche Verfahren nach Art. 74 ausnahmsweise vor der Satzungsgenehmigung durchgeführt, so ist die Frage auch in diesem Verfahren zu prüfen. Hat die Regierung die Satzung genehmigt, so können Einwendungen daraus, daß die Voraussetzungen des Art. 6 nicht erfüllt gewesen seien, nicht mehr erhoben werden (ebenso Brenner Art. 112 Anm. 2, Eymann Art. 112 Anm. 3). Hat die Regierung entschieden, daß die Voraussetzungen des Art. 6 nicht erfüllt sind, so ist die Satzung nicht zu genehmigen. Hiegegen kann Aufsichtsbeschwerde zum Staatsministerium für Landwirtschaft erhoben werden (Art. 61 Abs. II). Hat auch das Staatsministerium für Landwirtschaft entschieden, daß die Voraussetzungen des Art. 6 nicht erfüllt sind, so kann eine öffentliche Ödlandgenossenschaft nicht gebildet werden.

3. Unternehmen. Gemeint ist das Unternehmen, das nach der Satzung den Zweck der Genossenschaft bildet.

4. Gemeinwohls. Ein Interesse des Gemeinwohls liegt vor, wenn die Durchführung des Unternehmens einen erheblichen Nutzen für die Allgemeinheit mit sich bringt. Die Verbesserung von Ödland bringt wohl in allen Fällen eine Erhöhung der landwirtschaftlichen Erzeugung mit sich. Da Deutschland seinen eigenen Bedarf an landwirtschaftlichen Erzeugnissen nicht selbst decken kann, besteht ein hohes Interesse der Allgemeinheit an der Erhöhung der landwirtschaftlichen Erzeugung. Ein Interesse des Gemeinwohls wird daher fast bei jeder Ödlandkultur vorhanden sein, insbesondere, wenn es sich um große Flächen handelt und wenn durch das Unternehmen bedeutende wirtschaftliche Werte geschaffen werden; ein Interesse des Gemeinwohls wird wohl nur dann nicht gegeben sein, wenn eine andere Verwendung des Bodens der Allgemeinheit einen noch höheren Nutzen bringt oder wenn ein anderes technisches Verfahren bessere Erfolge als das in Aussicht genommene Verfahren verspricht oder wenn das Unternehmen so unbedeutend ist, daß die Ertragssteigerung nicht nennenswert ist.

5. Nutzen. Ein gemeinwirtschaftlicher Nutzen liegt vor, wenn die Privatwirtschaft der Personen, welche sich in der Genossenschaft vereinigen sollen, durch das Unternehmen eine Förderung erfährt; ein Nutzen für die Allgemeinheit braucht in diesem Falle nicht vorhanden zu sein. Auch ein gemeinwirtschaftlicher Nutzen wird bei fast jeder Ödlandkultur gegeben sein; es gilt auch hier in der Hauptsache, was in Anm. 4 ausgeführt worden ist. Vgl. auch AB. § 14 Abs. II (Seite 29). In einzelnen Fällen kann es vorkommen, daß ein Unternehmen zwar einen gemeinwirtschaftlichen Nutzen für die Beteiligten mit sich bringt, dagegen der Allgemeinheit schädlich ist, weil es z. B. die zweckmäßige Durchführung eines anderen großen Unternehmens unmöglich macht. In diesem Falle ist die Voraussetzung des Art. 6 erfüllt, die Regierung wird jedoch, da sie eine Schädigung der Allgemeinheit nicht zulassen darf, die Satzung (Art. 16, 75) nicht genehmigen (ebenso Ehmann Art. 112 Anm. 1a).

6. voraus. Auch hier kann es sich nur um öffentliche Ödlandgenossenschaften, nicht um bürgerlich-rechtliche Genossenschaften handeln. Die Voraussetzungen des Abs. II sind vorläufig von der Bezirksverwaltungsbehörde (Art. 67), endgültig von der Regierung bei der Satzungsgenehmigung (Art. 16, 75) und, wenn Einsprüche oder Widersprüche eingelegt werden, im verwaltungsrechtlichen Verfahren des Art. 74 zu prüfen. Es ist zu beachten, daß die beiden in Abs. II erwähnten Voraussetzungen nebeneinander erfüllt sein müssen; es genügt nicht, daß nur eine Voraussetzung gegeben ist. — Ehmann Art. 112 Anm. 1b weist mit Recht darauf hin, daß die in Abs. II aufgeführten Voraussetzungen nicht eigentlich Voraussetzungen der Genossenschaftsbildung, sondern Voraussetzungen der zwangsweisen Beiziehung der widersprechenden Beteiligten sind; infolgedessen hätte Abs. II richtiger seinen Platz in Art. 8 gefunden. Das Ödlandgesetz mußte diese falsche Systematik des Wassergesetzes übernehmen, weil es alle Vorschriften über die Ödlandgenossenschaften wörtlich mit den Vorschriften des Wassergesetzes über die Wassergenossenschaften in Übereinstimmung bringen mußte. — Der Beitrittszwang gegen Widerstrebende setzt außer der Erfüllung des Tatbestandes des Art. 6 Abs. I und II noch voraus,

a) daß sich die nutzbringende Wirkung auf die Grundstücke der Widersprechenden erstreckt (Art. 8 Abs. I),
b) daß die Zustimmenden mehr als die Hälfte der beteiligten Grundfläche besitzen und daß mindestens ein Fünftel der Beteiligten sich für das Unternehmen erklärt (Art. 5 Abs. I),
c) daß die weiteren wesentlichen Vorschriften über das Verfahren bei der Genossenschaftsbildung eingehalten sind. (Vgl. VGH. Bd. 30 S. 23; Bd. 31 S. 21, 66 und 95).

7. wirtschaftlich. Die wirtschaftliche Zweckmäßigkeit verlangt, daß bei dem Unternehmen mit dem geringst möglichen Aufwande der höchstmögliche wirtschaftliche Erfolg erzielt wird, wobei das Unternehmen nicht für sich allein, sondern in seinem Verhältnis zur gesamten Wirtschaft der Genossenschaftsmitglieder und der Allgemeinheit zu betrachten ist. Es wird sich also meist darum handeln, daß die Kosten des Unternehmens möglichst gering und der Ertrag des Unternehmens möglichst groß ist, daß Kosten und Erfolg in einem günstigen Verhältnis zu einander stehen, auch wenn man nach beiden Richtungen hin die Grundstücke im Verhältnis zu der sonstigen Wirtschaft der beteiligten Personen betrachtet.

8. oder. Es braucht nur entweder die wirtschaftliche oder die technische Zweckmäßigkeit die Zuziehung der Grundstücke zu verlangen.

9. technisch. Die technische Zweckmäßigkeit verlangt, daß alle technischen Kenntnisse und Erfahrungen so verwertet werden, daß der höchstmögliche technische Erfolg dauernd gewährleistet wird. Wirtschaftliche und technische Zweckmäßigkeit braucht sich nicht zu decken. Die technisch vollendete Lösung kann wirtschaftlich unzweckmäßig sein, weil sie so kostspielig ist, daß die Kosten in keinem richtigen Verhältnis zu dem erzielten Erfolg stehen; umgekehrt kann eine wirtschaftlich durchaus zweckmäßige Lösung technisch unvollkommen sein, weil sie nur einen Teil des technisch erzielbaren Erfolgs erreicht.

10. Ausdehnung. In Wirklichkeit liegt keine Ausdehnung vor; denn das Projekt sieht in der Regel von vorneherein die Beteiligung dieser Grundstücke als aktiv beteiligt vor. Gemeint ist, daß das Unternehmen nicht ohne Einbeziehung dieser Grundstücke ausgeführt werden kann; die Eigentümer dieser Grundstücke sollen also Mitglieder der Genossenschaft werden. Daraus ergibt sich, daß es sich nur um aktiv, nicht um passiv beteiligte Grundstücke handeln kann (ebenso Eymann Art. 112 Anm. 8).

11. Grundstücke. Es genügt je ein Grundstück oder ein Grundstücksteil jedes Widerstrebenden. Wie sich aus Art. 8 Abs. II ergibt, muß sich die nutzbringende Wirkung des genossenschaftlichen Unternehmens auf diese Grundstücke erstrecken.

12. Widerstrebenden. Gemeint sind die Personen, die gegen ihre Beiziehung zur Genossenschaft förmlich Widerspruch erhoben haben, nicht die Personen, die zwar mit der Durchführung des Unternehmens nicht einverstanden sind, aber trotz richtiger Ladung zur Verhandlungstagfahrt nicht erschienen sind oder nicht abgestimmt haben; denn diese Personen werden als zustimmend erachtet (Art. 68 Abs. II Nr. 4, Art. 69 Abs. I). Ebenso Brenner Art. 112 Anm. 3, Eymann Art. 112 Anm. 1 b.

13. ausgeführt. Es muß unmöglich sein, das Unternehmen in wirtschaftlich oder technisch zweckmäßiger Weise auszuführen, ohne daß die fraglichen Grundstücke einbezogen werden. Diese Voraussetzung ist erfüllt, wenn die Grundstücke, die beigezogen werden sollen, ringsum von genossenschaftlichem Grundbesitz umgeben sind und deshalb im Falle ihrer Nichtbeiziehung zum Genossenschaftsunternehmen von diesem gleichwohl Nutzen hätten (VGH. 33, 94).

14. überwiegt. Für das Wassergesetz, das eine gleichlautende Vorschrift in Art. 112 hat, ist nicht bestimmt, ob der Nutzen und Schaden des gesamten Unternehmens oder nur des widersprechenden Beteiligten gemeint ist. Diese Meinungsverschiedenheit bestand schon bei der Beratung des Wassergesetzes im Reichsratsausschuß und hat sich in der Literatur zum Wassergesetz fortgesetzt. Während Brenner Art. 112 Anm. 3 in Übereinstimmung mit der Erklärung der Staatsregierung im Reichsratsausschuß annahm, daß es sich um den Nutzen und Schaden des gesamten Unternehmens handelt, stellen es Eymann Art. 112 Anm. 1b und Harster-Cassimir Art. 112 Anm. 2 auf die Grundstücke der Widersprechenden ab. Ich schließe mich dieser Auffassung an und nehme auf die überzeugenden Ausführungen Eymanns Bezug. Die Rechtslage ist daher m. E. die, daß nach Art. 8 Abs. II zwar der Eigentümer eines Grundstückes zwangsweise nur beigezogen werden kann, wenn sich die nutzbringende Wirkung des Genossenschaftsunternehmens auf das Grundstück des Widersprechenden erstreckt (mag ihm auch gleichzeitig durch das Unternehmen ein noch größerer Schaden entstehen), daß aber in Art. 6 Abs. II noch ausgesprochen ist, daß eine weitere Voraussetzung für die Zwangsbeiziehung ist, daß für das Grundstück der Nutzen größer sein muß, als der Schaden. Die gegenteilige, anscheinend auch vom VGH. (33, 3) übernommene Auffassung führt auch zu dem unbefriedigenden Ergebnis, daß der Staat (zwar nicht bei den Genossenschaften mit Beitrittszwang, wohl aber bei den freiwilligen Genossenschaften) Körperschaften, die mehr schaden als nützen, unter weitgehender staatlicher Förderung entstehen läßt, sie zu Hilfseinrichtungen des Staates (Körperschaften des öffentlichen Rechts) macht und ihnen weitgehende Sonderrechte (Besteuerungsrecht usw.) einräumt; auch diese unvermeidbare Folgerung zeigt, daß der hier bekämpfte Standpunkt falsch ist.

Mitgliedschaft.

Art. 7.

I Zur Bildung einer Genossenschaft sind mindestens drei Personen erforderlich[1].

II Mitglieder der Genossenschaft (Genossen) sind die jeweiligen Eigentümer[2] der in die Genossenschaft einbezogenen[3] Grundstücke[4].

III Zum Beitritt[5] zur Genossenschaft bedarf der Vater oder die Mutter als Inhaber der elterlichen Gewalt sowie ein Vormund oder ein Pfleger nicht der Genehmigung des Vormundschaftsgerichts oder des Familienrats, ein Nachlaßpfleger nicht der Genehmigung des Nachlaßgerichts, der gesetzliche Vertreter einer Körperschaft[6],

Stiftung[7] oder Anstalt des öffentlichen Rechtes oder einer unter der Verwaltung einer öffentlichen Behörde stehenden Stiftung nicht der Genehmigung der vorgesetzten Behörde.

Ausführungsbestimmungen.

Realprinzip. *§ 15.*

I Die Teilnahme an einer öffentlichen Ödlandgenossenschaft ist ausnahmslos durch das Eigentum an einem Grundstück bedingt (sogen. Realprinzip) (Art. 7 Abs. II des Gesetzes).

II Hienach kann eine Gemeinde oder eine Ortschaft nur dann Mitglied einer Genossenschaft werden, wenn sie Grundstücke besitzt, auf die sich das Genossenschaftsunternehmen erstreckt (Art. 8).

III Pächter von Grundstücken können als Mitglieder von öffentlichen Ödlandgenossenschaften nicht zugelassen werden. Mitglieder können vielmehr nur die Eigentümer der Grundstücke werden.

IV Die sogen. Passivbeteiligten, d. i. die Eigentümer von Grundstücken, denen aus dem Unternehmen kein Vorteil zugeht, die jedoch zur Durchführung des Unternehmens (z. B. zur Anlegung von Strassen und Wegen usw.) in Anspruch genommen werden (Art. 44 des Gesetzes), gehören nicht zu den Genossen.

1. erforderlich. Die drei Personen müssen Eigentümer von Grundstücken sein, die in das Genossenschaftsunternehmen einbezogen sind (Art. 7 Abs. II) und auf die sich die nutzbringende Wirkung des Genossenschaftsunternehmens erstreckt. Den Eigentümern stehen die Nießbraucher, die Erbbauberechtigten, die Erbpächter und die Pfründenießbraucher gleich (Art. 86 Abs. I). Abs. I ist so zu verstehen, daß diese drei Personen drei Grundstücke vertreten; es genügt daher nicht, daß nur die drei Miteigentümer eines Grundstücks oder die Alleineigentümer eines Grundstücks und die zwei Miteigentümer eines anderen Grundstücks oder der Eigentümer eines und der Eigentümer und der Nießbraucher eines anderen Grundstückes beitreten (ebenso Ehmann Art. 113 Anm. 1). Art. 7 spricht ausdrücklich aus, daß zur Bildung der Genossenschaft mindestens drei Personen erforderlich sind, läßt aber die Frage offen, ob diese Personenzahl auch für den Fortbestand der Genossenschaft erforderlich ist. Meines Erachtens ist die Frage mangels ausdrücklicher gesetzlicher Vorschrift zu verneinen (ebenso Harster-Cassimir Art. 113 Anm. 1; a. A. Ehmann Art. 113 Anm. 1). Es steht natürlich nichts im Wege (und es ist sogar zweckmäßig), daß der Fortbestand der Genossenschaft durch die Satzung davon abhängig gemacht wird, daß mindestens drei Personen der Genossenschaft angehören. — Die drei Personen werden für die Bildung der Genossenschaft verlangt. Nach Art. 4 Nr. 2 kann die Genossenschaft auch durch freiwilligen Beitritt eines Teiles der Beteiligten und Zwangsbeiziehung der übrigen Beteiligten gebildet werden. Es ist daher nicht erforderlich, daß die drei Personen

der Genossenschaft freiwillig beitreten; es genügt, daß eine von ihnen ihren freiwilligen Beitritt erklärt und daß die anderen entweder gemäß Art. 68 Abs. II Nr. 4 und Art. 70 als zustimmend erachtet oder nach Art. 74 zwangsweise beigezogen werden. Eine Person muß jedoch freiwillig ihren Beitritt ausdrücklich in der Tagfahrt erklären, weil das Ödlandgesetz Zwangsgenossenschaften nicht kennt. — Ist nur ein Beteiligter vorhanden, so kann er in der Regel die Ödlandverbesserung kraft seines Eigentums ohne weiteres durchführen; er kann auch zu diesem Zweck Landeskulturrentendarlehen zu gleichen Bedingungen erhalten, nur muß er eine Hypothek an dem Grundstück innerhalb der ersten Wertshälfte bestellen. Sind zwei Beteiligte vorhanden, so können sie durch einen bürgerlich-rechtlichen Vertrag die gemeinsame Durchführung der Ödlandverbesserung regeln; das benötigte Landeskulturrentendarlehen muß jeder für seinen Teil unter Bestellung einer Hypothek auf seinen Grundstücken innerhalb der ersten Wertshälfte aufnehmen. — Ist die Errichtung einer selbständigen Genossenschaft mangels dreier Beteiligter nicht möglich, so kann in manchen Fällen dadurch Abhilfe geschaffen werden, daß der oder die beiden Beteiligten in eine benachbarte, für ein anderes Unternehmen bestehende Genossenschaft eintreten, falls diese Genossenschaft ihren Zweck auf die Verbesserung dieses Ödlands ausdehnt. Dies hat jedoch den Nachteil, daß die Genossen dieser Genossenschaft bei der Verbesserung der neuen Grundstücke entsprechend der Genossenschaftssatzung mitzureden haben, ohne daß sie an diesen Grundstücken unmittelbar beteiligt waren.

2. Eigentümer. Die Mitgliedschaft bei einer Wassergenossenschaft ist nicht an eine bestimmte Person, sondern an das Eigentum, den Nießbrauch, das Erbbaurecht, die Erbpacht oder den Pfründenießbrauch (Art. 86 Abs I) an einem bestimmten Grundstück gebunden (Realprinzip). Wer Eigentümer, Nießbraucher, Erbbauberechtigter, Erbpächter oder Pfründenießbraucher dieses Grundstückes wird, wird gleichzeitig von Rechts wegen ohne daß es irgend einer Erklärung bedarf und ohne daß diese Folge durch eine Erklärung, einen Vorbehalt oder irgend einen Rechtsakt ausgeschlossen werden kann, Mitglied der Genossenschaft. Umgekehrt kann jemand aus der Genossenschaft nicht austreten und nicht ausgeschlossen werden, so lange er Eigentümer, Nießbraucher, Erbbauberechtigter, Erbpächter oder Pfründenießbraucher dieses in das Genossenschaftsunternehmen einbezogenen Grundstückes ist. Auch der Fall des Art. 11 bildet keine Ausnahme hievon; denn in diesem Falle scheidet das Grundstück aus dem Unternehmen aus und damit entfällt ohne weiteres die Mitgliedschaft bei der Genossenschaft. Mitglied der Genossenschaft ist stets der Eigentümer, der Nießbraucher, der Erbbauberechtigte, der Erbpächter und der Pfründenießbraucher, nie der sonst an dem Grundstück dinglich oder obligatorisch Berechtigte, also nicht der Pächter, Verwalter, Entleiher, Hypothekgläubiger, Grundschuldgläubiger, Rentenschuldgläubiger, Reallastgläubiger usw., auch nicht Kreis, Bezirk, Gemeinde, Ortschaft, in denen das Grundstück liegt. Alle diese können nur Mitglieder der Genossenschaft werden, wenn sie Eigentum, Nießbrauch, Erbbaurecht, Erbpacht oder Pfründenießbrauch an einem der beteiligten Grundstücke besitzen (ebenso AB. § 15 Abs. II und III, Seite 33). Eine weitere Folge davon, daß die Mitgliedschaft unzertrennlich mit dem Eigentum usw. verknüpft ist, besteht darin, daß der Eigentümer usw.

nur während der Dauer seines Eigentums usw. Mitglied ist und Rechte und Pflichten gegenüber der Genossenschaft haben kann. Eine Ausnahme hievon enthält Art. 29, welcher bestimmt, daß der Eigentümer usw. für die während seines Eigentums usw. fällig werdenden Leistungen auch persönlich haftet (siehe dort).

3. einbezogenen. Welche Grundstücke und Anlagen in die Genossenschaft einbezogen werden, bestimmt Art. 8 Abs. I. Das sind die sog. aktiv beteiligten Grundstücke. Das Eigentum usw. an einem passiv beteiligten Grundstück, d. h. an einem Grundstück, das zur Durchführung des Unternehmens benötigt wird, aber selbst keinen Nutzen aus dem Unternehmen zieht, begründet nicht die Mitgliedschaft bei der Genossenschaft (ebenso AB. § 15 Abs. IV Seite 33). Den Kreis der einbezogenen Grundstücke legt zunächst das Projekt fest. Diese Festlegung kann jedoch jederzeit geändert werden. Über die Einbeziehung wird vorläufig von der Bezirksverwaltungsbehörde bei der Feststellung des Kreises der Beteiligten (Art. 68 Abs. I) entschieden. Diese Entscheidung kann jedoch in der Tagfahrt von der Bezirksverwaltungsbehörde oder im Einvernehmen mit dieser von der Genossenschaft geändert werden. Nach der Tagfahrt kann die Regierung bei der Satzungsgenehmigung (Art. 75) und, falls Widersprüche oder Einsprüche erhoben worden sind, die Verwaltungsrechtsinstanz (Art. 74) den Kreis der Beteiligten anders bestimmen. Damit ist der Kreis der Beteiligten endgültig festgelegt. Gleichwohl sind auch darnach noch Änderungen des Kreises der Beteiligten zulässig und zwar durch freiwillige Vereinbarung der Beteiligten (Genossenschaft und Grundstückseigentümer), wenn sie darüber einig sind, daß sich die nutzbringende Wirkung des Unternehmens entgegen der bisherigen Annahme auf das Grundstück erstreckt oder nicht erstreckt (teilweise a. M. Eymann Art. 138 Anm. 1 a), ferner auf Grund der Art. 9 bis 12 auch ohne Einigung der Beteiligten. Es kann vorkommen, daß sich die Beteiligten über die nachträgliche Einbeziehung oder Weglassung eines Grundstückes einigen, ohne daß die gesetzlichen Voraussetzungen hierfür (Art. 8 Abs. I) gegeben wären. In diesem Falle kann die Aufsichtsbehörde eingreifen (Art. 38); sie wird von diesem Recht wohl nur dann Gebrauch machen, wenn durch die Einbeziehung oder Weglassung des Grundstückes die Rechte oder Interessen der Genossenschaft oder anderer Personen geschädigt werden.

4. Grundstücke. Auch Grundstücksteile können einbezogen werden. Siehe auch Art. 8 Anm. 2.

5. Beitritt. Abs. III bezieht sich nur auf den freiwilligen Beitritt, nicht auf die Zwangsbeiziehung (ebenso Eymann Art. 114 Anm. 5).

6. Körperschaft. Die Worte „des öffentlichen Rechts" gehören nicht nur zu dem Wort „Anstalt", sondern auch zu den Worten „Körperschaft" und „Stiftung". Zu den Körperschaften des öffentlichen Rechts gehören u. a. der Staat, die Kreise, die Bezirke, die Gemeinden, die Ortschaften, die öffentlichen Wassergenossenschaften, die öffentlichen Flurbereinigungsgenossenschaften usw.; bei diesen ist daher, soweit sie überhaupt in Betracht kommen, eine staatsaufsichtliche Genehmigung nicht erforderlich.

7. Stiftung. Die Stiftungen des öffentlichen Rechts sind wohl von den öffentlichen Stiftungen zu unterscheiden. Öffentliche Stiftungen sind diejenigen, welche einem öffentlichen Zwecke gewidmet sind, während Stiftungen des öffentlichen Rechtes solche Stiftungen sind, die in einem organischen Zusammenhang mit dem Staat, mit einer Gemeinde, oder einem sonstigen Verband oder einer Anstalt des öffentlichen Rechts stehen, der die Stiftung selbst zu einer öffentlichen Einrichtung macht (Eymann Art. 14 Anm. 8).

Kreis der Genossen.

Art. 8.

I Die Genossenschaft wird gebildet [1] aus den Eigentümern der Grundstücke [2], auf die sich das Genossenschaftsunternehmen in seiner nutzbringenden Wirkung [3] erstreckt.

II Eigentümer anderer Grundstücke [4] können nicht zwangsweise [5] zur Genossenschaft beigezogen werden.

1. gebildet. Abs. I wiederholt teilweise den Inhalt des Art. 7 Abs. II insoferne, als er nochmals das Realprinzip betont. Da der Inhalt der beiden Absätze identisch ist, ergibt sich aus der Vergleichung beider Vorschriften, daß in das genossenschaftliche Unternehmen alle, aber auch nur die Grundstücke einbezogen werden können, auf die sich die nutzbringende Wirkung des Genossenschaftsunternehmens erstreckt. Eine bisherige andere Kulturart oder Benutzungsweise hindert die Einbeziehung in die Genossenschaft nicht (VGH. 31, 67). Bei den Grundstücken, deren Eigentümer (Nießbraucher, Erbbauberechtigte, Erbpächter, Pfründenießbraucher; vgl. Art. 86 Abs. I) der Genossenschaft nicht freiwillig beitreten, hängt die Einbeziehung in die Genossenschaft auch noch von der Erfüllung der Voraussetzungen des Art. 6 Abs. II ab.

2. der Grundstücke. Oder Grundstücksteile (vgl. Art. 7 Anm. 4). Wird nur ein Grundstücksteil in die Genossenschaft einbezogen, so kommt bei der Berechnung der Fläche nach Art. 5 Abs. I und, falls die Beiträge nach der Fläche erhoben werden, auch bei der Beitragsberechnung nur die einbezogene Teilfläche des Grundstücks in Betracht.

3. Wirkung. Darunter versteht man den wirtschaftlichen Nutzen, der dem Grundstück durch die Ausführung des genossenschaftlichen Unternehmens entsteht; eine bloße Annehmlichkeit genügt nicht. Der Schaden, den das Grundstück etwa nach einer Richtung infolge der Ausführung des Unternehmens erleidet, darf nicht größer als der nach anderer Richtung ihm zugehende Nutzen sein. (VGH. 33, 3; 34, 171.) Von einer nutzbringenden Wirkung ist erst dann die Rede, wenn die Summe aller Vorteile abzüglich der Summe aller Nachteile noch einen positiven Vorteil (Nettovorteil) ergibt. Der Nutzen besteht bei der Ödlandverbesserung in der Erzielung eines größeren landwirtschaftlichen Ertrags. Es genügt schon ein geringer Nutzen, er braucht nicht erheblich zu sein, während beim nachträglichen Beitritt (Art. 9 Abs. I) ein wesentlicher Vorteil verlangt wird. Zieht das Grundstück keinen Nutzen aus dem Unternehmen oder ist der Schaden größer als der Nutzen, so kann der Eigentümer (Nießbraucher, Erbbauberechtigte, Erbpächter, Pfründenießbraucher) Widerspruch gegen die Beiziehung zur Genossenschaft erheben; verzichtet die Genossenschaft nicht auf die Beiziehung des Grundstücks, so wird darüber im verwaltungsrechtlichen Verfahren des Art. 74 entschieden; erste Instanz ist hiebei die Regierung, Kammer des Innern, zweite Instanz der Verwaltungsgerichtshof. Erhebt ein Grundstückseigentümer Anspruch auf Aufnahme in die Genossenschaft und wird dieser Anspruch abgelehnt, weil sich die nutzbringende Wirkung des genossenschaftlichen Unternehmens auf dieses Grundstück nicht erstreckt, so können der Grundstückseigentümer und die Genossenschaft eine verwaltungsrechtliche Entscheidung über das Beitrittsrecht gemäß Art. 83 Abs. I herbeiführen (ebenso Eymann Art. 136 Anm. 1 c, Brenner Art. 136 Anm. 4, a. A. Harster-Cassimir Art. 136 Anm. 2); erste Instanz ist die Bezirksverwaltungsbehörde, in deren Bezirk das Grundstück liegt, zweite Instanz der Verwaltungsgerichtshof. Alle Grundstücke, auf die sich die nutzbringende Wirkung nicht erstreckt, können nicht in die Genossenschaft einbezogen werden. Wenn also z. B. inmitten des Ödlands ein Grundstück ausschließlich als Weg benützt werden soll, kann es nicht zur Genossenschaft beigezogen werden. Es ist lediglich passiv beteiligt; es kann, wenn die Überlassung als Weg nicht freiwillig zugestanden wird, unter Umständen enteignet (Art. 42) oder mit einer Dienstbarkeit belastet (Art. 41) werden; keinesfalls aber ist sein Eigentümer Mitglied der Genossenschaft. Die passiv beteiligten Grundstücke sind Objekt, nicht Subjekt der Genossenschaft. — Über die Frage, wer über das Vorliegen der nutzbringenden Wirkung entscheidet, siehe Art. 7 Anm. 3.

4. anderer Grundstücke. Das sind entweder die passiv oder die überhaupt nicht beteiligten Grundstücke. Wegen der passiv beteiligten Grundstücke siehe Anm. 3.

5. zwangsweise. Die Eigentümer dieser Grundstücke können auch nicht freiwillig beitreten, weil Abs. I genau bestimmt, welche Grundstücke in eine Genossenschaft einbezogen werden dürfen. Abs. II ist lediglich die negative Fassung des Inhalts des Abs. I und daher überflüssig (ebenso Harster-Cassimir Art. 136 Anm. 3).

Nachträgliche Aufnahme.

Art. 9.

I Die Genossenschaft[1] ist verpflichtet[2] Eigentümer benachbarter Grundstücke[3] auf ihren Antrag in die Genossenschaft aufzunehmen[4], wenn diese Grundstücke[5] nachweislich[6] wesentliche Vorteile aus dem Genossenschaftsunternehmen ziehen[7] und wenn den bisherigen Genossen Nachteile aus dem Beitritte nicht entstehen[8].

II Die Genossenschaft ist berechtigt[9] von den Eigentümern[10] der neu hinzugekommenen Grundstücke einen angemessenen Anteil an den bisherigen Aufwendungen für das Unternehmen[11] sowie die vorherige Entrichtung der ihr durch den Anschluß erwachsenen besonderen Kosten[12] zu verlangen.

1. Genossenschaft. Welches Organ der Genossenschaft zuständig ist, ergibt sich aus der Satzung der Genossenschaft.

2. verpflichtet. Streitigkeiten sind Verwaltungsrechtssachen nach Art. 83 Abs. I.

3. benachbarter Grundstücke. Die Grundstücke müssen nahe bei den übrigen Grundstücken gelegen sein; es ist nicht erforderlich,

daß sie an diese unmittelbar angrenzen (ebenso Brenner Art. 137 Anm. 3, Harster-Cassimir Art. 137 Anm. 1, Eymann Art. 137 Anm. 3). Den Eigentümern stehen die Nießbraucher, Erbbauberechtigten, Erbpächter und Pfründenießbraucher gleich (Art. 86 Abs. I).

4. aufzunehmen. Es handelt sich hier um die Aufnahme, nachdem die Satzung der Genossenschaft von der Regierung genehmigt (Art. 16, 75) ist (dies ergibt sich aus der Überschrift und aus dem Wort „bisher"); für die Aufnahme im Gründungsverfahren gilt Art. 8. Die Voraussetzungen sind bei der nachträglichen Aufnahme strenger als bei der Aufnahme im Gründungsverfahren. Art. 9 handelt nur von der Verpflichtung zur Aufnahme, nicht von der freiwilligen nachträglichen Aufnahme. Für die letztere gelten die Voraussetzungen des Art. 9 nicht, sondern nur die Voraussetzungen des Art. 8; besondere Erschwerungen durch die Satzung sind jedoch zulässig (ebenso Harster-Cassimir Art. 137 Anm. 1). — Die Aufnahme wird wirksam, wenn das zuständige Genossenschaftsorgan den Antrag genehmigt oder wenn der verwaltungsrechtliche Beschluß über die Aufnahmeverpflichtung rechtskräftig wird.

5. diese Grundstücke. Es genügt, daß bei einem Grundstück oder einem Grundstücksteil diese Voraussetzungen erfüllt sind; selbstverständlich wird dann nur dieses Grundstück oder dieser Grundstücksteil in die Genossenschaft aufgenommen.

6. nachweislich. Durch dieses Wort soll nicht etwa dem Antragsteller die Beweislast aufgebürdet werden; denn im Verfahren nach dem Ödlandgesetz gibt es keine Beweislast, sondern Sachverhalt und Beweise werden von Amts wegen erhoben (Art. 57 Abs. I). Das Wort nachweislich will nur besagen, daß die Voraussetzungen nicht schon erfüllt sind, wenn für die Grundstücke wesentliche Vorteile erhofft oder vermutet werden, sondern erst dann, wenn tatsächlich festgestellt worden ist, daß diese Vorteile vorhanden sind (a. A. Harster-Cassimir in dem gleichgelagerten Fall des Art. 138 Anm. 4).

7. ziehen. Der Ausdruck „das Grundstück zieht Vorteile aus dem Genossenschaftsunternehmen" deckt sich mit dem Ausdruck „das Genossenschaftsunternehmen erstreckt sich in seiner nutzbringenden Wirkung auf das Grundstück" in Art. 8 Abs. I. Vgl. daher Bem. 3 zu Art. 8. Auch in Art. 9 sind die Nettovorteile gemeint. Die Vorteile müssen jedoch im Falle des Art. 9 so groß sein, daß sie im Verhältnis zu dem bisherigen Wert oder dem bisherigen Ertrag der Grundstücke eine Rolle spielen.

8. entstehen. Im Gegensatz zu den Vorteilen genügen schon unwesentliche Nachteile, um die Aufnahme auszuschließen. Bei Ödlandverbesserungen werden solche Nachteile selten vorkommen.

9. berechtigt. Ob die Genossenschaft von ihrem Recht Gebrauch macht, steht in ihrem freien Ermessen. Bestreitet der Aufzunehmende, daß die Genossenschaft berechtigt ist, die in Abs. II erwähnten Kostenanteile überhaupt oder in der geforderten Höhe oder zu dem verlangten Zeitpunkt zu erheben, so liegt eine Verwaltungsrechtssache gemäß Art. 82 Abs. I vor. Erste Instanz ist die Bezirksverwaltungsbehörde, in deren Bezirk das Grundstück liegt, zweite Instanz der Verwaltungsgerichtshof. Bestreitet der Aufzunehmende das Recht der Genossenschaft nicht, sondern

wendet er sich nur dagegen, daß die Genossenschaft von ihrem Ermessen überhaupt oder in dieser Höhe oder zu dieser Zeit Gebrauch macht, so liegt eine Verwaltungsrechtssache nicht vor; es kann nur eine Staatsaufsichtsbeschwerde (Art. 38) in Frage kommen. Vgl. auch die eingehenden Ausführungen bei Eymann Art. 137 Anm. 1b und c.

10. Eigentümern. Dasselbe gilt für die Nießbraucher, Erbbauberechtigten, Erbpächter und Pfründenießbraucher (Art. 86 Abs. I).

11. Unternehmen. Es wird sich hier um die allgemeinen Kosten und die Kosten von gemeinschaftlichen Einrichtungen (z. B. Anlage von Wegen, Überfahrten, Brücken usw.) handeln. Es wäre unbillig, von den neu Beitretenden den Teil, der auf die einzelnen Grundstücke entfallenden besonderen Kosten ersetzt zu verlangen. Die Beteiligung an den allgemeinen Aufwendungen kann in der Weise erfolgen, daß die Genossenschaft ein Landeskulturrentendarlehen aufnimmt und der Beitretende sich verpflichtet, die Kulturrenten hievon zu tragen. Der Betrag dieses Darlehens wird von der Genossenschaft zur Deckung von Erweiterungs- und Instandsetzungskosten, zur Verstärkung der Rücklage oder zur teilweisen außerordentlichen Heimzahlung des Landeskulturrentendarlehens zu verwenden sein. Im Gegensatz zu den durch den Anschluß erwachsenden besonderen Kosten braucht der Beitrag zu den allgemeinen Kosten nicht vorher entrichtet zu werden.

12. besonderen Kosten. Hierunter fallen insbesondere die Kosten der Verbesserung der neu einbezogenen Grundstücke. Diese Kosten sind vor der Aufnahme zu entrichten. Sie können in Bargeld oder mit Zustimmung der Genossenschaft in Sachwerten, insbesondere in Waren, die für die Verbesserung benötigt werden, (z. B. Kunstdünger) entrichtet werden. Die Entrichtung in der Weise, daß die Genossenschaft ein Landeskulturrentendarlehen aufnimmt und der Beitretende die Kulturrente übernimmt, ist hier, im Falle die Genossenschaft nicht ausdrücklich zustimmt, durch den Ausdruck „vorherige Entrichtung" ausgeschlossen; denn dadurch ist zum Ausdruck gebracht, daß die Genossenschaft das Risiko der Zahlung nicht tragen will. Der Beitretende kann sich jedoch die erforderlichen Mittel dadurch verschaffen, daß er selbst ein Landeskulturrentendarlehen aufnimmt. Dieser Ausweg bedeutet allerdings keinen vollwertigen Ersatz; denn erstens muß er für das Darlehen eine Hypothek bestellen und zweitens kann das Darlehen nur bis zur Höhe des halben Wertes des Grundstückes gegeben werden, der gerade bei Ödlandgrundstücken in der Regel sehr gering sein wird. — Trotz der Vorausentrichtung der besonderen Kosten haben die neu Beigetretenen dieselben Verpflichtungen zur Beitragsleistung wie die übrigen Genossen; soweit es sich um die besonderen, durch den Beitritt veranlaßten Kosten handelt, sind natürlich die voraus entrichteten Beträge auf die Beitragsleistung anzurechnen.

Nachträgliche Beiziehung. **Art. 10.**

I Die Aufsichtsbehörde (Art. 38) ist befugt [1] auf Antrag [2] des Genossenschaftsvorstandes [3] Eigentümer [4] von Grundstücken, die der Genossenschaft nicht angehören [5], jedoch an den Vorteilen des

Unternehmens nachweislich wesentlichen Anteil haben[6], zu der Genossenschaft beizuziehen[7].

II Die Eigentümer der nachträglich beigezogenen Grundstücke können zu den bisherigen Aufwendungen für das Genossenschaftsunternehmen nach Maßgabe dieser Vorteile herangezogen werden[8].

1. befugt. Art. 10 bezieht sich auf den Fall, daß die Genossenschaft gegründet und die Satzung genehmigt ist. Im Gründungsstadium obliegt die Antragstellung auf zwangsweise Beiziehung der Mehrheit der Genossen bzw. dem sie vertretenden Genossenschaftsvorstand oder den Beauftragten (Art. 72 Abs II, III); die Regierung entscheidet lediglich darüber, ob dieser Anspruch rechtlich begründet ist (Art. 74). Art. 10 unterscheidet sich von Art. 9 nur dadurch, daß hier die Genossenschaft die Beiziehung des Grundstücks wünscht, während bei Art. 9 der Grundstückseigentümer in die Genossenschaft aufgenommen werden will. Außer diesen beiden Fällen ist noch der Fall möglich, daß sich beide Teile in dem Wunsche auf Einbeziehung eines Grundstücks einig sind; in diesem Falle brauchen weder die Voraussetzungen des Art. 9 noch die des Art. 10, sondern nur die des Art. 8 erfüllt zu sein. — Die Voraussetzungen des Art. 10 sind nicht so streng, wie die des Art. 9. — Die Aufsichtsbehörde ist berechtigt, aber nicht verpflichtet, die Eigentümer der Grundstücke beizuziehen, wenn die Voraussetzungen des Art. 10 erfüllt sind. Ob die Aufsichtsbehörde von dieser Befugnis Gebrauch macht, ist Sache ihres pflichtmäßigen Ermessens, während im Falle der Zwangsbeiziehung im Gründungsverfahren die Mehrheit einen verwaltungsrechtlich verfolgbaren Anspruch auf Beiziehung der Minderheit hat (VGH. 34, 171). Lehnt die Aufsichtsbehörde den Antrag des Genossenschaftsvorstandes ab, so ist, da es sich hier nicht um einen Rechtsanspruch, sondern eine Ermessensfrage handelt, lediglich Beschwerde nach Art. 61 Abs. I zulässig. Behauptet dagegen der Grundstückseigentümer, daß bei ihm die Voraussetzungen des Art. 10 nicht erfüllt sind und daher seine Beiziehung unzulässig ist, so handelt es sich um eine Verwaltungsrechtssache nach Art. 83. Behauptet der Beizuziehende, daß seine Beiziehung unzweckmäßig sei, während die rechtliche Zulässigkeit der Beiziehung nicht bestritten wird, so ist nur Verwaltungsbeschwerde zulässig (ebenso Harster-Cassimir Art. 145 Anm. 3, Eymann Art. 145 Anm. 1 c). Ich kann nicht annehmen, daß die Entscheidung des Verwaltungsgerichtshofs in Bd. 34 S. 171 dieser Auffassung entgegensteht; denn sie bezieht sich offenbar nur auf die Frage, ob die Zuziehung rechtlich zulässig war, nicht aber, ob von der Beiziehungsbefugnis Gebrauch gemacht werden sollte.

2. Antrag. Der Antrag ist eine unerläßliche Voraussetzung der Beiziehung. Ob der Genossenschaftsvorstand den Antrag stellt, steht in seinem Ermessen.

3. Genossenschaftsvorstandes. Siehe Art. 17 ff.

4. Eigentümer. Dasselbe gilt von den Nießbrauchern, Erbbauberechtigten, Erbpächtern und Pfründenießbrauchern (Art. 86 Abs. I).

5. angehören. Das können alle Grundstücke sein, die bisher nicht als aktiv beteiligt behandelt worden sind, auch passiv beteiligte Grundstücke, wenn sie einen wesentlichen Vorteil von dem Unternehmen

haben. Meist wird es sich um Grundstücke handeln, bei denen sich erst nach der Ausführung des Unternehmens ergeben hat, daß sie einen Vorteil von dem Unternehmen haben.

6. Anteil haben. Die Begriffe „Das Genossenschaftsunternehmen erstreckt sich in seiner nutzbringenden Wirkung auf das Grundstück" (Art. 8), „Das Grundstück zieht Vorteil aus dem Genossenschaftsunternehmen" (Art. 9) und „Das Grundstück hat an den Vorteilen des Unternehmens Anteil" (Art. 10) decken sich. Auch im Art. 10 ist der Nettovorteil gemeint. Vgl. Art. 8 Anm. 3. Es ist jedoch zu beachten, daß in den Fällen der Art. 9 und 10 der Vorteil nachweislich und wesentlich sein muß, während dies in den Fällen des Art. 8 nicht verlangt wird. Vgl. hiewegen Art. 9 Anm. 6 und 7. — Harster-Cassimir Art. 146 Anm. 1 ist der Auffassung, daß die Voraussetzung des Art. 6 Abs. II auch für die Fälle des Art. 10 gilt. Ich teile diese Auffassung nicht, weil ich der Meinung bin, daß dies im Gesetz selbst hätte zum Ausdruck kommen müssen. Ich halte auch die Begründung bei Harster-Cassimir für unzutreffend, daß es nicht der Wille des Gesetzes sein könne, die nachträgliche Zwangsbeiziehung an leichtere Voraussetzungen zu knüpfen, als die ursprüngliche. Meines Erachtens ist dies sehr wohl möglich, denn es ist durchaus richtig, die zwangsweise Beiziehung zu erleichtern, wenn bereits der Nachweis erbracht ist, daß das Grundstück wesentlichen Anteil an den Vorteilen des Unternehmens hat; in einem Zeitpunkt, in dem lediglich die Vermutung besteht, daß sich die Vorteile des Unternehmens auf das Grundstück erstrecken, muß der Gesetzgeber mit der Zulassung des Zwangs vorsichtiger sein. Übrigens ist die Aufsichtsbehörde durchaus nicht gehindert, die dem Art. 6 Abs. II zugrunde liegenden Erwägungen bei der Prüfung der Frage, ob sie die Beiziehung aussprechen will, zu berücksichtigen; eine Voraussetzung für die Beiziehung bildet aber das Vorliegen der Tatbestandsmerkmale des Art. 6 Abs. II nicht. — Harster-Cassimir a. a. O. ist weiter der Ansicht, daß sich durch die nachträgliche Beiziehung die Genossenschaft aus einer freiwilligen in eine Genossenschaft mit Beitrittszwang verwandle. Auch diese Ansicht halte ich für unrichtig. Die Unterscheidung in freiwillige Genossenschaften und Genossenschaften mit Beitrittszwang hat nur Bedeutung für das Gründungsverfahren; mit der Genehmigung der Satzung und der Verbescheidung der Widersprüche erlöschen endgültig alle Unterschiede der beiden Genossenschaftsarten. Würde man aber mit Harster-Cassimir auch später noch an diesen Unterschieden festhalten, so wäre die unerläßliche Folgerung, daß man bei der nachträglichen zwangsweisen Beiziehung auch die in Art. 5 vorgeschriebene Mehrheit der Genossen (diese wird wohl immer gegeben sein) und die daselbst verlangte qualifizierte Minderheit der Grundfläche (diese wird durchaus nicht immer vorliegen) verlangt; von dieser Folgerung erwähnt aber Harster-Cassimir nichts.

7. beizuziehen. Die Beiziehung erfolgt in der Weise, daß die Aufsichtsbehörde ausspricht, der Eigentümer des Grundstücks a sei verpflichtet, mit diesem Grundstück der Genossenschaft anzugehören. Vor der Entscheidung ist der Grundstückseigentümer zu hören (Art. 57 Abs. II). — Die Mitgliedschaft des Beigezogenen beginnt mit der Rechtskraft des Beschlusses der Aufsichtsbehörde (ebenso Eymann Art. 145 Anm. 1d, Harster-Cassimir Art. 145 Anm. 1, Eymann Art. 145 Anm. 8).

8. werden. Abs. II deckt sich mit der ersten Hälfte des Art. 9 Abs. II mit dem Unterschied, daß bei Art. 10 der Beitrag „nach Maßgabe der Vorteile" zu bemessen ist, während er nach Art. 9 angemessen sein muß. Art. 10 verlangt daher, daß die Beitragsleistung des neu zugezogenen Eigentümers in demselben Verhältnis zu den bisherigen Beiträgen der übrigen Eigentümer steht wie der Vorteil des neu zugezogenen Eigentümers zu den Vorteilen der übrigen Eigentümer. Die künftig fälligen Leistungen haben beide in gleicher Weise zu entrichten. Ob die Genossenschaft von der Befugnis der Heranziehung zu den bisherigen Aufwendungen Gebrauch macht, ist ihr überlassen („können"). Ein Rechtsmittel gegen ihre Entscheidung ist nur dann zulässig, wenn der beigezogene Eigentümer die Berechtigung der Genossenschaft zur Erhebung des Beitrags überhaupt oder in der festgesetzten Höhe bestreitet. In diesem Falle erfolgt verwaltungsrechtliche Entscheidung nach Art. 83. Im Gegensatz zu der hier und von Harster-Cassimir Art. 145 Anm. 2 vertretenen Auffassung ist Eymann Art. 145 Anm. 1d der Auffassung, daß die Befugnis zur Heranziehung des neuen Genossen zu den bisherigen Aufwendungen nicht der Genossenschaft, sondern der Aufsichtsbehörde eingeräumt ist. Der Wortlaut läßt zwar diese Ansicht zu; es muß aber doch davon ausgegangen werden, daß alle Genossenschaftsrechte (und zu zu diesen gehört in erster Linie der Anspruch gegen die Mitglieder auf Beiträge), die nicht ausdrücklich einer Behörde zugewiesen sind, von der Genossenschaft selbst ausgeübt werden. Zu einer Übertragung an die Behörde besteht auch keine Notwendigkeit, da der Anspruch im Streitfalle ohnehin verwaltungsrechtlicher Entscheidung unterliegt.

Nachträglicher Austritt.

Art. 11.

I Die Genossenschaft ist verpflichtet[1] Genossen[2] auf ihren Antrag[3] das Ausscheiden aus der Genossenschaft mit ihrem Grundstücke[4] zu gestatten[5], wenn das Grundstück aus dem Unternehmen ohne Verschulden des Eigentümers[6] nachweislich[7] keinen Vorteil[8] oder durch eine andere Anlage[9] einen größeren Vorteil zieht[10] oder durch das Unternehmen Schaden erleidet[11] und[12] der Austritt die Erfüllung des Genossenschaftszwecks nicht wesentlich beeinträchtigt[13].

II Ist der Austritt ausgeschlossen, weil durch ihn die Erfüllung des Genossenschaftszwecks wesentlich beeinträchtigt würde[14], so kann der Eigentümer des Grundstücks von der Genossenschaft verlangen[15], daß sie das Grundstück gegen Entschädigung[16] übernimmt[17].

III Zwangsweise beigezogene Genossen[18] haben in den Fällen der Abs. I und II Anspruch[19] auf Rückerstattung der bezahlten Beiträge[20] und auf Ersatz des erlittenen Schadens[21] aus der Genossenschaftskasse[22]. Der Rückersatz der bezahlten Beiträge unterbleibt[23] für die Zeit, während welcher der Genosse aus dem Unternehmen einen Vorteil[24] gezogen hat.

1. verpflichtet. Streitigkeiten hierüber sind Verwaltungsrechtssachen gemäß Art. 83 Abs. I.

2. Genossen. Es ist belanglos, ob diese den Beitritt freiwillig erklärt haben oder wegen Nichterscheinens oder Nichtabstimmens trotz ordnungsmäßiger Ladung als zustimmend erachtet oder zwangsweise beigezogen worden sind. Lediglich für die Frage des Schadensersatzes (Abs. III) spielt die Zwangsbeiziehung eine Rolle (ebenso Eymann Art. 138 Anm. 1 a).

3. Antrag. Ausscheiden ohne Antrag: siehe Art. 12. Ausscheiden im beiderseitigen Einverständnis: siehe Art. 7 Anm. 3.

4. Grundstücke. Besitzt ein Genosse mehrere in die Genossenschaft einbezogene Grundstücke, so ist die Frage für jedes Grundstück besonders zu prüfen.

5. gestatten. Das Ausscheiden wird in dem Zeitpunkt wirksam, in dem die Erklärung des zuständigen Genossenschaftsorgans dem Genossen zugeht oder die verwaltungsrechtliche Entscheidung über die Verpflichtung der Genossenschaft zur Duldung des Ausscheidens rechtskräftig wird (ebenso Harster-Cassimir Art. 138 Anm. 1). — Wegen des Anspruchs auf Rückerstattung der Beiträge und des Ersatzes des erlittenen Schadens siehe Abs. III.

6. Eigentümers. Ein solches Verschulden ist in doppelter Richtung denkbar: Entweder unterläßt der Eigentümer die Maßnahmen, die zur ordnungsmäßigen Bewirtschaftung gehören, oder er trifft Maßnahmen, die den Wert oder den Ertrag des Grundstücks mindern. Es braucht nicht ein Verschulden der Genossenschaft vorzuliegen, es genügt vielmehr, wenn die Voraussetzungen des Art. 11 infolge von Umständen, die nicht ein Verschulden des Genossen darstellen, veranlaßt sind. Was vom Eigentümer gilt, gilt auch vom Nießbraucher, Erbbauberechtigten, Erbpächter oder Pfründenießbraucher (Art. 86 Abs. I).

7. nachweislich. Siehe Art. 9 Anm. 5.

8. keinen Vorteil. Der Ausdruck „Das Grundstück zieht aus dem Unternehmen Vorteil", deckt sich mit dem Ausdruck „Das Genossenschaftsunternehmen erstreckt sich in seiner nutzbringenden Wirkung auf das Grundstück" in Art. 8 Abs. I und mit dem Ausdruck „Das Grundstück hat an den Vorteilen des Unternehmens Anteil" in Art. 10 Abs. I; außerdem ist derselbe Ausdruck wie in Art. 11 Abs. I auch in Art. 9 Abs. I gebraucht. Wegen der Auslegung dieser Begriffe siehe Anm. 3 zu Art. 8. Auch im Art. 11 ist der Nettovorteil gemeint. Es ist zu beachten, daß in den Fällen der Art. 9 und 10 ein wesentlicher Vorteil verlangt wird, während in den Fällen des Art. 8 und 11 jeder Vorteil genügt.

9. Anlage. Es braucht sich nicht um eine gleichartige Anlage zu handeln. Außer Ödlandverbesserungen kommen hier Bewässerungen, Entwässerungen, Flurbereinigungen, Wildbachverbauungen, sonstige Uferschutzanlagen, Flußregulierungen, Dammbauten, aber auch Anlagen zur Gewinnung von Torf, Sand, Kies, Mergel, Lehm, Steinen und sonstigen Bodenbestandteilen oder von Wasserkraft, gewerbliche und industrielle Anlagen, Wohnungsbauten usw. in Frage. — Es kann sich um die Anlage einer anderen Genossenschaft, einer sonstigen Person oder des Genossen selbst handeln.

10. zieht. Wie bei den Ödlandverbesserungsunternehmungen muß auch bei dieser Anlage nicht der Vorteil allein, sondern der Vorteil abzüglich des etwaigen Schadens berücksichtigt werden (Nettovorteil).

11. erleidet. Diese Voraussetzung ist nicht erfüllt, wenn irgend ein Schaden entsteht, sondern der Schaden muß den Nutzen überwiegen (ebenso Eymann Art. 138 Anm. 10).

12. und. Der Tatbestand des Art. 11 ist nur erfüllt, wenn die beiden durch „und" verbundenen Voraussetzungen gegeben sind. Hiebei ist zu beachten, daß der auf das Wort „und" folgende Satzteil nicht bloß zu der 3. Alternative („durch das Unternehmen Schaden erleidet"), sondern zu allen drei Alternativen gehört. Es muß daher eine der drei Alternativen und die auf das Wort „und" folgende Voraussetzung erfüllt sein (ebenso Brenner Art. 138 Anm. 4).

13. beeinträchtigt. Eine wesentliche Beeinträchtigung des Genossenschaftszweckes liegt vor, wenn sich infolge des Ausscheidens die beteiligte Fläche so vermindern würde, daß die Kosten, die auf die im Genossenschaftsverbande verbleibenden Grundstücke entfallen würden, außer Verhältnis zu dem Nutzen des Unternehmens stehen würden. Die Verteuerung des Unternehmens allein genügt nicht (ebenso Eymann Art. 138 Anm. 11). Liegt eine wesentliche Beeinträchtigung vor, so gilt Abs. II.

14. beeinträchtigt würde. S. Anm. 13. Abs. II setzt voraus, daß die übrigen Voraussetzungen des Abs. I erfüllt sind. (Ebenso Eymann Art. 138 Anm. 12.)

15. verlangen. Anders ausgedrückt: Die Genossenschaft ist auf Verlangen des Genossen verpflichtet, das Grundstück zu übernehmen.

16. Entschädigung. Da das Gesetz nichts anderes bestimmt, muß die Entschädigung angemessen sein. Die Entschädigung ist nicht ausdrücklich auf den Ertragswert beschränkt; es muß daher der Verkehrswert ersetzt werden. Die Entschädigung ist Zug um Zug gegen die Übertragung des Eigentums zu leisten. Streitigkeiten über den Entschädigungsanspruch selbst gehören vor die bürgerlichen Gerichte, Streitigkeiten über die Höhe der Entschädigung werden auf Antrag in dem Verfahren nach Art 84 entschieden; im übrigen gehören sie ebenfalls vor die ordentlichen Gerichte. Sicherheitsleistung für die Entschädigung kann nicht verlangt werden (ebenso Harster-Cassimir Art. 138 Anm. 2); Artikel 60 ist hier nicht anwendbar.

17. übernimmt. Das heißt, daß die Genossenschaft das Eigentum an dem Grundstück erwirbt und zwar in der Größe und Beschaffenheit und mit den Belastungen, wie sie bei der Stellung des Verlangens vorhanden sind. Die Genossenschaft erfüllt ihre Verpflichtung dadurch, daß sie das Eigentum an dem Grundstück erwirbt und gleichzeitig die Entschädigung bezahlt. Einigen sich die Beteiligten, so erfolgt die Eigentumsübertragung durch notariellen Vertrag und Eintragung der Eigentumsveränderung im Grundbuch. Die Kosten der Eigentumsübertragung sind von der Genossenschaft zu tragen (ebenso Harster-Cassimir Art. 138 Anm. 2). Einigen sich die Beteiligten über die Eigentumsübertragungspflicht nicht, so wird über diese Verpflichtung im verwaltungsrechtlichen Verfahren nach Art. 83 Abs. I entschieden. Auf Grund einer vollstreckbaren Ausfertigung der rechtskräftigen verwaltungsrechtlichen Entscheidung kann die Eigentumsumschreibung im Grundbuch verlangt werden (a. A. Eymann Art. 138 Anm. 14). Besteht Streit nur über die Höhe der Entschädigung, so ist auf Antrag das Verfahren nach Art. 84 durchzuführen; liegt ein solcher Antrag nicht vor, so haben über die Höhe der Entschädigung die ordentlichen Gerichte zu entscheiden. Erstreckt sich der Streit auf die Verpflichtung zur Eigentumsübertragung und die Höhe der Entschädigung, so ist im verwaltungsrechtlichen Verfahren auf Antrag zugleich die Höhe der Entschädigung festzusetzen. — Wegen der Erstattung der bezahlten Beiträge und des Ersatzes des entstehenden Schadens siehe Abs. III.

18. Genossen. Hiezu gehören die Personen, die selbst oder deren Rechtsvorgänger im Gründungsverfahren (Art. 4 Nr. 2, Art. 6 Abs. II, Art. 74 Abs. II) oder später (Art. 10) zwangsweise beigezogen worden sind (ebenso Eymann Art. 138 Anm. 15), nicht aber die Personen, die selbst oder deren Rechtsvorgänger als zustimmend erachtet worden sind, weil sie trotz ordnungsmäßiger Ladung in der Verhandlungstagfahrt weder erschienen noch vertreten waren oder nicht abgestimmt haben (Art. 67 Abs. II Nr. 4, Art. 69 Abs. I, ebenso Brenner Art. 138 Anm. 7, Harster-Cassimir Art. 138 Anm. 3). Die Rechtsvorgänger selbst können den Anspruch nicht erheben (ebenso Eymann Art. 138 Anm. 1 b); wegen des Ersatzes der Beiträge, die diese geleistet haben, siehe Anm. 20.

19. Anspruch. Streitigkeiten hierüber sind, soweit sie den Grund des Anspruchs betreffen, vor den bürgerlichen Gerichten, soweit sie die Höhe des Anspruchs betreffen, im Entschädigungsverfahren nach Art. 84 zu verbescheiden (ebenso Eymann Art. 138 Anm. 1 c, a. A. Harster-Cassimir Art. 138 Anm. 3, der die Ersatzansprüche als öffentlichrechtlich erklärt und den Verwaltungsrechtsweg zulassen will).

20. Beiträge. Besitzt der bisherige Genosse mehrere beteiligte Grundstücke und wird nur eines davon ausgeschieden oder übernommen, so beschränkt sich die Ersatzleistung auf die für dieses Grundstück entrichteten Beiträge. Die Erstattungspflicht beschränkt sich nicht auf die von dem ausscheidenden Genossen selbst entrichteten Beiträge; es sind vielmehr auch die von seinem Rechtsvorgänger für dieses Grundstück entrichteten Beiträge an ihn zu erstatten; denn nach dem Realprinzip und dem Grundsatz, daß der Rechtsnachfolger die Willenserklärungen seines Rechtsvorgängers gegen sich gelten lassen muß (vgl. Art. 69 Abs. IV), kommt das gegenwärtige Genossenschaftsmitglied nur als Repräsentant des Grundstücks in Frage (a. A. Brenner Art. 138 Anm. 7, Eymann Art. 138 Anm. 15; Harster-Cassimir Art. 138 Anm. 3).

21. Schadens. Schadenersatzleistung kann z. B. in Frage kommen für die Anlage von Wegen oder sonstigen Anlagen auf dem Grundstück, wodurch der Wert des Grundstückes vermindert wurde. Wegen Streitigkeiten siehe Anm. 19.

22. Genossenschaftskasse. Der Ausdruck ist ungenau. Es soll heißen: durch die Genossenschaft.

23. unterbleibt. Auch Streitigkeiten hierüber sind nach Anmerkung 19 zu behandeln.

24. Vorteil. Wie groß dieser Vorteil war und ob er größer war, als die bezahlten Beträge, ist belanglos (ebenso Eymann Art. 138 Anm. 17; Harster-Cassimir Art. 138 Anm. 3).

Nachträgliche Ausschließung. **Art. 12.**

I Ist im Interesse der Gesamtanlage[1] das Ausscheiden eines Grundstücks aus der Genossenschaft notwendig[2], so kann[3] es von der Genossenschaftsversammlung beschlossen werden.

II Der Beschluß der Genossenschaftsversammlung bedarf der Genehmigung der Aufsichtsbehörde[4] (Art. 38).

III Dem Eigentümer des ausscheidenden Grundstücks ist von der Genossenschaft Entschädigung[5] für den durch das Ausscheiden des Grundstücks erwachsenen Vermögensnachteil[6] zu leisten.

1. Gesamtanlage. Darunter ist das genossenschaftliche Unternehmen in seiner Gesamtheit zu verstehen, im Gegensatz zu dem Interesse des einzelnen Genossenschaftsmitgliedes.

2. notwendig. Es darf nicht übersehen werden, daß für die Frage, ob ein Grundstück aus der Genossenschaft ausscheiden darf, in allen Fällen Art. 8 Abs. I maßgebend ist. Hält man daran fest, so ergibt sich ohne weiteres, in welchen Fällen das Ausscheiden eines Grundstücks aus der Genossenschaft notwendig werden kann. Hiezu gehören folgende Fälle: a) Entgegen der ursprünglichen Annahme erstreckt sich die nutzbringende Wirkung des Unternehmens auf das Grundstück nicht mehr, so daß eine Erweiterung des Unternehmens erforderlich wäre, um dem Grundstück den Vorteil zuzuführen; in diesen Fällen bringt also Art. 12 den Kreis der Beteiligten wieder mit Art. 8 Abs. I in Übereinstimmung. b) Die Durchführung des Unternehmens in der geplanten Weise erweist sich nachträglich als technisch undurchführbar oder unzweckmäßig oder als unwirtschaftlich. Es soll daher das Projekt beschränkt werden. Hiedurch verengert sich der Kreis der Grundstücke, die einen Vorteil aus dem Unternehmen ziehen, und es ist die Berichtigung des Mitgliederkreises im Hinblick auf Art. 8 Abs. I erforderlich. Der Fall b kann bei Ödlandverbesserungen z. B. in der Weise vorkommen, daß sich erst nachträglich herausstellt, daß ein Grundstück, das gerodet und planiert werden soll, so stark mit Wurzelwerk durchsetzt ist, daß die Rodungs- und Planierungsarbeiten mehr kosten würden als die durch die Verbesserung zu erzielende Wertsteigerung beträgt. — Aus dem Vorstehenden ergibt sich, daß die Voraussetzung des Art. 12 nur dann erfüllt ist, wenn der Mitgliederkreis, um in Übereinstimmung mit der Vorschrift des Art. 8 Abs. I gebracht zu werden, verengert werden muß. — Unannehmlichkeiten, welche ein Mitglied der Genossenschaft veranlaßt, z. B. eine Agitation gegen die Genossenschaftsziele und -zwecke, Klagestellung gegen die Genossenschaft usw. berechtigen so wenig zum Ausschluß wie die Nichtbezahlung der Beiträge, da diese durch Art. 26 hinreichend gesichert sind (ebenso Eymann Art. 139 Anm. 1a).

3. kann. Das Wort „kann" drückt aus, daß es im Ermessen der Genossenschaft liegt, ob sie ein Grundstück ausscheiden lassen will. Man könnte annehmen, daß durch das Wort „kann" die Richtigkeit der in Anm. 2 vertretenen Auffassung widerlegt ist; denn dort ist erwähnt, daß das Ausscheiden rechtlich notwendig ist; es müßte also nicht „kann", sondern „muß" heißen, wenn meine Auffassung zutreffend wäre. Das wäre aber ein Irrtum. Das Wort „kann" drückt nur aus, daß die

Genossenschaft zu wählen hat, ob sie das Unternehmen so ausführt, daß das Grundstück einen Vorteil hievon hat, oder ob sie das Grundstück aus der Genossenschaft ausscheidet. Jede andere Auffassung scheitert daran, daß dann die verschiedenen Artikel nicht miteinander in Einklang gebracht werden können, daß sie dem System des Gesetzes widerspricht, und an die Stelle fester Rechtsgrundsätze gerade in den wichtigsten und wirtschaftlich bedeutendsten Fällen das (wenn auch verwaltungsrechtlich nachzuprüfende) Ermessen der Genossenschaft setzt. Das Letztere wäre unverständlich, wenn man damit vergleicht, mit welchen Sicherheiten der Eigentümer gegen die Bestellung von Zwangsrechten geschützt ist. — Ob die Genossenschaft die eine oder die andere der beiden erwähnten Möglichkeiten wählt, steht zunächst in ihrem freien Ermessen. Dieses Ermessen muß sich innerhalb von Gesetz und Satzung halten. Sie ist jedoch darüber hinaus noch dadurch beschränkt, daß der Beschluß der Genossenschaftsversammlung der Genehmigung der Aufsichtsbehörde bedarf (Abs. II). Die Aufsichtsbehörde kann jedoch nicht nur dann tätig werden, wenn das Ausscheiden beschlossen wird, sondern sie kann nach Art. 38 auch in anderen Fällen einschreiten, falls sie glaubt, daß das Verhalten der Genossenschaft gegen Gesetz oder Satzung verstößt. Dieses Einschreiten kann auch von dem beteiligten Grundeigentümer angeregt werden. Bestreitet der Grundeigentümer, daß das Ausscheiden seines Grundstücks im Interesse der Gesamtanlage notwendig ist, so ist hierüber gemäß Art. 83 Abs. I verwaltungsrichterlich zu entscheiden. Im ersten Rechtszug ist stets die Bezirksverwaltungsbehörde zuständig, welche Aufsichtsbehörde der Genossenschaft ist, auch wenn das Grundstück nicht in ihrem Bezirk liegt (ebenso Eymann Art. 139 Anm. 1b).

4. Aufsichtsbehörde. Die Aufsichtsbehörde hat nicht nur zu prüfen, ob der Beschluß mit dem Gesetz und der Satzung übereinstimmt (diese Befugnis steht ihr allgemein auf Grund des Art. 38 Abs. I zu), sondern sie hat in dem vorliegenden Fall auch zu prüfen, ob der Beschluß zweckmäßig ist. Sie kann die Genehmigung nach freiem Ermessen erteilen oder versagen (ebenso Eymann Art. 139 Anm. 1b; a.-A. Harster-Cassimir Art. 139 Anm. 1). Gegen die Versagung der Genehmigung kann Beschwerde zur Regierung, Kammer des Innern, erhoben werden (ebenso Eymann Art. 139 Anm. 1b; a. A. Harster-Cassimir Art. 139 Anm. 1, der verwaltungsrichterliche Zuständigkeit annimmt). Auch wenn die staatsaufsichtliche Genehmigung erteilt ist, kann noch ein Verwaltungsrechtsverfahren durchgeführt werden, wenn von dem Grundstückseigentümer dieses beantragt und dabei behauptet wird, daß der staatsaufsichtlich genehmigte Beschluß der Genossenschaftsversammlung unzulässig war, weil die Voraussetzungen des Ausschlusses nicht gegeben waren (a. M. Eymann Art. 139 Anm. 1b). Ist ein verwaltungsrechtliches Verfahren anhängig gemacht, so empfiehlt es sich daher, die Entscheidung über die staatsaufsichtliche Genehmigung des Genossenschaftsbeschlusses bis zur rechtskräftigen Erledigung des verwaltungsrechtlichen Verfahrens zurückzustellen. — Wird die Aufsichtsbehörde angerufen, weil die Genossenschaft den Ausschluß abgelehnt hat, so hat die Aufsichtsbehörde nur zu prüfen, ob der Beschluß mit dem Gesetz und der Satzung im Widerspruch steht, nicht aber, ob es zweckmäßig war, daß die Genossenschaft von dem ihr zustehenden Rechte keinen Gebrauch gemacht hat (ebenso Eymann Art. 139 Anm. 5).

5. Entschädigung. Streitigkeiten über den Grund des Entschädigungsanspruchs sind bürgerlich-rechtlicher Natur und von den ordentlichen Gerichten zu entscheiden; Streitigkeiten über die Höhe der Entschädigung werden in dem Verfahren nach Art. 83 Abs. I entschieden (ebenso Eymann Art. 139 Anm. 1 c).

6. Vermögensnachteil. Nach dem Wortlaut wäre der Schaden zu ersetzen, der dadurch entsteht, daß das Grundstück nicht in die Genossenschaft einbezogen bleibt und daher keinen Anteil an den Vorteilen des genossenschaftlichen Unternehmens hat. Dieser Schaden wird daher in vielen Fällen den Wertunterschied umfassen, den das Grundstück mit und ohne den Vorteil hat, den es infolge des Unternehmens haben soll. Es würde daher in dem Falle, daß die Rodung und Planierung eines Ödlandgrundstücks unterbleibt, weil die Kosten der Beseitigung des ausgedehnten Wurzelwerks die Wertsteigerung übersteigen würden, der Unterschied zu ersetzen sein zwischen dem Wert, den das planmäßig verbesserte Grundstück hätte und dem Wert, den es ohne die Verbesserung hat. Dies ist aber offenbar nicht die Absicht des Gesetzes. Das Gesetz will nur den Ersatz des Schadens, der tatsächlich entstanden ist, nicht aber auch Ersatz für Entgang an Vorteilen gewähren (ebenso Brenner Art. 139 Anm. 3, Eymann Art 139 Anm. 10; Harster-Cassimir Art. 139 Anm. 2). Als Schaden werden daher nur die an die Genossenschaft gezahlten Beiträge und sonstigen Leistungen in Betracht kommen, ferner, wenn an dem Grundstück infolge der Ausführung der genossenschaftlichen Arbeiten Flurschäden entstanden sind, auch diese.

Art. 13.

Rechtsfähigkeit.

I Die Genossenschaft hat selbständig ihre Rechte und Pflichten [1]; sie kann Eigentum und andere dingliche Rechte an Grundstücken [2] erwerben, vor Gericht klagen und verklagt werden [3].

II Für die Verbindlichkeiten der Genossenschaft haftet den Gläubigern ausschließlich das Genossenschaftsvermögen [4]; die Genossen sind nur zu den satzungsmäßigen Beiträgen verpflichtet [5].

1. Pflichten. Damit ist gesagt, daß die Genossenschaft eine juristische Person ist; sie hat infolgedessen volle Rechtsfähigkeit. Die Rechtsfähigkeit beginnt mit der Zustellung der Regierungsentschließung, durch welche die Satzung genehmigt wird, an den Vorstand der Genossenschaft (Art. 16 Abs. II Satz 1); denn eine behördliche Anordnung wird erst dann wirksam, wenn sie veröffentlicht oder den Beteiligten zugestellt ist (a. M. Brenner Art. 118 Anm. 2; Eymann Art. 118 Anm. 3). Die im Abs. I aufgeführten Rechte sind nichts anderes als die Hervorhebung der wichtigsten Rechte, wodurch sich rechtsfähige von nichtrechtsfähigen Vereinigungen unterscheiden. — Die Ödlandgenossenschaften sind nicht juristische Personen des bürgerlichen Rechts, sondern des öffentlichen Rechts. Dies ergibt sich aus der Überschrift des II. Abschnittes und aus dem Ausdruck „Öffentliche Ödlandgenossenschaften in Art. 3. Die Ödlandgenossenschaften zählen daher zu den Körperschaften des öffentlichen Rechts und genießen alle Vorteile derselben. Da die Ödlandgenossen-

schaften juristische Personen des öffentlichen, nicht des bürgerlichen Rechts sind, gelten für sie von den Vorschriften des BGB. über die Vereine nur die §§ 31 und 42 Abs. II. Die Entziehung der Rechtsfähigkeit auf Grund des BGB. § 43 ist daher bei den Ödlandgenossenschaften unzulässig (a. A. Harster-Cassimir Art. 127 Anm. 1).

2. Grundstücken. Hiezu gehören Erbbaurecht, Dienstbarkeiten, dingliches Vorkaufsrecht, Reallasten, Hypotheken, Grundschulden und Rentenschulden. Diese Rechte sind nur deswegen erwähnt, weil die nichtrechtsfähigen Vereinigungen diese Rechte nicht erwerben können. Selbstverständlich können die Ödlandgenossenschaften wie alle (auch die nichtrechtsfähigen) Vereinigungen auch sämtliche obligatorischen und alle übrigen Rechte erwerben.

3. werden. Die Prozeßfähigkeit besteht nicht nur vor den Gerichten, sondern auch vor den Verwaltungsgerichten und den Verwaltungsbehörden.

4. Genossenschaftsvermögen. Die Gläubiger der Genossenschaft können keine Befriedigung aus dem Vermögen der einzelnen Mitglieder der Genossenschaft verlangen, sie können auch nicht etwa von der Gesamtheit aller Mitglieder eine (etwa gesamtschuldnerische) Haftung für die Verbindlichkeiten der Genossenschaft verlangen. Für die Verbindlichkeiten der Genossenschaft haftet vielmehr ausschließlich das Genossenschaftsvermögen. Zu den Vermögensgegenständen der Genossenschaft gehören aber auch die Forderungen gegen ihre Mitglieder auf Zahlung der satzungsmäßig zulässigen Beiträge. Besteht daher eine Forderung gegen die Genossenschaft, die aus den Barmitteln, Bankguthaben, sonstigen Guthaben und Sachen der Genossenschaft nicht gedeckt werden kann, so muß die Genossenschaft so hohe Beiträge erheben, als einerseits satzungsmäßig zulässig, anderseits zur Deckung der Verbindlichkeit erforderlich ist und daraus den Gläubiger befriedigen. Tut sie das nicht, so hat die Aufsichtsbehörde nach Art. 38 einzuschreiten. Genügen die höchstzulässigen Beiträge und die vorhandenen Vermögenswerte nicht zur Befriedigung des Gläubigers, so hat der Genossenschaftsvorstand den Konkurs anzumelden (BGB. § 42 Abs. II, § 89 Abs. II). Ist die Überschuldung keine dauernde, sondern läßt sie sich voraussichtlich in absehbarer Zeit beheben und dient die Erfüllung der Verbindlichkeit der Verbesserung des Ödlands, so wird in vielen Fällen die Aufnahme eines Landeskulturrentendarlehens den Konkurs verhindern können. Die Rechtsverhältnisse zwischen der Genossenschaft und ihren Gläubigern haben dieselbe Rechtsnatur, wie wenn sie zwischen Privatpersonen bestünden, sind also entweder öffentlich-rechtlich oder bürgerlich-rechtlich. Je nachdem ist auch die Stelle verschieden, die über diese Ansprüche zu entscheiden hat.

5. verpflichtet. Die Rechtslage ist ähnlich wie bei einem eingetragenen Verein. Bei diesem ist in der Satzung festgesetzt, daß der Mitgliederbeitrag einen bestimmten Betrag ausmacht. Bezahlt das Mitglied diesen Beitrag, so hat es seine Verpflichtung gegenüber dem Verein erfüllt. Ebenso bei der öffentlichen Ödlandgenossenschaft. Diese setzt in der Satzung fest, welche Beiträge die Genossen zu leisten haben. In der Regel wird es nicht möglich sein, die Beiträge ziffermäßig in der Satzung festzulegen, weil es sich nicht vorausbestimmen läßt,

welchen Geldaufwand die Durchführung des Unternehmens erfordern wird. Dagegen kann in der Satzung bestimmt werden, daß die Beiträge so hoch festzusetzen sind, daß sie die Kosten der Ausführung der Anlage, sei es auf einmal, sei es in Ratenzahlungen, decken und außerdem noch den Betrag enthalten, der zur Deckung der laufenden Verwaltungskosten erforderlich ist. Die Satzung hat außerdem noch gemäß Art. 15 Abs. II Nr. 3 und Art. 27 den Maßstab zu enthalten, nach dem die Ausgaben der Genossenschaft auf die Genossen verteilt werden. Die Beiträge jedes einzelnen Genossen werden sodann auf Grund der Satzung durch den Vorstand berechnet. Durch die Bezahlung dieses Beitrages erfüllt jeder Genosse seine finanziellen Verpflichtungen gegenüber der Genossenschaft. Weitere Beiträge können von ihm nicht verlangt werden. Dagegen hat die Genossenschaft wie jeder Verein jederzeit die Möglichkeit, ihre Satzung zu ändern und zu bestimmen, daß die Beiträge auch noch andere Ausgaben, z. B. eine Haftungsverbindlichkeit der Genossenschaft decken müssen. Wird diese Satzungsänderung ordnungsmäßig beschlossen, und von der Regierung genehmigt, so bildet der sich hienach berechnende Betrag den satzungsmäßigen Beitrag, zu dem jeder Genosse verpflichtet ist. Lehnt dagegen die Genossenschaftsversammlung oder die Regierung die Satzungsänderung ab, so erschöpft sich die Verpflichtung des einzelnen Genossen in der Entrichtung des bisherigen Beitrags, selbst wenn durch die Summe der Beiträge die Ausgaben der Genossenschaft nicht gedeckt werden. In letzterem Fall kann die Mehrausgabe durch Aufnahme eines Darlehens gedeckt werden. Falls das hiefür zuständige Organ die Darlehensaufnahme ablehnt und die Schuld auch nicht durch Veräußerung von Vermögensbestandteilen gedeckt werden kann, erübrigt nichts als die Konkursanmeldung, zu der der Vorstand auf Grund des BGB. § 89 Abs. II, § 42 Abs. II verpflichtet ist. — Für die Beitragspflicht besteht eine persönliche (Art. 29) und eine sachliche (Art. 26) Haftung. Der Maßstab für die Beitragspflicht ist in Art. 27 festgelegt. Wegen des Beginns und des Erlöschens der Beitragspflicht siehe Art. 26 Anm. 6 und Art. 37.

Sitz.

Art. 14.

Die Genossenschaft muß ihren Sitz in Bayern haben[1].

1. haben. Wo die Genossenschaft ihren Sitz hat, wird durch die Satzung bestimmt (Art. 15 Abs. II Nr. 1). In der Bestimmung des Sitzes ist die Genossenschaft frei, sie kann jeden beliebigen Ort innerhalb Bayerns als Sitz der Genossenschaft bestimmen (ebenso Brenner Art. 116 Anm. 1; Harster-Cassimir Art. 116 Anm. 1; a. M. Eymann Art. 116 Anm. 1). Da es jedoch im höchsten Grade unzweckmäßig ist, den Sitz der Genossenschaft so zu bestimmen, daß er die Zuständigkeit einer anderen Bezirksverwaltungsbehörde als Aufsichtsbehörde (Art. 38) begründet, als der Bezirksverwaltungsbehörde, welche für das Unternehmen selbst zuständig ist, wird die Regierung in Fällen, in denen der Sitz der Genossenschaft die Zuständigkeit einer anderen Bezirksverwaltungsbehörde begründen würde als für das Unternehmen, die Genehmigung der Satzung in der Regel davon abhängig machen, daß der Sitz der Genossenschaft in den Bezirk dieser Bezirksverwaltungsbehörde verlegt wird.

Satzung.

Art. 15.

I Die Rechtsverhältnisse der Genossenschaft und der Genossen [1] werden, soweit nicht dieses Gesetz [2] hierüber Bestimmungen enthält [3], durch die Genossenschaftssatzung [4] geregelt.

II Die Satzung muß insbesondere Bestimmungen enthalten [5] über

1. den Namen [6] und Sitz [7] der Genossenschaft;
2. den Zweck [8] des Unternehmens unter Bezeichnung der beabsichtigten wichtigeren baulichen Anlagen;
3. die Rechte [9] und Pflichten [10] der Genossen, namentlich hinsichtlich des Maßstabes der Teilnahme an den Vorteilen und Lasten der Genossenschaft [11] und an der Verwaltung der Genossenschaftsangelegenheiten [12];
4. die Zusammensetzung [13], die Wahl [14] und den Wirkungskreis [15] des Vorstandes und seines Vorsitzenden [16] sowie die Aufstellung der übrigen Genossenschaftsorgane [17];
5. die Berufung, Zusammensetzung und Zuständigkeit der Genossenschaftsversammlung [18] sowie die Form, Gültigkeit und Bekanntgabe ihrer Beschlüsse [19];
6. die Bildung eines Schiedsgerichts in Genossenschaftsangelegenheiten und die Bezeichnung von Streitigkeiten, die seiner Entscheidung unterliegen [20];
7. das Rechnungswesen der Genossenschaft (Aufstellung der Voranschläge, Rechnungsstellung und Rechnungsprüfung) [21];
8. die Voraussetzung für Änderungen der Satzung [22];
9. die Form der Bekanntmachungen und die hierfür zu wählenden öffentlichen Blätter [23].

1. Genossen. Richtiger: Die gegenseitigen rechtlichen Beziehungen zwischen der Genossenschaft und den Genossen. Selbstverständlich können durch die Satzung nicht die Rechte anderer Personen berührt werden. Aber auch die Rechtsbeziehungen zwischen der Genossenschaft und den Genossen können durch die Satzung nur soweit geregelt werden, als sie auf dem Genossenschaftsverband beruhen. Es ist daher unzulässig, daß durch die Satzung z. B. ein Rechtsstreit zwischen der Genossenschaft und einem Genossen über eine Dienstbarkeit ausgetragen wird.

2. Gesetz. Es sei hier ausdrücklich auch auf § 89 BGB. hingewiesen, der auch für die öffentlichen Ödlandgenossenschaften gilt. Dieser bestimmt folgendes:

„I Die Vorschrift des § 31 findet auf den Fiskus sowie auf die Körperschaften, Stiftungen und Anstalten des öffentlichen Rechts entsprechende Anwendung.

II Das Gleiche gilt, soweit bei Körperschaften, Stiftungen und Anstalten des öffentlichen Rechts der Konkurs zulässig ist, von der Vorschrift des § 42 Abs. 2."

Die erwähnten weiteren Vorschriften lauten:

„§ 31. Der Verein ist für den Schaden verantwortlich, den der Vorstand, ein Mitglied des Vorstandes oder ein anderer verfassungsmäßig berufener Vertreter durch eine in Ausführung der ihm zustehenden Verrichtungen begangene zum Schadenersatz verpflichtende Handlung einem Dritten zufügt."

„§ 42 Abs. 2. Der Vorstand hat im Falle der Überschuldung die Eröffnung des Konkurses zu beantragen. Wird die Stellung des Antrags verzögert, so sind die Vorstandsmitglieder, denen ein Verschulden zur Last fällt, den Gläubigern für den daraus entstehenden Schaden verantwortlich; sie haften als Gesamtschuldner."

3. enthält. Die Vorschriften des Ödlandgesetzes über die gegenseitigen Rechte und Verbindlichkeiten zwischen der Genossenschaft und den Genossen gelten ohne weiteres, auch wenn die Satzung hierüber nichts enthält. Enthält die Satzung entgegenstehende Bestimmungen, so sind diese ungültig, auch wenn die Satzung von der Regierung genehmigt worden ist. Sind die gesetzlichen Vorschriften in die Satzung übernommen worden, so ist dies rechtlich bedeutungslos; denn sie leiten auch in diesem Fall ihre verbindliche Kraft von dem Gesetz, nicht von der Satzung ab.

4. Genossenschaftssatzung. Zur Erleichterung der Aufstellung der Satzung ist eine amtliche Mustersatzung herausgegeben worden (siehe Seite 223), welche den gesetzlichen Vorschriften genügt. Über die Satzung ist in der Gründungstagfahrt mit einfacher Stimmenmehrheit der Anwesenden zu beschließen (Art. 22 Abs. II, Art. 71, 72 Abs. I); lediglich für die Satzungsbestimmungen über die Deckung der Genossenschaftslasten und über die Bewirtschaftung und Nutzung des verbesserten Ödlands muß die einfache Mehrheit nach der Fläche der beteiligten Grundstücke berechnet werden (Art. 22 Abs. I). Die Satzung bedarf der Genehmigung der Regierung, Kammer des Innern (Art. 16); die Prüfung und Genehmigung der Satzung hat unverzüglich zu erfolgen (Art. 75).

5. enthalten. Enthält die Satzung die aufgeführten Bestimmungen nicht, so darf sie von der Regierung nicht genehmigt werden. Wird sie trotzdem genehmigt, so ist sie gleichwohl gültig. Außer den angeführten Bestimmungen kann die Satzung noch weitere Vorschriften, die sich auf die Genossenschaft beziehen, enthalten.

6. Namen. Hinsichtlich der Wahl des Namens ist die Genossenschaft frei. Es empfiehlt sich, im Namen selbst auszudrücken, für welches Unternehmen die Genossenschaft gegründet worden ist.

7. Sitz. Vgl. hierzu Art. 14 mit Anm.

8. Zweck. Für den Zweck der Genossenschaft gilt Art. 3. In der Satzung ist insbesondere klarzustellen, ob der Zweck der Genossenschaft auch die Bewirtschaftung des verbesserten Ödlands umfaßt (hiewegen vgl. Art. 3 Anm. 7 und 8). Wegen der Ausdehnung auf die Zwecke des Art. 110 des Wassergesetzes siehe Art. 32. Auf andere Zwecke als auf die des Art. 3 des Ödlandgesetzes und des Art. 110 des Wassergesetzes kann die Ödlandgenossenschaft nicht erstreckt werden (ebenso für das Wassergesetz Ehmann Art. 117 Anm. 1a).

9. Rechte. Das Gesetz selbst regelt folgende Rechte der Genossen: Recht auf Mitgliedschaft (Art. 7 Abs. II, Art. 8), Recht auf nachträgliche Aufnahme (Art. 9), Recht auf Ausscheiden aus der Genossenschaft (Art. 11), Stimmrecht (Art. 22), Anspruch auf Durchführung des Unternehmens (Art. 24 Abs. I), Recht auf Schadenersatz für Schädigungen bei Durchführung des Unternehmens (Art. 24 Abs. III), Anspruch auf Deckung der Kosten des Unternehmens durch Anleihe (Art. 28).

10. Pflichten. Das Gesetz selbst regelt folgende Pflichten: Beitrittspflicht (Art. 4 Nr. 2, Art. 5, Art. 6 Abs. II, Art. 7 Abs. II, Art. 8), Pflicht zum nachträglichen Beitritt (Art. 10), Pflicht zum Ausscheiden aus der Genossenschaft (Art. 12), Beitragspflicht (Art. 13 Abs. II Halbsatz 2, Art. 26, 27), Pflicht der Unterwerfung unter die Satzung (Art. 15 Abs. I, Art. 16 Abs. II Satz 2), Gehorsamspflicht gegenüber dem Vorstande (Art. 19 Abs. I), Pflicht zur Duldung der Vorarbeiten (Art. 23), Pflicht zur Duldung der Ausführung des Unternehmens (Art. 24 Abs. I). Im einzelnen vgl. die Anm. zu den erwähnten Artikeln.

11. Genossenschaft. Vgl. Art. 26—28. In die Satzung ist nur der Maßstab der Teilnahme aufzunehmen, nicht das Anteilsverhältnis jedes Genossen. Es ist also insbesondere zu bestimmen, ob die Lasten nach der Fläche der Grundstücke verteilt werden oder, falls die Grundstücke in verschiedenem Grade an dem Nutzen teilnehmen, ob und wie der Nutzen für jedes Grundstück ermittelt und darnach die Beitragspflicht bemessen wird oder ob die Grundstücke je nach dem Grade des Nutzens in Klassen eingeteilt und für jede Klasse einheitliche Beiträge festgesetzt werden. — Es steht nichts im Wege, daß Hand- und Spanndienste durch die Satzung von den Genossen verlangt werden.

12. Genossenschaftsangelegenheiten. Vgl. Art. 17 bis 21, 34 bis 37.

13. Zusammensetzung. Vgl. Art. 17 Abs. I, Art. 18. In diesem Zusammenhang hat die Satzung auch zu bestimmen, wie der Vorstand, falls er aus mehreren Personen besteht, zu beschließen hat, ob für seine Beschlüsse Einstimmigkeit erforderlich ist oder ob Stimmenmehrheit und welche Mehrheit genügt usw.

14. Wahl. Die Satzung kann Mehrheitswahl und Verhältniswahl, öffentliche Wahl und geheime Wahl, Wahl durch Aufstehen, Handaufheben, Listeneintrag oder Stimmzettel vorsehen. Sie kann bestimmen, daß ein Teil der Genossenschaftsmitglieder (z. B. die Eigentümer der in einer Ortsflur gelegenen Grundstücke) eine bestimmte Zahl der Vorstandsmitglieder und die Eigentümer der anderen Grundstücke den Rest zu wählen hat (dies empfiehlt sich bei Genossenschaften, die sehr viele Mitglieder oder einen größeren örtlichen Bereich umfassen, so daß die Zusammenberufung der Mitglieder zu einer einzigen Versammlung Schwierigkeiten macht). Die Satzung kann das Wahlrecht auch bestimmten Organen, z. B. den Gemeinderäten der Gemeinden, in denen die Genossenschaftsgrundstücke liegen, übertragen oder dem Vorstande das Recht der Zuwahl anderer Mitglieder einräumen. Sie kann bestimmen, daß nach Ablauf der Wahlzeit die Gewählten ihr Amt auf die gleiche Zeit weiter behalten, wenn nicht ein bestimmter Teil der Mitglieder die Neuwahl beantragt. Sie kann die Wahl des Vorsitzenden des Vorstandes dem Vorstande übertragen.

15. Wirkungskreis. Das Gesetz enthält selbst Bestimmungen über die Vertretung der Genossenschaft (Art. 17 Abs. I Satz 3), die Herstellung und Unterhaltung des Genossenschaftskatasters und die Aufbewahrung von Abschriften der Pläne und Beschreibungen des Unternehmens (Art. 17 Abs. I Satz 4), die Anzeige der Veränderungen des

Vorstandes an die Aufsichtsbehörde (Art. 17 Abs. II), die Ordnungsstrafbefugnisse (Art. 19 Abs. I), die Haftung des Vorstandes (Art. 20), die Einberufung der Genossenschaftsversammlung (Art. 21).

16. Vorsitzenden. Besteht der Vorstand nur aus einem Mitglied, so übt der Vorstand natürlich zugleich auch die Rechte des Vorstandsvorsitzenden aus.

17. Genossenschaftsorgane. Das Gesetz selbst erwähnt keine weiteren Genossenschaftsorgane. Es ist zulässig, außer der Genossenschaftsversammlung für bestimmte Aufgaben eine Vertreterversammlung einzuführen, in der nur je ein oder mehrere Vertreter von Gruppen von Genossenschaftsmitgliedern (z. B. aus jeder beteiligten Gemeinde oder Ortschaft eine bestimmte Zahl) Sitz und Stimme hat.

18. Genossenschaftsversammlung. Die Genossenschaftsversammlung braucht nicht notwendig aus allen Mitgliedern der Genossenschaft zu bestehen. Es ist zulässig, daß für bestimmte Gruppen (z. B. für jede Gemeinde oder Ortschaft) ein oder mehrere Vertreter bestellt werden, die in ihrer Gesamtheit die Genossenschaftsversammlung (Vertreterversammlung) bilden (ebenso Eymann Art. 117 Anm. 1a und aa). Dieses Verfahren ist vielfach nötig, weil es oft auf dem Lande an Räumen fehlt, in denen sämtliche Mitglieder großer Genossenschaften Platz finden und weil die richtige Sachbehandlung umso schwieriger wird, je größer die beschlußfassende Körperschaft ist. — Das Gesetz sieht in Art. 21 einen Fall vor, in dem eine Genossenschaftsversammlung berufen werden muß. Die Berufung einer Genossenschaftsversammlung ist weiter unerläßlich, wenn Beschlüsse gefaßt werden sollen, für die nach Gesetz oder Satzung nur die Genossenschaftsversammlung zuständig ist. — Die Zuständigkeit der Genossenschaftsversammlungen ist in den Fällen der Art. 12 Abs. I und Art. 33 Abs. I gesetzlich festgelegt und kann in diesen Fällen nicht ausgeschlossen werden. Im übrigen ist es der Satzung überlassen, zu bestimmen, welche Aufgaben der Genossenschaftsversammlung überwiesen werden.

19. Beschlüsse. Im Gesetz selbst (Art. 22) ist bestimmt, wie viele Stimmen jeder Genosse hat. Diese Vorschriften können durch die Satzung nicht geändert werden. Dagegen kann die Satzung als Voraussetzung eines gültigen Beschlusses die Anwesenheit einer bestimmten Zahl von Genossenschaftsmitgliedern und für besondere Fälle eine erhöhte Mehrheit vorschreiben.

20. unterliegen. Jede Genossenschaft muß ein Schiedsgericht haben (VGH. 31, 95). Die Zusammensetzung des Schiedsgerichts steht im Belieben der Genossenschaft. Sollen staatliche Beamte als Mitglieder des Schiedsgerichts bestimmt werden, so ist vorher die Zustimmung der staatlichen Behörde erforderlich. Es ist zu beachten, daß niemand verpflichtet ist, das Amt eines Schiedsrichters zu übernehmen. Auch die Bestimmung der Zuständigkeit des Schiedsrichters ist der freien Entscheidung der Genossenschaft überlassen. Es können Streitigkeiten übertragen werden, die sonst von den Gerichten, den Verwaltungsgerichten oder den Verwaltungsbehörden entschieden werden. Auf andere als Genossenschaftsangelegenheiten kann die Zuständigkeit des Schiedsgerichts nicht ausgedehnt werden (VGH. 31, 94). Immer muß es sich um Streitigkeiten zwischen der Genossenschaft und ihren Mitgliedern oder unter den Genossenschaftsmitgliedern über die aus der Zugehörigkeit zur Genossenschaft sich ergebenden Rechte handeln. Streitigkeiten zwischen der Genossenschaft und den passiv Beteiligten oder anderen Personen können daher satzungsmäßig nicht dem Schiedsgericht übertragen werden. Ist ein Genossenschaftsmitglied zugleich passiv beteiligt oder hat es mit der Genossenschaft einen Kauf-, Tausch-, Miet-, Pacht-, Werk-, Dienstvertrag usw. abgeschlossen, so fallen Streitigkeiten auf Grund des Passivbeteiligten-Verhältnisses oder des Vertrags nicht unter die Zuständigkeit des Schiedsgerichts Selbstverständlich können die Genossenschaft und der passiv Beteiligte oder die sonstige Gegenpartei im Einzelfalle vereinbaren, daß sie ihren Streit einem Schiedsgericht überweisen. Soweit die Satzungsbestimmungen über das Schiedsgericht nicht genügen, sind zu ihrer Ergänzung die Bestimmungen der Zivilprozeßordnung über das schiedsgerichtliche Verfahren und zwar, wenn über bürgerlich-rechtliche Ansprüche entschieden werden soll, wörtlich, im übrigen entsprechend anzuwenden. Die entsprechende Anwendung hat u. a zur Folge, daß die Aufgaben, die in der ZPO. den Gerichten zugewiesen sind, in verwaltungsrechtlichen Angelegenheiten der zuständigen Verwaltungsrechtsinstanz, in gewöhnlichen Verwaltungssachen der zuständigen Verwaltungsbehörde obliegen; nur die Erlassung des Vollstreckungsurteils steht auch in solchen Sachen den Gerichten zu (ebenso Eymann Bd. II S. 227 ff.). — Es entspricht dem Geiste des Gesetzes, daß in den Fällen, in denen das Schiedsgericht zuständig und angerufen worden ist, dadurch die Zuständigkeit der Gerichte, Verwaltungsgerichte und Verwaltungsbehörden ausgeschlossen sein soll (ebenso, jedoch mit einer Begründung, die nur für bürgerlich-rechtliche Streitigkeiten gilt, Harster-Cassimir Art. 117 Anm 6, a A Brenner Art 117 Anm 8). Dagegen enthält das Gesetz keinen Zwang zur Anrufung des Schiedsgerichtes; er kann aber in der Satzung vorgesehen werden. Ist ein solcher Zwang nicht eingeführt, das Schiedsgericht nicht angerufen und auch die Einlassung auf das verwaltungsrechtliche Verfahren im Hinblick auf die Zuständigkeit des Schiedsgerichts nicht verweigert, so steht in Verwaltungsrechtssachen der verwaltungsrechtlichen Entscheidung über die Streitigkeiten, die nach der Satzung zur Zuständigkeit des Schiedsgerichts gehören, nichts im Wege (VGH. 31, 95).

21. Rechnungsprüfung. Die Zuständigkeit der Aufsichtsbehörde nach Art. 38 kann nicht ausgeschaltet werden.

22. Satzung. Die Satzung hat zu bestimmen, wer zur Änderung der Satzung berechtigt ist (Genossenschaftsversammlung oder Genossenschaftsvorstand; a. A. Brenner Art. 117 Anm. 10) und unter welchen Voraussetzungen Beschlüsse über die Änderung der Satzung gültig sind (z. B. Unterzeichnung der Anträge auf Satzungsänderung durch eine bestimmte Mindestzahl von Genossen, Bekanntgabe der Tagesordnung bei der Berufung der Versammlung, Frist zwischen Berufung und Versammlung, öffentliche Bekanntgabe oder Ausschreibung der Versammlung in Zeitungen, Mindestzahl der Anwesenden, einfache oder qualifizierte Mehrheit bei der Abstimmung, Ausschreiben der Beschlüsse usw.). Das Erfordernis der Genehmigung der Satzung durch die Regierung (Art. 16 Abs. I) kann nicht ausgeschaltet werden. — Für die Satzungsänderungen, welche die Ausdehnung des Genossenschaftszweckes auf die Zwecke des Art. 10 des Wassergesetzes bezwecken, gelten die Sondervorschriften der Art. 32 und 78. — Die Satzung kann die Genossenschaftsversammlung oder den Vorstand zur Erlassung sogenannter Nebenordnungen ermächtigen, in welchen Fragen untergeordneter Bedeutung, z. B. der Vollzug der gemeinsamen Bewirtschaftung usw. geregelt werden. Diese Nebenordnungen müssen sich innerhalb der Zuständigkeit der Genossenschaft und innerhalb der durch Gesetz und Satzung gezogenen Grenze halten. Die Bestimmungen dieser Nebenordnungen haben nur dieselbe Kraft wie die Satzungsbestimmungen.

23. Blätter. Es muß nicht notwendig die Bekanntmachung in einer Zeitung erfolgen. Bei kleinen Verhältnissen genügt der Anschlag an der Gemeindetafel, bei ganz kleinen Genossenschaften die Verständigung jedes Genossen gegen Unterschrift.

Genehmigung der Satzung.

Art. 16.

I Die Satzung[1] und alle Änderungen[2] der Satzung bedürfen der Genehmigung[3] der Regierung, Kammer des Innern, in deren Bezirk die Genossenschaft ihren Sitz hat[4].

II Mit der Genehmigung[5] der Satzung erlangt die Genossenschaft Rechtsfähigkeit[6]. Die genehmigte Satzung ist auch für die zwangsweise Beigezogenen rechtsverbindlich[7].

1. Satzung. Richtiger: Die erstmalige Festsetzung der Satzung. Diese erfolgt in der Verhandlungstagfahrt (Art. 71, Art. 72 Abs. I).

2. Änderungen. Die Voraussetzungen für die Änderungen sind in der Satzung festgelegt (vgl. Art. 15 Abs. II Nr. 8).

3. Genehmigung. Sie sind rechtlich als nicht vorhanden zu betrachten, bis die Regierungsgenehmigung erteilt ist. Die Genehmigung wird nicht schon in dem Augenblick wirksam, in dem die Genehmigungsentschließung ausgefertigt wird, sondern erst, wenn sie der Genossenschaft zugestellt wird; denn jede Verfügung einer Behörde wird nach außen erst dann wirksam, wenn sie allgemein bekannt gemacht oder den Beteiligten eröffnet worden ist (ebenso Harster-Cassimir Art. 118 Anm. 2; a. A. Brenner Art. 118 Anm. 2, Eymann Art. 118 Anm. 3). — Ob die Regierung die Satzung genehmigt, steht in ihrem pflichtmäßigen Ermessen; sie kann die Genehmigung nicht nur aus rechtlichen, sondern auch aus Zweckmäßigkeitsgründen ablehnen. Die Genehmigung unter einer Bedingung ist nicht vorgesehen, damit die Rechtssicherheit nicht gefährdet wird. Ist die Regierung nur nach Vornahme bestimmter Änderungen der Satzung in der Lage, die Satzung zu genehmigen, so ist nach Art. 75 Abs. II zu verfahren. — Die Prüfung und Genehmigung hat, soweit möglich, unabhängig von der Entscheidung über die erhobenen Einsprüche und Widersprüche unverzüglich zu erfolgen (Art. 75 Abs. I). — Gegen die Verweigerung der Genehmigung steht der Genossenschaft die Beschwerde zum Staatsministerium für Landwirtschaft offen (Art. 61 Abs. II); der Verwaltungsrechtsweg ist hiefür nicht eröffnet. — Hat die Regierung die Genehmigung erteilt und ist sie dem Genossenschaftsvorstande zugestellt, so kann der Genossenschaft die Rechtsfähigkeit nicht mehr entzogen werden; auch das Staatsministerium für Landwirtschaft hat im Beschwerdeverfahren diese Möglichkeit nicht mehr (ebenso Harster-Cassimir Art. 118 Anm. 2).

4. hat. Wo die Genossenschaft ihren Sitz hat, ergibt sich aus der Satzung (vgl. Art. 15 Abs. II Nr. 1).

5. Genehmigung. Da die Genehmigung erst mit der Zustellung wirksam wird (vgl. Anm. 3), erlangt die Genossenschaft auch erst mit der Zustellung der Genehmigungsentschließung an die Genossenschaft Rechtsfähigkeit.

6. Rechtsfähigkeit. Vgl. hiezu Art. 13. — Die Genossenschaft erlangt mit der Zustellung der Genehmigungsentschließung auch die Eigenschaft einer Körperschaft des öffentlichen Rechts.

7. rechtsverbindlich. Dieser Satz ist überflüssig, weil selbstverständlich; denn auch die zwangsweise Beigezogenen sind Mitglieder der Genossenschaft und die Genossenschaftssatzung gilt für alle Mitglieder ohne Unterschied.

Vorstand.

Art. 17.

I Die Genossenschaft muß einen Vorstand haben [1]. Der Vorstand kann aus mehreren Mitgliedern bestehen [2]. Die Genossenschaft wird in allen Angelegenheiten nach Maßgabe der Satzung durch den Vorstand oder seinen Vorsitzenden vertreten [3]. Der Vorstand oder der Vorsitzende [4] hat ein Verzeichnis der in das Genossenschaftsunternehmen einbezogenen Grundstücke (Genossenschaftskataster) [5] herzustellen und richtig zu erhalten [6] sowie für die Aufbewahrung von Abschriften der Pläne und Beschreibungen des Unternehmens zu sorgen.

II Der Vorstand hat seine Bestellung und jede Änderung in seiner Zusammensetzung der Aufsichtsbehörde (Art. 38) binnen einer Woche anzuzeigen [7].

III Ist eine Willenserklärung der Genossenschaft gegenüber abzugeben, so genügt die Abgabe gegenüber einem Mitgliede des Vorstandes [8].

1. haben. Kommt eine Wahl des Vorstandes nicht zustande, so wird der Vorstand von der Aufsichtsbehörde bestellt (Art. 39).

2. bestehen. Es ist der Genossenschaftssatzung überlassen, zu bestimmen, ob der Vorstand aus einer oder mehreren (und wie vielen) Personen besteht. Setzt sich der Vorstand aus mehreren Personen zusammen, so muß ein Vorsitzender des Vorstandes gewählt werden. Die Satzung bestimmt, ob dieser von der Genossenschaftsversammlung oder vom Vorstande gewählt wird. Besteht der Vorstand aus mehreren Personen, so muß die Satzung auch die Befugnisse des Vorstandes und des Vorsitzenden gegeneinander abgrenzen (vgl. Art. 15 Abs. II Nr. 4). — Die Mitglieder des Vorstandes brauchen nicht Genossen zu sein (Art. 18). Auch Frauen, Minderjährige, Entmündigte, Personen, über deren Vermögen das Konkursverfahren oder über deren Grundstücke das Zwangsversteigerungs- oder Zwangsverwaltungsverfahren eröffnet ist, können zu Vorstandsmitgliedern gewählt werden. — Das Gesetz selbst enthält keine Verpflichtung zur Annahme der Wahl als Vorstandsmitglieder;

die Satzung kann jedoch einen Zwang zur Annahme des Amtes begründen. Streitigkeiten über die Verpflichtung und Berechtigung zum Eintritt in den Vorstand und zum Austritt aus dem Vorstand werden von der Aufsichtsbehörde entschieden. Enthält die Satzung die Verpflichtung zur Annahme des Amtes eines Vorstandsmitgliedes, so ist die Ablehnung als nicht erfolgt zu betrachten; der Gewählte ist daher trotz seiner Ablehnung Vorstandsmitglied; verweigert er die Erfüllung der Aufgaben eines Vorstandsmitgliedes, so kann er von der Aufsichtsbehörde durch Ordnungsstrafen hiezu angehalten werden (Art. 39); auch kann die Unterlassung der Besorgung der Vorstandsgeschäfte eine Haftpflicht gegenüber der Genossenschaft gemäß Art. 20 begründen. Das Entsprechende gilt von dem Austritt aus dem Vorstande. Es ist insbesondere zu beachten, daß jemand nicht deswegen aufhört, Vorstandsmitglied zu sein, weil er sämtliche in die Genossenschaft einbezogenen Grundstücke veräußert; denn Vorstandsmitglieder können auch Personen sein, die nicht Genossen sind (Art. 18).

3. vertreten. Die Genossenschaft kann nur durch den Vorstand oder den Vorsitzenden des Vorstandes vertreten werden. Eine Bestimmung in der Satzung, daß ein anderes Organ der Genossenschaft, etwa die Genossenschaftsversammlung oder eine Einzelperson, zur Vertretung der Genossenschaft zuständig ist, ist gesetzwidrig und daher nichtig. Ob die Genossenschaft durch den Vorstand oder durch den Vorsitzenden des Vorstandes vertreten wird, bestimmt die Satzung. Es ist nicht zulässig, daß die Genossenschaftssatzung die Entscheidung hierüber etwa einer Geschäftsordnung (a. M. Eymann Art. 119 Anm. 1 b) oder dem Vorstande oder der Genossenschaftsversammlung überläßt. Eine Änderung der Vertretungsbefugnis kann daher nur durch Satzungsänderung erfolgen. Beschließt der Vorstand oder die Genossenschaftsversammlung, daß in einem einzelnen Fall ein anderes als das durch die Satzung bestimmte Organ die Genossenschaft zu vertreten hat, so ist dieser Beschluß gesetzwidrig und daher ungültig. Dagegen ist es sehr wohl zulässig, daß die Entscheidung über die Stellungnahme der Genossenschaft zu besonders wichtigen Fragen durch die Satzung der Genossenschaftsversammlung übertragen und der Vorstand und der Vorstandsvorsitzende an diesen Beschluß gebunden werden. Wenn aber der satzungsmäßig zur Vertretung der Genossenschaft berufene Vorstand oder Vorstandsvorsitzende bei der Vertretung der Genossenschaft entgegen den Beschlüssen des Vorstandes oder der Genossenschaftsversammlung handelt, so sind seine Handlungen und Erklärungen gleichwohl für die Genossenschaft verbindlich; ob er der Genossenschaft für den Schaden haftbar ist, bemißt sich nach Art. 20. Nimmt jedoch der Vorstandsvorsitzende Handlungen vor, die nach der Satzung dem Vorstande obliegen, so sind seine Handlungen und Erklärungen mangels der satzungsmäßigen Zuständigkeit auch nach außen nicht verbindlich. — Die Vertretung umfaßt den ganzen Rechtsverkehr der Genossenschaft (ebenso Eymann Art. 119 Anm. 4). Ist der zur Vertretung der Genossenschaft berufene Vorstand oder der Vorstandsvorsitzende persönlich an der Sache, in der er die Genossenschaft vertreten soll, beteiligt, so muß er die Aufsichtsbehörde um Bestellung eines besonderen Beauftragten ersuchen (vgl. Art. 39); dies gilt natürlich nicht für die bloße Mitgliedschaft bei der Genossenschaft und die sich daraus ergebenden allen Genossen gleichen Rechte und Pflichten. Beispiele: Einerseits: Es ist zu beschließen, ob die Genossenschaftsbeiträge erhöht oder ob ein Darlehen aufgenommen werden soll. Anderseits: Es ist zu beschließen, ob die Ausführung bestimmter Arbeiten oder Lieferungen dem Vorstandsvorsitzenden übertragen werden soll.

4. Vorsitzende. Die Meinung von Eymann Art. 119 Anm. 5, daß die Worte „der Vorstand oder der Vorsitzende" bedeuten sollen, es sei die Zuständigkeit des Vorstandes begründet, wenn dieser nur aus einer Person bestehe, andernfalls die Zuständigkeit des Vorstandsvorsitzenden, halte ich nicht für richtig. Meines Erachtens ist durch die Satzung zu bestimmen, wer diese Aufgabe zu erfüllen hat. Dagegen stimme ich Eymann darin zu, daß der Vorstand oder der Vorstandsvorsitzende diese Aufgabe nicht persönlich erfüllen muß, sondern daß er nur die Verantwortung für die richtige Besorgung dieser Geschäfte trägt.

5. Genossenschaftskataster. Dieses Verzeichnis soll die Führung der genossenschaftlichen Geschäfte erleichtern. Es hat keine höhere Beweiskraft, als irgend eine andere Urkunde. Die Zugehörigkeit eines Grundstücks zu der Genossenschaft wird durch den Eintrag in dieses Verzeichnis weder bedingt noch begründet. — Als Genossenschaftskataster kann wohl stets eine Abschrift des Verzeichnisses der aktiv beteiligten Personen und Grundstücke verwendet werden.

6. erhalten. Es sind also die Grundstücke zu vermerken, welche neu einbezogen werden oder ausscheiden. Sollten Zahlungsklassen gebildet sein, so empfiehlt es sich, in dem Verzeichnis bei jedem Grundstück zu vermerken, in welche Zahlungsklasse es eingereiht worden ist.

7. anzuzeigen Diese Verpflichtung ist dem Vorstande, nicht dem Vorstandsvorsitzenden übertragen. Besteht der Vorstand aus mehreren Personen, so sind alle Mitglieder des Vorstandes für die Erstattung der Anzeige verantwortlich. Die einwöchige Frist beginnt mit dem Tag, der auf den Tag der Änderung in der Zusammensetzung des Vorstandes (Eintritt neuer, Ausscheiden bisheriger Vorstandsmitglieder) folgt. Die Anzeige ist entbehrlich, wenn die Änderung in der Zusammensetzung des Vorstandes von der Aufsichtsbehörde verfügt wird. Die Unterlassung der Anzeige kann durch Ordnungsstrafen geahndet werden (Art. 39), sie hat aber keinen Einfluß auf die Eigenschaft einer Person als Vorstandsmitglied.

8. Vorstandes. Die Erklärung gegenüber einem Mitglied des Vorstandes genügt auch dann, wenn die Vertretung der Genossenschaft durch die Satzung nicht dem Vorstande, sondern dem Vorsitzenden des Vorstandes übertragen worden ist (vgl. Abs. I Satz 3). — Ist ein Vorstand aus irgend einem Grunde nicht vorhanden, muß aber gleichwohl eine dringende Erklärung gegenüber der Genossenschaft abgegeben werden, so muß die Bestellung eines Beauftragten durch die Aufsichtsbehörde gemäß Art. 39 beantragt und nach Aufstellung dieses Beauftragten die Erklärung diesem gegenüber abgegeben werden. — Abs. III bezieht sich auf alle Willenserklärungen, insbesondere auch auf alle amtlichen Anordnungen, Ladungen, Zustellungen usw.

Vorstandsmitglieder.

Art. 18.

Vorstandsmitglieder können auch Personen sein, die nicht Genossen sind [1].

1. sind. Diese Bestimmung gilt nicht bloß für den Zeitpunkt der Wahl, sondern für die gesamte Amtsdauer. Veräußert daher ein Vorstandsmitglied seine sämtlichen in die Genossenschaft einbezogenen Grundstücke, so verliert er dadurch nicht die Eigenschaft als Vorstandsmitglied. — Art. 18 wurde in das Gesetz aufgenommen, weil es vorkommen kann, daß keines der Genossenschaftsmitglieder die nötige Gewandtheit besitzt, um die Genossenschaftsgeschäfte richtig zu führen; außerdem soll es ermöglicht werden, daß Personen, die ohne Eigentümer, Nießbraucher, Erbbauberechtigte, Erbpächter oder Pfründenießbraucher zu sein, zu dem Grundstück in besonders enger Beziehung stehen, in den Vorstand der Genossenschaft eintreten können, z. B. die Pächter der Grundstücke, die Verwalter, die staatlichen Beamten, welche an der Durchführung des Unternehmens besonders beteiligt sind usw. Staatliche Beamte können in den Genossenschaftsvorstand gewählt werden, ohne daß der Staat als Grundeigentümer an der Genossenschaft beteiligt ist; der Beamte hat jedoch die Übernahme des Amtes seiner vorgesetzten Dienstbehörde anzuzeigen (Beamtengesetz Art. 18 Abs. II). — Die Vorstandsmitglieder, welche nicht Genossen sind, haben die volle rechtliche Stellung eines Vorstandsmitgliedes, also volles Stimmrecht im Vorstande, dagegen haben sie nicht die allgemeinen Rechte eines Genossenschaftsmitgliedes, also insbesondere kein Stimmrecht in den Genossenschaftsversammlungen (ebenso Eymann Art. 120 Anm. 1; a. A. Brenner Art. 120 Anm. 2). Ist der Vorstandsvorsitzende nicht Mitglied der Genossenschaft und überträgt die Satzung dem Vorstandsvorsitzenden den Stichentscheid in den Genossenschaftsversammlungen, so steht ihm das Stimmrecht in der Genossenschaftsversammlung bei Stimmengleichheit zu; denn dieses Recht leitet er nicht aus der Mitgliedschaft zur Genossenschaft, sondern aus der Stellung als Vorstandsmitglied ab (ebenso Eymann Art. 120 Anm. 1).

Ordnungsstrafgewalt des Vorstands.

Art. 19.

I Der Vorstand[1] kann die in Ausübung seiner Befugnisse[2] gegen einzelne Genossen[3] erlassenen Anordnungen auf Kosten der Ungehorsamen ausführen lassen[4] oder deren Ausführung durch Androhung und Einziehung von Ordnungsstrafen bis zu 1000 Goldmark[5] erzwingen[6]. Gegen die Anordnungen des Vorstandes und gegen die Androhung oder Festsetzung von Ordnungsstrafen durch ihn ist binnen 14 Tagen[7] Beschwerde zur Aufsichtsbehörde[8] (Art. 28) zulässig. Durch die Einlegung der Beschwerde wird der Vollzug der Anordnungen nicht gehemmt[9].

II Die Ordnungsstrafen fließen in die Genossenschaftskasse.

1. Vorstand. Diese Befugnis steht dem aus einer oder mehreren Personen bestehenden Vorstand, nicht aber dem Vorsitzenden des aus mehreren Personen bestehenden Vorstandes zu. Auch die Satzung kann nicht einzelnen von mehreren Vorstandsmitgliedern diese Befugnisse übertragen (a. M. Eymann Art. 121 Anm. 1). Der Vorstand entscheidet mit der satzungsmäßig erforderlichen Mehrheit. — Die Satzung kann diese Befugnisse des Vorstandes weder erweitern noch beschränken (ebenso Harster-Cassimir Art. 121 Anm. 1).

2. Befugnisse. Hierunter sind die Befugnisse zu verstehen, die ihm durch das Gesetz oder durch die Satzung ausdrücklich übertragen sind.

3. Genossen. Nicht aber gegen andere Personen, auch nicht gegen die passiv Beteiligten. Auch allgemeine, an sämtliche Genossen gerichtete Anordnungen des Vorstandes fallen nicht unter Art. 19 (ebenso Ehmann Art. 121 Anm. 1). Dagegen gehören hieher Anordnungen, die zwar alle Mitglieder betreffen, für jeden aber einen anderen Inhalt haben, z. B. die Anordnung, die an allen Grundstücken vorbeiführenden Wege instandzusetzen.

4. lassen. Um den Ungehorsam feststellen zu können, muß der Vorstand den Genossen eine angemessene Frist zur Erledigung der Anordnung setzen. Eine Mahnung des Genossen ist nicht erforderlich (a. M. Brenner, Art. 121 Anm. 3). — Die entstandenen Kosten werden nötigenfalls im Wege des Art. 30 zwangsweise beigetrieben.

5. Goldmark. Im Ödlandgesetz war ein Betrag von 50 Mark festgesetzt. Dieser Betrag ist durch Art. III Abs. I der Reichsverordnung vom 6. Februar 1924 über Vermögensstrafen und Bußen (RGBl. S. 44) auf 1000 Goldmark erhöht worden.

6. erzwingen. Bei der Androhung der Ordnungsstrafe ist genau anzugeben, welche Handlungen vorzunehmen sind und in welcher Frist. Erst nach fruchtlosem Ablauf der Frist kann die Ordnungsstrafe verhängt werden. — Ob der Vorstand von dem Recht der Selbstausführung oder von der Verhängung von Ordnungsstrafen Gebrauch macht, ist ihm überlassen (ebenso Brenner Art. 121 Anm. 4, Ehmann Art. 121 Anm. 5)

7. Tagen. Um diese Frist berechnen zu können, muß der Zeitpunkt der Verständigung des Genossen von der Anordnung des Vorstandes genau feststehen. Von diesem Zeitpunkt an läuft die Frist.

8. Aufsichtsbehörde. Die Entscheidung der Aufsichtsbehörde ist nicht endgültig; es ist vielmehr gegen deren Entscheidung noch Beschwerde zur Regierung, Kammer des Innern, zulässig (Art. 38, Art. 61 Abs. I).

9. gehemmt. Die Beitreibung der Ordnungsstrafe ist dagegen nicht zulässig, bevor über die Beschwerde entschieden ist (ebenso Ehmann Art. 121 Anm. 8; a. M. Harster-Cassimir Art. 121 Anm.). — Die Aufsichtsbehörde kann als vorsorgliche Maßnahme gemäß Art. 64 die Einstellung des Zwangsvollzuges anordnen.

Haftung der Vorstandsmitglieder.

Art. 20.

I Jedes Mitglied des Vorstandes[1] haftet[2] der Genossenschaft[3] für den aus einer Pflichtverletzung[4] entstehenden Schaden[5], wenn ihm ein Verschulden zur Last fällt[6]. Sind für den Schaden mehrere verantwortlich[7], so haften sie als Gesamtschuldner[8].

II Die Ansprüche auf Grund des Abs. I verjähren in fünf Jahren[9].

1. Vorstandes. Für die sonstigen Mitglieder der Genossenschaft bestehen keine besonderen Haftungsvorschriften. — Für die Haftung der Genossenschaft für den Schaden, der anderen Personen durch Handlungen oder Unterlassungen der Vorstandsmitglieder entsteht, gilt BGB. §§ 31, 89 Abs. I. Hienach ist die Genossenschaft für den Schaden verantwortlich, den der Vorstand, ein Mitglied des Vorstandes oder ein satzungsmäßig berufener Vertreter durch eine in Ausführung der ihm zustehenden Verrichtungen begangene zum Schadenersatz verpflichtende Handlung einem Dritten zufügt.

2. haftet. Die Haftung ist in ihrer Höhe nicht beschränkt. Diese Haftungsansprüche sind bürgerlich-rechtlicher Natur. Streitigkeiten gehören vor die ordentlichen Gerichte.

3. Genossenschaft. Eine Sonderhaftung der Vorstandsmitglieder gegenüber anderen Personen besteht nicht. Es gelten hierfür daher nur die allgemeinen Vorschriften der §§ 823 ff. BGB.

4. Pflichtverletzung. Hierunter fällt jede Verletzung der das Vorstandsmitglied nach Gesetz oder Satzung treffenden Pflichten. Das Verschulden kann bestehen a) in der Vornahme einer Handlung, die nach Gesetz oder Satzung nicht hätte vorgenommen werden dürfen, b) in der Vornahme einer Handlung, die nach Gesetz oder Satzung nur in anderer Weise oder zu anderer Zeit hätte vorgenommen werden dürfen, c) in der Unterlassung einer Handlung, zu der das Vorstandsmitglied gesetz- oder satzungsmäßig verpflichtet gewesen wäre (ebenso Eymann Art. 122 Anm. 3). — Eine Haftung für schuldlose Pflichtverletzungen ist durch den Beisatz „wenn ihm ein Verschulden zur Last fällt" ausdrücklich ausgeschlossen. Siehe Anm. 6.

5. Schaden. Hiezu gehört der wirklich entstandene Schaden und der entgangene Gewinn. Wenn auch der Genossenschaft gegenüber eine Haftung für den Schaden besteht, den die Genossenschaft erleidet, sei es, daß sie selbst unmittelbar geschädigt wird oder daß sie einer anderen Person wegen der Pflichtverletzung des Vorstandsmitglieds Schadenersatz leisten muß, so ist doch zu beachten, daß die Haftung der Genossenschaft nach BGB. §§ 31, 89 Abs. I weiter geht als die Haftung der Vorstandsmitglieder nach Art. 20; die Genossenschaft kann daher nicht in allen Fällen, in denen sie wegen Handlungen oder Unterlassungen der Vorstandsmitglieder haftbar ist, die Vorstandsmitglieder haftbar machen.

6. fällt. Für einen unverschuldeten Schaden haftet das Vorstandsmitglied nicht. Verschulden kann Vorsatz und Fahrlässigkeit sein. Fahrlässig handelt ein Vorstandsmitglied, wenn es die im Verkehr erforderliche Sorgfalt außer Acht läßt (BGB. § 276). Das Vorstandsmitglied haftet natürlich nur für eigenes Verschulden; soweit eigenes Verschulden nicht nachweisbar ist, entfällt jede Haftung. Jedes Verschulden wird dadurch ausgeschlossen, daß die Handlung durch die Aufsichtsbehörde geboten worden ist, weil die Vorstandsmitglieder den Anordnungen der Aufsichtsbehörden zu gehorchen haben; in diesem Falle kann eine Haftung des Staates in Frage kommen (ebenso Harster-Cassimir Art. 122 Anm. 1). Dagegen kann die Genehmigung der Handlung der Vorstandsmitglieder durch die Genossenschaftsversammlung die Haftung nur dann ausschließen, wenn die Genossenschaftsversammlung zur Genehmigung ausdrücklich zuständig war (a. M. Harster-Cassimir Art. 122 Anm. 1), weil der zuständige Vorstand der Genossenschaft nicht durch Anordnungen oder

Zustimmungserklärungen eines unzuständigen Organs der Genossenschaft gedeckt werden kann.

7. verantwortlich. Dieser Fall tritt insbesondere ein, wenn der Schaden durch ein gemeinschaftliches Verschulden mehrerer Vorstandsmitglieder verursacht worden ist. Die Auffassung von Eymann Art. 122 Anm. 6, daß Satz 2 schon dann eintrete, wenn ein Vorstandsmitglied die zum Schadenersatz verpflichtende Handlung vorgenommen habe, andere Vorstandsmitglieder davon gewußt hätten und die Handlung nicht verhindert hätten, obwohl sie dazu imstande gewesen wären, scheint mir zu weit zu gehen. Sie würde voraussetzen, daß die Vorstandsmitglieder die gesetzliche oder satzungsmäßige Verpflichtung haben, pflichtwidrige Handlungen anderer Vorstandsmitglieder zu verhindern; eine solche allgemeine Verpflichtung ist aber nirgends ausgesprochen (a. M. anscheinend auch Harster-Cassimir Art. 122 Anm. 1).

8. Gesamtschuldner. Der Gläubiger kann von jedem den Schadenersatz ganz verlangen; durch die Schadenersatzleistung eines einzelnen von den mehreren Gesamtschuldnern werden auch alle übrigen befreit. Näheres im BGB. §§ 421 ff.

9. Jahren. Die Verjährung beginnt mit der Entstehung des Anspruchs (BGB. § 198), also mit dem Eintritt des Schadens und der schädigenden Handlung (ebenso Eymann Art. 122 Anm. 8).

Genossenschaftsversammlung. Art. 21.

Der Vorstand[1] hat die Genossenschaftsversammlung[2] einzuberufen[3], wenn die satzungsmäßige Mindestzahl von Genossen[4] die Einberufung unter Angabe des Zweckes beantragt[5].

1. Vorstand. Erfüllt der Vorstand diese Verpflichtung nicht, so kann die Aufsichtsbehörde die Einberufung anordnen und nötigenfalls eine Person an Stelle des Vorstandes mit der Einberufung beauftragen (Art. 39).

2. Genossenschaftsversammlung. Eine Verpflichtung des Vorstandsvorsitzenden zur Einberufung des Vorstandes ist gesetzlich nicht festgelegt worden; es empfiehlt sich, sie in die Satzung aufzunehmen.

3. einzuberufen. Dieser Verpflichtung wird genügt, wenn der Vorstand die Versammlung so rechtzeitig einberuft, als es unter vernünftiger Abwägung der Verhältnisse möglich ist. Der Vorstand bestimmt selbst den Zeitpunkt der Versammlung; er ist hiewegen an die Vorschläge der Antragsteller nicht gebunden. — Der Verpflichtung wird auch dadurch genügt, daß die Beratung des im Antrag angegebenen Gegenstandes auf die Tagesordnung einer ohnehin einberufenen Genossenschaftsversammlung gesetzt wird.

4. Genossen. Bei der Berechnung der Zahl der Genossen werden Miteigentümer nur einmal gezählt. Die Mindestzahl muß im Augenblick der Einreichung des Antrages beim Genossenschaftsvorstand vorhanden sein. Verlangt die Satzung, daß der Antrag von mindestens einem Zehntel der Mitglieder gestellt wird und besteht die Genossenschaft bei Einreichung des Antrages aus 100 Genossen, so genügt es nicht, wenn der Antrag von 9 Genossen gestellt wird und später durch etwaige Eigentumsveränderungen die Zahl der Genossen auf 88 sinkt.

Wird umgekehrt der Antrag von 10 Genossen gestellt und steigt in der Zeit zwischen der Einreichung des Antrags und der Einberufung der Genossenschaftsversammlung die Mitgliederzahl über 100, so ist die Voraussetzung des Gesetzes erfüllt.

5. beantragt. Es ist dabei gleichgültig, ob der Gegenstand, der beraten werden soll, in die Zuständigkeit der Genossenschaftsversammlung oder eines der Organe der Genossenschaft fällt (ebenso Brenner Art. 123 Anm. 5, Harster-Cassimir Art. 123 Anm.). Dagegen braucht der Vorstand dem Antrag nicht zu entsprechen, wenn der Gegenstand überhaupt nicht in die Zuständigkeit der Genossenschaft fällt (z. B. eine politische Kundgebung).

Stimmenverhältnis.

Art. 22.

I Das Stimmenverhältnis[1] der Genossen bestimmt sich bei der Beschlußfassung über die Deckung der Genossenschaftslasten[2] sowie über die Bewirtschaftung und Nutzung des verbesserten Ödlandes[3] nach der Fläche der beteiligten Grundstücke[4]. Hierbei darf kein Genosse mehr als zwei Fünftel der Stimmen führen[5].

II In sonstigen Angelegenheiten[6] hat jeder Genosse eine Stimme[7].

1. Stimmenverhältnis. D. h., die Frage, wie viele Stimmen jeder Genosse hat. — Die Frage, ob einfache Stimmenmehrheit genügt, oder ob eine größere Mehrheit oder noch sonstige Erfordernisse (z. B. Anwesenheit einer bestimmten Zahl von Genossen) verlangt werden, wird, soweit nicht das Gesetz selbst (Art. 5 Abs. I, Art. 33 Abs. II) besondere Vorschriften enthält, durch die Satzung bestimmt (vgl. Art. 15 Abs. II Nr. 5). — Streitigkeiten über das Stimmenverhältnis werden zunächst von dem Vorsitzenden und bei der Beanstandung seiner Entscheidung von der Genossenschaftsversammlung entschieden (ebenso Ehmann Art. 143 Anm. 1 c); wer sich durch die Entscheidung der Genossenschaftsversammlung beeinträchtigt glaubt, kann die Entscheidung der Aufsichtsbehörde anrufen; denn diese hat gemäß Art. 38 Abs. I die Pflicht, dafür zu sorgen, daß die Angelegenheiten der Genossenschaft gemäß Gesetz und Satzung verwaltet werden (ebenso Harster-Cassimir Art. 143 Anm. 2; a. A. Ehmann Art. 143 Anm. 1 c). Praktische Bedeutung hat die Anrufung der Aufsichtsbehörde nur dann, wenn sich bei Anerkennung der Beanstandung eine andere Mehrheit ergeben würde.

2. Genossenschaftslasten. Hierunter fällt die Entscheidung, ob die Kosten durch Beiträge oder durch Anleihen aufgebracht werden sollen, ferner, ob und wie die Beiträge abgestuft werden sollen, in welcher Höhe Beiträge zu erheben sind, ob in Geld oder in Sachleistungen, in welchem Betrag und zu welchen Bedingungen ein Darlehen aufgenommen werden soll. — Bei der Entscheidung über die Aufbringung der Kosten ist Art. 28 zu beachten. Unter die Beschlußfassung über die Deckung der Genossenschaftslasten fällt dagegen nicht die Beschlußfassung über Art, Zeit und Umfang der Ausführung des Unternehmens, über Erweiterung und Einschränkung des Unternehmens und Vergebung der Arbeiten usw., sondern lediglich die Frage, wie der durch die Ausführung des Unternehmens entstandene oder entstehende Geldbetrag aufgebracht wird. — Die Bestimmung, wie hoch die Beiträge

eines einzelnen Genossen oder für ein einzelnes Grundstück auf Grund des Gesetzes, der Satzung und der allgemeinen Beschlüsse sind, obliegt dem Vorstand der Genossenschaft.

3. Ödlandes. Hierunter fallen sowohl die Beschlußfassung über die Satzungsbestimmung, welche den Zweck der Genossenschaft auch auf die genossenschaftliche Bewirtschaftung und Nutzung des verbesserten Ödlandes erstreckt, als auch alle Beschlüsse über den Vollzug dieser gemeinschaftlichen Bewirtschaftung und Nutzung, also insbesondere die Beschlüsse über den Bebauungsplan, über die Durchführung dieses Planes, über die Aufbringung der Mittel hiefür, über die Verteilung von Gewinn und Verlust usw.

4. Grundstücke. Ist ein Grundstück nur teilweise in das Unternehmen einbezogen, so ist nur die einbezogene Fläche zu berücksichtigen (ebenso Brenner Art. 143 Anm. 4, Eymann Art. 143 Anm. 3, Harster-Cassimir Art. 143 Anm. 1). Sind die Grundstücke in Beitragsklassen eingeteilt, so daß z. B. Grundstücke der Klasse A den halben, Grundstücke der Klasse B den ganzen Beitrag zu leisten haben, so begründet diese Abstufung in der Beitragsleistung keinen Unterschied im Stimmrecht (ebenso Eymann Art. 143 Anm. 1a); die Satzung kann einen solchen Unterschied ebenfalls nicht einführen. — Art. 5 ist im Falle des Art. 22 auch nicht entsprechend anzuwenden, weil er lediglich eine Ausnahmebestimmung für das Genossenschaftsgründungsverfahren darstellt (ebenso Eymann Art. 143 Anm. 1b; a. A. Brenner Art. 143 Anm. 1). Wer im Falle des Miteigentums stimmberechtigt ist, bemißt sich nach dem bürgerlichen Recht (ebenso Eymann Art. 143 Anm. 1b; a. A. Brenner Art. 143 Anm. 9). Für den häufigsten Fall des Miteigentums, nämlich das eheliche Güterrecht, sei hier die Stimmberechtigung vermerkt. Es ist stimmberechtigt:

a) beim gesetzlichen Güterstand: für das eingebrachte Gut der Ehefrau: der Ehemann (BGB. § 1363), für das Vorbehaltsgut der Ehefrau: die Ehefrau (§§ 1365, 1371),
b) bei Gütertrennung: für das Gut der Ehefrau: die Ehefrau (§ 1426), soferne sie nicht dem Ehemann die Verwaltung überlassen hat (§ 1430),
c) bei allgemeiner Gütergemeinschaft: für das Gesamtgut der Ehemann (§ 1443); Vorbehaltsgut wie bei Gütertrennung,
d) bei Errungenschaftsgemeinschaft: für das Gesamtgut und das eingebrachte Gut der Ehefrau: der Ehemann (§§ 1519, 1525); Vorbehaltsgut wie bei Gütertrennung,
e) bei Fahrnisgemeinschaft: für das Gesamtgut und das eingebrachte Gut der Ehefrau: der Ehemann (§§ 1549, 1550); Vorbehaltsgut wie bei Gütertrennung,
f) bei der fortgesetzten Gütergemeinschaft: für das Gesamtgut: der überlebende Ehegatte (§ 1487); für das Vorbehaltsgut: die Abkömmlinge, soferne sie nicht dem überlebenden Ehegatten die Verwaltung überlassen haben.

Bei der Erbengemeinschaft muß, wenn nicht eine Einigung unter den Miterben erzielt wird, von ihnen abgestimmt werden, wobei jeder Miterbe die seinem Erbe entsprechende Zahl von Stimmen hat (BGB. §§ 2038, 745). Bei sonstigem Miteigentum muß nötigenfalls eine Abstimmung der Miteigentümer herbeigeführt werden. Bei Miteigentum zu gesamter Hand hat bei dieser Abstimmung unter den Miteigentümern jeder Miteigentümer eine Stimme, bei Miteigentum nach Bruchteilen hat er die seinem Bruchteil entsprechende Zahl von Stimmen. — Erstreckt sich die gemeinschaftliche Bewirtschaftung und Nutzung nur auf einen Teil der in die Genossenschaft einbezogenen Grundstücke, so sind bei der Beschlußfassung über Fragen der gemeinschaftlichen Bewirtschaftung und Nutzung selbstverständlich nur die Eigentümer der an der gemeinwirtschaftlichen Bewirtschaftung und Nutzung beteiligten Grundstücke stimmberechtigt.

5. führen. Hiedurch soll verhütet werden, daß ein einziger Genosse für sich allein die Entscheidung oder doch den überwiegenden Einfluß hat. Die zwei Fünftel sind nicht aus der Gesamtfläche, sondern nur aus der bei der Abstimmung vertretenen Fläche zu berechnen (ebenso Eymann Art. 143 Anm. 6).

6. Angelegenheiten. Eine gesetzliche Ausnahme enthält ferner Art. 5 Abs. I; denn in diesem Falle wird die Abstimmung ebenfalls nach der Flächengröße durchgeführt, wenn auch noch ein weiteres Erfordernis (mindestens ein Fünftel der Beteiligten) verlangt wird.

7. Stimme. Die Satzung kann Ausnahmen hievon nicht vorsehen (ebenso Eymann Art. 143 Anm. 1 a), wohl aber für die Gültigkeit eines Beschlusses erschwerende Vorschriften (erhöhte Mehrheit, Anwesenheit einer bestimmten Zahl von Genossen usw.) aufstellen.

Vorarbeiten.

Art. 23.

Die Bezirksverwaltungsbehörde[1] kann die Genehmigung[2] zur Vornahme von Vorarbeiten, die zur Vorbereitung des Unternehmens erforderlich sind,[3] erteilen.[4] Sie hat hierbei der Genossenschaft oder dem Antragsteller[5] die volle Entschädigung[6] des zur Duldung der Vorarbeiten Verpflichteten[7] aufzuerlegen[8] und die Höhe der Entschädigung festzusetzen.[9]

1. Bezirksverwaltungsbehörde. Die Bezirksverwaltungsbehörde, in deren Bezirk die Grundstücke, auf denen die Vorarbeiten vorgenommen werden sollen, liegen, nicht die Aufsichtsbehörde (Art. 38) oder die Bezirksverwaltungsbehörde, die für die Durchführung des Genossenschaftsgründungsverfahrens zuständig ist. Liegen die Grundstücke in den Bezirken mehrerer Bezirksverwaltungsbehörden, so ist nach Art. 56 Abs. I zu verfahren.

2. Genehmigung. Für die Wassergenossenschaften fehlt eine entsprechende Vorschrift. — Die Genehmigung begründet für den Inhaber der Genehmigung ein subjektives Recht auf Vornahme der zugelassenen Vorarbeiten mit den in der Genehmigung festgesetzten Grenzen. Soweit die Genehmigung reicht, werden durch sie die Rechte des Eigentümers, des Besitzers und der sonstigen Berechtigten ausgeschlossen. An die Stelle der ausgeschlossenen Rechte tritt die Entschädigung. — Ein weitgehendes Recht zur Vornahme der Vorarbeiten räumt Art. I § 2 der Reichsverordnung vom 13. Februar 1924 (am Schlusse dieses Buches) ein. Näheres dort.

3. erforderlich sind. Vgl. Art. 45 Anm. 5.

4. erteilen. Ein Anspruch auf Erteilung der Genehmigung besteht nicht. Die Genehmigung kann von der Sicherheitsleistung nach Art. 60 abhängig gemacht werden. Gegen die Erteilung und die Versagung der Genehmigung ist einfache Verwaltungsbeschwerde nach Art. 61 Abs. I zur Regierung, Kammer des Innern, zulässig. Beschwerdefrist: Art. 62.

5. Antragsteller. Aus diesem Wort ergibt sich, daß die Genehmigung schon vor dem Entstehen der Genossenschaft erteilt werden kann; ja, sie dient in vielen Fällen gerade dazu, die Prüfung der Voraussetzungen für die Durchführung eines Unternehmens und für die Gründung einer Genossenschaft hiezu zu ermöglichen oder wenigstens zu erleichtern. Es muß sich aber stets um ein Unternehmen handeln, das durch eine, wenn auch erst zu gründende öffentliche Ödlandgenossenschaft durchgeführt werden soll. Als Antragsteller können der Staat (Landesfinanzamt oder sonstiger Vertreter des Ärars, Landesanstalt für Moorwirtschaft, Kulturbauamt, Landwirtschaftsstelle), ein Kreis, ein Bezirk, eine Gemeinde, eine Ortschaft, eine Bauernkammer, eine rechtsfähige oder nichtrechtsfähige Vereinigung oder eine Einzelperson auftreten.

6. Entschädigung. Siehe Art. 45 Anm. 7.

7. Verpflichteten. Je nach dem Inhalt der Genehmigung kann dies der Eigentümer, der Besitzer oder ein sonstiger Berechtigter sein.

8. aufzuerlegen. Diese Vorschrift ist zwingend; von ihr darf nicht abgewichen werden.

9. festzusetzen. Vgl. Art. 84.

Ausführung des Unternehmens. Art. 24.

I Die Genossenschaft[1] ist berechtigt und verpflichtet[2] auf den zu ihr gehörenden Grundstücken[3] die zur Erfüllung des Genossenschaftszwecks erforderlichen Arbeiten[4] nach Maßgabe der Genossenschaftssatzung und der satzungsmäßigen[5] Beschlüsse der Genossenschaftsversammlung und des Genossenschaftsvorstandes auszuführen[6] und die genossenschaftlichen Anlagen[7] zu erhalten[8].

II Im Streitfalle entscheidet die Aufsichtsbehörde[9] (Art. 38), ob eine Arbeit zur Erfüllung des Genossenschaftszwecks erforderlich ist[10].

III Die Genossen und andere Personen, denen öffentliche[11] oder dingliche[12] Rechte an den zur Genossenschaft gehörenden Grundstücken zustehen[13], können von der Genossenschaft Ersatz für den Schaden verlangen[14], den sie durch die Ausführung des genossenschaftlichen Unternehmens erleiden[15]. Der Schadensermittlung ist der Ertrag zugrunde zu legen, den das Grundstück in seinem bisherigen Zustande nachhaltig abwirft[16]. Der aus dem Unternehmen erwachsende Vorteil ist hierbei nach den gleichen Grundsätzen zu berücksichtigen[17]. Beträgt der Schadensersatz mehr als 50 Goldmark[18], so haftet die Entschädigung, wenn der Gegenstand, wegen dessen die Entschädigung zu gewähren ist, mit einer Reallast, einer Hypothek, einer Grundschuld oder einer Rentenschuld belastet ist, für diese Rechte[19]. Die Entschädigung wird frei, wenn der Berechtigte nicht innerhalb eines Monats Widerspruch gegen die Zahlung der Entschädigung an den zu Entschädigenden dem Zahlungspflichtigen gegenüber erhoben hat[20]. Die Frist beginnt mit der Fälligkeit der Entschädigung, sofern aber der Berechtigte vor diesem Zeitpunkte bei dem Zahlungspflichtigen sein Recht angemeldet hat, erst, wenn der Zahlungspflichtige ihm den Eintritt der Entschädigungspflicht angezeigt hat[21]. Die Anzeige darf unterbleiben, wenn sie untunlich ist[22]. Erhebt ein Berechtigter innerhalb der Frist Widerspruch gegen die Zahlung der Entschädigung an den zu Entschädigenden, so kann dieser und jeder Berechtigte die Eröffnung eines Verteilungsverfahrens nach den für die Verteiluug des Erlöses im Falle der Zwangsversteigerung geltenden Vorschriften beantragen[23]. Die Zahlung hat in diesem Falle an das für das Verteilungsverfahren zuständige Gericht zu erfolgen[24].

IV Pachtverhältnisse und sonstige auf Nutzung oder Gebrauch eines Grundstückes gerichtete Schuldverhältnisse können, wenn das Vertragsverhältnis nicht früher endigt[25], in Anwendung des § 595 des Bürgerlichen Gesetzbuches[26] vorzeitig gekündigt werden[27]. Für die Zeit bis zu der gesetzlich zulässigen Beendigung des Rechtsverhältnisses kann der Berechtigte den Ersatz des Schadens verlangen, den er durch die Ausführung des genossenschaftlichen Unternehmens erleidet[28]. Wenn der Vertrag vor dem Inkrafttreten dieses Gesetzes[29] geschlossen und nach Satz 1 vorzeitig gekündigt worden ist, hat die Genossenschaft den Schaden zu ersetzen, der durch die vorzeitige Auflösung des Vertrags entsteht[30].

1. Genossenschaft. Eine entsprechende Bestimmung über das Recht und die Pflicht der Genossenschaft zur Ausführung des Unternehmens fehlt im Wassergesetz. Sie kann dort entbehrt werden, weil in fast allen Fällen das Unternehmen der Genossenschaft der wasserpolizeilichen Genehmigung bedarf. Durch die wasserpolizeiliche Genehmigung wird einwandfrei festgestellt, welche Arbeiten die Wassergenossenschaft ausführen darf. Eine solche Bestimmung kann aber im Ödlandgesetz nicht entbehrt werden, weil für fast alle Arbeiten der reinen Ödlandkultur ein polizeiliches Genehmigungsverfahren nicht vorgeschrieben ist. Es können sich daher leicht zwischen der Genossenschaft und den Genossen darüber Streitigkeiten ergeben, wie weit die gegenseitigen Rechte und Pflichten reichen. Solchen Streitigkeiten soll Art. 24 vorbeugen. — Ist der Zweck der Genossenschaft nach Art. 32 auf wasserwirtschaftliche

Maßnahmen ausgedehnt, so wird in vielen Fällen eine wasserpolizeiliche Erlaubnis notwendig sein. Diese Erlaubnis ist von Art. 24 unabhängig und daher besonders zu erholen. Bei der Aufforstung von Torfgrundstücken, die vor ihrer Abtorfung in landwirtschaftlicher Benützung standen, oder von Streuflächen in Gebieten, deren Kultivierung bereits begonnen oder eingeleitet ist, ist die Erlaubnis der Bezirksverwaltungsbehörde nach Art. 1 des Aufforstungsgesetzes vom 22. Dezember 1921 (GVBl. S. 609) erforderlich.

2. verpflichtet. Art. 24 regelt die Rechte und Pflichten der dem öffentlichen Recht angehörigen Ödlandgenossenschaft gegenüber ihren Mitgliedern; die Verfassung der Ödlandgenossenschaft ist öffentliches Recht; infolgedessen sind auch Streitigkeiten über die in Art. 24 Abs. I geregelten Rechte und Pflichten öffentlich-rechtliche Streitigkeiten. Diese werden von der Aufsichtsbehörde entschieden (Abs. II); auf Beschwerde gegen die Entscheidung der Aufsichtsbehörde entscheidet die Regierung, Kammer des Innern, endgültig (Art. 60 Abs. I).

3. Grundstücken. Diese Worte bringen deutlich zum Ausdruck, daß sich Art. 24 nur auf das Rechtsverhältnis zwischen der Genossenschaft und ihren Mitgliedern bezieht. Dazu gehören nicht die Passivbeteiligten, d. h. die Eigentümer der Grundstücke, die nicht selbst verbessert werden sollen; aber z. B. zur Errichtung von Zufahrten usw. in Anspruch genommen werden müssen. Die Rechtsverhältnisse zwischen der Genossenschaft und diesen Personen werden, soweit nicht eine gütliche Einigung erreicht werden kann, durch den III. Abschnitt des Gesetzes geregelt. Streitigkeiten hierüber werden zunächst im Gründungsverfahren im Wege des Einspruchs gegen das Unternehmen (Art. 69 Abs. I, Art. 72 Abs. II, Art. 74 Abs. II) entschieden. Taucht später eine solche Rechtsstreitigkeit auf, so richtet sich die Zuständigkeit hiefür nach der Natur des behaupteten Rechtsverhältnisses. Will der Eigentümer oder der Besitzer eine Entscheidung herbeiführen, so wird er behaupten, daß er vermöge seines Eigentums- oder Besitzrechts berechtigt sei, die Einwirkung der Genossenschaft auf sein Grundstück zu verbieten; es handelt sich also um einen Streit über die Rechte des Eigentümers oder des Besitzers, sonach über bürgerlich-rechtliche Fragen; hiefür sind die ordentlichen Gerichte zuständig. Diese können in dem Verfahren als Zwischenfrage auch entscheiden, ob das Eigentums- oder Besitzrecht in den streitigen Beziehungen nicht durch die öffentlich-rechtliche Bestimmung des Art. 24 ausgeschaltet ist. Will dagegen die Genossenschaft die Entscheidung herbeiführen, so wird sie ihren Anspruch darauf stützen, daß ihr durch die öffentlich-rechtliche Bestimmung des Art. 24 das Recht einer Einwirkung auf das Grundstück eingeräumt ist; die Entscheidung über diese öffentlich-rechtliche Frage als Hauptfrage ist den ordentlichen Gerichten entzogen, weil die ordentlichen Gerichte mangels ausdrücklicher Vorschrift nur über bürgerlich-rechtliche Streitigkeiten zu entscheiden haben; die Entscheidung wird vielmehr im reinen Verwaltungsverfahren getroffen; zuständig ist im ersten Rechtszug die Aufsichtsbehörde (Art. 38), im zweiten Rechtszug die Regierung, Kammer des Innern, welche endgültig entscheidet (Art. 61 Abs. I). Eine verwaltungsrechtliche Zuständigkeit besteht nicht.

4. Arbeiten. Hiezu gehören insbesondere das Roden, Einebnen, Umbrechen, Pflügen, Eggen, Walzen, Hacken, die Anlage von Fahrten und Brücken, das Düngen, Säen und Pflanzen usw., bei gemeinschaftlicher Bewirtschaftung und Nutzung auch das Ernten. Arbeiten, welche die Genossenschaft über den Genossenschaftszweck hinaus durch Vereinbarung mit den Beteiligten übernimmt, fallen nicht unter Art. 24. Streitigkeiten über die Frage, ob eine Arbeit zur Erfüllung des Genossenschaftszweckes erforderlich ist, entscheidet die Aufsichtsbehörde (Absatz II).

5. s a t z u n g s m ä ß i g e n. Ein Beschluß ist nur dann satzungsmäßig, wenn er sich innerhalb der durch die Satzung festgesetzten Rechte und Pflichten der Genossenschaft hält. Ist der Genossenschaftszweck z. B. auf die Verbesserung des Ödlands beschränkt, so sind Beschlüsse, welche die gemeinschaftliche Bewirtschaftung und Nutzung der Genossenschaftsgrundstücke anordnen, nicht satzungsmäßig. Soll die gemeinschaftliche Bewirtschaftung und Nutzung stattfinden, so muß die Satzungsbestimmung über den Zweck der Genossenschaft geändert werden.

6. a u s z u f ü h r e n. Innerhalb der Satzung und der satzungsmäßigen Beschlüsse der Genossenschaft obliegt dem Vorstand die Entscheidung darüber, wie, in welcher Art, zu welcher Zeit, durch wen, zu welchen Bedingungen usw. die Arbeiten ausgeführt werden. Die Ausführung der Arbeiten unterliegt der Beaufsichtigung durch die Aufsichtsbehörde (Art. 38).

7. A n l a g e n. Z. B. die Wege, Brücken, Stege, Wirtschaftsgebäude usw.

8. e r h a l t e n. D. h. in gebrauchsfähigem Zustande zu erhalten. Auch diese Verpflichtung wird von der Aufsichtsbehörde überwacht (Art. 38).

9. A u f s i c h t s b e h ö r d e. Gegen die Entscheidung der Aufsichtsbehörde ist Beschwerde zur Regierung, Kammer des Innern, zulässig; diese entscheidet endgültig (Art. 61 Abs. I). Das Verfahren ist ein reines Verwaltungsverfahren, kein Verwaltungsrechts- und kein Verwaltungsstreitverfahren.

10. e r f o r d e r l i c h i s t. In Abs. II ist der wichtigste Streitfall herausgegriffen. Hieraus darf aber nicht geschlossen werden, daß sich die Zuständigkeit der Aufsichtsbehörde auf diese Frage beschränkt. Ist entschieden, daß eine Arbeit zur Erfüllung des Genossenschaftszwecks erforderlich ist, so ist damit auch festgestellt, daß die Genossenschaft berechtigt und verpflichtet ist, diese Arbeit auf den Genossenschaftsgrundstücken vorzunehmen. Streitigkeiten werden sich daher hieraus kaum ergeben können. Sollten sie aber trotzdem vorkommen, so sind sie als öffentlichrechtliche Streitigkeiten, für welche eine andere Zuständigkeit nicht bestimmt ist, von der Aufsichtsbehörde im ersten und von der Regierung, Kammer des Innern, endgültig im zweiten Rechtszug zu entscheiden.

11. ö f f e n t l i c h e. Hiezu gehören insbesondere die öffentlichen Lasten, der Pfründenießbrauch usw. — Das Gesetz unterscheidet zwischen öffentlichen und dinglichen bürgerlichen Rechten (Abs. III) und obligatorischen bürgerlichen Rechten (Abs. IV). Die ersteren sollen mit der Einschränkung des Abs. I im allgemeinen durch die Ausführung des Unternehmens nicht beeinträchtigt werden, die letzteren sollen zum nächsten gesetzlich zulässigen Kündigungstermin gekündigt werden können.

12. d i n g l i c h e. Dazu gehören Erbbaurecht, Dienstbarkeiten, insbesondere Nießbrauch, Vorkaufsrecht, Reallasten, Hypotheken, Grundschulden und Rentenschulden, nicht aber die Pacht.

13. zustehen. Zwischen dem Eigentümer und den anderen Berechtigten besteht eine Art Gesamtgläubigerverhältnis; jeder von ihnen kann den Schadenersatz verlangen, doch befreit die Entschädigung des einen die Genossenschaft von der Verpflichtung zur Entschädigung des anderen, wenn es sich um denselben Schaden handelt.

14. verlangen. Hiebei handelt es sich um eine bürgerlich-rechtliche Verpflichtung, über welche im Streitfalle die ordentlichen Gerichte entscheiden.

15. erleiden. Die Schadenersatzpflicht gegenüber dem Genossen entfällt insoweit, als der Schaden bereits bei der Bemessung der Beiträge (Art. 27) berücksichtigt worden ist. Ein Schaden kann im allgemeinen nur für solche Berechtigte (außer dem Eigentümer) entstehen, deren Recht auf Besitz oder Gebrauch des Grundstücks geht; denn die Person, welche nur ein Recht auf eine Leistung aus dem Grundstück hat, wird wohl stets einen erheblichen Vorteil, keinen Schaden aus der Verbesserung des Grundstücks erfahren. Ein Schaden wird bei den letzteren Rechten in der Regel nur insoweit entstehen können, als ein Grundstück, das bisher einen, wenn auch geringen Ertrag abgeworfen hat, künftig infolge der Umwandlung in einen Weg, oder infolge Errichtung eines Wirtschaftsgebäudes auf ihm völlig ertraglos wird.

16. abwirft. Siehe Art. 50 Anm. 5. — Der durch das Unternehmen entstandene Vorteil für den Berechtigten ist zu berücksichtigen.

17. berücksichtigen. D. h. der Berechnung des Vorteils ist nicht der Verkehrswert, sondern der Ertrag zugrunde zu legen, den das Grundstück nach der Verbesserung voraussichtlich nachhaltig abwirft.

18. Goldmark. Das Ödlandgesetz hatte einen Betrag von 300 *M* vorgesehen. Dieser mußte den veränderten Geldverhältnissen angepaßt werden. Dies geschah durch folgenden Art. I des Gesetzes vom 14. August 1923 zur Änderung des Gesetzes vom 15. Juni 1898, das Unschädlichkeitszeugnis betr. (GVBl. S. 280):

> „Das Staatsministerium der Justiz wird ermächtigt, im Bedarfsfalle den in Art. 2 Abs. 3 des Gesetzes vom 15. Juni 1898, das Unschädlichkeitszeugnis betreffend, bezeichneten Betrag jeweils nach der Wirtschaftslage anderweitig festzusetzen.
>
> Der vom Staatsministerium der Justiz festgesetzte Betrag ersetzt jeweils auch den in . . . Art. 24 Abs. III Satz 4 des Ödlandgesetzes vom 6. März 1923 . . . bezeichneten Betrag von dreihundert Mark."

Mit Verordnung vom 22. November 1923 (GVBl. S. 381) hat das Staatsministerium der Justiz bestimmt, daß sich der erwähnte Betrag berechne durch Vervielfachung der Grundzahl von 25 *M* mit der auf volle Milliarden nach unten abgerundeten, in der dem Zeitpunkt der Feststellung der Unschädlichkeit vorangehenden Kalenderwoche veröffentlichten wöchentlichen Reichsindexziffer für allgemeine Lebenshaltung (einschl. Bekleidung).

Durch Verordnung vom 2. September 1924 (GVBl. S. 199) wurde Abs. I dieser Verordnung geändert, so daß die Verordnung vom 22. November 1923 nunmehr wie folgt lautet:

„Der Betrag, bis zu welchem die Ausgleichung der Wertminderung nach Art. 2 Abs. 3 des Gesetzes vom 15. Juni 1898, das Unschädlichkeitszeugnis betreffend, nicht erforderlich ist, wird auf 50 Goldmark festgesetzt; als Goldmark gilt der Wert von 10/42 des nordamerikanischen Dollars.

Dieser Betrag ersetzt auch den in . . . Art. 24 Abs. III Satz 4 des Ödlandgesetzes vom 6. März 1923 . . . bezeichneten Betrag von dreihundert Mark."

Wie der Wert des Dollars zu berechnen ist, ist nicht angegeben. Es ist anzunehmen, daß entsprechend der Regelung in sonstigen Gesetzen der letzte amtliche Mittelkurs der Berliner Börse für Auszahlungen Neuyork maßgebend ist.

19. Rechte. Siehe Art. 50 Anm. 16.
20. erhoben hat. Siehe Art. 50 Anm. 17—21.
21. angezeigt hat. Siehe Art. 50 Anm. 22—24.
22. untunlich ist. Siehe Art. 50 Anm. 25.
23. beantragen. Siehe Art. 50 Anm. 26—30.
24. erfolgen. Siehe Art. 50 Anm. 31.
25. endigt. Infolge Ablauf der Vertragsdauer oder Vereinbarung der Beteiligten.

26. Gesetzbuches. § 595 BGB. lautet folgendermaßen:

„I Ist bei der Pacht eines Grundstücks oder eines Rechtes die Pachtzeit nicht bestimmt, so ist die Kündigung nur für den Schluß eines Pachtjahres zulässig; sie hat spätestens am ersten Werktag des halben Jahres zu erfolgen, mit dessen Ablauf die Pacht endigen soll.

II Diese Vorschriften gelten bei der Pacht eines Grundstücks oder eines Rechtes auch für die Fälle, in denen das Pachtverhältnis unter Einhaltung der gesetzlichen Frist vorzeitig gekündigt werden kann."

27. gekündigt werden. Das Pachtverhältnis erlischt in diesem Fall mit dem Ende des laufenden Pachtjahres, wenn die Kündigung mindestens 6 Monate vorher erfolgt, andernfalls mit dem Ende des nächsten Pachtjahres. Bis dahin besteht das Pachtverhältnis fort.

28. erleidet. Trotz des Bestehens des Pachtverhältnisses ist die Genossenschaft nach Abs. I berechtigt, das genossenschaftliche Unternehmen auf den Pachtgrundstücken durchzuführen. Der Zweck der Pacht wird hiedurch in vielen Fällen vollständig vereitelt. Es ist daher geboten, daß der Pächter einen Schadenersatzanspruch erhält. Der Schaden wird in der Regel der Unterschied zwischen dem Wert des Ertrags, den der Pächter aus dem Grundstück bis zum Ablauf der Pacht hätte erzielen können, und dem Pachtzins sein, wenn er überhaupt keinen Ertrag mehr erzielen kann; ist der Ertrag lediglich gemindert oder entfällt er nur vorübergehend, so besteht der Schaden nur in dem Unterschied zwischen dem Wert des geminderten Ertrags und dem Pachtzins. Hat aber der Pächter von dem Unternehmen auch einen Vorteil, so ist auch dieser Vorteil abzurechnen. Dieser Fall kann dann eintreten, wenn bis zur Beendigung des Pachtverhältnisses lange Zeit vergeht und der Pächter bereits einen höheren Ertrag von dem verbesserten Grundstück erzielt. Hat der Pächter mehr Vorteile als Schaden, so entfällt die Schadenersatzpflicht. Dagegen besteht in diesem Fall und in den Fällen, in denen der Pächter nur Vorteile von der Durchführung des Unternehmens hat, auf Grund des Ödlandgesetzes keine Verpflichtung, einen erhöhten Pachtzins an den Verpächter zu bezahlen. Auch die Kosten der Verbesserung treffen den Pächter nicht. Es ist jedoch möglich, daß das Pachteinigungsamt in den Fällen, in denen es angerufen werden kann, auf Grund des § 2 Abs. I der bayerischen Pachtschutzordnung vom 2. Dezember 1920 (GVBl. S. 480) in der Fassung der VO. vom 26. Februar 1924 (GVBl. S. 61) den Pachtzins anderweit festsetzt. Den Schaden, der dem Pächter dadurch entsteht, daß das Pachtverhältnis nicht auf die vertraglich festgesetzte Zeit ausgehalten wird, sondern an dem gesetzlichen Termin endigt, braucht der Verpächter nicht zu ersetzen. Außerdem: Satz 3.

29. Gesetzes. 1. April 1923 (Art. 90).

30. entsteht. Hier handelt es sich um den Schaden, der sich daraus ergibt, daß der Vertrag nicht auf die vertragsmäßig vereinbarte Zeit, sondern nur bis zu dem gesetzlichen Termin dauert.

Dienstbarkeiten.

Art. 25.

I Die auf den Genossenschaftsgrundstücken[1] ruhenden Dienstbarkeiten, welche durch die Ausführung des Unternehmens, insbesondere durch die Schaffung von Wegen und sonstigen Anlagen entbehrlich geworden sind[2], erlöschen ohne Entschädigung[3].

II Über die Entbehrlichkeit einer Dienstbarkeit entscheidet die Aufsichtsbehörde (Art. 38) endgültig[4].

1. Genossenschaftsgrundstücken. Gemeint sind die zur Genossenschaft gehörenden Grundstücke (Art. 7—12), nicht etwa die Grundstücke, die im Eigentum der Genossenschaft stehen.

2. entbehrlich geworden sind. Durch die Anlage eines planmäßigen Wege- und Straßennetzes bei der Ausführung des genossenschaftlichen Unternehmens werden zahlreiche Dienstbarkeiten, insbesondere Wege- und Fahrtrechte, Rechte auf Ableitung von Wasser und auf Erhaltung von Gräben entbehrlich werden. Die Rechte müssen gerade durch die Ausführung des Unternehmens, d. h. des Ödlandverbesserungsunternehmens entbehrlich werden. Eine ähnliche Bestimmung findet sich im Wassergesetz nicht. Werden daher bei einer erweiterten Genossenschaft (Art. 32) die Dienstbarkeiten nicht durch die Maßnahmen entbehrlich, die nach dem Ödlandgesetz zulässig sind, sondern nur durch die nach dem Wassergesetz zulässigen Maßnahmen, so gilt Art. 25 nicht. Beispiel: Das Recht, das auf einem Grundstück vorhandene übermäßige Wasser durch einen Graben über ein anderes Grundstück abzuleiten, kann entbehrlich werden durch die Entwässerung der Grundstücke. Diese Maßnahme ist auf Grund des Wassergesetzes zulässig; Art. 25 findet daher nicht Anwendung. Gegenbeispiel: Auf dem Grundstück war ein Graben angelegt, um Vieh, das auf dem Ödlande weidete, zu tränken. Nun wird das Ödland kultiviert, ohne daß eine Entwässerung oder Bewässerung vorgenommen wird; darnach wird das bisherige Ödland nicht mehr als Weide benutzt. Infolgedessen ist der Graben entbehrlich geworden. In diesem Falle trifft Art. 25 zu.

3. Entschädigung. Ein Schadenersatz wurde nicht zugebilligt, weil durch die Befugnis zur Benutzung der genossenschaftlichen Anlagen ein vollwertiger Ersatz für die erlöschenden Dienstbarkeiten geschaffen wird.

4. endgültig. Es sind daher die Gerichte und alle Behörden an die Entscheidung der Aufsichtsbehörde, ob die Dienstbarkeit entbehrlich ist oder nicht, gebunden. Dagegen ist die Frage, ob und wann eine entbehrlich gewordene Dienstbarkeit erloschen ist, bürgerlich-rechtlicher Natur und von den ordentlichen Gerichten zu entscheiden. Ebenso sind Streitigkeiten, ob ein Fall des entschädigungslosen Erlöschens vorliegt, bürgerlich-rechtliche Streitigkeiten, die vor die ordentlichen Gerichte gehören.

Beitragspflicht.

Art. 26.

Die Beitragspflicht[1] zu den Ausgaben der Genossenschaft[2] ist eine öffentliche Last[3] der an dem Unternehmen[4] beteiligten Grundstücke[5]; sie erlischt[6] mit dem Ausscheiden[7] oder dem Untergange des Grundstückes.

II Bei Teilungen des Grundstückes ist die Beitragspflicht auf alle Trennstücke verhältnismäßig zu verteilen[8].

1. Beitragspflicht. Die Beitragspflicht selbst ergibt sich aus der Natur der Genossenschaft; denn jede Vereinigung muß die Ausgaben, die nicht durch ihre Einnahmen gedeckt werden können, auf ihre Mitglieder umlegen. Rechtlich beruht die Beitragspflicht auf der Satzung, die nach Art. 15 Abs. II Nr. 3 Bestimmungen über die Pflichten der Genossen enthalten muß. Die persönliche Haftung ist in Art. 29 behandelt; Art. 26 bezieht sich lediglich auf die Haftung des Grundstücks. — Da die Genossenschaft eine Körperschaft des öffentlichen Rechts ist, ist auch die Beitragspflicht nicht eine bürgerlich-rechtliche, sondern eine öffentlich-rechtliche Verpflichtung. Die Beitragspflicht kann sowohl eine Verpflichtung zu Geldleistungen, wie auch eine Verpflichtung zu sonstigen Leistungen (Sachlieferung, Dienstleistung usw.) sein (ebenso Brenner Art. 124 Anm. 2; a. A. Eymann Art. 124 Anm. 2).

2. Genossenschaft. Hiezu gehören die Verwaltungskosten, die Kosten der Ausführung und der Unterhaltung der Genossenschaftsanlagen, in den Fällen des Art. 3 Abs. II auch die Kosten der gemeinschaftlichen Bewirtschaftung und Nutzung, in allen Fällen weiter die Kosten der Verzinsung und der Tilgung der aufgenommenen Darlehen, insbesondere die Kulturrenten für die von der Genossenschaft aufgenommenen Landeskulturrentendarlehen.

3. Last. Der Ausdruck „öffentliche Last" ist nicht mit dem Ausdruck „Reallast" identisch; denn die Beitragspflicht zu den genossenschaftlichen Lasten ist keine bürgerlich-rechtliche, sondern eine öffentlich-rechtliche Verpflichtung, während der Begriff der Reallast dem bürgerlichen Recht angehört, ist der Begriff öffentliche Last ein öffentlich-rechtlicher Begriff. Dagegen haben die beiden Begriffe — wenn auch auf

ganz verschiedenen Rechtsgebieten — eine ähnliche Wirkung. Die Reallast und die öffentliche Last verhaften ein Grundstück für die Erfüllung einer Verpflichtung, sie bedeuten eine dingliche Sicherheit der Forderung. Dieser Erfolg wird bei den beiden Rechtsinstituten allerdings auf verschiedenem Wege erreicht. Die Reallast wird in das Grundbuch eingetragen und besteht erst mit der Eintragung im Grundbuch; der Inhalt des Grundbuchs bestimmt den Umfang und den Rang des Rechts; die Reallast wird bei der Vollstreckung von amtswegen berücksichtigt. Die öffentliche Last dagegen kann, weil sie kein bürgerliches Recht ist, nicht in das Grundbuch eingetragen werden; sie besteht, auch wenn ihr Bestand im Einzelfall nirgends ausdrücklich ausgesprochen ist, kraft Gesetzes. Sie wird bei der Vollstreckung nicht von amtswegen berücksichtigt, sondern nur auf Anmeldung; ihr Rang kann sich nicht nach einer Eintragung bestimmen, sondern er ist gesetzlich für alle Fälle festgelegt. Dagegen haben beide Rechte wieder eine ähnliche Wirkung. Für eine bestimmte Forderung haftet nicht nur eine Person mit ihrem ganzen Vermögen, sondern auch ein bestimmtes Grundstück, mag es der verpflichteten Person oder irgend einer anderen Person gehören. Doch sofort zeigt sich wieder ein Unterschied insoferne, als der Rang der Reallast und der öffentlichen Last grundverschieden ist. Die öffentliche Last geht unter allen Umständen der Reallast im Range vor. Bei der Zwangsversteigerung haben für die laufenden und in den letzten zwei Jahren fälligen rückständigen Beträge die öffentlichen Lasten den Rang der 3., die Reallasten den Rang der 4. Klasse, für die älteren Rückstände haben die öffentlichen Lasten den Rang der 7., die Reallasten den Rang der 8. Klasse (ZwVG. § 10). Bei der Zwangsverwaltung sind die öffentlichen Lasten ohne weiteres zu berücksichtigen, während die Reallasten erst später zum Zuge kommen (ZwVG. § 156). Im Falle des Konkurses gewähren Reallast und öffentliche Last den Anspruch auf gesonderte Befriedigung aus dem Grundstück (KO. § 47), d. h. diese Rechte sind (neben anderen) aus dem Grundstück vorweg zu befriedigen und erst der verbleibende Überschuß gehört zur Konkursmasse. — Es darf weiter nicht übersehen werden, daß die Erklärung der Beitragspflicht zur öffentlichen Last noch ein weiteres Vorzugsrecht gewährt. Gerät nämlich der für die Erfüllung der Beitragspflicht persönlich haftende Schuldner (mag er zugleich noch Grundstückseigentümer sein oder nicht mehr) in Konkurs, so gehört nach § 61 Nr. 3 KO. der Anspruch der Ödlandgenossenschaft auf die gesetz- und satzungsmäßigen Beiträge aus dem letzten Jahr vor der Eröffnung des Konkursverfahrens zu den bevorrechtigten Forderungen. Soweit die Beitragspflicht nicht eine Verpflichtung zu Geldleistungen ist, bedeutet die Erklärung zur öffentlichen Last nur, daß aus dem Grundstück der der Leistung entsprechende Geldbeitrag beansprucht werden kann; andere als Geldleistungen von der Eigenschaft einer öffentlichen Last auszuschließen, ist mangels ausdrücklicher gesetzlicher Bestimmung nicht möglich. Streitigkeiten darüber, ob die Beitragspflicht öffentliche Last ist, ob die Eigenschaft als öffentliche Last schon entstanden oder schon erloschen ist und wie groß die öffentliche Last ist, sind Verwaltungsrechtssachen (Art. 83 Abs. I).

4. Unternehmen. Hier ist zu unterscheiden zwischen den Kosten der Ödlandverbesserung und den Kosten der gemeinschaftlichen Bewirtschaftung und Nutzung. An den ersteren Kosten nehmen alle Grundstücke, die verbessert werden sollen, teil, während die letzteren nur auf die Grundstücke gelegt werden, die an der gemeinsamen Bewirtschaftung und Nutzung beteiligt sind.

5. Grundstücke. Selbstverständlich muß der Eigentümer des Grundstücks Mitglied der Genossenschaft sein, wenn er zur Beitragszahlung verpflichtet sein soll. Im Hinblick auf Art. 8 Abs. I werden jedoch die Eigentümer aller beteiligten Grundstücke ohnehin schon Mitglieder der Genossenschaft sein. —. Ist nur ein Teil eines Grundstücks in das Unternehmen einbezogen, so ruht die Beitragspflicht gleichwohl als öffentliche Last auf dem ganzen Grundstücke, weil nur das ganze Grundstück Gegenstand besonderer Rechte und Pflichten ist.

6. erlischt. Die Beitragspflicht beginnt mit der Zustellung der Regierungsentschließung, durch welche die Satzung genehmigt wird, an den Genossenschaftsvorstand für alle Personen, die bis zu diesem Zeitpunkte der Genossenschaft freiwillig beigetreten sind oder als zustimmend nach Art. 68 Abs. II Nr. 4 und Art. 70 Abs. I erklärt worden sind. Sie beginnt mit der Rechtskraft des Bescheides über die Verwerfung des Widerspruchs oder mit der Zurückziehung des Widerspruchs für die Personen, welche Widerspruch gegen die Beiziehung zur Genossenschaft erhoben haben (Art. 72 Abs. I, Art. 74 Abs. II). Sie beginnt mit der Genehmigung des Antrags auf nachträgliche Aufnahme in die Genossenschaft für die Grundstückseigentümer, die gemäß Art. 9 die nachträgliche Aufnahme in die Genossenschaft beantragt haben. Sie beginnt endlich mit der Zustellung des Bescheides der Aufsichtsbehörde für die Grundstücke, die auf Antrag des Genossenschaftsvorstandes gemäß Art. 10 nachträglich in die Genossenschaft aufgenommen werden. In allen diesen vier Fällen wird die Beitragspflicht gleichzeitig öffentliche Last der Grundstücke.

Die Beitragspflicht erlischt für alle' Grundstücke mit der Beendigung der Liquidation (Art. 37), für einzelne Grundstücke mit dem Ausscheiden eines Grundstücks auf Antrag (Art. 11) oder gegen den Willen des Grundstückseigentümers (Art. 12) sowie mit dem Untergang des Grundstücks.

Verschieden von der Frage des Erlöschens der Beitragspflicht ist die Frage des Erlöschens der Haftung des Grundstücks für bereits fällig gewordene Ansprüche. Diese Haftung erlischt mit dem Ablauf von zwei Jahren nach dem Eintritt des Zeitpunktes, von dem an die Leistung gefordert werden kann, wenn nicht vorher die Beschlagnahme des Grundstücks erfolgt ist (AG. z. BGB. Art. 122 Satz 2).

7. Ausscheiden. Siehe Art. 11 und 12.

8. verteilen. Die Verteilung kann erst erfolgen, wenn die Teilung messungs- und grundbuchamtlich vollzogen ist, weil erst dann neue selbständige Grundstücke vorhanden sind. — Die Beitragspflicht wird auch in diesem Falle öffentliche Last aller Trennstücke. — War nicht das ganze Grundstück in das Unternehmen einbezogen, so ist festzustellen, ob die einbezogene Fläche geteilt worden ist. Ist dies nicht der Fall, so lastet die Beitragspflicht auf dem Trennstück, zu dem die einbezogene Fläche gehört, während sie an dem anderen Trennstück erlischt; ist dagegen die einbezogene Fläche geteilt worden, so ist die Beitragspflicht nach dem Verhältnis, in dem der einbezogene Teil auf die neuen Grundstücke entfällt, auf diese Grundstücke zu verteilen.

Beitragsmaßstab.

Art. 27.

Die Lasten[1] der Genossenschaft sind[2] auf die Genossen in Ermangelung eines gütlichen Übereinkommens der Beteiligten[3] nach dem Verhältnisse des Nutzens[4] zu verteilen[5], den die einzelnen Grundstücke aus dem Unternehmen ziehen.

1. Lasten. Siehe Art. 22 Anm. 2.

2. sind. Dieser Maßstab ist zwingend; die Satzung kann eine andere Verteilungsart, falls nicht alle Beteiligten zustimmen, nicht beschließen.

3. Beteiligten. D. h. der Eigentümer der in die Genossenschaft einbezogenen Grundstücke. Es müssen alle Beteiligten einverstanden sein, damit der gesetzliche Maßstab ausgeschlossen wird. Dagegen ist es zulässig, daß eine Gruppe von Beteiligten sich darüber einigt, daß die auf die ganze Gruppe nach dem gesetzlichen Maßstab treffenden Lasten innerhalb der Gruppe nach einem anderen Maßstab verteilt werden (ebenso Eymann Art. 142 Anm. 1a). — Die Einigung der Beteiligten kann nur mit Zustimmung aller an der Einigung Beteiligten oder ihrer Rechtsnachfolger aufgehoben oder geändert werden. — Die Einigung braucht nicht in die Satzung aufgenommen zu werden; auch wenn die Satzung den Verteilungsmaßstab anders regelt, ist eine Änderung durch Vereinbarung der Beteiligten auch noch nachträglich zulässig (ebenso Eymann Art. 142 Anm. 1a; a. A. Brenner Art. 142 Anm. 2).

4. Nutzen. Auch hier ist der Nutzen wie an anderer Stelle des Gesetzes als Nettonutzen aufzufassen, d. h. es ist von dem Nutzen der dem Grundstück etwa entstehende Schaden abzuziehen und erst der verbleibende Rest bildet den Nutzen, der den Verteilungsmaßstab bildet. Als Schaden kommen weder die Genossenschaftsbeiträge noch der Schaden in Betracht, für den die Genossenschaft nach Art. 24 Abs. III dem Genossen Ersatz leistet. Die Kosten, welche die Verbesserung des einzelnen Grundstücks der Genossenschaft verursacht, dürfen nicht als Maßstab für die Lastenverteilung gewählt werden. Teilweise werden sie allerdings dadurch eine Bedeutung gewinnen, daß Grundstücke, deren Verbesserung (z. B. infolge ungewöhnlich starkem Besatzes mit Wurzelwerk oder infolge der Notwendigkeit, große Erdmassen behufs Einebnung zu bewegen) besonders kostspielig ist, vor der Verbesserung einen ganz geringen Wert gehabt haben, so daß sich bei diesen Grundstücken ein höherer Nutzen errechnet. Stets ist aber der neu entstandene Nutzen, nicht der Kostenaufwand der Verteilungsmaßstab, selbst wenn ausnahmsweise bei einem Grundstück der Kostenaufwand ein Vielfaches des Nutzens beträgt.

5. verteilen. Dieser Forderung wird in vielen Fällen schon dadurch genügt, daß die Verteilung nach der Fläche der Grundstücke vorgenommen wird. Wenn aber gleiche Grundstücksflächen von dem Unternehmen verschieden großen Nutzen haben (z. B. wenn ein Teil der Grundstücke besonders schlecht, ein anderer Teil weniger schlecht war), muß auch noch die verschiedene Wertsteigerung berücksichtigt werden. Dies geschieht gewöhnlich dadurch, daß die Grundstücke je nach dem Vorteil, den gleich große Grundstücke von dem Unternehmen haben, in verschiedene Klassen eingeteilt und für jede Klasse die Beiträge für die Flächeneinheit je nach dem Nutzen verschieden festgesetzt werden. — In der Satzung wird lediglich der Verteilungsmaßstab festgesetzt (Art. 15 Abs. II Nr. 3); wie hoch sich hienach die Beiträge für jedes Grundstück berechnen, wird vom Genossenschaftsvorstand bestimmt. — Die Beitragsberechnung erfolgt in folgender Weise: Zunächst werden festgestellt der aufzubringende Gesamtbetrag, die Gesamtfläche der in jede Beitragsklasse eingereihten Grundstücke und das Verhältnis der Beiträge der Grundstücke jeder Klasse zueinander. Beträgt der aufzubringende Gesamtbetrag 10000 Mark und ist eine Fläche von 10 ha in Klasse 1, von 20 ha in Klasse 2 und von 30 ha in Klasse 3 vorhanden und sind in Klasse 2 die doppelten, in Klasse 1 die dreifachen Beiträge von Klasse 3 zu entrichten, so ist zunächst die Fläche der Beitragsklasse, welche die doppelten Beiträge zahlt, zu verdoppeln, die Fläche der Klasse, welche die dreifachen Beiträge zahlt, zu verdreifachen und sodann die errechnete Gesamtfläche zu ermitteln. Durch diese Fläche ist der aufzubringende Gesamtbetrag zu teilen. Es ergibt sich also folgende Berechnung: Klasse 1: 3×10 = 30 ha, Klasse 2: 2×20 = 40 ha, Klasse 3: 1×30 = 30 ha. Errechnete Gesamtfläche: 30 + 40 + 30 = 100 ha. Beitragseinheit: 10000:100 = 100 Mark für die Einheit. Hienach treffen auf Klasse 1: 30×100 = 3000 Mark, auf Klasse 2: 40×100 = 4000 Mark, auf Klasse 3: 30×100 = 3000 Mark. Die Klasse 1 umfaßt wirklich 10 ha, also trifft auf 1 ha 300 Mark. Die Klasse 2 umfaßt wirklich 20 ha, also trifft auf 1 ha 200 Mark. Die Klasse 3 umfaßt wirklich 30 ha, also trifft auf 1 ha 100 Mark. — Streitigkeiten über die Verteilung der Lasten, über die Zuteilung eines Grundstückes zu einer bestimmten Zahlungsklasse und über die Festsetzung des Beitrags für ein Grundstück, ferner Streitigkeiten darüber, ob ein gültiges gütliches Übereinkommen der Beteiligten vorliegt und wie sich hienach der Beitrag für ein Grundstück berechnet, sind Verwaltungsrechtssachen (Art. 83 Abs. I). Es ist jedoch zu prüfen, ob hiefür nicht die Zuständigkeit des Schiedsgerichtes auf Grund des Art. 15 Abs. II Nr. 6 festgesetzt wurde.

Aufbringung der Anlagekosten. **Art. 28.**

Gegen den Widerspruch eines durch Zwang zur Teilnahme herangezogenen Grundeigentümers [1] darf der ihn an den Anlagekosten [2] treffende Anteil [3] durch einmalige Beiträge [4] nur dann aufgebracht werden [5], wenn hierdurch der Nahrungsstand des Widersprechenden nicht gefährdet wird [6].

1. Grundeigentümers. Durch Zwang sind herangezogen die Personen, deren Widersprüche rechtskräftig verworfen worden sind (Art. 74 Abs. II) und die Personen, die von der Aufsichtsbehörde gemäß Art. 10 Abs. I nachträglich beigezogen worden sind, nicht aber die Personen, die gemäß Art. 68 Abs. II Nr. 4, Art. 70 Abs. I wegen Nichterscheinens oder Nichtabstimmens trotz ordnungsmäßiger Ladung als zustimmend erachtet werden. Den Eigentümern stehen die Nießbraucher, die Erbbauberechtigten, die Erbpächter und die Pfründenießbraucher gleich (Art. 86 Abs. I); ihr Widerspruch wirkt daher wie der Widerspruch des Eigentümers.

2. Anlagekosten. Nicht aber an den sonstigen Kosten, wie den Verwaltungskosten, den Instandhaltungskosten, den Kosten der gemeinschaftlichen Bewirtschaftung und Nutzung (Art. 3 Abs. II). Diese Kosten können auch im Falle eines Widerspruchs durch einmalige Beiträge aufgebracht werden. Ein rechtliches Hindernis, die Mittel auch für diese Kosten im Anleiheweg zu beschaffen, besteht nicht, wenn sich diese Art der Finanzierung ausnahmsweise als wirtschaftlich zweckmäßig erweist. Letzteres kann der Fall sein, wenn die Genossen nicht über das erforderliche Betriebskapital verfügen; für raschestmögliche Tilgung ist hier jedoch besonders zu sorgen. Ob die Anlagekosten bei der Schaffung des Unternehmens oder erst später infolge einer Erweiterung des Unternehmens entstanden sind, ist gleichgültig (ebenso Eymann Art. 144 Anm. 4).

3. Anteil. D. h. der Betrag von den Anlagekosten, der bei der Verteilung der Kosten nach Art. 27 auf das Grundstück trifft.

4. Beiträge. Erhebung des gesamten auf das Grundstück treffenden Anteils auf einmal im Gegensatz zur Verteilung auf mehrere Zeitpunkte. Es ist nicht etwa gemeint, daß die Verteilung auf zwei Termine in der Weise, daß die eine Hälfte am 1. April, die zweite Hälfte am 1. Mai fällig sein soll, zulässig wäre, sondern es ist in Fällen, in denen die Voraussetzungen des Art. 28 erfüllt sind, als Wille des Gesetzgebers anzunehmen, daß die Aufbringung der Beiträge über eine Reihe von Jahren zu verteilen ist.

5. aufgebracht werden. Der Art. 28 will vorsehen, daß in allen Fällen, in denen ein Genosse ohne Gefährdung seines Nahrungsstandes nicht in der Lage ist, die ihn treffenden Anlagekosten auf einmal zu bezahlen, dieser verlangen kann, daß ihm diese Kosten teilweise gestundet werden. Der Normalfall ist der, daß die Genossenschaft die erforderlichen Geldmittel durch Aufnahme eines Landeskulturrentendarlehens beschafft und von den Genossen jährlich die fälligen Kulturrenten einhebt. Auf diese Weise ist es möglich, die Anlagekosten auf eine lange Reihe von Jahren zu verteilen. Will ein Teil der Genossen die Gesamtkosten auf einmal bezahlen, so steht nichts im Wege; die Genossenschaft nimmt dann lediglich für die übrigen Genossen das Darlehen auf. Beispiel: Gesamtaufwand 300 000 Mark. Hievon treffen auf Genossen, welche die Gesamtkosten sogleich bezahlen wollen, 200 000 Mark und auf die anderen Genossen 100 000 Mark. In diesem Fall nimmt die Genossenschaft ein Landeskulturrentendarlehen zu 100 000 Mark auf und hebt die auf die Grundstücke der nicht sogleich bezahlenden Genossen treffenden jährlichen Kulturrenten nur von den letzteren Genossen ein. — Streitigkeiten darüber, ob gegen den Widerspruch eines zwangsweise beigezogenen Genossen die Einhebung der gesamten ihn treffenden Anlagekosten auf einmal zulässig ist, ob jemand zu den zwangsweise beigezogenen Genossen gehört, ob die Beiträge zur Deckung der Anlagekosten dienen sollen, ob der Nahrungsstand des Genossen gefährdet ist, sind nicht Verwaltungsrechtssachen, sondern sie werden, wie alle Streitigkeiten über die Aufbringung der Kosten, von der Aufsichtsbehörde (Art. 38) entschieden. Wurde ein Landeskulturrentendarlehen aufgenommen und entstehen Streitigkeiten zwischen der Landeskulturanstalt und der Genossenschaft wegen des Darlehens oder der Kulturrenten, so werden diese nicht im Verfahren nach dem Ödlandgesetz, sondern nach dem Landeskulturrentengesetz entschieden. Hat die Genossenschaft die Kulturrente an die Landeskulturrentenanstalt bezahlt und verlangt sie von den einzelnen Genossen die Teilkulturrente erstattet, so liegt ein Streit über eine aus der Mitgliedschaft zur Genossenschaft sich ergebende Verpflichtung zur Beitragsleistung vor, für welche die Art. 26, 27 und 29 gelten; diese Streitigkeiten sind nach Art. 83 Abs. I Verwaltungsrechtssachen.

6. gefährdet wird. Diese Voraussetzung ist erfüllt, wenn der Genosse auch bei sofortiger Bezahlung des gesamten, ihn treffenden Anteils an den Anlagekosten noch den Lebensunterhalt für sich und seine unterhaltsberechtigten Angehörigen und seine sonstigen notwendigen Ausgaben bestreiten kann. Es empfiehlt sich wohlwollendste Auslegung dieser Vorschrift, weil der Genossenschaft keine Schwierigkeiten entstehen, wenn sie den Kostenanteil des Genossen durch ein Landeskulturrentendarlehen aufbringen kann, und es, soweit irgend möglich, verhindert werden soll, daß jemand durch Kulturmaßnahmen in wirtschaftliche Bedrängnis gerät.

Persönliche Haftung.

Art. 29.

Der Eigentümer[1] eines zur Genossenschaft gehörenden Grundstückes haftet für die während seines Eigentums fällig werdenden Leistungen[2] auch persönlich[3].

1. Eigentümer. Auch der Nutznießer, der Erbbauberechtigte, der Erbpächter und der Pfründenießbraucher für die während der Dauer ihres Rechtes fällig werdenden Leistungen (Art. 86 Abs. I), nicht aber sonstige Berechtigte, wie Pächter usw.

2. Leistungen. Für die vor seinem Eigentum, Nießbrauch usw., fällig gewordenen Leistungen haften lediglich das Grundstück (Art. 26) und der frühere Eigentümer oder Berechtigte; für die nach seinem Eigentum usw. fälligen Leistungen haften nur das Grundstück und der spätere Eigentümer oder Berechtigte.

3. persönlich. Für die Leistungen an die Genossenschaft besteht eine doppelte Haftung: a) eine Haftung des Grundstücks vermöge der Erklärung der Beitragspflicht als öffentliche Last des Grundstücks (Art. 26), b) eine persönliche Haftung des Grundstückseigentümers, Nießbrauchers usw. auf Grund des Art. 29. Letztere Haftung beschränkt sich aber auf die Leistungen, die während des Eigentums, Nießbrauchs usw. fällig werden. Die persönliche Haftung bedeutet, daß der Eigentümer, Nießbraucher usw. mit seinem ganzen Vermögen, nicht bloß mit dem Grundstück oder Recht für die Erfüllung der Beitragspflicht haftet. Die Genossenschaft hat also die Wahl, ob sie die Haftung des Grundstücks oder die persönliche Haftung des Eigentümers, Nießbrauchers usw. in Anspruch nehmen will. In der Regel wird sie letzteres tun, weil das Verfahren hiebei einfacher ist. Der Eigentümer, Nießbraucher usw. kann sich von seiner persönlichen Haftung nicht dadurch befreien, daß er das Eigentum oder sonstige Recht an dem Grundstück aufgibt; seine persönliche Haftung bleibt gleichwohl bestehen. Von großer praktischer Bedeutung ist hier, ob die Anlagekosten durch einmalige Beiträge oder durch Aufnahme eines Landeskulturrentendarlehens aufgebracht werden. Im

ersteren Falle haftet für die ganzen auf das Grundstück treffenden Anlagekosten die Person, die zur Zeit der Fälligkeit dieses Betrags Eigentümer, Nießbraucher usw. des Grundstücks ist, mit ihrem ganzen Vermögen. Im zweiten Falle besteht die Beitragspflicht nur in der Verpflichtung zur Erstattung der auf das Grundstück treffenden Teilkulturrente an die Genossenschaft. Der Eigentümer, Nießbraucher usw. haftet also lediglich für die Teilkulturrenten, die während seines Eigentums oder sonstigen Rechts fällig werden. Besondere Bedeutung wird dieser Unterschied in Zeiten der Änderung des Geldwerts haben. — Die Ansprüche der Genossenschaft auf fällige Leistungen verjähren in drei Jahren, beginnend mit dem Schluß des Kalenderjahres, in welchem der Anspruch fällig geworden ist (AG. z. BGB. Art. 124, 126). — Streitigkeiten über die persönliche Haftung des Grundstückeigentümers sind Verwaltungsrechtssachen (Art. 83 Abs. II). Wenn der Eigentümer, Nießbraucher usw. die Beiträge nicht bezahlt, können sie also von der Genossenschaft im Wege der Verwaltungsrechtsklage von ihm angefordert werden. In gleicher Weise sind Streitigkeiten über die Rückforderung angeblich zu Unrecht bezahlter Genossenschaftsbeiträge Verwaltungsrechtssachen (VGH. 31, 93). — Wegen des Verhältnisses des Eigentümers zum Nießbraucher, Erbbauberechtigten, Erbpächter und Pfründenießbraucher siehe Art. 86.

Rückständige Leistungen.

Art. 30.

Rückständige Leistungen[1] zur Genossenschaftskasse[2] werden durch die Gemeinden[3] nach den Vorschriften über die Beitreibung der Gemeindeumlagen[4] beigetrieben[5].

1. L e i s t u n g e n. Leistungen, die zwar fällig sind, aber von dem Genossen oder dem Grundstückseigentümer trotz Aufforderung nicht bezahlt worden sind.

2. G e n o s s e n s c h a f t s k a s s e. Hieraus ergibt sich, daß sich Art. 30 nur auf Geldleistungen bezieht. Bei Sachleistungen besteht die Möglichkeit der Verhängung von Ordnungsstrafen nach Art. 19 oder, falls dies in der Satzung vorgesehen ist, die Möglichkeit der Umwandlung in eine Geldleistung. — Leistungen zur Genossenschaftskasse sind die Beiträge der Genossen und der Grundstückseigentümer, Nießbraucher, Erbbauberechtigten, Erbpächter und Pfründenießbraucher (Art. 26—29), die Ansprüche auf Grund des Art. 9 Abs. II, des Art. 10 Abs. II, ferner die Ordnungsstrafen, welche der Vorstand (Art. 19) und die Ordnungsstrafen, welche die Aufsichtsbehörde gegen die Vorstandsmitglieder verhängt (Art. 39). Zu den in Art. 30 erwähnten Leistungen zur Genossenschaftskasse gehören aber nicht bürgerlich-rechtliche Leistungen; für diese gilt die Zivilprozeßordnung.

3. G e m e i n d e n. Zuständig ist die Gemeinde, in welcher der in Anspruch genommene Genosse oder Grundstückseigentümer usw. seinen Wohnsitz, in Ermangelung eines Wohnsitzes seinen dauernden Aufenthalt hat (ebenso Brenner Art. 126 Anm. 2; Harster-Cassimir Art. 126 Anm.; teilweise a. A. Eymann Art. 126 Anm. 1b).

4. G e m e i n d e u m l a g e n. Maßgebend sind Art. 20 Abs. II—V des bayerischen Gesetzes zum Vollzug des Finanzausgleichgesetzes (GVBl. 1924 S. 157) und Art. 4, 6—8 des bayerischen Ausführungsgesetzes zur Zivilprozeßordnung und Konkursordnung (GVBl. 1899 S. 401). Diese Vorschriften lauten folgendermaßen:

Gesetz zum Vollzug des Finanzausgleichgesetzes
(GVBl 1924 S. 157.)

Art. 20. II Säumige Umlagenschuldner sind vom Gemeindeeinnehmer zu mahnen. Die Mahnung kann auch durch öffentliches Ausschreiben erfolgen.

III Bleibt die Mahnung erfolglos, so ist vom Gemeindeeinnehmer ein Ausstandsverzeichnis anzufertigen. Die Gemeindeverwaltung hat das Ausstandsverzeichnis mit dem Vermerk zu versehen: „Vorstehendes Ausstandsverzeichnis wird hiermit für vollstreckbar erklärt".

IV Die Vollstreckung ist von der Gemeindeverwaltung nach Maßgabe der Art. 4 ff. des Ausführungsgesetzes zur Zivilprozeßordnung und Konkursordnung vom 23. Februar 1879 zu bewirken.

V Die für die Mahnung und Beitreibung zu erhebenden Gebühren werden durch Bekanntmachung der Staatsministerien des Innern und der Finanzen geregelt.

Gesetz zur Ausführung der Reichs-Zivilprozeßordnung und Konkursordnung.

Art. 4. Die bestehenden Vorschriften über das Vollstreckungsrecht der Verwaltungsbehörden und über die Organe und die Mittel der der Verwaltungsbehörden und über die Organe und die Mittel der Zwangsvollstreckung bleiben vorbehaltlich der Bestimmungen der Art. 6 und 7 in Kraft.

Art. 6. I Beschlüsse und Urkunden derjenigen Verwaltungsbehörden, welchen das Vollstreckungsrecht zusteht oder welchen das Gesetz die Befugnis zur Ausfertigung vollstreckbarer Urkunden einräumt, sind, wenn es sich um eine Geldleistung handelt und eines der zum Vollzuge von Urteilen in bürgerlichen Rechtsstreitigkeiten gegebenen Vollstreckungsmittel angewendet werden soll, von ihnen mit der Vollstreckungsklausel:

„Vorstehende Urkunde (Ausfertigung) wird hiemit für vollstreckbar erklärt"

zu versehen und werden dadurch im ganzen Königreiche vollstreckbar.

II Die Vollstreckungsklausel darf erst beigefügt werden, wenn die gesetzlichen Voraussetzungen der Vollstreckung gegeben sind.

III Ob die Vollstreckungsklausel der Urschrift oder einer Ausfertigung beizufügen ist, wird durch Verordnung bestimmt.

Art. 7. I Bei den auf Grund des Art. 6 stattfindenden Zwangsvollstreckungen sind die Bestimmungen der Zivilprozeßordnung maßgebend. Die Verwaltungsbehörden können die Zwangsvollstreckung, soweit sie nicht den Gerichten zugewiesen ist, sowohl durch die ihnen zu Gebote stehenden besonderen Vollzugsorgane als auch durch Gerichtsvollzieher bewirken lassen.

II Einwendungen gegen die Zwangsvollstreckung, welche den Rechtsbestand oder die Auslegung der Entscheidung der Verwaltungsbehörde oder die Frage betreffen, ob die Forderung, für welche die Vollstreckung stattfindet, überhaupt oder in der angesprochenen Größe entstanden ist, und Einwendungen, welche die Zulässigkeit der Vollstreckungsklausel betreffen, sind, soweit das Verhältnis, in welchem die Forderung ihren Grund hat, dem Verwaltungsgebiet angehört, bei der zuständigen Verwaltungsbehörde geltend zu machen. Über alle sonstigen Einwendungen und Streitigkeiten haben die Gerichte zu entscheiden.

Art. 8. Die Bestimmungen der Art. 4, 6 und 7 finden auf die Gemeinde- und Stiftungsverwaltungen entsprechende Anwendung.

5. beigetrieben. Streitigkeiten über die Beitreibung sind Verwaltungsrechtssachen (Art. 83 Abs. II). Zuständig ist im ersten Rechtszug die Aufsichtsbehörde der Genossenschaft (ebenso Eymann Art. 126 Anm. 1 c). Wird dagegen die Verpflichtung zur Leistung selbst oder die Höhe der Leistung bestritten, so ist das Vollstreckungsverfahren nach Art. 30 unzulässig; es ist vielmehr das für die Leistung festgesetzte Verfahren (Verwaltungsrechtsverfahren nach Art. 26, 27 und 29) durchzuführen (ebenso VGH. 31, 94). Erst wenn dieses Verfahren rechtskräftig abgeschlossen ist, wird die in diesem Verfahren festgestellte Leistungspflicht nötigenfalls im Wege des Art. 46 VGG. zwangsweise durchgesetzt.

Gemeinschaftliche Bewirtschaftung und Nutzung.

Art. 31.

I Ist die gemeinschaftliche Bewirtschaftung und Nutzung der zur Genossenschaft gehörenden Grundstücke beschlossen worden [1], so hat jeder Genosse [2] mangels anderer Beschlußfassung [3] am Ende eines Wirtschaftsjahres [4] Anspruch [5] auf den Anteil am Reinertrag [6], der unter billiger Berücksichtigung der bewirtschafteten Fläche, der Bodenbeschaffenheit und der Bewirtschaftungskosten auf seine Grundstücke entfällt [7].

II Jeder Genosse kann verlangen [8], daß seine Grundstücke von der gemeinschaftlichen Bewirtschaftung ausgenommen oder ihm nach der Ernte oder nach Aufhören des Weidebetriebs ganz oder teilweise wieder zur eigenen Bewirtschaftung und Nutzung überlassen werden, solange [9] dadurch nicht die wirtschaftliche Nutzung der eigenen oder der übrigen Genossenschaftsgrundstücke erheblich beeinträchtigt oder gefährdet wird [10]. An den Kosten, die durch die gemeinschaftliche Bewirtschaftung der anderen Grundstücke entstehen, sowie an deren Nutzung nimmt dieser Genosse von dem Zeitpunkt an nicht mehr teil, in dem seine Grundstücke aus der gemeinschaftlichen Bewirtschaftung ausscheiden [11].

III Die Aufsichtsbehörde (Art. 38) entscheidet bei Streitigkeiten [12].

1. beschlossen worden. Diese Voraussetzung ist erfüllt, wenn die Satzung bestimmt, daß der Zweck der Genossenschaft auch die Bewirtschaftung und die Nutzung des verbesserten Ödlands umfaßt (vgl. Art. 3 Abs. II) oder daß die Genossenschaftsversammlung die gemeinschaftliche Bewirtschaftung und Nutzung beschließen kann. Enthält die Satzung eine solche Bestimmung nicht, so ist der Genossenschaftsvorstand nicht befugt, die gemeinschaftliche Bewirtschaftung und Nutzung der Genossenschaftsgrundstücke zu beschließen. Auch die Genossenschaftsversammlung kann einen solchen Beschluß nur mit Zustimmung aller beteiligten Genossen fassen; denn der Genosse ist nur verpflichtet, sich den satzungsmäßigen Beschlüssen zu unterwerfen und die satzungsmäßig zulässigen Arbeiten auf seinen Grundstücken vornehmen zu lassen (Art. 24 Absatz I). — Die gemeinschaftliche Bewirtschaftung und Nutzung kann auf einen Teil der Genossenschaftsgrundstücke beschränkt werden, wenn dies zweckmäßig ist. — Die Genossenschaft kann die gemeinschaftliche Bewirtschaftung und Nutzung in eigener Regie oder durch Verpachtung an einen zuverlässigen Unternehmer, insbesondere an die Landesanstalt für Moorwirtschaft, durchführen. Sie muß aber in den Pachtvertrag eine Bestimmung aufnehmen, die den Sätzen 2 und 3 Rechnung trägt. — Ist es zweckmäßig, die gemeinschaftliche Bewirtschaftung und Nutzung auch auf andere zur Genossenschaft nicht gehörige Grundstücke auszudehnen, so kann die Genossenschaft dies beschließen. Hiefür gilt jedoch Art. 31 nicht; es handelt sich hiebei vielmehr um einen der freien Vereinbarung der Beteiligten unterliegenden Vertrag zwischen der Genossenschaft und den Eigentümern der anderen Grundstücke. Streitigkeiten zwischen diesen sind bürgerlich-rechtlicher Natur. Die Aufsichtsbehörde kann nur insoweit nach Art. 38 eingreifen, als durch diesen Vertrag nicht die Rechte der Genossenschaft und der Genossen und die Zwecke und Aufgaben der Genossenschaft beeinträchtigt werden.

2. Genosse. Ist die gemeinschaftliche Bewirtschaftung und Nutzung auf einen Teil der Grundstücke beschränkt, so haben selbstverständlich nur die Eigentümer dieser Grundstücke die in Art. 31 aufgeführten Rechte und Pflichten.

3. Beschlußfassung. Die Genossenschaftsversammlung kann eine andere Verteilung des Reinertrags beschließen.

4. Wirtschaftjahres. Beginn und Ende des Wirtschaftsjahres bemessen sich nach der Art der Nutzung. Beim Bau von Getreide, Kartoffeln, Rüben usw. beginnt das Wirtschaftsjahr mit dem ordnungsmäßigen Pflügen vor der Aussaat und endigt mit dem Abschluß der Ernte; bei Wiesenwirtschaft kann das Wirtschaftsjahr verschieden laufen, je nachdem nach der Grummeternte noch ein Weidebetrieb erfolgt oder nicht.

5. Anspruch. Streitigkeiten: Abs. III.

6. Reinertrag. Rohertrag abzüglich der ordentlichen (jährlich wiederkehrenden) Bewirtschaftungskosten. Die Kosten, die nur einmal oder zweimal aufgewendet werden müssen, damit das Ödland in landwirtschaftliches Kulturland umgewandelt werden kann, z. B. eine außergewöhnlich reiche Düngung, gehören nicht zu den Bewirtschaftungskosten, sondern zu den Verbesserungskosten und sind daher hier nicht zu berücksichtigen.

7. entfällt. Es soll nicht eine mathematisch genaue Berechnung des Ertrags und der Kosten für jedes Grundstück durchgeführt werden. Es wird vielmehr, wenn zwischen den einzelnen Grundstücken nicht auffällig große Unterschiede in der Bodenbeschaffenheit, der Höhe des Ertrags oder den aufgewendeten Kosten für die gleiche Fläche bestehen, vollständig genügen, daß von dem Gesamtertrag die Gesamtbewirtschaftungskosten abgezogen werden und der Rest auf die einzelnen Grundstücke nach dem Verhältnis der Fläche verteilt wird. Bestehen erhebliche Unterschiede, so können die Grundstücke je nach der Bodenbeschaffenheit oder der Höhe des Ertrages oder der Kosten in Klassen eingeteilt, für jede Klasse der Gesamtreinertrag berechnet und dieser auf die Grundstücke jeder Klasse nach der Fläche verteilt werden. Mit den Worten

„billige Berücksichtigung" ist nur zum Ausdruck gebracht, daß jede auffällige Unbilligkeit ausgeschlossen sein soll. Die Verteilung des Reingewinnes ist Sache des Vorstandes; gegen seine Entscheidung kann nach Abs. III die Aufsichtsbehörde angerufen werden. Die Aufbringung der Bewirtschaftungskosten bis zur Ernte ist nicht besonders geregelt; es gelten daher die allgemeinen Vorschriften der Art. 26, 27, 29 und 30. Wann die Beiträge der Genossen fällig sind, bestimmt der Vorstand; er kann insbesondere bestimmen, daß jeder Genosse den auf sein Grundstück treffenden Teil der Bewirtschaftungskosten im voraus zu entrichten hat. Art. 28 ist nicht anwendbar, weil er sich nur auf die Verteilung von Kosten bezieht, die für mehrere Jahre wirksam sind, nicht aber auf Kosten, die im Wirtschaftsjahr wieder hereinkommen sollen; außerdem würde sich in der Regel die Aufnahme eines Landeskulturrentendarlehens (denn dies ist der typische Fall des Art. 28) nicht eignen, weil die Landeskulturrentenanstalt nur Meliorationskredit, nicht aber Betriebskredit gewähren soll.

8. verlangen. Es steht nicht im Ermessen der Genossenschaft, ob die Grundstücke zurückgegeben werden sollen oder nicht, sondern der Genosse hat, wenn die Voraussetzungen (keine erhebliche Beeinträchtigung oder Gefährdung der wirtschaftlichen Nutzung der eigenen oder der übrigen Genossenschaftsgrundstücke) erfüllt sind, einen Rechtsanspruch auf Rückgabe der Grundstücke. Streitigkeiten: Abs. III.

9. solange. Ändern sich die Verhältnisse, welche zur Freilassung oder zum nachträglichen Ausscheiden der Grundstücke aus der gemeinschaftlichen Bewirtschaftung und Nutzung geführt haben, so können die Grundstücke wieder in die gemeinschaftliche Bewirtschaftung und Nutzung einbezogen werden.

10. gefährdet wird. Eine Beeinträchtigung oder Gefährdung ist insbesondere dann anzunehmen, wenn der Grundstückseigentümer, Nießbraucher usw. keine Gewähr dafür bietet, daß er die Grundstücke richtig bewirtschaftet. Hiebei ist ein strengerer Maßstab als für die Bewirtschaftung von landwirtschaftlichem Kulturland zu stellen, weil die Ödlandkultur nur dann einen vollen Erfolg verspricht, wenn die Grundstücke gerade in den ersten Jahren richtig bewirtschaftet, insbesondere bearbeitet und gedüngt werden. Eine Gefährdung ist daher bei Personen anzunehmen, denen die erforderlichen Kenntnisse abgehen oder die nicht gesonnen sind, die richtige Bewirtschaftungsweise anzuwenden. (Dies wird hauptsächlich bei zwangsweise beigezogenen Personen vorkommen.)

11. ausscheiden. Der Anteil an den Kosten und den Nutzungen aus der Zeit vor Beendigung der gemeinschaftlichen Bewirtschaftung und Nutzung wird dadurch nicht berührt.

12. Streitigkeiten. Gegen die Entscheidung der Aufsichtsbehörde ist Beschwerde zur Regierung, Kammer des Innern, zulässig; diese entscheidet endgültig (Art. 61 Abs. I). Beschwerdefrist: Art. 62.

Art. 32.

Verhältnis zu den Wassergenossenschaften.

I Eine öffentliche Wassergenossenschaft[1] kann in der Satzung festsetzen[2], daß sie außer den Zwecken des Art. 110 des Wassergesetzes (Hauptunternehmen) auch die Zwecke des Art. 3 dieses Gesetzes (Ergänzungsunternehmen) verfolgt[3].

II Eine öffentliche Ödlandgenossenschaft[4] kann in der Satzung festsetzen[5], daß sie außer den Zwecken des Art. 3 dieses Gesetzes (Hauptunternehmeu) auch die Zwecke des Art. 110 des Wassergesetzes (Ergänzungsunternehmen) verfolgt[6].

III Für diese Ausdehnung des Genossenschaftszwecks gilt folgendes[7]:

1. Der Kreis der Beteiligten wird für das Hauptunternehmen und das Ergänzungsunternehmen gesondert bestimmt[8].
2. Der Ausdehnungsbeschluß bedarf der in Art. 5 dieses Gesetzes[9] und in Art. 140, 149 und 151 des Wassergesetzes[10] vorgeschriebenen Mehrheit[11]. Die Mehrheiten werden für jedes Unternehmen gesondert festgestellt[12].
3. In der Genossenschaftsversammlung[13] sind bei den Satzungsbestimmungen und in den Angelegenheiten, die sich nur auf das Hauptunternehmen oder nur auf das Ergänzungsunternehmen beziehen[14], nur die an diesem Unternehmen Beteiligten stimmberechtigt[15].
4. Die nur auf das Hauptunternehmen und die nur auf das Ergänzungsunternehmen treffenden ausscheidbaren Kosten[16] werden gesondert berechnet[17] und nach diesem Gesetz[18] und dem Wassergesetze[19] verteilt[20].

IV Mit der Genehmigung der Satzung[21] oder der Satzungsänderung[22] erlangt die öffentliche Wassergenossenschaft (Abs. I) auch die rechtliche Stellung einer öffentlichen Ödlandgenossenschaft[23], die öffentliche Ödlandgenossenschaft (Abs. II) auch die rechtliche Stellung einer öffentlichen Wassergenossenschaft[24].

Ausführungsbestimmungen.

§ 32.

I Das Ödlandgesetz sieht vor, dass die Ödlandgenossenschaften in ein nahes Verhältnis zu den Wassergenossenschaften gebracht werden können (Art. 32 des Ödlandgesetzes). In vielen Fällen sind für die gleichen Grundstücke sowohl wasserwirtschaftliche Massnahmen (Bewässerung, Entwässerung usw.) als auch Massnahmen der reinen Ödlandkultur erforderlich. Um zu vermeiden, dass für dieselben Grundstücke zwei Genossenschaften gegründet werden müssen, ist im Gesetz die Erweiterung der Zwecke der Ödlandgenossenschaften auf die der Wassergenossenschaften und die Er-

weiterung der Zwecke der Wassergenossenschaften auf die der Ödlandgenossenschaften zugelassen worden.

II Bei der Neugründung von Wasser- und von Ödlandgenossenschaften ist daher zu prüfen, ob Massnahmen beider Art in Frage kommen können. In diesen Fällen ist von vornherein der Zweck der Genossenschaft auf beide Gruppen von Massnahmen zu erstrecken. Für die Frage, ob eine Wassergenossenschaft mit Erstreckung auf die Ödlandverbesserungszwecke oder eine Ödlandgenossenschaft mit Erstreckung auf wasserwirtschaftliche Zwecke errichtet werden soll, wird in der Regel entscheidend sein, welche Massnahmen überwiegen. Ein rechtlicher Unterschied zwischen den erweiterten Wassergenossenschaften und den erweiterten Ödlandgenossenschaften besteht nur insoferne, als das Gründungsverfahren bei den erweiterten Wassergenossenschaften nur auf Antrag von Beteiligten, bei den erweiterten Ödlandgenossenschaften aber auch von Amts wegen eingeleitet werden kann.

III Soll eine Ödlandgenossenschaft nachträglich auf eine Bewässerung oder Entwässerung ausgedehnt werden, so ist die Satzung so zu ändern, wie es in den Bemerkungen zu den §§ 2, 3, 4, 5, 9, 12, 15, 16 und 17 der Mustersatzung angegeben ist. Bei der Ausdehnung des Genossenschaftszwecks auf andere wasserwirtschaftliche Massnahmen ist die Genossenschaftssatzung so zu ändern, dass sie den Anforderungen der Mustersatzung für öffentliche Wassergenossenschaften entspricht.

IV Soll eine Bewässerungs- oder Entwässerungsgenossenschaft auf die Zwecke des Ödlandgesetzes ausgedehnt werden, so sind die in der Anlage II) zusammengestellten Änderungen der Genossenschaftssatzung zu beschliessen. Soll eine andere Wassergenossenschaft auf die Zwecke des Ödlandgesetzes ausgedehnt werden, so ist die Satzung so zu ändern, dass sie auch den Anforderungen der Mustersatzung für öffentliche Ödlandgenossenschaften entspricht.*

1. Wassergenossenschaft. Die Aufgaben der Wassergenossenschaften erstrecken sich, soweit sie unmittelbar landwirtschaftliche Zwecke verfolgen, insbesondere auf die Bewässerung und Entwässerung. Für diese Zwecke sind zahlreiche Wassergenossenschaften gegründet worden, die namentlich große Flächen feuchten Grundes entwässert und damit landwirtschaftlich nutzbar gemacht oder verbessert haben. Die Erfahrung hat jedoch gezeigt, daß diese Abgrenzung des Wirkungskreises der Wassergenossenschaften für die Bedürfnisse der Landwirtschaft nicht genügt. Es wurde insbesondere beklagt, daß die Wassergenossenschaften die sogen.

---

*) Siehe Seite 239.

Folgeeinrichtungen nicht schaffen konnten und daß daher, soweit die Mitglieder der Wassergenossenschaften nicht Verständnis für die Notwendigkeit dieser Arbeiten besaßen und sie selbst durchführten, die Entwässerung nur einen Teilerfolg hatte. Der volle Erfolg der wasserwirtschaftlichen Maßnahmen blieb vielfach versagt, weil die erforderliche Bodenbearbeitung und Düngung unterlassen wurde. Die für die Entwässerung aufgewendeten erheblichen Mittel können daher in den meisten Fällen erst dann wirklich Nutzen stiften, wenn auch noch die Folgeeinrichtungen durchgeführt werden.

Diese Notwendigkeit zwingt dazu, die Ödlandgenossenschaften und die Wassergenossenschaften in engste Verbindung miteinander zu bringen. Es wäre verfehlt, wenn man neben der Wassergenossenschaft aus den gleichen Beteiligten noch eine Ödlandgenossenschaft errichten wollte. Das wäre eine Überorganisation, die unnötige Arbeit und unnötige Kosten verursachen und neue Reibungsflächen bieten könnte. Das Ödlandgesetz hat daher vorgesehen, daß jede öffentliche Wassergenossenschaft lediglich durch Änderung der Satzungsbestimmung über den Zweck der Genossenschaft auch die rechtliche Stellung einer öffentlichen Ödlandgenossenschaft (Abs. I) und jede öffentliche Ödlandgenossenschaft auf dem gleichen Weg auch die rechtliche Stellung einer öffentlichen Wassergenossenschaft (Abs. II) erlangen kann. Bei jeder neu zu gründenden Wasser- oder Ödlandgenossenschaft soll gleich bei Errichtung der Genossenschaft die Ausdehnung des Genossenschaftszwecks in die Satzung aufgenommen werden, wenn sie in Frage kommen kann.

2. festsetzen. Die Festsetzung ist nur für solche Grundstücke zulässig, die Ödland im Sinne des Art. 1 sind. Sie erfolgt am besten in § 2 Abs. I der Mustersatzung für öffentliche Wassergenossenschaften (GVBl. 1907 S. 1009). Die Ausdehnung des Zwecks einer bereits vorhandenen Wassergenossenschaft auf die Zwecke des Ödlandgesetzes ist eine Satzungsänderung. Für diese Satzungsänderung gelten jedoch nicht die in der Satzung enthaltenen Vorschriften über Satzungsänderungen, sondern die Sonderbestimmungen der Art. 32 und 78 des Ödlandgesetzes. Hienach hat die Bezirksverwaltungsbehörde ein Verzeichnis der an der Ödlandverbesserung Beteiligten aufzustellen und Plan und Beschreibung der Ödlandverbesserung aufzulegen. Sie muß ferner die ermittelten Beteiligten schriftlich, andere Beteiligte durch Ausschreiben im Amtsblatt mit dem in Art. 68 angegebenen Beifügen zu einer Verhandlungstagfahrt laden. In der Tagfahrt ist die Ausdehnung des Genossenschaftszwecks mündlich zu erörtern und die Erklärung der Beteiligten in eine Niederschrift aufzunehmen. Danach ist die Beschlußfassung über die Ausdehnung des Genossenschaftszwecks und über die hierfür erforderlichen Satzungsänderungen vorzunehmen. Der Ausdehnungsbeschluß bedarf nach Art. 32 Abs. III Nr. 2 der in Art. 5 vorgeschriebenen Mehrheit der an der Ödlandverbesserung Beteiligten. In der Tagfahrt können Einsprüche und Widersprüche sowohl der Wassergenossenschaft wie der Mitglieder dieser Genossenschaft wie auch anderer Personen vorgebracht werden. Die Bezirksverwaltungsbehörde legt die Verhandlungen der Regierung, Kammer des Innern, vor. Diese entscheidet über die Widersprüche und Einsprüche und über die Genehmigung der Satzungsänderung. Im einzelnen vgl. Art. 78 und die Anm. dazu.

Es kann sein, daß eine Ödlandverbesserung oder eine Bewirtschaftung nur für einen Teil der in die Wassergenossenschaft einbezogenen Grundstücke zulässig **ist, weil** sich die **nutzbringende** Wirkung **der Ödland**verbesserung nur auf einen Teil dieser Grundstücke erstreckt (Art. 8 Abs. I). In diesem Fall kann die Ausdehnung des Genossenschaftszwecks nur für einen Teil der in die Wassergenossenschaft einbezogenen Grundstücke erfolgen. Der Kreis der Beteiligten wird auf diese Grundstücke beschränkt (vgl. Art. 32 Abs. III Nr. 1) und nur aus diesen Beteiligten wird die nach Art. 5 erforderliche Mehrheit berechnet.

Wird schon bei der Gründung der Zweck der Wassergenossenschaft auf die Ödlandverbesserung oder auch Ödlandbewirtschaftung ausgedehnt, so unterscheidet sich das Verfahren von dem Genossenschaftsgründungsverfahren nach dem Wassergesetz nur dadurch, daß die Mehrheit für jedes Unternehmen gesondert berechnet wird und daß über die Satzungsbestimmungen, die sich nur auf das eine oder das andere Unternehmen beziehen, gesondert von den an jedem Unternehmen Beteiligten abgestimmt wird. Deckt sich jedoch der Kreis der an beiden Unternehmen Beteiligten vollständig, so besteht keine Abweichung von dem Gründungsverfahren nach dem Wassergesetz. Vgl. auch Anm. zu Art. 78. Lediglich bei Instandhaltungs- und Wasserleitungsgenossenschaften wird diese völlige Übereinstimmung nicht ganz vorhanden sein, weil für diese Genossenschaften die Mehrheit nach anderen Gesichtspunkten berechnet wird.

3. verfolgt. Der Zweck der Wassergenossenschaft kann sowohl auf die Verbesserung des Ödlands allein (Art. 3 Abs. I) als auch auf die gemeinschaftliche Bewirtschaftung und Nutzung des Ödlands (Art. 3 Abs. II) erstreckt werden. Wird die gemeinschaftliche Bewirtschaftung nur für einen Teil der Grundstücke beschlossen, für welche die Ödlandverbesserung beschlossen wird, so liegen zwei Ergänzungsunternehmen vor, für welche der Kreis der Beteiligten gesondert bestimmt wird.

4. Ödlandgenossenschaft. Bei vielen Ödlandverbesserungen ist eine Bewässerung oder Entwässerung für den vollen Erfolg des Unternehmens unerläßlich. Damit hiefür nicht neben der Ödlandgenossenschaft noch eine Wassergenossenschaft errichtet werden muß, ist die Ausdehnung der Zwecke der Ödlandgenossenschaft auf die Zwecke des Art. 110 des Wassergesetzes vorgesehen worden.

5. festsetzen. Die Festsetzung erfolgt am besten in § 2 Abs. I der Mustersatzung für öffentliche Ödlandgenossenschaften (Seite 223). Auch diese Festsetzung ist eine Satzungsänderung, für welche nicht die Vorschrift der Satzung über die Satzungsänderung, sondern die Sonderbestimmungen der Art. 32 und 78 des Ödlandgesetzes gelten. Vgl. hierher Abs. I der Anm. 2, der auch hier anwendbar ist, und die Anm. zu Art. 78.

Erstreckt sich die nutzbringende Wirkung der Bewässerung oder Entwässerung nur auf einen Teil der in die Ödlandgenossenschaft einbezogenen Grundstücke, so kann die Ausdehnung nur für diese Grundstücke beschlossen werden (Wassergesetz Art. 136 Abs. I). Auf diese Grundstücke beschränkt sich bei dem Ergänzungsunternehmen die Beteiligung (Artikel 32 Abs. III Nr. 1) und nur aus diesen Beteiligten wird die nach Art. 140 des Wassergesetzes erforderliche Mehrheit berechnet.

Wird schon bei Gründung der Ödlandgenossenschaft der Zweck auf einen der Zwecke des Art. 110 des Wassergesetzes ausgedehnt, so unterscheidet sich, wenn es sich um eine Bewässerung oder Entwässerung handelt, das Verfahren von dem regelmäßigen Genossenschaftsgründungsverfahren nach dem Ödlandgesetz nur dadurch, daß die Mehrheit für jedes Unternehmen gesondert berechnet wird und daß über die Satzungsbestimmungen, die sich nur auf das eine oder das andere Unternehmen beziehen, gesondert von den an jedem Unternehmen Beteiligten abgestimmt wird. Deckt sich jedoch der Kreis der an beiden Unternehmen Beteiligten vollständig, so besteht keine Abweichung von dem regelmäßigen Genossenschaftsgründungsverfahren. Vgl. Anm. zu Art. 78. Soll der Zweck der Ödlandgenossenschaft nicht auf die Bewässerung oder Entwässerung, sondern auf eine Wasserinstandhaltung oder Wasserleitung ausgedehnt werden, so werden Unterschiede in der Feststellung der Mehrheit wohl in allen Fällen bestehen, da in diesen Fällen die Mehrheit anders berechnet wird (Wassergesetz Art. 149 und 151.)

6. verfolgt. Der Zweck der Ödlandgenossenschaft kann auch auf mehrere der Zwecke des Art. 110 des Wassergesetzes ausgedehnt werden. In diesem Falle liegen mehrere Ergänzungsunternehmen vor.

7. folgendes. Die Ziffern 1—4 enthalten Abweichungen von den allgemeinen Vorschriften über die Ödlandgenossenschaften.

8. bestimmt. Der Kreis der Beteiligten umfaßt bei den Ödlandgenossenschaften die Eigentümer der Grundstücke, auf die sich das Genossenschaftsunternehmen in seiner nutzbringenden Wirkung erstreckt (Art. 8 Abs. I), bei den Wassergenossenschaften zur Benützung von Gewässern (insbesondere Bewässerungs- und Entwässerungsgenossenschaften) die Eigentümer derselben Grundstücke (Wassergesetz Art. 136), bei den Wassergenossenschaften zur Instandhaltung von Gewässern die Beteiligten, auf die sich das Genossenschaftsunternehmen erstreckt (Wassergesetz Art. 146) und bei den Wassergenossenschaften zur Herstellung und Unterhaltung von Trink- und Nutzwasserleitungen die Eigentümer der Grundstücke, für welche die im Genossenschaftsunternehmen vorgesehene Wasserversorgungsanlage eingerichtet wird (Wassergesetz Art. 150). — Die gesonderte Bestimmung des Kreises der Beteiligten ist notwendig wegen der getrennten Abstimmung (Abs. III Nr. 2 und 3) und wegen der gesonderten Verteilung der Kosten des Haupt- und des Ergänzungsunternehmens (Abs. III Nr. 4).

9. Gesetzes. Dieser Hinweis bezieht sich auf Art. 32 Abs. I.

10. Wassergesetzes. Dieser Hinweis bezieht sich auf Art. 32 Abs. II.

11. Mehrheit. Soll also eine Wassergenossenschaft auf die Ödlandzwecke ausgedehnt werden, so ist die für die Ödlandgenossenschaften erforderliche Mehrheit (Art. 5) erforderlich. Bei den Ödlandgenossenschaften ist, wenn sie auf die Zwecke des Art. 110 Nr. 1 des Wassergesetzes (Wasserbenützung, insbesondere Bewässerung und Entwässerung) ausgedehnt werden sollen, die Mehrheit des Art. 140, wenn sie auf die Zwecke des Art. 110 Nr. 2 (Instandhaltung) ausgedehnt werden sollen, die Mehrheit des Art. 149 und, wenn sie auf die Zwecke des Art. 110 Nr. 3 (Wasserleitung) ausgedehnt werden sollen, die Mehrheit des Art. 151 erforderlich.

12. festgestellt. Für jedes Unternehmen, auf das der Zweck der Genossenschaft ausgedehnt werden soll, ist gemäß Abs. III Nr. 1 der Kreis der Beteiligten festzustellen. Aus diesen Beteiligten ist für jedes Unternehmen die Mehrheit nach den in Anm. 11 erwähnten gesetzlichen Bestimmungen zu berechnen. Dabei ist immer die Mehrheit für das Unternehmen erforderlich, das neu in den Zweck der Genossenschaft einbezogen werden soll. Soll eine Genossenschaft mit mehrfachen Zwecken errichtet werden, so müssen bei der Gründung die für jede in Betracht kommende Genossenschaftsart erforderlichen Mehrheiten gegeben sein.

13. Genossenschaftsversammlung. Während sich Nr. 2 nur auf die Ergänzungsbeschlüsse bezieht, hat Nr. 3 für die ganze Zeit des Bestandes der Genossenschaft Bedeutung; er gilt für alle Genossenschaftsversammlungen.

14. beziehen. Z. B. die Beschlußfassung über die Deckung der Kosten des Hauptunternehmens und des Ergänzungsunternehmens oder die Beschlußfassung über die Erweiterung des Haupt- oder des Ergänzungsunternehmens.

15. stimmberechtigt. Das Stimmenverhältnis richtet sich für die Beschlußfassung über die Deckung der Genossenschaftslasten und über die gemeinschaftliche Bewirtschaftung und Nutzung des verbesserten Ödlands bei den Ödlandgenossenschaften und den Wasserbenützungsgenossenschaften (insbesondere Bewässerungs- und Entwässerungsgenossenschaften) nach der Fläche der beteiligten Grundstücke (Ödlandgesetz Art. 22, Wassergesetz Art. 143), bei den anderen Wasserbenützungs- und bei den Wasserleitungsgenossenschaften nach dem Nutzen, den die beteiligten Grundstücke aus dem Unternehmen haben (Wassergesetz Art. 143 Abs. I Buchst. b, Art. 152); in keinem Fall darf ein Genosse mehr als zwei Fünftel aller Stimmen führen. Für die Beschlußfassung über die Deckung der Genossenschaftslasten bei den Wasserinstandhaltungsgenossenschaften hat jeder Genosse eine Stimme (Wassergesetz Art. 149 Abs. II, Art. 143 Abs. II). Für alle anderen Beschlüsse entscheidet bei allen Genossenschaftsarten die Zahl der Genossen (Ödlandgesetz Art. 22 Abs. II, Wassergesetz Art. 143 Abs. II, Art. 149 Abs. II, Art. 152).

16. Kosten. Zu den ausscheidbaren Kosten gehören die Kosten der Ausführung jedes Unternehmens (Beschaffung der Materialien, Arbeitslöhne, unter Umständen Kosten des Grunderwerbs, Entschädigungssummen, Zinsen, Tilgungszuschläge und Verwaltungskostenzuschläge für die zur Deckung der Kosten aufgenommenen Landeskulturrentendarlehen usw.). Nicht ausscheidbar werden in der Regel die Verwaltungskosten (Kosten der Geschäftsführung des Vorstandes, der Abhaltung der Genossenschaftsversammlungen usw.) sein.

17. berechnet. Es sind also drei Rechnungen aufzustellen: gemeinsame Rechnung, Rechnung für das Hauptunternehmen, Rechnung für das Ergänzungsunternehmen.

18. Gesetz. Für die Verteilung der auf die Verbesserung von Ödland treffenden Kosten gilt Art. 27 des Ödlandgesetzes. Wegen der Kosten der gemeinschaftlichen Bewirtschaftung und Nutzung von Ödland siehe auch Art. 31 des Ödlandgesetzes.

19. Wassergesetze. Die Kosten der Wasserbenützungsanlagen (insbesondere Bewässerung und Entwässerung) werden nach Art. 142, die Kosten der Wasserinstandhaltungsanlagen nach Art. 89, die Kosten der Wasserleitungen nach Art. 152, 142 des Wassergesetzes verteilt.

20. verteilt. Die Aufbringung der nicht ausscheidbaren Kosten richtet sich darnach, welcher Art von Genossenschaften das Hauptunternehmen angehört. Die für die einzelnen Arten von Unternehmungen maßgebenden Gesetzesvorschriften sind in den Anm. 18 und 19 aufgeführt.

21. Satzung. Falls die Genossenschaft schon bei der Gründung auf die Zwecke des Ödland- und des Wassergesetzes abgestellt wird, vgl. Art. 16.

22. Satzungsänderung. Falls eine Ödlandgenossenschaft erst nachträglich auf einen Zweck der Wassergenossenschaften oder eine Wassergenossenschaft erst nachträglich auf einen Zweck der Ödlandgenossenschaften ausgedehnt wird, vgl. Art. 16.

23. einer öffentlichen Ödlandgenossenschaft. Die Wassergenossenschaft bleibt also nach wie vor eine Wassergenossenschaft; für sie bleibt nach wie vor das Wassergesetz mit den durch Art. 32 des Ödlandgesetzes erfolgten Einschränkungen maßgebend. Sie hat jedoch alle Rechte und Pflichten der Ödlandgenossenschaften. Wo von einer Ödlandgenossenschaft die Rede ist, ist daher darunter auch die erweiterte Wassergenossenschaft zu verstehen. Schwierigkeiten werden sich aus dieser doppelten Rechtsstellung nicht ergeben können, weil die Verfassung der Ödlandgenossenschaften genau der Verfassung der Wassergenossenschaften nachgebildet ist.

24. einer öffentlichen Wassergenossenschaft. Hier gilt umgekehrt dasselbe wie in Anm. 23.

Auflösung.

Art. 33.

I Die Genossenschaftsversammlung [1] kann die Auflösung der Genossenschaft [2] beschließen [3].

II Zur Gültigkeit des Beschlusses ist die Zustimmung von drei Vierteln der Genossen [4] und die Genehmigung der Aufsichtsbehörde [5] (Art. 38) erforderlich [6].

III Nichtabstimmende werden den Nichtzustimmenden [7] gleichgeachtet [8].

Ausführungsbestimmungen.

§ 29 Abs. I.

I Die Genehmigung einer Genossenschaftsauflösung nach Art. 33 Abs. II des Gesetzes ist dem pflichtmäßigen Ermessen der Aufsichtsbehörde überlassen; diese wird einem Auflösungsbeschlusse insbesondere dann die Genehmigung versagen, wenn die Forterhaltung der Genossenschaft im Interesse des Gemeinwohls liegt.

1. Genossenschaftsversammlung. Der Genossenschaftsvorstand oder die Vertreterversammlung können die Genossenschaft nicht auflösen. Dagegen kann die Regierung, Kammer des Innern, die Genossenschaft auf Grund des Art. 74 Abs. III Satz 2 für aufgelöst erklären, wenn das Genossenschaftsunternehmen nicht innerhalb der bestimmten Frist ausgeführt wird. Voraussetzung eines gültigen Beschlusses ist, daß die Genossenschaftsversammlung satzungsmäßig einberufen worden ist. Die Auflösung der Genossenschaft kann von rechtswegen eintreten, wenn sie von vornherein nur für einen bestimmten Zeitraum errichtet worden ist (ebenso Brenner Art. 127 Anm. 2, Eymann Art. 127 Anm. I b). Dagegen muß ich entgegen Eymann Art. 127 Anm. 2 in Konsequenz meiner Auslegung des Art. 7 Abs. I die Auflösung der Genossenschaft, wenn die Mitgliederzahl unter drei sinkt, verneinen.

2. Genossenschaft. Nach der Auflösung muß das Liquidationsverfahren nach Art. 34—37 durchgeführt werden.

3. beschließen. Die Vorschriften der Satzung über die Beschlußfassung der Genossenschaftsversammlung gelten auch für den Auflösungsbeschluß mit der Maßgabe, daß die Erschwerungen der Abs. II und III zu beachten sind, die durch die Satzung nicht ausgeschaltet werden können. Enthält dagegen die Satzung, sei es allgemein, sei es für den Auflösungsbeschluß darüber hinausgehende strengere Vorschriften (z. B. die Notwendigkeit der Anwesenheit einer bestimmten Anzahl von Genossen, eine höhere als Dreiviertel-Mehrheit, die Festsetzung eines längeren Zwischenraums zwischen Einberufung und Versammlung usw.), so sind auch diese zu beachten (ebenso Eymann Art. 127 Anm. 1 b; Harster-Cassimir Art. 127 Anm. 2). Erleichterungen gegenüber den Vorschriften der Absätze II und III sind nicht zulässig. Die Satzung kann für den Fall, daß in der Genossenschaftsversammlung die vorgeschriebene Mindestzahl von Genossen nicht anwesend oder die erforderliche Mehrheit nicht für die Auflösung gestimmt hat, bestimmen, daß eine zweite Versammlung einzuberufen ist, in der die Auflösung bei einem geringeren Besuch oder mit geringerer Mehrheit beschlossen werden kann, doch dürfen auch für diese zweite Versammlung die Voraussetzungen der Absätze II und III nicht ausgeschlossen werden. — Wegen der Bekanntmachung des Auflösungsbeschlusses s. AB. § 29 Abs. III (Seite 96).

4. Genossen. Die drei Viertel sind aus der Gesamtzahl aller Genossen, nicht etwa aus der Zahl der in der Versammlung anwesenden Genossen zu berechnen. Besonders zu beachten ist Abs. III, wonach die Nichtabstimmenden den Nichtzustimmenden gleichgeachtet werden. Gemäß Art. 22 Abs. II hat jeder Genosse ohne Rücksicht auf die Größe seiner in das Unternehmen einbezogenen Grundstücke nur eine Stimme.

5. Aufsichtsbehörde. Ob die Aufsichtsbehörde die Genehmigung erteilt, steht in ihrem pflichtmäßigen Ermessen (AB. § 29 Abs. I). Hiebei ist nicht nur zu prüfen, ob die Auflösung ordnungsmäßig beschlossen worden ist, sondern auch, ob sie wirtschaftlich zweckmäßig ist (ebenso Brenner Art. 127 Anm. 4). Die Genehmigung ist insbesondere dann zu verweigern, wenn die Forterhaltung der Genossenschaft im öffentlichen Interesse liegt (AB. § 29 Abs. I). Auch der Beschluß über die Verwendung des Genossenschaftsvermögens muß rechtlich zulässig und zweckmäßig sein; hiebei ist darauf zu achten, daß vorhandene Unterhaltungsfonds und Betriebskapitalien tunlichst erhalten bleiben sollen. Ein Anspruch auf Genehmigung besteht nicht. Gegen die Versagung der Genehmigung können die Genossenschaft und jeder an der Auflösung Interessierte Beschwerde zur Regierung, Kammer des Innern, einlegen; diese entscheidet endgültig (Art. 61 Abs. I). Die Genehmigung wird mit der Zustellung der genehmigenden Verfügung an die Genossenschaft wirksam (ebenso Brenner Art. 127 Anm. 4; a. A. Eymann Art. 127 Anm. 1c; eine Beschwerde gegen die Genehmigungsverfügung hat keinen Sinn, weil eine bereits aufgelöste Genossenschaft nicht wieder ins Leben gerufen werden kann; eine trotzdem eingelegte Beschwerde hat auch keine aufschiebende Wirkung; a. A. Harster-Cassimir Art. 127 Anm. 2).

6. erforderlich. Liegt ein gültiger Beschluß der Genossenschaftsversammlung vor, so wird mit der Zustellung der Genehmigungsverfügung der Aufsichtsbehörde die Genossenschaft aufgelöst, ohne daß die Auflösung von der Bekanntgabe der Auflösung (Art. 35 Abs. III; BGB. § 50 Abs. I) abhängig wäre.

7. Nichtabstimmenden. Hiezu gehören nicht bloß die Genossen, die zur Versammlung erschienen sind, aber nicht abstimmen, sondern auch alle Genossen, die zu der Versammlung nicht erschienen sind. Ob der einzelne Genosse von der Versammlung Kenntnis hatte oder nicht, ist gleichgültig (ebenso Eymann Art. 127 Anm. 1b; a. A. Brenner Art. 127 Anm. 5).

8. gleichgeachtet. Eine vorherige oder nachträgliche Erklärung der Nichtabstimmenden, daß sie mit der Auflösung einverstanden seien, ist wirkungslos und nicht zu beachten. Auch ein Genosse, der durch Krankheit, dringende Geschäfte oder durch höhere Gewalt am Erscheinen verhindert ist, wird als nichtzustimmend erachtet, selbst wenn er schriftlich oder durch einen Vertreter erklären läßt, daß er der Auflösung zustimme.

Liquidation.

Art. 34.

I Nach Auflösung der Genossenschaft[1] hat die Liquidation[2] stattzufinden. Sie erfolgt durch den Vorstand[3], wenn sie nicht durch die Satzung oder durch Beschluß der Genossenschaftsversammlung anderen Personen[5] übertragen worden ist.

II Der Vorstand[6] hat die Bestellung der Liquidatoren und ihre Namen binnen zwei Wochen[7] der Aufsichtsbehörde (Art. 38) anzuzeigen.

Ausführungsbestimmungen.

§ 29 Abs. II.

II Nach Auflösung der Genossenschaft hat die Liquidation stattzufinden. Die Liquidation ist zunächst Aufgabe des Vorstandes; doch können durch die Satzung oder durch die Genossenschaftsversammlung, welche die Auflösung beschliesst, andere Personen als Liquidatoren aufgestellt werden (Art. 34 des Gesetzes und § 21 Abs. II der Mustersatzung).

1. Genossenschaft. Siehe Art. 33. — Das Liquidationsverfahren tritt auch ein, wenn die Genossenschaft endigt, weil sie nur auf eine bestimmte Zeit errichtet war (ebenso Harster-Cassimir Art. 128 Anm. 2; a. A. Eymann Art. 128 Anm. 1b).

2. Liquidation. Die Liquidation kann weder durch die Satzung noch durch einen Beschluß der Genossenschaftsversammlung ausgeschlossen

werden (ebenso Eymann Art. 128 Anm. 4; Harster-Cassimir Art. 128 Anm. 2). Sie beginnt mit dem Augenblick der Auflösung der Genossenschaft und hat den Zweck, die Geschäfte der Genossenschaft abzuwickeln, insbesondere das Vermögen der Genossenschaft aufzuteilen und die Verbindlichkeiten der Genossenschaft zu erfüllen. Die Genossenschaft bleibt auch während der Liquidation bestehen und behält ihre Rechtsfähigkeit; ihre ganze Tätigkeit ist jedoch auf die Abwicklung der Geschäfte beschränkt. Vgl. insbesondere Art. 35 und die in Art. 35 Abs. III aufgeführten Vorschriften des BGB. Auch die Staatsaufsicht dauert während der Liquidation weiter (Art. 40).

3. Vorstand. Der Vorstand hat im Liquidationsverfahren unter der Bezeichnung „Liquidatoren" auch die Geschäfte zu besorgen, welche während des Bestandes der Genossenschaft etwa der Genossenschaftsversammlung überwiesen waren. Fallen während der Liquidation alle Vorstandsmitglieder infolge Ablebens oder aus ähnlichen Gründen weg, so bestellt die Aufsichtsbehörde Beauftragte zur Durchführung der Liquidation (Art. 39, 40). Die Person der Liquidatoren ist öffentlich bekannt zu machen (AB. § 29 Abs. III).

4. Genossenschaftsversammlung. Eine Genossenschaftsversammlung kann auch noch nach der Zustellung der Genehmigung des Auflösungsbeschlusses an den Vorstand stattfinden (ebenso Eymann Art. 128 Anm. 1 c). Die Bestellung der Liquidatoren kann daher auch später noch geändert werden.

5. Personen. Diese Personen brauchen nicht Genossen zu sein (vgl. auch Art. 18). Die Übertragung an eine Behörde z. B. die Aufsichtsbehörde, ist nur mit Genehmigung der Behörde, die Übertragung an einen Beamten nur mit dessen Zustimmung zulässig; der Beamte muß die Übernahme der Liquidation seiner vorgesetzten Behörde anzeigen. Wird die Liquidation einer Privatperson, einer Behörde oder einem Beamten ohne deren Zustimmung übertragen, so können sie nicht zur Übernahme der Liquidation gezwungen werden. Für Genossenschaftsmitglieder kann durch die Satzung ein Zwang zur Übernahme der Liquidation begründet werden.

6. Vorstand. Der Vorstand hat diese Verpflichtung, gleichgültig, ob ihm die Liquidation übertragen ist oder nicht.

7. Wochen. Die Frist beginnt mit der Zustellung der Verfügung, durch welche die Aufsichtsbehörde den Auflösungsbeschluß genehmigt, falls in diesem Zeitpunkt die Person der Liquidatoren schon feststeht, andernfalls mit dem Zeitpunkt, in dem die Liquidatoren bestimmt werden.

Liquidatoren.

Art. 35.

I Die Liquidatoren haben die rechtliche Stellung des Genossenschaftsvorstandes[1].

II Sind mehrere Liquidatoren bestellt[2], so ist für ihre Beschlüsse, soweit nicht bei ihrer Aufstellung[3] ein anderes bestimmt worden ist[4], Einstimmigkeit erforderlich[5].

III Im übrigen sind auf die Liquidatoren der Genossenschaft die §§ 49 bis 53 des Bürgerlichen Gesetzbuches[6] entsprechend anzuwenden.

Ausführungsbestimmungen.

§ 29 Abs. III.

III Zu Art. 35 Abs. II wird bemerkt, dass es zur glatten und raschen Abwickelung der Geschäfte zweckmässig sein wird, bei Aufstellung der Liquidatoren zu bestimmen, dass für die Gültigkeit ihrer Beschlüsse eine gewisse Mehrheit genügt. Die Auflösung einer Genossenschaft ist in der durch die Satzung vorgesehenen Form (Art. 15 Abs. II Ziff. 5 und 9 des Gesetzes und § 10 Abs. II und § 22 der Mustersatzung) öffentlich bekannt zu machen. In die Bekanntmachung ist auch aufzunehmen, ob die Liquidation durch den Vorstand erfolgt oder welche Personen als Liquidatoren aufgestellt sind.

1. Genossenschaftsvorstandes. Sie haben dieselben Rechte und Pflichten, wie sie sich nach dem Gesetz und der Satzung für den Genossenschaftsvorstand ergeben, soweit nicht die Art. 35 und 36 Ausnahmen enthalten. Die Rechte und Pflichten, welche durch Gesetz oder Satzung der Genossenschaftsversammlung oder der Vertreterversammlung vorbehalten sind, verbleiben auch während der Liquidation diesen Organen. An der Verfassung der Genossenschaft ändert sich also nur, daß an die Stelle des Vorstandes die Liquidatoren treten.

2. bestellt. Diese Voraussetzung ist erfüllt, wenn durch die Satzung oder durch Beschluß der Genossenschaftsversammlung mehrere Personen als Liquidatoren bestimmt werden und wenn mangels einer Bestimmung durch die Satzung und die Genossenschaftsversammlung die Liquidation auf Grund des Art. 34 Abs. I Satz 2 einem aus mehreren Personen bestehenden Vorstand zufällt.

3. Aufstellung. Unter Aufstellung versteht man die Bestimmung der Liquidatoren in einer Weise, daß sich aus dieser Bestimmung die Persönlichkeiten, welche Liquidatoren werden sollen, unzweifelhaft ergeben, sei es, daß sie dem Namen nach genannt oder doch wenigstens so bezeichnet werden, daß an ihrer Identität kein Zweifel bestehen kann (z. B. die bei der Auflösung im Amte befindlichen Vorstandsmitglieder oder der Vorstand der Aufsichtsbehörde oder dem Gemeinderat X ....). Wenn also die Satzung vorsieht, daß die Liquidatoren von der die Auflösung beschließenden Genossenschaftsversammlung gewählt werden, kann sie das Erfordernis der Einstimmigkeit nicht beseitigen; dies wäre erst der Genossenschaftsversammlung, welche die Auflösung beschließt, möglich.

4. bestimmt worden ist. Es kann bestimmt werden, daß einfache Stimmenmehrheit genügt oder daß die Angelegenheiten der Genossenschaft unter die Liquidatoren aufgeteilt werden und jeder Liquidator selbständig die ihm übertragene Aufgabe erledigt.

5. erforderlich. Das ist eine Ausnahme von der Verfassung des Genossenschaftsvorstandes (Abs. I). Bei diesem ist es der Satzung freigestellt, welche Bestimmung sie treffen will (Art. 15 Abs. II Nr. 4).

6. Bürgerlichen Gesetzbuchs. Die §§ 49—53 lauten folgendermaßen:

§ 49. I Die Liquidatoren haben die laufenden Geschäfte zu beendigen, die Forderungen einzuziehen, das übrige Vermögen in Geld umzusetzen, die Gläubiger zu befriedigen und den Überschuß den Anfallberechtigten auszuantworten. Zur Beendigung schwebender Geschäfte können die Liquidatoren auch neue Geschäfte eingehen. Die Einziehung der Forderungen sowie die Umsetzung des übrigen Vermögens in Geld darf unterbleiben, soweit diese Maßregeln nicht zur Befriedigung der Gläubiger oder zur Verteilung des Überschusses unter die Anfallberechtigten erforderlich sind.

II Der Verein gilt bis zur Beendigung der Liquidation als fortbestehend, soweit der Zweck der Liquidation es erfordert.

Anmerkung. Abs. I. Das Gesetz und die Mustersatzung sehen keinen Anfallberechtigten vor, dem das Vermögen der aufgelösten Genossenschaft auszuantworten ist. Die Verfügung, wer das Vermögen erhält, steht, wenn die Satzung nichts bestimmt, der Genossenschaftsversammlung zu. Diese wird es entweder der Aufsichtsbehörde überweisen, damit diese im Rahmen der Möglichkeit den Genossenschaftszweck oder einen ihr ähnlichen Zweck damit verfolgt, oder sie wird es auf die Genossen nach dem Verhältnis der Beitragspflicht verteilen. Es empfiehlt sich jedoch meist eine andere Art der Verteilung. In erster Linie müssen die Zuschüsse öffentlicher Körperschaften, welche für einen bestimmten Zweck, z. B. zur Anlage einer Unterhaltungsrücklage oder zur Herstellung einer Brücke usw., gegeben worden sind, entweder dauernd diesen Zwecken überwiesen (dies kann durch Übergabe des Betrags an die Aufsichtsbehörde geschehen) oder dem Geber zurückbezahlt werden. Weiter ist es zweckmäßig, wie schon erwähnt, der Gemeinde das Eigentum an den Wegen und Brücken oder die Wegedienstbarkeiten zu übertragen und ihr gleichzeitig einen solchen Betrag zu überweisen, daß sie hieraus die Instandhaltung der Wege und der Brücken bestreiten kann. Sind genossenschaftliche Anlagen errichtet worden, so sollen auch diese nach Möglichkeit erhalten werden, wenn sie der Verbesserung oder Bewirtschaftung des früheren Ödlandes noch dienlich sind. Erst wenn diese Aufgaben voll erfüllt sind, soll der Rest an die Genossen verteilt werden. — Die Liquidatoren können zur Beendigung schwebender Geschäfte auch noch neue Geschäfte eingehen. Ist z. B. eine Instandhaltungsmaßnahme noch nicht voll beendet, so können die Liquidatoren Auftrag zur Vollendung der Maßnahme erteilen. Sie können auch aus dem vorhandenen Vermögen eine außergewöhnliche Ausbesserung der genossenschaftlichen Wegeanlagen oder der Brücken vornehmen lassen, wenn diese notwendig ist, um die genossenschaftliche Anlage richtig instandzuhalten. — Von der Einziehung der Forderungen kann abgesehen werden, wenn die Einziehung ebensoviel oder mehr kosten würde, als der Betrag der ausstehenden Gelder ausmacht.

Abs. II. Soweit notwendig, bleiben Rechte und Pflichten der Genossen und die ganze Organisation der Genossenschaft mit Ausnahme des Vorstandes bestehen. Es können daher auch während der Liquidation noch Genossenschaftsversammlungen einberufen und Beiträge eingehoben (Art. 37) werden. Die Tätigkeit der Genossenschaft wird immer mehr eingeschränkt werden, bis sie ganz erlischt.

§ 50. I Die Auflösung des Vereins oder die Entziehung der Rechtsfähigkeit ist durch die Liquidatoren öffentlich bekannt zu machen. In der Bekanntmachung sind die Gläubiger zur Anmeldung ihrer Ansprüche aufzufordern. Die Bekanntmachung erfolgt durch das in der Satzung für Veröffentlichungen bestimmte Blatt, in Ermangelung eines solchen durch dasjenige Blatt, welches für Bekanntmachungen des Amtsgerichts bestimmt ist, in dessen Bezirke der Verein seinen Sitz hatte. Die Bekanntmachung gilt mit dem Ablaufe des zweiten Tages nach der Einrückung oder der ersten Einrückung als bewirkt.

II Bekannte Gläubiger sind durch besondere Mitteilung zur Anmeldung aufzufordern.

Anmerkung. Die Entziehung der Rechtsfähigkeit kommt bei der Genossenschaft nicht in Frage. — Die Bekanntmachung in einer Zeitung ist auch dann erforderlich, wenn die Satzung für Bekanntmachungen der Genossenschaft keine Veröffentlichung in einer Zeitung, sondern z. B. nur Aushang an der Gemeindetafel oder schriftliche Verständigung der Mitglieder vorgesehen hat. Zweifellos wäre die Bekanntmachung im Amtsblatt der Bezirksverwaltungsbehörde richtiger; gleichwohl muß die Bekanntmachung mit Rücksicht auf den klaren Wortlaut des Gesetzes im Amtsblatt des Amtsgerichts erfolgen (a. A. Harster-Cassimir Art. 129 Anm. 3).

§ 51. Das Vermögen darf den Anfallberechtigten nicht vor dem Ablauf eines Jahres nach der Bekanntmachung der Auflösung des Vereins oder der Entziehung der Rechtsfähigkeit ausgeantwortet werden.

Anmerkung. Der angegebene Zeitpunkt ist der früheste, zu dem das Vermögen ausgehändigt werden darf. Diese Bestimmung sagt aber keineswegs, daß das Vermögen zu diesem Zeitpunkt ausgehändigt werden muß. Ist vielmehr die Liquidation noch nicht abgeschlossen (ist z. B. ein Rechtsstreit anhängig), so darf das Vermögen auch zu diesem Zeitpunkt noch nicht ausgehändigt werden. Handelt es sich nur noch um eine oder um wenige Verbindlichkeiten, die nicht befriedigt sind, so empfiehlt es sich, falls nicht auf dem Wege des § 52 abgeholfen werden kann, nach Ablauf des Jahres den zur Deckung dieser Verbindlichkeiten unter allen Umständen ausreichenden Betrag nebst einer kleinen Reserve zurückzuhalten und einstweilen den Rest zu verteilen.

§ 52. I Meldet sich ein bekannter Gläubiger nicht, so ist der geschuldete Betrag, wenn die Berechtigung zur Hinterlegung vorhanden ist, für den Gläubiger zu hinterlegen.

II Ist die Berichtigung einer Verbindlichkeit zur Zeit nicht ausführbar oder ist eine Verbindlichkeit streitig, so darf das Vermögen den Anfallberechtigten nur ausgeantwortet werden, wenn dem Gläubiger Sicherheit geleistet ist.

Anmerkung. Wegen der Berechtigung zur Hinterlegung siehe BGB. §§ 372 ff. Wegen der Sicherheitsleistung siehe BGB. §§ 232 ff.

§ 53. Liquidatoren, welche die ihnen nach dem § 42 Abs. 2 und den §§ 50 bis 52 obliegenden Verpflichtungen verletzen oder vor der Befriedigung der Gläubiger Vermögen den Anfallberechtigten ausantworten, sind, wenn ihnen ein Verschulden zur Last fällt, den Gläubigern für den daraus entstehenden Schaden verantwortlich; sie haften als Gesamtschuldner.

Anmerkung. Das Verbot der Ausantwortung von Vermögen vor Befriedigung der Gläubiger dürfte für den Fall nicht gelten, daß nur der Teil des Vermögens ausgehändigt wird, der auch im ungünstigsten Fall nach Befriedigung der Gläubiger und Rückstellung einer Reserve noch verbleibt.

Beendigung der Liquidation. **Art. 36.**

Die Liquidatoren haben sofort nach Beendigung der Liquidation [1] der Aufsichtsbehörde (Art. 38) Anzeige zu erstatten [2] und ihr die Bücher und Schriften [3] der aufgelösten Genossenschaft auszuhändigen [4].

1. Liquidation. Die Liquidation ist beendigt, wenn die Liquidatoren alle ihnen nach dem Art. 35 obliegenden Aufgaben erledigt haben, frühestens aber ein Jahr nach der Bekanntmachung der Liquidation. Ist die Liquidation beendigt, so haben die Gläubiger der Genossenschaft, die ihre Forderungen nicht angemeldet haben, keine Möglichkeit mehr, eine Befriedigung ihrer Forderungen zu verlangen; denn ihr Schuldner besteht nicht mehr und eine Gesamtrechtsnachfolge hat nicht stattgefunden.

2. erstatten. Strafvorschrift: Art. 85 Abs. I.

3. Schriften. Hiezu gehören alle Akten, Bücher, Rechnungen, Belege, Pläne und Kataster der Genossenschaft (ebenso Brenner Art. 130 Anm. 4, Ehmann Art. 130 Anm. 2).

4. auszuhändigen. Strafvorschrift: Art. 85 Abs. I. — Die Aufsichtsbehörde bestimmt nach pflichtmäßigem Ermessen, was sie mit den übergebenen Büchern und Schriften unternimmt. Sie kann die

wichtigeren Akten ihrer eigenen Aktensammlung einverleiben, einzelne Akten oder Aktenstücke oder Pläne einer technischen Behörde, für welche sie vielleicht Bedeutung haben, übergeben, im übrigen die Akten und Pläne aufbewahren, einer etwa später entstehenden neuen Genossenschaft aushändigen und nach Ablauf einer angemessenen Zeit die Akten, die nicht besonders wichtig für den Nachweis von Rechtsverhältnissen sind, vernichten (ebenso Eymann Art. 130 Anm. 2). Auch die Abgabe wichtiger Aktenstücke an ein Archiv kann in Frage kommen.

Beitragspflicht bei Liquidation. Art. 37.

Mit der Beendigung der Liquidation[1] erlischt die Beitragspflicht zu den Ausgaben der Genossenschaft[2].

1. Liquidation. Siehe Art. 36.

2. Genossenschaft. Die Verpflichtung zur Zahlung von Beiträgen nach Art. 26, 27 und 29 besteht also auch während der Liquidation fort. Wegen der Beitragspflicht selbst siehe Art. 13 Anm. 5, wegen der persönlichen Haftung für die Beiträge Art. 29, wegen der dinglichen Haftung für die Beiträge Art. 26, wegen des Maßstabes für die Berechnung Art. 27. — Auch während der Liquidation können nur die satzungsmäßig zulässigen Beiträge verlangt werden. Die Genossen sind auch dann nicht zur Leistung höherer Beiträge verpflichtet, wenn die Mittel der Genossenschaft nicht zur Deckung der Schulden ausreichen (vgl. Art. 13 Anm. 5). Ergibt sich eine Überschuldung, so müssen die Liquidatoren den Konkurs anmelden (Art. 35 Abs. I, BGB. § 89 Abs. II, § 42 Abs. II). Die Konkursanmeldung kann dadurch vermieden werden, daß die Genossenschaftsversammlung die Satzung dahin ändert, daß so hohe Beiträge erhoben werden, als zur Deckung der Schulden erforderlich sind. Dieser Beschluß ist jedoch eine Satzungsänderung und kann nur mit den für Satzungsänderungen vorgeschriebenen Förmlichkeiten gefaßt werden; außerdem bedarf er der Genehmigung der Regierung (Art. 16 Abs. I). Wird die erforderliche Mehrheit nicht erzielt, so bleibt die Beitragsverpflichtung in ihrem bisherigen Umfange bestehen. — Während des Liquidationsverfahrens können Beiträge nur insoweit eingehoben werden, als sie zur Durchführung der Liquidation nötig sind. Zur Beschlußfassung hierüber und über die Höhe der Beiträge sind die vor der Liquidation zuständigen Organe mit der Ausnahme berufen, daß an die Stelle des Vorstandes die Liquidatoren treten. Mit dem Erlöschen der Beitragspflicht hört die persönliche (Art. 29) und die dingliche (Art. 26) Haftung für rückständige Beiträge auf. Eine Besonderheit gilt für die Teilkulturrenten im Falle der Aufnahme eines Landeskulturrentendarlehens. Die Teilkulturrenten sind dinglich doppelt gesichert: erstens bildet die Verpflichtung des Genossen zum Ersatz des von der Genossenschaft bezahlten, auf sein Grundstück treffenden Teiles der Kulturrente einen Bestandteil der Beitragspflicht und als solche eine öffentliche Last des Grundstücks. Zweitens sind die auf jedes Grundstück treffenden Teilkulturrenten durch Art. 9 Abs. II Nr. 2 des Landeskulturrentengesetzes in der Fassung des Art. 1 Nr. III 3 des Gesetzes vom 31. Dezember 1923 (GVBl. Seite 411) eine öffentliche Last der Grundstücke, aus denen sie zu entrichten sind. Die erstere Verpflichtung ist ein Teil der Beitragspflicht und erlischt mit dieser nach Artikel 37, mit ihr auch die hiefür nach Artikel 26 bestehende öffentliche Last. Dagegen ist die zweite Sicherheit von dem Bestande der öffentlichen Ödlandgenossenschaft ganz unabhängig; sie erlischt daher nicht mit der Beendigung der Liquidation, sondern erst mit der Bezahlung der Kulturrente. Sollte daher bei der Liquidation übersehen werden, daß ein von der Genossenschaft aufgenommenes Landeskulturrentendarlehen noch nicht vollständig zurückbezahlt ist, so würde gleichwohl die Teilkulturrente auf allen Grundstücken, aus denen sie zu entrichten ist, auch nach Beendigung der Liquidation als öffentliche Last ruhen.

Staatsaufsicht.

Art. 38.

I Die Genossenschaften unterliegen der Aufsicht des Staates[1]. Die Aufsicht erstreckt sich[2] auf die Überwachung der planmäßigen Ausführung und Unterhaltung der Genossenschaftsanlagen[3] und im Falle der Art. 3 Abs. II, 31 auf die Überwachung der gemeinschaftlichen Bewirtschaftung und Nutzung der Genossenschaftsgrundstücke[4], auf die Überwachung und Prüfung des Rechnungswesens[5] sowie darauf, daß die Angelegenheiten der Genossenschaft in Übereinstimmung mit dem Gesetz und der Satzung verwaltet[6] werden.

II Aufsichtsbehörde ist die Bezirksverwaltungsbehörde[7], in deren Bezirk die Genossenschaft ihren Sitz[8] hat.

Ausführungsbestimmungen.

§ 27.

I Die Aufsicht über die öffentlichen Ödlandgenossenschaften ist durch Art. 38 des Gesetzes den Bezirksverwaltungsbehörden übertragen.

II Die Aufsicht hat sich vor allem darauf zu erstrecken, dass die Genossenschaften die ihnen nach den genehmigten Satzungen obliegende Verpflichtung zur planmässigen Ausführung und Unterhaltung der Genossenschaftsanlagen erfüllen. Beginn und Vollendung der Arbeiten zur Ausführung genossenschaftlicher Unternehmungen sind vom Vorsitzenden der Genossenschaft der Bezirksverwaltungsbehörde rechtzeitig anzuzeigen (§ 14 Abs. I der Mustersatzung). Die Bezirksverwaltungsbehörde kann nach Vollendung der Arbeiten bei grösseren Unternehmungen eine Schlussbesichtigung unter Zuziehung der Beteiligten anberaumen.

III Zur Ausübung der Aufsicht über die Genossenschaften in technischer Hinsicht haben die technischen Behörden (§ 19) auf Ansuchen der Bezirksverwaltungsbehörde mitzuwirken. Der Be-

ginn der genossenschaftlichen Ausführungsarbeiten ist ihnen von der Bezirksverwaltungsbehörde mitzuteilen.

IV Die Mitwirkung der technischen Behörden hat darin zu bestehen, dass sie

1. *die Ausführungsarbeiten von Anfang an überwachen,*
2. *an der von der Bezirksverwaltungsbehörde etwa anberaumten Schlussbesichtigung teilnehmen oder über die von ihnen selbst vorgenommene Schlussbesichtigung und deren Ergebnis an die Bezirksverwaltungsbehörde Mitteilung zu machen,*
3. *nach Herstellung der genossenschaftlichen Anlagen deren ordnungsgemässe Unterhaltung überwachen,*
4. *über etwaige sowohl bei den Ausführungsarbeiten als bei der Überwachung der Anlagen vorgefundene Mängel der Bezirksverwaltungsbehörde behufs aufsichtlichen Einschreitens Anzeige erstatten, falls nicht die Genossenschaft selbst Abhilfe trifft, sowie von dem Zustand der genossenschaftlichen Anlagen und der Tätigkeit der Genossenschaften im allgemeinen die Bezirksverwaltungsbehörde durch regelmässige Mitteilungen in entsprechenden Zeiträumen auf dem Laufenden erhalten,*
5. *den Genossenschaften, sowie der Aufsichtsbehörde in den die Genossenschaft berührenden technischen Fragen aller Art, also insbesondere bei Änderungen der genossenschaftlichen Anlagen usw. an die Hand gehen, Kostenvoranschläge prüfen u. dgl., sowie an den Genossenschaftsversammlungen teilnehmen, in welchen wichtige Fragen technischer Natur behandelt werden und*
6. *über die Notwendigkeit der allenfalls im Aufsichtswege herbeizuführenden Aufstellung technischen Personals sich gutachtlich äussern.*

§ 28.

I Die Überwachung und Prüfung des Rechnungswesens der Genossenschaft hat sich darauf zu erstrecken, ob die Beiträge in der satzungsmässigen Höhe erhoben und zu den satzungsmässigen Zwecken verwendet werden, ob die Schulden der Genossenschaft planmässig getilgt werden, ob die den Genossenschaften gewährten Zuschüsse aus Staats- und Kreismitteln bestimmungsgemäss verwendet und ob die aus den Zuschüssen etwa gebildeten Unterhaltungsrücklagen ordnungsgemäss verwaltet werden.

II Hiezu kann die Aufsichtsbehörde die Vorlage der Bücher, Voranschläge und Rechnungen der Genossenschaften zur Einsicht verlangen. Die Aufsichtsbehörden haben ferner ihr Augenmerk darauf zu richten, dass die Angelegenheiten der Genossenschaften auch im übrigen in Übereinstimmung mit dem Gesetz und den Satzungen verwaltet werden, dass insbesondere die Wahl der genossenschaftlichen Organe rechtzeitig und satzungsgemäss erfolgt, und dass die Genossenschaftsorgane ihren Verpflichtungen gerecht werden; nötigenfalls hat die Aufsichtsbehörde von den Befugnissen des Art. 39 des Gesetzes entsprechenden Gebrauch zu machen. Die Vorstände der Bezirksverwaltungsbehörden werden jede sich bietende Gelegenheit (Gemeindebesichtigungen) wahrnehmen, um in die Verhältnisse der in den einzelnen Gemeinden bestehenden Genossenschaften, ihrer Anlagen, Einrichtungen und ihrer Geschäftsführung Einblick zu erhalten.

§ 30.

Die Bezirksverwaltungsbehörden haben ein Verzeichnis derjenigen öffentlichen Ödlandgenossenschaften anzulegen, welche im Bezirke der Bezirksverwaltungsbehörde ihren Sitz haben.

1. Staates. Da den Ödlandgenossenschaften weitgehende Zwangs- und Besteuerungsrechte eingeräumt sind, muß der Staat dafür sorgen, daß mit diesen Rechten kein Mißbrauch getrieben wird. Das Mittel hiefür ist die Staatsaufsicht. Die Aufsicht hat nicht zur Folge, daß alle Handlungen der Genossenschaft der staatlichen Prüfung und Genehmigung bedürfen. Eine staatliche Genehmigung ist vielmehr nur für wenige, besonders wichtige Angelegenheiten (Ausschließung von Grundstückseigentümern aus der Genossenschaft nach Art. 12 Abs. II, Satzungsänderung nach Art. 16 Abs. I, Auflösung der Genossenschaft nach Art. 33 Abs. II) vorgeschrieben. Im übrigen ist die Genossenschaft innerhalb der Schranken der Gesetze und der Satzung zunächst unbeschränkt. Die staatliche Aufsichtsbehörde hat allgemein nur das Recht der Kenntnisnahme von allen Einrichtungen und Handlungen der Genossenschaft. Sie kann daher jederzeit die Einrichtungen der Genossenschaft besichtigen, die Akten, Bücher, Rechnungen, Pläne und sonstigen Schriftstücke einsehen, an den Genossenschaftsversammlungen und den Sitzungen des Vorstandes und der sonstigen Organe der Genossenschaft teilnehmen und von allen Organen der Genossenschaft jede Auskunft verlangen. Erst wenn die Aufsichtsbehörde wahrnimmt, daß die Genossenschaftsanlagen nicht planmäßig ausgeführt oder unterhalten werden, daß das Rechnungswesen der Genossenschaft nicht in Ordnung ist oder daß Angelegenheiten der Genossenschaft nicht in Übereinstimmung mit den Gesetzen und der Satzung verwaltet werden (siehe Schluß des Abs. I) hat die Staatsaufsichtsbehörde das Recht und die Pflicht, einzuschreiten. Sie kann sowohl von Amts wegen als auch auf den Antrag eines Beteiligten tätig werden. Darin erschöpft sich die Tätigkeit der Aufsichtsbehörde. Lediglich aus Zweckmäßigkeitsgründen sind aber der Aufsichtsbehörde weitere Zuständigkeiten übertragen, so die Entscheidung gewisser Streitigleiten (Art. 19 Abs. I, Art. 24 Abs. II, Art. 25 Abs. II, Art. 31 Abs. III), eine polizeiliche Genehmigung (Art. 23), die nachträgliche Beiziehung von Grundstückseigentümern (Art. 10 Abs. I). Diese Zuständigkeit ist aber nicht in den Rechten der Aufsichtsbehörde begründet, sie könnte, rein systematisch betrachtet, auch anderen Behörden übertragen werden. — Die Staatsaufsicht beginnt mit der Zustellung der Regierungsentschließung, durch welche die Satzung genehmigt wird, an den Genossenschaftsvorstand und endet mit der Beendigung der Liquidation (Art. 40). — Die Staatsaufsicht wird sich nicht lediglich in der Erlassung von Anordnungen, sondern in der Beratung der Genossenschaft, in dem Hinweis auf die Unzulässigkeit oder Unzweckmäßigkeit eines Vorhabens, in der Empfehlung einer Maßnahme usw. äußern. Diese engen Beziehungen zwischen Genossenschaft und Staatsaufsichtsbehörde sind besonders wertvoll. Die Genossenschaft soll in der Staatsaufsichtsbehörde nicht nur den Vollstrecker des staatlichen Zwangs, sondern vielmehr den wohlmeinenden Berater erblicken. — Welche Zwangsmittel der Staatsaufsichtsbehörde zustehen, ist in Art. 39 ausgeführt.

2. erstreckt sich. Die Aufzählung ist erschöpfend.

3. Genossenschaftsanlagen. Hier handelt es sich um die Überwachung der der Genossenschaft durch Art. 24 Abs. I auferlegten Verpflichtung. Vgl. daher die Anm. zu Art. 24 Abs. I. Die Aufsicht erstreckt sich darauf, daß das Unternehmen nach den festgesetzten Plänen ausgeführt und unterhalten wird; die Überwachung ist also in dieser Richtung vorwiegend eine technische Aufgabe.

4. Genossenschaftsgrundstücke. Die gemeinschaftliche Bewirtschaftung und Nutzung ist auf ihre technische und wirtschaftliche Zweckmäßigkeit zu prüfen. Der Wirtschaftsplan muß den technischen Anforderungen genügen und auch wirtschaftlich zweckmäßig sein. Die Ausdehnung der Prüfung auf die Wirtschaftlichkeit ist hier geboten, weil bei der gemeinschaftlichen Bewirtschaftung und Nutzung nicht wie bei der Ausführung der eigentlichen Verbesserungsarbeiten von vornherein ein genauer Plan aufgestellt ist, den die Genossenschaft festgesetzt hat. Der einzelne Genosse kann schon vor seinem Beitritt den Plan prüfen und im Falle seiner Nichtzustimmung den Beitritt verweigern und, falls er zwangsweise beigezogen worden ist, im verwaltungsrechtlichen Verfahren seine Einwendungen vorbringen. Diese Möglichkeit besteht bei der gemeinschaftlichen Bewirtschaftung aber nicht; infolgedessen muß das Interesse der Genossen durch Ausdehnung der Staatsaufsicht gewahrt werden.

5. Rechnungswesens. Was hiebei Aufgabe der Aufsichtsbehörde ist, ergibt sich aus den AB. § 28 Seite 101.

6. verwaltet. Hier handelt es sich um die rechtliche Aufsicht über die Genossenschaft; sie ist eine allumfassende; keine Angelegenheit ist von ihr ausgenommen.

7. Bezirksverwaltungsbehörde. Die Aufsicht steht nur der Bezirksverwaltungsbehörde zu. Diese wird bei allen technischen Fragen Gutachten der technischen Behörden einholen, die Besichtigung der Genossenschaftsanlagen durch diese veranlassen usw. Ein Aufsichtsrecht über die Genossenschaft haben aber die technischen Behörden nicht. Glauben die technischen Behörden, daß im Einzelfall von den Befugnissen der Staatsaufsicht Gebrauch gemacht werden soll, so steht es ihnen

jederzeit frei, dies bei der Bezirksverwaltungsbehörde zu beantragen. Die Bezirksverwaltungsbehörde ist an den Antrag nicht gebunden, sondern hat nach pflichtmäßigem Ermessen zu entscheiden, ob und in welcher Weise dem Antrag stattgegeben werden soll. Wegen der Befugnisse der technischen Behörden im einzelnen s. AB. § 27 Abs. III und IV S. 100 und 101. — Gegen die Entscheidung der Bezirksverwaltungsbehörde ist binnen 14 Tagen Beschwerde zur Regierung, Kammer des Innern, zulässig; diese entscheidet endgültig (Art. 60 Abs. I, Art. 62). Die Regierung kann auch von Amts wegen einschreiten und der Bezirksverwaltungsbehörde Aufträge erteilen, in welchem Sinne sie die Aufsicht zu handhaben hat. Nicht in allen Fällen ist das Eingreifen der Regierung auf Beschwerde gegen die Entscheidung der Bezirksverwaltungsbehörde möglich, nämlich dann nicht, wenn durch die Entscheidung der Bezirksverwaltungsbehörde bereits ein unabänderlicher Rechtszustand geschaffen worden ist, z. B. wenn die Bezirksverwaltungsbehörde die Auflösung der Genossenschaft vorbehaltlos genehmigt hat.

8. Sitz. Dies gilt auch dann, wenn der Bereich der Genossenschaft sich über den Bezirk der Bezirksverwaltungsbehörde hinaus erstreckt.

Rechte der Aufsichtsbehörde. **Art. 39.**

I Die Aufsichtsbehörde ist in Anwendung ihrer Aufsichtsbefugnisse [1] (Art. 38) berechtigt [2] gegen die Mitglieder des Vorstandes [3] Ordnungsstrafen bis zum Betrage von 1000 Goldmark [4] zu verhängen [5], bei der Ablehnung des Antrags nach Art. 21 und in sonstigen dringlichen Fällen [6] an Stelle des Vorstandes die Einberufung einer Genossenschaftsversammlung anzuordnen [7], soweit und solange die erforderlichen Genossenschaftsorgane fehlen [8], zur Wahrnehmung der Obliegenheiten der Genossenschaft auf deren Kosten Beauftragte [9] zu bestellen, ferner die erforderlichen Maßnahmen zur Erfüllung des Genossenschaftszwecks an Stelle und auf Kosten der Genossenschaft zu verfügen [10].

II Die Ordnungsstrafen fließen in die Genossenschaftskasse.

1. Aufsichtsbefugnisse. Die Aufsichtsbehörde darf von den Rechten des Art. 39 nur insoweit Gebrauch machen, als das Aufsichtsrecht gemäß Art. 38 reicht.

2. berechtigt. Das allgemeine Informationsrecht der Aufsichtsbehörde ist bereits in Art. 38 Anm. 1 erwähnt. — Die Aufzählung in Art. 39 ist nicht erschöpfend; auch andere Stellen des Gesetzes führen besondere Rechte der Aufsichtsbehörde an; auch die Satzung kann ihr weitere Rechte übertragen. Die Aufsichtsbehörde wird zunächst versuchen, auf gütlichem Wege ihr Ziel zu erreichen, insbesondere durch Beratung der genossenschaftlichen Organe, Hinweis auf die Pflichten der Genossenschaft und ihrer Organe, Belehrung über die rechtliche Unzulässigkeit oder die wirtschaftliche oder technische Unzweckmäßigkeit eines Beschlusses usw.; sie wird ihr nahelegen, daß sie die Maßnahmen trifft, welche die Notwendigkeit des staatsaufsichtlichen Einschreitens beseitigen.

Erst, wenn dies nichts hilft, wird die Aufsichtsbehörde zu den Zwangsmaßnahmen des Art. 39 greifen. Mag auch die Zweckmäßigkeit diese Zurückhaltung empfehlen, so ist die Aufsichtsbehörde dennoch befugt, ohne weiteres mit den Zwangsmaßnahmen des Art. 39 vorzugehen.

3. Vorstands. Da die Liquidatoren die rechtliche Stellung des Genossenschaftsvorstandes haben (Art. 35 Abs. I), besteht das Ordnungsstrafrecht auch gegenüber den Liquidatoren. Gegenüber den sonstigen Genossenschaftsmitgliedern steht der Aufsichtsbehörde kein Ordnungsstrafrecht zu.

4. Goldmark. Im Ödlandgesetz war der Betrag von 50 Mark vorgesehen. Dieser Betrag ist jedoch durch Art. II und VIII der Verordnung vom 6. Februar 1924 über Vermögensstrafen und Bußen (RGBl. S. 44) auf 1000 Goldmark erhöht worden. Die Ordnungsstrafe fließt in die Genossenschaftskasse (Abs. II); sie wird nötigenfalls auf dem Wege des Art. 30 zwangsweise beigetrieben.

5. verhängen. Die Strafe kann für jeden Zuwiderhandlungsfall, also auch wiederholt und zwar jedesmal bis zum Höchstbetrag verhängt werden.

6. Fällen. Es handelt sich um Fälle, in denen bei ordnungsmäßiger Verwaltung eine Genossenschaftsversammlung abgehalten werden müßte, der Vorstand aber die Einberufung der Genossenschaftsversammlung unterläßt. Beispiele solcher Fälle: Die Wahlzeit des Genossenschaftsvorstandes ist abgelaufen. Die Durchführung des Unternehmens erfordert die Nachbewilligung von weiteren Mitteln oder die Aufnahme eines Anlehens, wofür nach der Satzung die Genossenschaftsversammlung zuständig ist.

7. anzuordnen. Der Vollzug der Anordnung obliegt dem Vorsitzenden des Vorstandes. Kommt dieser der Anordnung nicht nach, so kann die Aufsichtsbehörde über ihn eine Ordnungsstrafe verhängen oder eine andere Person mit der Einberufung betrauen oder die Versammlung selbst einberufen.

8. fehlen. Dieser Fall tritt insbesondere ein, wenn die Genossenschaftsorgane sterben oder ihr Amt (falls dies nach der Satzung zulässig ist) niederlegen oder wenn ihre Wahldauer abgelaufen ist.

9. Beauftragte. Diese können Genossenschaftsmitglieder und andere Personen sein. Die Aufsichtsbehörde kann ihnen eine Vergütung zubilligen, die von der Genossenschaft zu bestreiten ist. Die Handlungen dieser Beauftragten sind innerhalb des ihnen erteilten Auftrags so zu betrachten, wie wenn sie nach der Satzung hiefür zuständig wären; sie sind innerhalb ihres Auftrags zur Vertretung der Genossenschaft berechtigt. Die Beauftragten verlieren ihr Amt mit dem Widerruf ihrer Bestellung oder mit der Wahl der Organe, deren Stellen sie vertreten.

10. verfügen. Dies ist eine Generalklausel, durch welche jede Maßnahme der Aufsichtsbehörde gedeckt ist, die zur ordnungsmäßigen Erfüllung der Aufgaben der Aufsichtsbehörde erforderlich ist. Die Aufsichtsbehörde kann insbesondere die den Genossenschaftsorganen obliegenden Aufgaben selbst besorgen, sie kann notwendige Ausgaben in den Haushaltplan der Genossenschaft mit der Wirkung einsetzen, daß die Genossenschaft die Ausgabe leisten muß, sie kann nötigenfalls die Organe der Genossenschaft ihres Amtes entheben, sie kann jederzeit die Kassen-

und Vermögensbestände der Genossenschaft nachprüfen, sie kann die Genossenschaft anweisen, gegen ungetreue Verwalter Schadensersatzklage zu erheben, sie kann nötigenfalls fällige Beiträge einheben, die Einhebung neuer Beiträge innerhalb der satzungsmäßigen Schranken anordnen und die notwendigen Ausgaben bestreiten lassen.

Staatsaufsicht bei Liquidation. **Art. 40.**

Die Genossenschaften bleiben auch während der Liquidation bis zu deren Beendigung der Staatsaufsicht unterworfen[1].

1. unterworfen. Da die Genossenschaft während der Liquidation insoweit fortbesteht, als es der Zweck der Liquidation erfordert, muß auch die Staatsaufsicht bis zur Beendigung der Liquidation weiter dauern; denn sonst hätte die Genossenschaft eine Organisationslücke. Gerade bei der Verteilung des genossenschaftlichen Vermögens kann die Staatsaufsicht besonders nötig werden.

III. Abschnitt.

Zwangsrechte.

Vorbemerkung.

Der III. Abschnitt befaßt sich mit der Aufhebung, Übertragung, Beschränkung oder Veränderung von subjektiven Rechten, mögen diese Rechte öffentliche oder bürgerliche, obligatorische oder dingliche Rechte sein. Diese Rechtsveränderung, nicht das durch die Rechtsveränderung betroffene oder geschaffene Recht, wird als Zwangsrecht bezeichnet. Das Zwangsrecht ist daher mit der Durchführung der Rechtsveränderung erledigt; es kann nur insoferne noch später Wirkungen äußern, als es entweder nur auf bestimmte Zeit bestellt war oder als ein Anspruch auf Wiederherstellung des früheren Rechtszustandes besteht. Im übrigen ist das durch die Rechtsveränderung betroffene oder geschaffene Recht von dem Zwangsrecht künftig ganz unabhängig. Während jedes Zwangsrecht ein öffentliches Recht ist, können die durch die Rechtsänderung betroffenen Rechte öffentliche oder bürgerliche, dingliche oder obligatorische Rechte sein. Während Streitigkeiten über Zwangsrechte Verwaltungsrechtssachen sind, werden Streitigkeiten über die durch die Rechtsveränderung betroffenen oder geschaffenen Rechte in dem Verfahren entschieden, das allgemein für Rechte dieser Art vorgesehen ist.

Ein weitgehendes Enteignungsrecht gewährt die Reichsverordnung vom 13. Februar 1924 (am Schlusse dieses Buches). Näheres dort.

Von den Zwangsrechten im Sinne des III. Abschnittes sind die sonstigen Anwendungsformen gesetzlichen Zwangs im Vollzug des Ödlandgesetzes streng zu unterscheiden. Zu diesen Erscheinungsformen gesetzlichen Zwanges gehören die gesetzlichen Duldungspflichten und die Zwangsbeiziehung zu einer Ödlandgenossenschaft. Die gesetzlichen Duldungspflichten unterscheiden sich von den Zwangsrechten dadurch, daß bei ihnen jeder Grundstückseigentümer, sobald der gesetzliche Tatbestand erfüllt ist, ohne weiteres verpflichtet ist, die im Gesetz zugelassene Einwirkung auf sein Grundstück zuzulassen (Beispiel: Art. 24 Abs. I), während bei den Zwangsrechten ein Rechtsverlust oder eine Rechtsänderung erst zufolge einer bestimmten Verfügung der Behörde eintritt (a. A. Eymann II 404, welcher den Unterschied darin erblickt, daß den Duldungspflichten kein Recht gegenüberstehe, während dies bei den Zwangsrechten der Fall sei. Ich kann diese Auffassung nicht teilen, weil m. E. in allen Fällen, in denen ein Recht zugunsten eines bestimmten Anderen beschränkt wird, der Rechtsbeschränkung ein entsprechendes Recht dieses Anderen gegenübersteht.)

Zu den sonstigen Anwendungsformen gesetzlichen Zwanges im Vollzuge des Ödlandgesetzes gehört weiter die Zwangsbeiziehung zu einer Ödlandgenossenschaft. Sie ist nur möglich für Grundstücke, auf die sich die nutzbringende Wirkung des genossenschaftlichen Unternehmens erstreckt (Art. 8). Auf diesen Grundstücken dürfen aber auch die zur Erfüllung des Genossenschaftszweckes erforderlichen Arbeiten ohne weiteres vorgenommen werden (Art. 24 Abs. I), so daß hier Zwangsrechte nicht in Betracht kommen. Zwangsbeiziehung zu einer Ödlandgenossenschaft ist also nur bei den aktiv, Bestellung von Zwangsrechten nur an den passiv beteiligten Grundstücken zulässig; dabei liegt das Unterscheidungsmerkmal, ob ein Grundstück aktiv oder passiv beteiligt ist, darin, ob es von dem Unternehmen einen Nutzen hat oder nicht.

Bei einem Unternehmen, das nicht genossenschaftlich durchgeführt wird, können, wenn überhaupt, so nur Zwangsrechte nach dem III. Abschnitt — und zwar auch für die Grundstücke, die von dem Unternehmen einen Nutzen haben — in Betracht kommen.

Es ist besonders zu beachten, daß die Zwangsrechte nach dem III. Abschnitt nur für den Staat, die Gemeinden und die öffentlichen Ödlandgenossenschaften bestellt werden können (Art. 80 Abs. I), nicht aber auch für sonstige Personen.

Mit der Abgrenzung des Bereichs der Zwangsrechte befassen sich auch die

Ausführungsbestimmungen.

§ 34.

I Bei der Ödlandverbesserung ist in erster Linie auf die freiwillige Durchführung der Unternehmungen hinzuwirken (§ 3). Es können aber Fälle vorkommen, in denen einzelne Beteiligte, obwohl die wirtschaftliche und technische Zweckmässigkeit des Unternehmens feststeht, doch der Durchführung des Unternehmens Widerstände entgegensetzen. Es kann nicht zugelassen werden, dass die Vornahme wichtiger Ödlandverbesserungen an dem unbegründeten Widerstand eines oder weniger Beteiligter scheitert.

II Handelt es sich um ein genossenschaftliches Unternehmen, so werden in der Regel die im II. und IV. Abschnitt des Ödlandgesetzes aufgeführten Rechte genügen, um den Widerstand zu brechen. Dieser Zwang vollzieht sich in der Verwerfung unbegründeter Einsprüche und Widersprüche nach Art. 70 und 74

des Ödlandgesetzes. Ein Verfahren nach dem III. Abschnitt dieses Gesetzes ist in solchen Fällen gemäss Art. 47 des Ödlandgesetzes in der Regel nicht zulässig.

III Ist dagegen eine Genossenschaft nicht gebildet und die Bildung einer Genossenschaft nicht möglich oder kann auch im Falle des Beitritts des Widerstrebenden zu der Genossenschaft die Ödlandverbesserung nicht hinreichend durchgeführt werden, so können Zwangsrechte nach dem III. Abschnitt des Gesetzes bestellt werden. Vor der Durchführung des Verfahrens sollen die Bezirksverwaltungsbehörden mit den Beteiligten verhandeln, sie über die Sach- und Rechtslage aufklären und ihnen die freiwillige Zustimmung nahelegen. In vielen Fällen wird schon der Hinweis auf die Zulässigkeit der Bestellung von Zwangsrechten genügen, um Widerstände auszuschliessen.

a) Zwangsrechte zur Verbesserung von Ödland.

Dienstbarkeit.

Art. 41.

I Zur planmäßigen Verbesserung [1] eines Ödlandgrundstückes kann [3] für den Staat [4], für eine Gemeinde [5] oder für eine Ödlandgenossenschaft [6] (Zwangsberechtigte) eine Dienstbarkeit [7] an dem Grundstück [8] bestellt werden [9], wenn [10]

1. die geplante Verbesserung aus Gründen des Gemeinwohls dringend geboten ist [11],
2. der Eigentümer [12] des Grundstückes die Verbesserungsarbeiten [13] trotz Aufforderung durch die Bezirksverwaltungsbehörde [14] binnen einer angemessenen Frist [15] nicht durchführt [16] oder nicht durchführen kann [17] und
3. der Zwangsberechtigte die Verbesserung [18] des Grundstücks ohne Bestellung der Dienstbarkeit [19] nicht zweckmäßig durchführen kann [20].

II Der bisherige Eigentümer [21] kann auf der Abtretung des Eigentums an Stelle der Belastung mit einer Dienstbarkeit bestehen [22], wenn die Belastung zur Folge hätte, daß das Grundstück nicht mehr zweckmäßig benützt werden kann [23].

III Soweit nicht eine bestimmte andere Dienstbarkeit bestellt wird [24], ist eine Dienstbarkeit folgenden Inhalts zu begründen [25]:

1. Der Zwangsberechtigte ist auch gegen den Willen des Eigentümers zu den Veränderungen der Sache und zu den Handlungen befugt, welche durch die Verbesserungsarbeiten erfordert werden. Er hat nach den Regeln einer ordnungsmäßigen Wirtschaft zu verfahren [26].

2. Der Eigentümer hat dem Zwangsberechtigten nach Beendigung des Rechtsverhältnisses den Mehrwert, mindestens aber die Kosten der Verbesserung zu erstatten".

3. Im übrigen gelten für das Rechtsverhältnis zwischen dem Eigentümer und dem Zwangsberechtigten die Vorschriften der §§ 1030, 1031, 1034, 1035, § 1036 Abs. I, § 1037 Abs. II, §§ 1038 bis 1048, § 1049 Abs. II, §§ 1050 bis 1067 des Bürgerlichen Gesetzbuches entsprechend.

Ausführungsbestimmungen.

§ 35.

I Lässt sich die Bestellung von Zwangsrechten nicht vermeiden, so ist der Grundeigentümer zunächst unter Bestimmung einer angemessenen Frist zur Durchführung der Verbesserungsarbeiten aufzufordern. Diese Aufforderung hat schriftlich gegen Zustellungsnachweis zu erfolgen. Die Frist ist so zu bemessen, dass der Grundeigentümer die Verbesserungsarbeiten innerhalb der Frist unter gewöhnlichen Verhältnissen ordnungsmässig durchführen kann. Es empfiehlt sich hiebei, auf die Betriebsverhältnisse Rücksicht zu nehmen. Die Frist kann nachträglich verlängert werden.

II Erst nach fruchtlosem Ablauf der Frist können Zwangsrechte nach Abschnitt III des Gesetzes bestellt werden.

§ 36.

I Die Bestellung sämtlicher Zwangsrechte nach Ablauf der Frist ist nur zulässig, wenn alle drei Voraussetzungen des Art. 41 Abs. I des Gesetzes erfüllt sind.

II Sind die Voraussetzungen für die Bestellung von Zwangsrechten erfüllt, so ist in der Regel eine Dienstbarkeit zu bestellen. Der Inhalt der Dienstbarkeit ergibt sich aus Art. 41 Abs. III; es kann jedoch in besonderen Fällen auch eine Dienstbarkeit anderen Inhalts bestellt werden.

III Genügt die Bestellung einer Dienstbarkeit auf eine bestimmte Zeit, so ist von der Bestellung einer zeitlich unbeschränkten Dienstbarkeit abzusehen.

1. Verbesserung. Siehe Art. 3 Anm. 3. — Es ist besonders zu beachten, daß der Abschnitt III nur für die Verbesserungsmaßnahmen gilt, die unter das Ödlandgesetz fallen, nicht aber für Maßnahmen, die im Wassergesetz geregelt sind. Er gilt daher nicht für Bewässerungen, Entwässerungen, Wasserzuleitungen, Wasserableitungen usw.; die hiefür zulässigen Zwangsrechte bemessen sich nach dem Wassergesetz. Hieran

ändert auch nichts, daß die Zwangsrechte von einer nach Art. 32 auf wasserwirtschaftliche Zwecke ausgedehnten Ödlandgenossenschaft beansprucht werden. — Besteht Streit darüber, ob die beabsichtigte Maßnahme als planmäßige Verbesserung zu betrachten ist, so bildet die Entscheidung dieser Frage einen Zwischenpunkt in dem verwaltungsrechtlichen Verfahren auf Bestellung der Dienstbarkeit (Art. 81 Abs. III, Art. 83 Abs. I).

2. Ödlandgrundstückes. Wegen des Begriffs „Ödland" siehe Art. 1. — Es kann sich selbstverständlich auch um mehrere Ödlandgrundstücke handeln.

3. kann. Es besteht kein Anspruch auf Bestellung der Zwangsrechte; die Bezirksverwaltungsbehörde (Art. 81 Abs. III) entscheidet vielmehr nach pflichtmäßigem Ermessen, ob dem Antrag stattgegeben wird. Gibt sie dem Antrag statt und bestreitet der Grundstückseigentümer die gesetzliche Zulässigkeit der Bestellung des Zwangsrechtes, so kann er Beschwerde zum Verwaltungsgerichtshof ergreifen (Art. 83 Abs. II). Gibt sie dem Antrag nicht statt, so kann der Antragsteller Beschwerde zur Regierung, Kammer des Innern, erheben (Art. 61 Abs. I); diese entscheidet in dem gewöhnlichen Verwaltungsverfahren endgültig. Vgl. auch AB. § 3 Abs. III (Seite 13) und § 34 (Seite 107).

4. Staat. Der Antrag auf Durchführung des Zwangsverfahrens wird in diesem Falle von der Landesanstalt für Moorwirtschaft gestellt (Art. 80 Abs. I). In dem verwaltungsrechtlichen Verfahren wird der Staat jedoch durch die Organe vertreten, die sonst zu seiner Vertretung berufen sind (zur Zeit Landesfinanzämter, Abteilungen für Besitz- und Verkehrssteuern).

5. Gemeinde. Unter Gemeinden sind hier nicht nur die Gemeinden im Sinne der Gemeindeordnung, sondern auch die Ortschaften, ferner die Bezirke und die Kreise, nicht aber die Kirchengemeinden, zu verstehen.

6. Ödlandgenossenschaft. Nur die öffentlichen Ödlandgenossenschaften gehören hieher. Dieselben Rechte wie eine Ödlandgenossenschaft hat nach Art. 32 Abs. IV auch eine Wassergenossenschaft, deren Zweck auf die Ödlandverbesserung ausgedehnt worden ist.

7. Dienstbarkeit. Der Regelfall soll die Bestellung einer Dienstbarkeit sein. Welchen Inhalt die Dienstbarkeit hat, bestimmt die Bezirksverwaltungsbehörde bei der Bestellung der Dienstbarkeit. Trifft sie keine ausdrückliche andere Anordnung, so hat die Dienstbarkeit den in Abs. III wiedergegebenen Inhalt. Die Dienstbarkeit soll nach den AB. § 36 Abs. III (Seite 109) in der Regel auf bestimmte Zeit beschränkt werden, sofern dies der Zweck des Unternehmens gestattet.

8. Grundstück. Nur an dem Grundstück, das selbst verbessert werden soll. Ist die Bestellung der Dienstbarkeit an einem anderen Grundstück nötig, so ist Art. 44 einschlägig. Wegen der Bestellung von Dienstbarkeiten an Grundstücksteilen und an wirtschaftlich zusammenhängenden Grundstücken siehe Art. 46.

9. bestellt werden. Die Bestellung der Dienstbarkeit setzt einen Antrag der Landesanstalt für Moorwirtschaft, einer Gemeinde oder einer Ödlandgenossenschaft voraus (Art. 80 Abs. I). Außerdem darf Art. 47 der Bestellung der Dienstbarkeit nicht entgegenstehen. Der Entscheidungssatz hat z. B. zu lauten: „An dem Grundstück Plannummer 426

der Steuergemeinde Holzen wird zugunsten der Genossenschaft zur Verbesserung der Schöntalfilze eine Dienstbarkeit mit dem in Art. 41 Abs. III des Ödlandgesetzes angegebenen Inhalt bestellt." Die Rechtsänderung tritt mit der Rechtskraft des Beschlusses ein (Art. 48). Ist der Beschluß rechtskräftig, so hat die Bezirksverwaltungsbehörde eine mit der Bescheinigung der Rechtskraft versehene Ausfertigung der Entscheidung dem Grundbuchamt zur Berichtigung des Grundbuchs zu übersenden (Art. 82).

10. wenn. Die Bestellung der Dienstbarkeit ist nur zulässig, wenn sämtliche drei Voraussetzungen erfüllt sind; es genügt nicht, daß eine von ihnen gegeben ist. Eine weitere Voraussetzung enthält Art. 47.

11. geboten ist. Die Gründe des Gemeinwohls bestehen in der Erhöhung der Pflanzenerzeugung und damit der Erleichterung der Ernährung von Menschen und Tieren und der Bereitstellung der erforderlichen pflanzlichen Rohstoffe. Zweifellos wird das Gemeinwohl in diesem Sinne durch jede Verbesserung von Ödland gefördert. Wäre Ziff. 1 so allgemein aufzufassen, so wäre sie vollständig entbehrlich. Sie ist vielmehr auf den besonderen Fall zu beziehen. Bei dem in Betracht kommenden Grundstück muß die Verbesserung aus Gründen des Gemeinwohls dringend geboten sein, sei es, weil es leicht zu verbessern ist oder eine erhebliche Ertragssteigerung verspricht oder weil es günstig gelegen ist oder weil in der Gegend solche verbesserte Grundstücke dringend benötigt werden (z. B. für Weidezwecke) usw.

12. Eigentümer. Was von dem Eigentümer gilt, gilt nach Art. 86 Abs. I auch von dem Nießbraucher, dem Erbbauberechtigten, dem Erbpächter und dem Pfründenießbraucher. Es genügt auch, daß statt des Eigentümers ein anderer (z. B. der Mieter, Pächter usw.) die Verbesserung durchführt; die Aufforderung ist jedoch stets an den Eigentümer, Nießbraucher usw. zu richten.

13. Verbesserungsarbeiten. Es handelt sich um die Arbeiten, welche die Bezirksverwaltungsbehörde in ihrer Aufforderung bezeichnet.

14. Bezirksverwaltungsbehörde. Die Bezirksverwaltungsbehörde ist an den Antrag nicht gebunden. Sie kann es überhaupt ablehnen, den Grundstückseigentümer zur Vornahme und Verbesserung aufzufordern, wenn sie der Ansicht ist, daß die Verbesserung wirtschaftlich oder technisch unzweckmäßig ist; hiegegen kann der Antragsteller binnen 14 Tagen Beschwerde zur Regierung, Kammer des Innern, erheben (Art. 61 Abs. I, Art. 62); diese entscheidet im einfachen Verwaltungsverfahren endgültig. Die Aufforderung muß die vorzunehmenden Arbeiten und die Frist genau bezeichnen. Wegen des Inhalts der Aufforderung im einzelnen siehe AB. § 35 (Seite 109). Erläßt die Bezirksverwaltungsbehörde eine Aufforderung an den Grundstückseigentümer, so ist sie weder hinsichtlich der Art noch des Maßes der Verbesserungsarbeiten an die Anträge des Zwangsberechtigten gebunden; entspricht sie seinen Anträgen nicht, so kann der Zwangsberechtigte ebenfalls binnen 14 Tagen Beschwerde zur Regierung, Kammer des Innern, einlegen. Gegen die Aufforderung kann auch der Grundstückseigentümer binnen 14 Tagen Beschwerde zur Regierung, Kammer des Innern, einlegen. Die Regierung entscheidet im einfachen Verwaltungsverfahren endgültig.

15. Frist. Wie die Frist zu bemessen ist, liegt im pflichtmäßigen Ermessen der Bezirksverwaltungsbehörde. Sie hat hiebei den Umfang der Arbeiten und die Betriebsverhältnisse des Grundstückseigentümers, Nießbrauchers usw. zu berücksichtigen. Die Frist kann von der Bezirksverwaltungsbehörde nachträglich verlängert und von der Regierung, Kammer des Innern, auf Beschwerde des einen oder anderen Teiles verlängert oder verkürzt werden.

16. durchführt. Der Eigentümer muß der Aufforderung der Bezirksverwaltungsbehörde sowohl nach der Art als auch dem Maß der Verbesserungsarbeiten vollständig entsprechen. Die Arbeiten müssen innerhalb der Frist vollendet sein; es genügt nicht, daß sie begonnen worden sind. Es steht jedoch nichts im Wege, daß die Bezirksverwaltungsbehörde, wenn nur unbedeutende Arbeiten noch fehlen, dem Grundstückseigentümer eine kurze Nachfrist zur völligen Erfüllung der Arbeiten setzt.

17. nicht durchführen kann. Auch wenn den Eigentümer kein Verschulden trifft. Hat sich jedoch ergeben, daß die Arbeiten bei regelmäßigem Verlauf der Dinge oder auch infolge von höherer Gewalt innerhalb der Frist nicht durchgeführt werden können, so hat sich die Frist als unangemessen erwiesen und muß nachträglich verlängert werden. Konnte dagegen der Grundstückseigentümer aus anderen Gründen (z. B. wegen Geldmangels oder wegen anderweitiger Inanspruchnahme) die Arbeiten nicht durchführen, so ist die Voraussetzung der Ziff. 2 erfüllt.

18. Verbesserung. Die geplante Verbesserung. Besteht die Möglichkeit einer geringeren Verbesserung auch ohne Dienstbarkeit, so ist gleichwohl Ziff. 3 erfüllt.

19. Dienstbarkeit. Der Widerstand wird in der Regel darauf beruhen, daß der Eigentümer auf seinem Grundstück Verbesserungsarbeiten nicht vornehmen läßt. In solchen Fällen kann in der Regel nur durch Enteignung oder Bestellung einer Dienstbarkeit abgeholfen werden. Genügt jedoch eine weniger weitgehende Veränderung des Rechtszustandes, so ist die Bestellung der Dienstbarkeit unzulässig und eine Rechtsänderung nach Art. 43 zu verfügen.

20. zweckmäßig durchführen kann. Die Bestellung der Dienstbarkeit ist dadurch nicht ausgeschlossen, daß die Verbesserung ohne Bestellung der Dienstbarkeit zwar möglich, aber mit so großen technischen und wirtschaftlichen Schwierigkeiten oder mit solchem Aufwand verbunden ist, daß die Durchführung unzweckmäßig wäre. Ob diese Voraussetzung zutrifft, bildet im Streitfalle einen Zwischenpunkt in der verwaltungsrechtlichen Entscheidung.

21. Der bisherige Eigentümer. Abs. II ist eine Schutzvorschrift für den bisherigen Eigentümer; er ist daher nur auf dessen Verlangen anzuwenden.

22. bestehen. D. h., er kann verlangen, daß ihm das Eigentum abgelöst wird, statt daß eine Dienstbarkeit bestellt wird. Der Eigentümer muß dieses Verlangen bei Vermeidung des Verlustes vor der Endentscheidung stellen; er kann es auch noch im zweiten Rechtszug stellen. Für die Entschädigung gilt Art. 50. — Besteht Streit darüber, ob der bisherige Eigentümer die Ablösung des Eigentums verlangen kann, so entscheidet im ersten Rechtszug die Bezirksverwaltungsbehörde im verwaltungsrechtlichen Verfahren (Art. 81 Abs. III, Art. 83 Abs. I), im zweiten Rechtszug der Verwaltungsgerichtshof (Art. 83 Abs. II).

23. b e n ü t z t w e r d e n k a n n. Beispiel: An einem schmalen Grundstück wird eine Fahrtdienstbarkeit bestellt; für die Fahrt wird das ganze Grundstück benötigt und in einer Weise benützt, daß eine landwirtschaftliche Nutzung nicht mehr in Frage kommt. Bleiben neben dem als Fahrt benutzten Grundstücksteil noch schmale Streifen übrig, die aber nicht mehr zweckmäßig landwirtschaftlich benützt werden können, so kommt außerdem noch die Anwendung des Art. 46 in Frage. Bei der Prüfung der Voraussetzungen des Abs. II sind neben den objektiven auch die subjektiven Verhältnisse des Eigentümers zu berücksichtigen.

24. b e s t e l l t w i r d. Ob dies geschieht oder nicht, steht im pflichtmäßigen Ermessen der Bezirksverwaltungsbehörde. Besteht der Eigentümer nach Abs II auf der Ablösung des Eigentums, so ist Abs. III gegenstandslos.

25. b e g r ü n d e n. Der Inhalt der Dienstbarkeit ist im Entscheidungssatz ausdrücklich zu bestimmen. Es genügt der Hinweis auf Art. 41 Abs. III. Der hier erwähnte Normalfall stellt — unjuristisch gesprochen — eine Art dinglicher Zwangspacht dar. Er nimmt als Regelfall den Nießbrauch (Ziff. 3), sieht aber hievon zwei wichtige Ausnahmen (Ziff. 1 und 2) vor.

26. v e r f a h r e n. Ziff. 1 enthält eine wesentliche Abweichung vom Recht des Nießbrauchs. Der § 1036 Abs. II und § 1037 Abs. I BGB. sind in Ziffer 3 nicht anwendbar erklärt und durch die Ziffer 1 ersetzt.

27. e r s t a t t e n. Ziff. 2 enthält eine weitere Abweichung vom Recht des Nießbrauchs. § 1049 Abs I BGB. ist in Ziffer 3 nicht anwendbar erklärt; an seine Stelle tritt die Vorschrift in Ziff. 2. Beispiel I: Mehrwert 100 Mark, Kosten 50 Mark; der Eigentümer hat 100 Mark zu ersetzen. Beispiel II: Mehrwert 80 Mark, Kosten 120 Mark; der Eigentümer hat 120 Mark zu erstatten.

Eigentum.

Art. 42.

I Statt der Bestellung einer Dienstbarkeit[1] kann[2] das Eigentum an dem Grundstück[3] auf den Zwangsberechtigten[4] übertragen werden[5], wenn die Voraussetzungen des Art. 41 Abs. I Nr. 1 und 2 erfüllt sind[6] und die Bestellung einer Dienstbarkeit zur zweckmäßigen Durchführung der Ödlandverbesserung nicht ausreicht[7].

II Bei Verbesserung von Ödland durch Aufforstung findet Abt. I keine Anwendung[8].

Ausführungsbestimmungen.

§ 37.

I Die Enteignung ist bei der Verbesserung von Ödland durch Aufforstung überhaupt ausgeschlossen (Art. 42 Abs. II).

II Im übrigen ist sie nur zulässig, wenn alle Voraussetzungen für die Bestellung einer Dienstbarkeit erfüllt sind, die Bestellung der Dienstbarkeit aber zur zweckmässigen Durchführung der Ödlandverbesserung nicht ausreicht.

1. Dienstbarkeit. Aus diesem Ausdruck geht hervor, daß die Voraussetzungen für die Bestellung einer Dienstbarkeit vorhanden sein müssen, wenn die Enteignung zulässig sein soll. Die Enteignung ist daher insbesondere nur zur planmäßigen Verbesserung eines Ödlandgrundstücks zulässig; sie ist jedoch durch Abs. II ausgeschlossen, wenn die Verbesserung lediglich in der Aufforstung besteht.

2. kann. Ob die Bezirksverwaltungsbehörde von diesem Recht Gebrauch macht, steht in ihrem pflichtmäßigen Ermessen. Vgl. Art. 41 Anm. 3.

3. Grundstück. Wegen Grundstücksteilen oder wirtschaftlich zusammenhängenden Grundstücken siehe Art. 46, wegen der Enteignung von Grundstücken, die nicht selbst verbessert werden sollen, siehe Art. 44.

4. Zwangsberechtigten. Wer zu den Zwangsberechtigten gehört, ist in Art. 41 Abs. I angegeben. Die Eigentumsübertragung auf andere Personen ist unzulässig.

5. übertragen werden. Die Eigentumsübertragung ist in den Fällen des Art. 47 unzulässig. Im übrigen setzt sie einen Antrag voraus. Der Antrag muß, wenn das Eigentum auf den Staat übertragen werden soll, von der Landesanstalt für Moorwirtschaft mit Zustimmung des Staatsministeriums der Finanzen, im übrigen von einer Gemeinde oder einer Ödlandgenossenschaft gestellt werden (Art. 80). Die Eigentumsübertragung erfolgt durch Beschluß der Bezirksverwaltungsbehörde im verwaltungsrechtlichen Verfahren (Art. 81 Abs. III, Art. 83 Abs. I). Die Eigentumsübertragung wird mit der Rechtskraft des Beschlusses wirksam (Art. 48). Da hiedurch das Grundbuch unrichtig wird, muß es berichtigt werden; die Berichtigung ist von der Bezirksverwaltungsbehörde zu beantragen (Art. 82). Sonstige Rechte an dem Grundstück: Art. 49. — Die Eigentumsübertragung erfolgt zweckmäßig nicht auf eine bestimmte Zeit. Der Entscheidungssatz lautet etwa folgendermaßen: „Das Eigentum an dem Grundstück Plannummer 43 der Steuergemeinde Oberdorf wird auf den bayerischen Staat übertragen." Der bisherige Eigentümer kann unter bestimmten Voraussetzungen das Eigentum an dem Grundstück später wieder erhalten; vgl. hierüber Art. 51—53. — Entschädigung Art. 50.

Ein sehr weitgehendes Enteignungsrecht gewährt Art. II der Reichsverordnung vom 13. Februar 1924 (am Schlusse dieses Buches). Näheres dort.

6. erfüllt sind. Art. 41 Abs. I Nr. 3 ist hier nicht erwähnt, weil er auf die Eigentumsübertragung nicht ohne weiteres anwendbar ist. Aus den Worten „statt der Bestellung einer Dienstbarkeit" ergibt sich jedoch, daß auch die Voraussetzungen des entsprechend anzuwendenden Art. 41 Abs. I Nr. 3 erfüllt sein müssen, wenn die Enteignung zulässig sein soll; die Eigentumsübertragung setzt daher auch voraus, daß der Zwangsberechtigte die Verbesserung des Grundstücks ohne Übertragung des Eigentums nicht zweckmäßig durchführen kann. Dies ergibt sich auch aus dem Schluß des Art. 42.

7. ausreicht. Das Nichtausreichen kann auf rechtlichen, wirtschaftlichen und technischen Gründen beruhen. Im Streitfall bildet die Entscheidung hierüber einen Zwischenpunkt im verwaltungsrechtlichen Verfahren.

8. Anwendung. Abs. II verlangt, daß die „planmäßige Verbesserung" in der Aufforstung besteht. Er wird nicht dadurch ausgeschlossen, daß die Grundstücke entgegen dem Plan aufgeforstet werden. Bei der Aufforstung kann daher nur die Bestellung einer Dienstbarkeit oder eine Rechtsänderung nach Art. 43 in Frage kommen.

Art. 43.

Sonstige Rechte.

I Neben oder an Stelle der Enteignung oder der Bestellung einer Dienstbarkeit[1] können die an einem Grundstücke bestehenden sonstigen Rechte[2] aufgehoben[3], beschränkt[4] oder geändert[5] werden[6].

II Diese Vorschrift gilt nicht für Hypotheken, Grundschulden, Rentenschulden und Reallasten.

1. Dienstbarkeit. Die Einleitung des Art. 43 läßt erkennen, daß Art. 43 das Vorliegen aller Voraussetzungen für die Bestellung einer Dienstbarkeit verlangt. Die Rechtsänderung nach Art. 43 kann daher zur planmäßigen Verbesserung von Ödlandgrundstücken für den Staat, eine Gemeinde oder eine Ödlandgenossenschaft verfügt werden, wenn die geplante Verbesserung aus Gründen des Gemeinwohls dringend geboten ist (Art. 41 Abs. I Nr. 1), wenn der Eigentümer die Verbesserungsarbeiten trotz Aufforderung durch die Bezirksverwaltungsbehörde binnen einer angemessenen Frist nicht durchführt oder nicht durchführen kann (Art. 41 Abs. I Nr. 2) und wenn der Zwangsberechtigte die Verbesserung des Grundstücks ohne die Rechtsänderung nicht zweckmäßig durchführen kann (Art. 41 Abs. I Nr. 3). In den Fällen des Art. 47 ist die Rechtsänderung unzulässig.

2. Rechte. Der Begriff „die an einem Grundstück bestehenden Rechte" deckt sich nicht mit dem Begriff der dinglichen Rechte, sondern er ist viel weiter. Er umfaßt die dinglichen Rechte mit Ausnahme des Eigentums, der Hypotheken, Grundschulden, Rentenschulden und Reallasten (Abs. II), also das Erbbaurecht, die Dienstbarkeiten und das dingliche Vorkaufsrecht, ferner die obligatorischen Rechte, die dem Eigentümer des Grundstücks eine Verpflichtung hinsichtlich dieser Grundstücke einräumen, insbesondere die Pacht, Miete, Leihe usw., endlich auch alle öffentlichen Rechte, die sich auf das Grundstück beziehen, z. B. Weiderechte, Wasserrechte, Jagdrechte, Fischereirechte usw. Hinsichtlich der auf Gebrauch oder Nutzung gerichteten obligatorischen Rechte ist eine Rechtsänderung nicht erforderlich, wenn das Eigentum übertragen oder eine Dienstbarkeit bestellt wird, weil sie nach Art. 49 Abs. I erlöschen.

3. aufgehoben. Die Aufhebung ist insbesondere notwendig, wenn die Rechte der Durchführung der Verbesserung entgegenstehen und sich lediglich auf die Ödlandgrundstücke erstrecken.

4. beschränkt. Die Beschränkung wird veranlaßt sein, wenn das Recht sich auch auf andere Grundstücke, die nicht verbessert werden sollen, erstreckt oder wenn sein Inhalt nur teilweise der Verbesserung entgegensteht. Es ist eine sachliche, örtliche, zeitliche und persönliche Beschränkung der Rechte zulässig.

5. geändert. Beispiel: A hat ein Fahrtrecht über das Grundstück a. Das nebenliegende Grundstück b wird bei der Ödlandverbesserung

in einen Weg umgewandelt. Nun kann das Fahrtrecht über das Grundstück a in das Recht auf Benützung des Weges b umgewandelt werden.

6. werden. Die Rechtsänderung setzt einen Antrag der Landesanstalt für Moorwirtschaft, einer Gemeinde oder einer Ödlandgenossenschaft voraus (Art. 80). Die Rechtsänderung erfolgt durch Beschluß der Bezirksverwaltungsbehörde im verwaltungsrechtlichen Verfahren (Artikel 81 Abs. III, Art. 83 Abs. I); sie wird mit der Rechtskraft des Beschlusses wirksam (Art. 48). Da das geänderte, beschränkte oder aufgehobene Recht im Grundbuch eingetragen war, wird dadurch das Grundbuch unrichtig und muß berichtigt werden; die Berichtigung ist von der Bezirksverwaltungsbehörde zu beantragen (Art. 82). Die Rechtsänderung kann für bestimmte Zeit oder für dauernd verfügt werden. — Entschädigung: Art. 50.

Hilfsgrundstücke.

Art. 44.

Die Art. 41 bis 43 gelten auch für Grundstücke, die nicht selbst verbessert werden sollen, aber zur zweckmäßigen Durchführung des Unternehmens nicht entbehrt werden können[1].

1. können. Hierunter sind insbesondere Grundstücke zu verstehen, die in Wege umgewandelt werden. Bei Ödländereien bestehen vielfach lediglich Dienstbarkeiten, die zum Befahren anderer Grundstücke, teilweise nur während des Winters, berechtigen. Sollen die Ödländereien verbessert werden, so müssen Straßen und Feldwege angelegt werden. Handelt es sich um ein genossenschaftliches Unternehmen, so werden diese Grundstücke als passiv beteiligt bezeichnet. Art. 24 Abs. I gibt noch nicht das Recht, diese Grundstücke in Wege umzuwandeln, weil diese Grundstücke nicht zur Genossenschaft gehören. Es müssen daher bei Widerspruch die Zwangsrechte in Anspruch genommen werden. Außer der Inanspruchnahme für Wege kommt noch die Benutzung der Grundstücke zur Errichtung von Wirtschaftsgebäuden, Geräteschuppen, Scheunen usw. in Frage. Dagegen ist die Errichtung von Wassergräben nach dem Wassergesetz zu beurteilen. — Streitigkeiten im Vollzug des Art. 44 werden wie Streitigkeiten im Vollzug der Art. 41—43 behandelt (vgl. Art. 41 Anm. 3). — Der Tatsache, daß die in Art. 44 erwähnten Grundstücke keinen Vorteil von dem Unternehmen haben, ist dadurch Rechnung getragen, daß der Entschädigung nicht der Ertragswert, sondern der Verkehrswert zugrunde gelegt wird (Art. 50 Abs. I Satz 3).

Vorarbeiten.

Art. 45.

Sind die Voraussetzungen für die Bestellung von Zwangsrechten (Art. 41 bis 44) erfüllt[1], so können die Eigentümer[2] und die Besitzer[3] von Grundstücken[4] für verpflichtet erklärt werden[5], auf ihren Grundstücken alle Handlungen, die zur Vorbereitung des Unternehmens erforderlich sind[6], gegen Entschädigung vornehmen zu lassen[7]. Hierbei ist dem Zwangsberechtigten die volle Entschädigung[8] des Eigentümers oder des Besitzers aufzuerlegen und die Höhe der Entschädigung festzusetzen[9].

Ausführungsbestimmungen.

§ 38.

I Art. 45 sichert die Möglichkeit der Ausführung gewisser Vorarbeiten auf dem künftigen Arbeitsfelde. Eine Enteignung findet hiebei nicht statt. Zuständig zur Erlassung von Anordnungen im Sinne des Art. 45 ist die Bezirksverwaltungsbehörde, in deren Bezirk die zur Vorbereitung des Unternehmens für erforderlich gehaltenen Handlungen vorgenommen werden sollen. Das Gesuch um Erlassung solcher Anordnungen muss eine Beschreibung des in Aussicht genommenen Unternehmens enthalten, nötigenfalls mit entsprechenden Plänen belegt sein und die Art der in Frage kommenden vorbereitenden Handlungen, die hiezu zu benützenden Grundstücke und deren Eigentümer, sowie die Zeit angeben, innerhalb welcher die Vorarbeiten begonnen und vollendet werden sollen. In dem Gesuch ist ferner darzulegen, in welcher Weise die Entschädigung der in Anspruch genommenen Grundbesitzer erfolgen soll und welche Sicherheitsleistung allenfalls geboten wird (Art. 60). Der Umfang der Handlungen, deren Vornahme von der Verwaltungsbehörde gestattet werden kann, hat in dem Erfordernis der Handlungen zur Vorbereitung des Unternehmens seine Schranke; im übrigen können die Handlungen auf Grundstücken jeder Art und insbesondere auch in Gebäuden, Hofräumen, Hausgärten vorgenommen werden.

II Hinsichtlich des Verfahrens finden die Art. 57—64 und auf die Feststellung der Entschädigungen die Art. 45 und 84 Anwendung.

III Die von der Verwaltungsbehörde zu erlassende Anordnung hat tunlichst genau die Handlungen, deren Vornahme zu gestatten ist, zu bezeichnen und insbesondere hinsichtlich der Zeit und Art der Vornahme Vorsorge zu treffen, damit Streitigkeiten zwischen dem Unternehmer und den in Anspruch genommenen Grundbesitzern hintangehalten werden.

IV Mit den Anordnungen soll, wenn möglich, der Ausspruch über die vom Unternehmer zu leistende Entschädigung verbunden werden.

V Vorsorgliche Anordnungen sind im Rahmen des Art. 64 zulässig.

1. erfüllt. Es ist erforderlich, daß a) es sich um ein Unternehmen zur planmäßigen Verbesserung von Ödland handelt, b) die geplante Verbesserung aus Gründen des Gemeinwohls dringend geboten ist, c) der Eigentümer die Verbesserungsarbeiten trotz Aufforderung durch die Bezirksverwaltungsbehörde binnen einer angemessenen Frist nicht durchführt oder nicht durchführen kann, d) der Zwangsberechtigte die Verbesserung des Grundstücks ohne das Zwangsrecht nicht zweckmäßig durchführen kann, e) der Grundstückseigentümer nicht einer öffentlichen Wasser- oder Ödlandgenossenschaft beitritt, welche die Grundstücke hinreichend verbessert. Selbstverständlich braucht noch keine Bestellung von Zwangsrechten erfolgt zu sein; denn in diesem Fall wäre Art. 45 überflüssig. Ob die Voraussetzungen für die Bestellung von Zwangsrechten erfüllt sind, ist als Zwischenfrage in dem Verfahren zu entscheiden. Diese Entscheidung bindet in keiner Weise die Entscheidung in dem späteren Verfahren (ebenso Eymann Art. 156 Anm. 2).

2. Eigentümer. Dasselbe gilt für die Nießbraucher, Erbbauberechtigten, Erbpächter und Pfründenießbraucher (Art. 86 Abs. I).

3. Besitzer. Besitzer ist insbesondere auch der Pächter, Mieter usw.

4. Grundstücken. Es handelt sich hiebei nicht nur um die Grundstücke, die selbst verbessert werden sollen, sondern auch um die übrigen Grundstücke.

5. erklärt werden. Hiefür gelten die Verfahrensvorschriften der Art. 57—64 (AB. § 38 Abs. II), nicht aber die Art. 80—82. Aus der Stellung des Art. 45 im III. Abschnitt könnte man zwar annehmen, daß die Art. 80—82 und damit auch Art. 81 Abs. III und Art. 83 Abs. I auf Streitigkeiten über Anordnungen nach Art. 45 Anwendung finden. Die Entstehungsgeschichte zeigt jedoch, daß dies nicht der Fall ist. Art. 45 war in der Regierungsvorlage nicht enthalten, sondern ist erst im Landtag eingefügt worden. Dabei war der Zweck, auch für das Zwangsverfahren eine dem Art. 23 ähnliche Vorschrift aufzunehmen. Ein Vorbild hiefür war Art. 156 Abs. I des Wassergesetzes. Bei Streitigkeiten über die aus diesen beiden Artikeln abgeleiteten Ansprüche und Verbindlichkeiten ist aber das Verwaltungsrechtsverfahren nicht zugelassen. Es widerstreitet auch der Eigenschaft dieser Anordnungen als vorübergehenden Anordnungen, daß hiefür das umständliche Verwaltungsrechtsverfahren zugelassen wird. — Auf besondere Beschleunigung ist hinzuwirken. Die Anordnung hat mit möglichster Genauigkeit die Handlungen zu bezeichnen, die zugelassen werden, und sie insbesondere nach Zeit und Ort abzugrenzen (AB. § 38 Abs. III, Brenner Art. 156 Anm. 2). In manchen Fällen wird die Auflage einer Sicherheitsleistung nach Artikel 60 angebracht sein. Der Zwangsberechtigte hat keinen Anspruch auf eine Anordnung nach Art. 45. Wird die Erlassung dieser Anordnung ganz oder teilweise abgelehnt, so kann der Zwangsberechtigte nur einfache Verwaltungsbeschwerde nach Art. 60 erheben. Auch dem Eigentümer oder Besitzer steht gegen die Anordnung nur einfache Verwaltungsbeschwerde zu. — In dringenden Fällen können vorsorgliche Anordnungen nach Art. 64 erlassen werden.

6. erforderlich sind. Die Handlungen dürfen nicht schon den Anfang der Ausführung darstellen. Es gehören dazu insbesondere Geländeaufnahmen, Absteckungen, Bodenuntersuchungen, Wasserstandermittlungen usw. Dagegen nicht die Anfuhr und Lagerung von Baumaterialien (a. A. Eymann Art. 156 Anm. 6), da diese zu den Ausführungsarbeiten gehören. Ist die Anfuhr von Baumaterialien aus besonderen

Gründen schon vor der Durchführung des Zwangsverfahrens notwendig, so kann sie nach Art. 64 zugelassen werden.

7. lassen. Der Zweck dieser Vorschrift besteht darin, zuverlässige Grundlagen für die Ausarbeitung des Projekts zu schaffen. Erst danach soll endgültig beurteilt werden, ob und welche Zwangsrechte benötigt werden.

8. volle Entschädigung. Die Entschädigung umfaßt nicht nur den wirklich aufgetretenen Schaden, sondern auch den entgangenen Gewinn; sie ist nicht aus dem Ertragswert, sondern aus dem Verkehrswert des Grundstücks zu berechnen. Würde die gleichzeitige Festsetzung der Entschädigung die Erlassung der Anordnung aufhalten, so kann die Entscheidung zunächst auf die Erlassung der Anordnung nach Art. 45 beschränkt und das Entschädigungsverfahren später durchgeführt werden (vgl. Art. 81 Abs. IV).

9. festzusetzen. Vgl. hiezu Art. 84.

Grundstücksteile.

Art. 46.

I Die Rechtsänderung[1] (Art. 41 bis 45) kann für ganze Grundstücke oder für bestimmt bezeichnete Grundstücksteile verfügt werden[2].

II Können die nicht in Anspruch genommenen Grundstücksteile nach der Rechtsänderung von dem bisherigen Eigentümer nicht mehr zweckmäßig verwendet werden[3], so kann die Rechtsänderung nur für das ganze Grundstück verfügt werden[4].

III Bilden mehrere Grundstücke desselben Eigentümers eine wirtschaftliche Einheit[5] und können nach der Rechtsänderung die dem bisherigen Eigentümer verbleibenden Grundstücke nicht mehr zweckmäßig verwendet werden[6], so kann die Rechtsänderung nur für alle zu der wirtschaftlichen Einheit gehörenden Grundstücke desselben Eigentümers verfügt werden.

1. Rechtsänderung. D. h. die Bestellung einer Dienstbarkeit, die Übertragung des Eigentums oder die Aufhebung, Beschränkung oder Änderung von sonstigen Rechten.

2. verfügt werden. Wegen des Vollzugs im Grundbuch siehe Art. 82.

3. verwendet werden. Der Fall wird insbesondere dann vorkommen, wenn das Eigentum an einem Grundstücksteil übertragen wird und der dem bisherigen Eigentümer verbleibende andere Teil des Grundstücks entweder so klein oder so ungünstig gelegen oder gegliedert ist, daß er nicht mehr zweckmäßig bewirtschaftet werden kann. Besteht die Rechtsänderung in der Bestellung einer Dienstbarkeit und kann der in Anspruch genommene Grundstücksteil nicht mehr zweckmäßig benützt werden, so kann der Eigentümer das in Art. 41 Abs. II vorgesehene Recht geltend machen.

4. verfügt werden. Den Art. 41—45 liegt der rechtliche, nicht der wirtschaftliche Grundstücksbegriff zu Grunde; Grundstück im

Sinne dieser Vorschriften ist also die Grundfläche, welche als ein Grundstück im Grundbuche eingetragen ist (BGB. § 890). Um dem bisherigen Eigentümer Schädigungen zu ersparen, die sich aus der Nichtübereinstimmung des rechtlichen und des wirtschaftlichen Grundstücksbegriffs ergeben, trifft Art. 45 besondere Bestimmungen. Er will insbesondere verhüten, daß eine wirtschaftliche Grundstückseinheit dadurch übermäßig entwertet wird, daß ein Teil von ihr abgetrennt oder belastet wird und infolgedessen der Rest nicht mehr zweckmäßig verwendet werden kann (Begr.).

5. Einheit. Eine wirtschaftliche Einheit liegt in der Regel dann vor, wenn die Grundstücke zusammen bewirtschaftet werden und die Betriebsführung bei Ausscheiden eines Grundstücks verändert werden müßte.

6. verwendet werden. Hier muß ein strenger Maßstab angelegt werden, wenn nicht die Zwangsrechte illusorisch gemacht werden sollen. Der Fall des Abs. III kann z. B. gegeben sein, wenn eine schlechte Viehweide aufgeforstet wird; in diesem Falle muß auch die Ablösung des Eigentums an einem Grundstück, auf dem ein Stall steht, ausgesprochen werden, wenn dieser Stall allein von dem bisherigen Eigentümer nicht mehr zweckmäßig verwertet werden kann.

Genossenschaftliche Verbesserung. **Art. 47.**

Die Bestellung von Zwangsrechten (Art. 41 bis 46) ist unzulässig[1], wenn die Ödlandgrundstücke durch Einbeziehung in eine öffentliche Wasser- oder Ödlandgenossenschaft hinreichend verbessert werden können[2] und der Eigentümer mit den Ödlandgrundstücken dieser Genossenschaft beitritt[3].

1. unzulässig. Vor der Bestellung jedes Zwangsrechts ist daher zu prüfen, ob die Voraussetzungen des Art. 47 erfüllt sind. Art. 47 will in erster Linie die genossenschaftliche Verbesserung sicherstellen und erst, wenn dieser Weg nicht gangbar ist, die Bestellung von Zwangsrechten zulassen. Damit festgestellt werden kann, ob die Voraussetzungen des Art. 47 erfüllt sind, muß vor der Bestellung der Zwangsrechte in jedem Fall geprüft werden, ob die Verbesserung auf genossenschaftlichem Wege durchgeführt werden kann. Steht die technische oder rechtliche Unmöglichkeit (hierüber siehe Anm. 2) fest, so kann ohne weiteres das Zwangsverfahren durchgeführt werden. Ist die technische und rechtliche Möglichkeit gegeben, so muß entweder bei einer bestehenden Genossenschaft ein Antrag auf nachträgliche Aufnahme gestellt oder, falls eine Neugründung in Frage kommt, das Genossenschaftsgründungsverfahren eingeleitet werden. Unter Umständen müssen auch die Rechtsmittel bis zur Erschöpfung angewendet werden. Besteht Streit darüber, ob die technische oder rechtliche Unmöglichkeit der Verbesserung besteht oder ob alles geschehen ist, um die genossenschaftliche Durchführung zu ermöglichen (ob also die tatsächliche Unmöglichkeit besteht), so wird diese Frage als Zwischenpunkt in dem verwaltungsrechtlichen Verfahren auf Bestellung der Zwangsrechte entschieden.

2. können. Die Möglichkeit der Einbeziehung in eine Genossenschaft muß in dreifacher Beziehung vorhanden sein: a) Technisch: Der

Verbesserungsplan für die Grundstücke muß sich dem Verbesserungsplan für eine Genossenschaft einfügen lassen. b) Rechtlich: Die Erstreckung des Genossenschaftszwecks auf die Verbesserung der Grundstücke oder die Errichtung einer neuen Genossenschaft für diesen Zweck muß gesetzlich zulässig sein. c) Tatsächlich: Der Anschluß an eine bestehende wie die Errichtung einer neuen Genossenschaft muß auch durchsetzbar sein. Es müssen die Mehrheitsverhältnisse und die Möglichkeiten der zwangsweisen Beiziehung der Minderheit so gelagert sein, daß die Grundstückseigentümer in die bestehende Genossenschaft aufgenommen werden oder daß eine neue Genossenschaft wirklich zustande kommt. — In dem ersten Teil des Konditionalsatzes sind also Voraussetzungen enthalten, die vom Willen des Grundstückseigentümers unabhängig sind.

3. beitritt. Diese Voraussetzung hängt, wenn die erste Voraussetzung erfüllt ist, ausschließlich von dem Willen des Grundstückseigentümers ab.

Wirksamkeit.

Art. 48.

Die Rechtsänderung[1] (Art. 41 bis 45) tritt mit der Rechtskraft des die Änderung verfügenden Beschlusses ein[2].

1. Rechtsänderung. Der Eigentumsübergang, die Belastung mit einer Dienstbarkeit, die Aufhebung, Beschränkung oder Veränderung von sonstigen Rechten.

2. ein. Dies bedeutet eine Abweichung von dem allgemeinen bayerischen Zwangsenteignungsrecht (Art. 22 AG. z. ZPO.). Darnach vollzieht sich die Rechtsänderung im Augenblick der Aushändigung der Entschädigung. Diese Regelung wurde für unzweckmäßig erachtet. Der Beschluß wird rechtskräftig, entweder wenn keine Beschwerde gegen ihn eingelegt worden ist, mit Ablauf von zwei Wochen nach der Zustellung, oder wenn Beschwerde eingelegt worden ist, mit der Zurücknahme der Beschwerde durch den Beschwerdeführer oder mit der Zurückweisung oder Verwerfung der Beschwerde durch den Verwaltungsgerichtshof. Gibt der Verwaltungsgerichtshof der Beschwerde statt und entscheidet er selbst in der Sache, so ist die Entscheidung des Verwaltungsgerichtshofs sogleich mit ihrer Zustellung rechtskräftig. Mit der Rechtskraft des Beschlusses der Bezirksverwaltungsbehörde oder der Entscheidung des Verwaltungsgerichtshofes ist, soweit es sich um Rechte handelt, die im Grundbuch eingetragen werden müssen, das Grundbuch unrichtig geworden; es muß daher berichtigt werden. Die Berichtigung ist durch die Bezirksverwaltungsbehörde nach Art. 82 einzuleiten. — Besteht Gefahr, daß die Entschädigung nicht oder nicht rechtzeitig oder nicht vollständig ausbezahlt wird, so kann die Leistung einer Sicherheit nach Art. 60 auferlegt werden. Es steht nichts im Wege, daß die Bezirksverwaltungsbehörde in ihrem Beschluß ausspricht, daß die Rechtsänderung erst mit der Hinterlegung der Sicherheit eintritt.

Wirkung auf andere Rechte.

Art. 49.

I Die auf Gebrauch oder Nutzung des Grundstückes gerichteten Schuldrechte[1] erlöschen mit dem Eintritt der Rechtsänderung[2].

II Alle anderen Rechte[3] bleiben bestehen, soweit nicht gemäß Art. 43 anders verfügt wird[4].

1. Schuldrechte. Unter Schuldrechten sind die obligatorischen Rechte zu verstehen, insbesondere Miete und Pacht. Diese Rechtsverhältnisse würden auch im Falle der Eigentumsübertragung weiterbestehen (vgl. z. B. BGB. §§ 571, 581) und dadurch in den meisten Fällen die Verbesserung der Grundstücke unmöglich machen. — Schadensersatz wegen vorzeitigen Erlöschens: Art. 50 Abs. II.

2. Rechtsänderung. Art. 49 bezieht sich der Natur der Sache nach nur auf die Eigentumsübertragung und die Bestellung von Dienstbarkeiten, nicht aber auf die in Art. 43 bezeichneten Rechtsänderungen. — Die in Art. 49 Abs. I aufgeführten Schuldrechte erlöschen von rechtswegen, ohne daß es eines besonderen Ausspruches bedürfte; es kann nicht einmal eine gegenteilige Anordnung in dem Beschluß getroffen werden; sie wäre nichtig.

3. Rechte. Das sind die nicht unter Abs. I fallenden obligatorischen Rechte, z. B. das Recht aus einem Kaufvertrag, das Vorkaufsrecht usw., ferner alle dinglichen Rechte, endlich die öffentlichen Rechte.

4. verfügt wird. Eine andere Verfügung ist bei den Hypotheken, Grundschulden, Rentenschulden und Reallasten durch Art. 43 Abs. II ausgeschlossen. Diese Rechte bestehen daher in jedem Fall weiter.

Entschädigung.

Art. 50.

I Der bisherige Eigentümer und die Personen, deren öffentliche oder dingliche Rechte anfgehoben oder geändert werden[1], können von dem Zwangsberechtigten[2] den Ersatz des Schadens[3] verlangen, den sie infolge der Rechtsänderung erleiden[4]. Der Schadensermittlung ist bei der Berechnung des Grundstückwertes der Ertrag zugrunde zu legen, den das Grundstück in seinem bisherigen Zustande nachhaltig abwirft[5]; in besonderen Ausnahmefällen kann zur Vermeidung außergewöhnlicher Härten eine höhere Entschädigung zugebilligt werden[6]. In den Fällen des Art. 44 ist als Grundstückswert der Verkehrswert des Grundstücks anzunehmen[7].

II Die aus Schuldverhältnissen Berechtigten[8] können von dem Zwangsberechtigten[9] den Ersatz des Schadens verlangen, den sie infolge der Aufhebung oder der Änderung oder des vorzeitigen Erlöschens ihres Rechtes erleiden[10]. Dieser Anspruch ist ausgeschlossen, wenn der Zwangsberechtigte die Leistungen aus dem Schuldverhältnis[11] unverändert bis zu dem Zeitpunkte fortsetzt, zu dem es der bisherige Eigentümer oder der sonstige Berechtigte hätte beendigen können[12].

III Die Entschädigung ist mit dem Eintritt der Rechtsänderung fällig[13].

IV Die Entschädigung haftet, wenn der Gegenstand[14], wegen dessen die Entschädigung zu gewähren ist, mit einer Reallast, einer Hypothek, einer Grundschuld oder einer Rentenschuld[15] belastet ist, für diese Rechte[16]. Die Entschädigung wird frei[17], wenn der Berechtigte[18] nicht innerhalb eines Monats[19] Widerspruch gegen die Zahlung der Entschädigung dem Zahlungspflichtigen[20] gegenüber erhoben hat[21]. Die Frist beginnt mit der Fälligkeit der Entschädigung[22], soferne aber der Berechtigte vor diesem Zeitpunkte bei dem Zahlungspflichtigen sein Recht angemeldet hat[23], erst, wenn der Zahlungspflichtige ihm den Eintritt der Entschädigungspflicht angezeigt hat[24]. Die Anzeige darf unterbleiben, wenn sie untunlich ist[25]. Erhebt ein Berechtigter[26] innerhalb der Frist Widerspruch gegen die Zahlung der Entschädigung an den zu Entschädigenden[27], so kann dieser und jeder Berechtigte[28] die Eröffnung eines Verteilungsverfahrens nach den für die Verteilung des Erlöses im Falle der Zwangsversteigerung geltenden Vorschriften[29] beantragen[30]. Die Zahlung hat in diesem Falle an das für das Verteilungsverfahren zuständige Gericht zu erfolgen[31].

1. geändert werden. Das Gesetz unterscheidet bei der Entschädigung zwischen öffentlichen und bürgerlich-rechtlich dinglichen Rechten einerseits (Abs. I) und obligatorischen Rechten anderseits (Abs. II). Daß die Beschränkung von Rechten (Art. 43 Abs. I) hier nicht genannt ist, soll keinen Unterschied begründen, zumal die Beschränkung von Rechten unter die Änderung von Rechten fällt oder daher schon deswegen durch Art. 50 gedeckt wird.

2. Zwangsberechtigten. Es ist besonders zu beachten, daß die Inhaber von Rechten an einem Grundstück auf Grund des Art. 50 einen Schadensersatzanspruch nicht gegen den Grundstückseigentümer, sondern nur gegen den Zwangsberechtigten erheben können. Soweit sie auf Grund anderer Vorschriften oder auf Grund Vertrags einen Schadensersatzanspruch gegen den Grundstückseigentümer haben, bleibt dieser unberührt. Sie können in solchen Fällen wählen, welchen Ersatzanspruch sie geltend machen wollen. Selbstverständlich können sie den Schadensersatz nur einmal beanspruchen. Der eine der beiden Verpflichteten ist ihnen gegenüber von der Leistung frei, soweit sie von dem anderen Verpflichteten den Schaden ersetzt erhalten haben. Das Rechtsverhältnis zwischen dem dinglichen oder öffentlich-rechtlichen Berechtigten, dem Grundstückseigentümer und dem Zwangsberechtigten richtet sich nach den §§ 421 ff. BGB. Der Ausgleich zwischen dem Grundstückseigentümer und dem Zwangsberechtigten kann nötigenfalls dadurch herbeigeführt werden, daß der Grundstückseigentümer die Rechte aus § 50 gegen den Zwangsberechtigten geltend macht.

3. Schadens. Im Anschluß an den Sprachgebrauch des Wassergesetzes wird auch im Ödlandgesetz unter „Schaden" nicht der entgangene Gewinn verstanden; wo dieser ebenfalls einbezogen werden soll, wird der Ausdruck „voller Schaden" gebraucht. — Der Schadensersatz ist in Geld zu leisten. Einigen sich jedoch Zwangsberechtigter und Entschädigungsberechtigter auf eine bestimmte Sachleistung, so ist diese Sachleistung aufzuerlegen (Art. 81 Abs. III Satz 3).

4. erleiden. Bei der Eigentumsübertragung wird der Schaden in der Regel in dem Wert des Grundstücks bestehen; wie dieser zu bemessen ist, ergibt sich aus Satz 2 und 3. Bei der Aufhebung eines Rechts besteht der Schaden in der Regel in dem Wert des Rechts, bei der Änderung eines Rechtes in dem Unterschied zwischen dem Wert des ursprünglichen und des jetzigen Rechts, bei der Begründung von Rechten in dem Unterschied zwischen dem Wert des unbelasteten und des belasteten Eigentums. Daneben kann dem Schadensersatzberechtigten noch ein besonderer Schaden entstehen, z. B. bei der Eigentumsübertragung dadurch, daß er ein anderes Grundstück erwerben muß und dafür Staats- und Notariatsgebühren, Besitzveränderungsabgaben usw. bezahlen muß. Auch dieser Schaden ist zu vergüten. Hiebei sind jedoch auch die Vorteile zu berücksichtigen, die infolge der Rechtsänderung etwa entstehen.

5. abwirft. Es soll also bei der Berechnung des Grundstückswerts nicht der Verkehrswert (Verkaufswert, gemeine Wert) des Grundstücks zugrunde gelegt werden, sondern nur der Ertragswert. Diese Bestimmung soll eine Erleichterung für den Zwangsberechtigten bedeuten und die Durchführung der Ödlandverbesserung auch da ermöglichen, wo die Grundstücke wegen der Nähe von größeren Städten oder von Bahnhöfen oder Verkehrsstraßen oder wegen ihrer Eignung als Baugelände usw. einen höheren Wert haben.

6. zugebilligt werden. Diese Ausnahmefälle können auf objektiven (ungewöhnlicher Unterschied zwischen Verkehrswert und Ertragswert) oder auf subjektiven Gründen (Gefährdung der wirtschaftlichen Existenz der bisherigen Eigentümers bei Ablösung zum Ertragswert) beruhen.

7. anzunehmen. Da die Hilfsgrundstücke von der Ödlandverbesserung keinen Vorteil haben, weil sie nicht selbst verbessert werden, ist es billig, hier den Verkehrswert (Verkaufswert) des Grundstücks zu vergüten. Zur Ermittlung des Verkaufswerts sind die Erlöse aus Verkäufen ähnlicher Grundstücke zum Vergleich heranzuziehen.

8. Berechtigten. Insbesondere die Pächter und Mieter. Die Bestimmung gilt nicht nur für solche Schuldverhältnisse, die nach Art. 49 Abs. I erlöschen, sondern auch für solche, die auf Grund des Art. 43 aufgehoben, beschränkt oder geändert werden und für solche, die nach Art. 49 Abs. II zwar bestehen bleiben, aber infolge der Verbesserungsarbeiten an Wert verlieren (der letztere Fall wird außerordentlich selten sein).

9. Zwangsberechtigten. Auch hier kann der auf Art. 50 gestützte Schadensersatzanspruch nur gegen den Zwangsberechtigten gerichtet werden. Das in Anm. 2 Ausgeführte gilt auch in diesem Fall.

10. erleiden. Sie müssen sich auf den Schaden auch den Vorteil und die Ersparnisse anrechnen lassen, die auf die Aufhebung, Beschränkung oder Änderung des Rechts zurückzuführen sind. Dazu gehören insbesondere die Vorteile, die ihnen, wenn auch bei anderen Grundstücken aus der Durchführung der Ödlandverbesserung zufließen. Der Schaden ist in Geld zu ersetzen; einigen sich jedoch Zwangsberechtigter und Entschädigungsberechtigter auf eine bestimmte Sachleistung, so ist diese aufzuerlegen (Art. 81 Abs. III Satz 3).

11. Schuldverhältnis. Die auf Gebrauch oder Nutzung des Grundstücks gerichteten Schuldverhältnisse erlöschen zwar nach Art. 49

Abs. I mit der Rechtsänderung; der Zwangsberechtigte kann jedoch den Entschädigungsanspruch dadurch ausschließen, daß er die Leistungen aus dem Schuldverhältnis unverändert fortsetzt, also bei Miete den Gebrauch, bei Pachtung Nutzung und Gebrauch der Sache überläßt. Die Überlassung muß natürlich so erfolgen, daß sie die Gegenpartei auch verwerten kann; bei einem Miet- oder Pachtverhältnis muß also die Überlassung dem Mieter oder Pächter rechtzeitig mitgeteilt werden, so daß Gebrauch und Nutzung der Sache nicht beeinträchtigt werden; der Mieter oder Pächter muß also rechtzeitig wissen, daß er die Sache weiter gebrauchen und eventuell nutzen darf, so daß er keine Verfügung wegen der Beendigung des Gebrauchs oder der Nutzung zu treffen braucht.

12. können. Das ist der Zeitpunkt, in dem das Vertragsverhältnis kraft Vertrags oder Gesetzes abgelaufen wäre oder auf den es nach Vertrag oder Gesetz von dem Eigentümer oder sonstigen Berechtigten hätte frühestens gekündigt werden können.

13. fällig. Wann die Rechtsänderung eintritt, ergibt sich aus Art. 48. Die Entschädigung braucht nicht vor der Rechtsänderung geleistet zu werden. Besteht die Gefahr, daß der Entschädigungsberechtigte nicht befriedigt wird, so kann Sicherheitsleistung nach Art. 60 auferlegt werden.

14. Gegenstand. Das Grundstück oder Erbbaurecht.

15. Rentenschuld. Für die Belastung mit anderen Rechten gilt Abs. IV nicht.

16. Rechte. Die Haftung besteht darin, daß die Gläubiger der Rechte denselben Anspruch auf Befriedigung aus der Entschädigung haben wie aus dem Grundstück oder dem Erbbaurecht. Die Haftung ist von der formellen Voraussetzung abhängig, daß ein Widerspruch gem. Satz 2 rechtzeitig erhoben worden ist. Ist ein Widerspruch nicht rechtzeitig erhoben worden, so besteht die Haftung nicht. Ist ein Widerspruch rechtzeitig vor Auszahlung der Entschädigung erhoben worden, so gilt Satz 5. Ist ein Widerspruch zwar rechtzeitig, aber erst nach Auszahlung der Entschädigung erhoben worden, so kann der Zwangsberechtigte nicht mehr haftbar gemacht werden; denn er ist berechtigt, sogleich nach Eintritt der Rechtsänderung die Entschädigung, die mit diesem Zeitpunkt fällig wird, auszuzahlen (ebenso Eymann Art. 165 Anm. 1b; a. A. Brenner Art. 165 Anm. 3). — Es ist zuzugeben, daß die hier und von Eymann vertretene Ansicht nicht voll befriedigt, weil sie die Haftung nicht wirksam werden läßt, wenn der Entschädigungspflichtige, etwa im Einverständnis mit dem Entschädigungsberechtigten zum Nachteil des Hypothekgläubigers die Zahlung der Entschädigung so beschleunigt, daß sie vor der Einlegung des Widerspruchs erfolgt. Allein auch die gegenteilige Meinung führt zu einem unerfreulichen Ergebnis: Das Verteilungsverfahren kann nur beantragt werden, wenn innerhalb der Frist Widerspruch erhoben wird; hat der Hypothekgläubiger sein Recht dem Entschädigungspflichtigen angemeldet, so beginnt die Frist erst mit der Anzeige des Entschädigungspflichtigen. Dieser kann daher das Verteilungsverfahren dadurch ausschließen, daß er die Anzeige unterläßt. — Streitigkeiten über die Haftung nach Abs. IV sind bürgerlich-rechtliche Streitigkeiten und von den ordentlichen Gerichten zu entscheiden.

17. frei. D. h., die Haftung nach Satz 1 besteht nicht mehr. Die Haftung besteht zunächst kraft Gesetzes (Satz 1), erlischt aber dann, wenn die Voraussetzung des Satz 2 nicht innerhalb der vorgesehenen Frist erfüllt wird, mit Ablauf der Frist. Damit die Haftung nicht erlischt, ist es notwendig, daß der Gläubiger der Reallast, Hypothek, Grundschuld oder Rentenschuld dem Zwangsberechtigten innerhalb der Frist erklärt, daß er mit der Entschädigung an den bisherigen Eigentümer oder die Person, deren Rechte aufgehoben, beschränkt oder geändert worden sind, nicht einverstanden sei.

18. Berechtigte. Die Person, welche einen Entschädigungsanspruch nach Abs. I oder II erheben kann.

19. Monats. Wegen der Berechnung der Frist siehe Satz 2.

20. Zahlungspflichtigen. D. i. der Zwangsberechtigte.

21. erhoben hat. Der Widerspruch kann mündlich oder schriftlich erhoben werden.

22. Entschädigung. Siehe Absatz III und Art. 48.

23. angemeldet hat. Die Eintragung des Rechts im Grundbuch oder die sonstige Kenntnis des Zahlungspflichtigen von dem Recht ersetzt die Anzeige nicht.

24. angezeigt hat. Die Frist beginnt mit dem Augenblick, in dem die Anzeige dem Gläubiger der Reallast, Hypothek, Grundschuld oder Rentenschuld zugeht. Ist dem Zahlungspflichtigen (Zwangsberechtigten) der Bestand dieses Rechtes gemeldet worden und unterläßt er die Anzeige, so beginnt die Frist nicht zu laufen, die Haftung bleibt also bestehen. Der Zwangsberechtigte kann für die Unterlassung der Anzeige nicht haftbar gemacht werden. Er darf, auch wenn er die Anzeige unterläßt, an den Entschädigungsberechtigten die Entschädigung zahlen, wenn nicht Widerspruch erhoben worden ist.

25. untunlich ist. Die Anzeige ist untunlich, wenn die Adresse des Empfängers der Anzeige nicht ermittelt werden kann oder wenn er (z. B. infolge Krieges, Besetzung, Unruhen usw.) vom Verkehr abgeschnitten ist. Ist die Anzeige untunlich, so beginnt die Frist mit der Fälligkeit der Entschädigung zu laufen.

26. ein Berechtigter. D. i. der Gläubiger der Reallast, Hypothek, Grundschuld oder Rentenschuld.

27. Entschädigenden. D. i. der bisherige Eigentümer oder die Person, deren Rechte geändert, beschränkt oder aufgehoben worden sind.

28. jeder Berechtigte. Dazu gehört jede Person, die einen Anspruch an die Entschädigungssumme hat, insbesondere, soweit dies nicht der Widersprechende selbst ist, der bisherige Eigentümer und jeder Gläubiger einer Reallast, Hypothek, Grundschuld oder Rentenschuld oder eines sonstigen Rechts, das einen Anspruch auf Befriedigung aus der Entschädigungssumme oder einen fälligen Anspruch auf Befriedigung aus dem sonstigen Vermögen des Entschädigungsberechtigten gewährt.

29. Vorschriften. Zwangsversteigerungsgesetz §§ 105—145.

30. beantragen. Ist Widerspruch erhoben, so besteht die Wirkung zunächst darin, daß der Entschädigungspflichtige (Zwangsberechtigte) den Betrag der Entschädigung nicht ausbezahlen darf, so lange der Widerspruch aufrecht erhalten wird. Will er sich von seiner Verpflichtung befreien, so steht ihm, so lange ihm nicht die Einleitung des Verteilungsverfahrens bekannt geworden ist, nur die Hinterlegung nach § 372 BGB. offen. Die Einleitung des Verteilungsverfahrens kann er nicht beantragen.

31. erfolgen. Durch die Zahlung an das Gericht erfüllt der Entschädigungspflichtige (Zwangsberechtigte) seine Verbindlichkeit.

Recht auf Wiederherstellung des früheren Rechtszustandes.

Art. 51.

I Der von der Rechtsänderung Betroffene[1] kann die Wiederherstellung des früheren Rechtszustandes[2] Zug um Zug gegen die Rückgabe der Entschädigung[3] verlangen[4], wenn der Zweck, der zu der Rechtsänderung führte, erreicht ist[5], wenn die ordnungsmäßige Bewirtschaftung auch bei der Wiederherstellung des früheren Rechtszustandes möglich ist[6] und wenn der Enteignete für zweckmäßige Bewirtschaftung Gewähr bietet[7]. Ob diese Voraussetzungen erfüllt sind[8], entscheidet die Bezirksverwaltungsbehörde. Bei erheblicher Veränderung des Geldwertes[9] kann die Bezirksverwaltungsbehörde die Entschädigungssumme anderweitig festsetzen[10], wenn die Beibehaltung der Entschädigungssumme eine außergewöhnliche Härte wäre[11].

II Ist das Eigentum oder das sonstige Recht an dem Grundstück infolge der vorgenommenen Arbeiten bei der Wiederherstellung des früheren Rechtszustandes mehr wert als bei der ersten Rechtsänderung[12], so hat der von der Rechtsänderung Betroffene dem Zwangsberechtigten den Mehrwert[13], mindestens aber die Kosten der Verbesserung[14] zu erstatten[15]. Der Wertsermittlung ist der Ertrag zugrunde zu legen, den das Grundstück zur Zeit der neuen Rechtsänderung nachhaltig abwirft[16].

III Das Recht auf Wiederherstellung des früheren Rechtszustandes kann nicht mehr geltend gemacht werden, wenn der Berechtigte nicht innerhalb vier Jahren nach dem Eintritte der sachlichen Voraussetzungen bei der Bezirksverwaltungsbehörde den Antrag auf Entscheidung gestellt hat[17].

1. Betroffene. D. i. der Grundstückseigentümer, der enteignet oder dessen Eigentum mit einer Dienstbarkeit belastet worden ist, oder der Berechtigte, dessen Recht aufgehoben, beschränkt oder geändert worden ist, also jeder, der auf Grund der Art. 41—43 einen Rechtsverlust oder eine Rechtsänderung erlitten hat, nicht aber derjenige, dessen Recht nach Art. 49 Abs. I erloschen ist.

2. Rechtszustandes. Es handelt sich hier um einen bürgerlichrechtlichen obligatorischen Anspruch auf Rückübertragung des Eigentums oder auf Aufhebung der Dienstbarkeit oder Wiederherstellung des sonstigen Rechts mit dem ursprünglichen Inhalt. Die Rechtsänderung tritt dabei erst in dem Zeitpunkt ein, in dem sie nach den allgemeinen Vorschriften des bürgerlichen Rechtes erfolgt. Bei der Rückübertragung des Eigentums oder bei der Aufhebung oder Wiederherstellung von Rechten, die im Grundbuch eingetragen werden müssen, ist insbesondere die öffentliche Beurkundung (vor dem Notar oder dem Grundbuchamt) und die Eintragung im Grundbuch erforderlich. Ist ein Recht, insbesondere eine Dienstbarkeit, nur auf eine bestimmte Zeit bestellt worden, so erlischt es mit dem Ablauf der Zeit; ist es aber schon vor diesem Zeitpunkt entbehrlich, so kann auch in diesem Falle die Wiederherstellung des früheren Rechtszustandes nach Art. 51 verlangt werden.

3. Entschädigung. Die Entschädigung ist in demselben Zeitpunkt fällig, in dem der frühere Rechtszustand wieder hergestellt ist.

4. verlangen. Von dem Zwangsberechtigten oder seinem Rechtsnachfolger. Die Wiederherstellung des früheren Rechtszustandes kann nur verlangt werden, wenn alle drei Voraussetzungen erfüllt sind. Von diesen bezieht sich eine auf die Gegenwart (Vollendung der Verbesserungsarbeiten), während sich die beiden anderen auf die Zukunft beziehen (Gewährleistung künftiger ordnungsmäßiger Bewirtschaftung) und sowohl eine objektive (zweite Voraussetzung), als auch eine subjektive Gewähr (dritte Voraussetzung) verlangen. Der Anspruch auf Wiederherstellung des früheren Rechtszustandes ist an die Frist des Abs. III gebunden. Streitigkeiten darüber, ob die Wiederherstellung des früheren Rechtszustandes verlangt werden kann, sind bürgerlich-rechtliche Streitigkeiten; nur die Vorfrage, ob die drei in Satz 1 aufgeführten Voraussetzungen vorliegen, werden von der Bezirksverwaltungsbehörde entschieden.

5. erreicht ist. Wenn das Ödland verbessert ist.

6. möglich ist. Es soll verhindert werden, daß das verbesserte Ödland wieder verfällt, weil es nach der Wiederherstellung des früheren Rechtszustandes nicht ordnungsmäßig bewirtschaftet werden kann.

7. bietet. Auch die Persönlichkeit darf kein Hindernis für die zweckmäßige Bewirtschaftung bieten. Unter dem Wort „Enteignete" ist nicht nur derjenige zu verstehen, dem das Eigentum entzogen worden ist, sondern jeder, dessen Recht auf Grund der Art. 41—43 aufgehoben, beschränkt oder geändert worden ist.

8. erfüllt sind. Ob die Bedingungen erfüllt sind, die in Satz 1 in den drei durch „wenn" eingeleiteten Nebensätzen aufgeführt sind. Alle anderen Fragen sind der Entscheidung der Bezirksverwaltungsbehörde entrückt. Gegen die Entscheidung der Bezirksverwaltungsbehörde ist binnen 14 Tagen Beschwerde zur Regierung, Kammer des Innern, zulässig; diese entscheidet endgültig (Art. 61 Abs. I, Art. 62). An die rechtskräftige Entscheidung der Bezirksverwaltungsbehörde oder der Regierung sind auch die Gerichte gebunden. Die Entscheidung nach Satz 2 ist notwendig, wenn Streit darüber besteht, ob die Voraussetzungen erfüllt sind oder wenn die Frist des Abs. III gewahrt werden soll. Ist der frühere Rechtszustand im Wege gütlichen Übereinkommens der Beteiligten wieder hergestellt worden, so ist die Entscheidung nach Satz 2 entbehrlich.

9. Geldwertes. Die Veränderung des Geldwertes ist grundsätzlich nicht zu berücksichtigen; es ist vielmehr derselbe ziffermäßige Entschädigungsbetrag zurückzugeben, mag der Geldwert inzwischen gestiegen oder gefallen sein, mag diese Veränderung unbedeutend oder erheblich sein. Die Rechtsfrage, der Anspruch auf Rückgabe ist daher von der Geldwertsänderung unabhängig. Dagegen kann aus Billigkeitsgründen die Rückvergütung eines anderen Betrages verfügt werden, wenn die Bei-

behaltung des gleichen ziffermäßigen Betrages eine außergewöhnliche Härte wäre. Eine solche Härte kann sich für einen Teil beim Steigen, für den anderen Teil beim Fallen des Geldwerts ergeben. Bei der Prüfung der Frage, ob die Veränderung erheblich ist, ist auch die Zeitspanne zu berücksichtigen, die seit der ersten Rechtsänderung vergangen ist. Je länger diese Zeitspanne ist, desto größere Zurückhaltung wird geboten sein. Ob die Veränderung des Geldwerts erheblich ist, ist von Fall zu Fall zu entscheiden. Als Anhaltspunkt kann angenommen werden, daß eine Geldwertsänderung, die innerhalb eines Jahres ein Drittel, innerhalb eines halben Jahres ein Sechstel, innerhalb zweier Jahre zwei Drittel ausmacht, als erheblich angesehen werden kann. Die wesentliche Veränderung des Geldwerts für sich allein rechtfertigt jedoch die anderweitige Festsetzung der Entschädigung noch nicht; die Beibehaltung der bisherigen Entschädigungssumme muß vielmehr auch eine außergewöhnliche Härte sein (siehe Anm. 11).

10. festsetzen. Ob die Bezirksverwaltungsbehörde von dieser Befugnis Gebrauch macht, steht in ihrem pflichtmäßigen Ermessen. Gegen die Festsetzung und gegen die Ablehnung eines Antrages auf anderweitige Festsetzung ist binnen 14 Tagen Beschwerde zur Regierung, Kammer des Innern, zulässig; diese entscheidet endgültig (Art. 61 Abs. I; Art. 62).

11. wäre. Je nachdem der Geldwert gefallen oder gestiegen ist, kann es sich um eine Härte für den Zwangsberechtigten oder den Enteigneten handeln. Die Härte muß außergewöhnlich sein, d. h. der Entschädigungsbetrag muß in solchem Mißverhältnis zu dem Wert des Grundstücks oder des Rechtes stehen, daß die dadurch hervorgerufene Vermögensschädigung des Betroffenen eine erhebliche Rückwirkung auf seine wirtschaftliche Lage hat. Die wirtschaftlichen Verhältnisse des Betroffenen spielen also hier eine sehr bedeutende, ja die entscheidende Rolle. — Für die Wertsänderung, die auf der Verbesserung des Grundstücks beruht, gilt Abs. II.

12. Rechtsänderung. Da hier zu ermitteln ist, welcher Teil des Mehrwerts auf die vorgenommenen Arbeiten entfällt, müssen hier **die Gründe für die Wertsänderung auseinander gehalten werden. Es ist daher bei Abs. II, abweichend von den sonstigen Grundsätzen auch die Wirkung der Änderung des Geldwertes zu berücksichtigen.** Zur Ermittlung, welcher Teil der Wertsmehrung auf die vorgenommenen Arbeiten entfällt, ist festzustellen, welchen Wert das Grundstück bei der Wiederherstellung des früheren Rechtszustandes hat, a) unter Berücksichtigung der vorgenommenen Arbeiten, b) wenn die Arbeiten nicht vorgenommen worden wären. Der Unterschied gibt den Mehrwert, der auf die Verbesserung zurückzuführen ist.

13. Mehrwert. Siehe Anm. 12.

14. Verbesserung. Hiebei ist nur der ziffermäßige Betrag der angefallenen Kosten in Rechnung zu ziehen; die inzwischen etwa eingetretene Veränderung des Geldwertes ist nicht zu berücksichtigen. Es mag unlogisch erscheinen, dem unter Berücksichtigung der Geldentwertung berechneten Mehrwert die ohne Berücksichtigung der Geldentwertung aufgestellten Verbesserungskosten gegenüberzustellen. Dies ist jedoch gewollt. Würde auch bei den Verbesserungskosten die Veränderung des

Geldwertes berücksichtigt, so würde dem durch staatlichen Zwang zur Verbesserung gezwungenen Eigentümer das Risiko der Geldwertänderung abgenommen, während es derjenige, welcher die Verbesserung, sei es für sich allein, sei es in genossenschaftlichem Zusammenschluß freiwillig durchführt, in vollem Umfange zu tragen hätte. Das wäre in höchstem Grade unbillig.

15. erstatten. Beispiel I: Grundstückswert bei der ersten Rechtsänderung 300 Mark; Verbesserungskosten 500 Mark. Grundstückswert bei der zweiten Rechtsänderung ohne Berücksichtigung der Verbesserung 600 Mark, unter Berücksichtigung der Verbesserung 2000 Mark. Der durch die Arbeiten bedingte Mehrwert beträgt 2000 Mark — 600 Mark = 1400 Mark; da die Verbesserungskosten geringer sind, ist dieser Betrag zu vergüten. Bei der Rückübertragung des Eigentums sind daher vergüten. Bei der Rückübertragung des Eigentums sind daher zu vergüten nach Abs. I 300 Mark, nach Abs. II 500 Mark, zusammen 1700 Mark.

Beispiel II: Grundstückswert bei der ersten Rechtsänderung 300 Mark, Verbesserungskosten 500 Mark. Grundstückswert bei der zweiten Rechtsänderung ohne Berücksichtigung der Verbesserung 150 Mark, unter Berücksichtigung der Verbesserung 500 Mark. Der durch die Arbeiten bedingte Mehrwert beträgt 500 — 150 = 350 Mark; da die Verbesserungskosten größer sind, sind statt des Mehrwerts diese zu vergüten. Bei der Rückübertragung des Eigentums sind daher zu vergüten nach Abs. I 300 Mark, nach Abs. II 500 Mark, zusammen 800 Mark.

16. abwirft. Hier ist dieselbe Bestimmung wie in Art. 50 Abs. I Satz 2 aufgenommen. Die Möglichkeit des Härteausgleichs ist hier absichtlich nicht vorgesehen worden, weil dem Enteigneten nicht das Risiko der Geldentwertung abgenommen werden soll.

17. gestellt hat. Der Anspruch auf Wiederherstellung des früheren Rechtszustandes muß im Interesse der Rechtssicherheit an eine Frist gebunden werden. Er wird dadurch gewahrt, daß der Berechtigte spätestens vier Jahre nach Eintritt der sachlichen Voraussetzungen den Antrag nach Abs. I Satz 2 stellt. Der Anspruch bleibt bestehen, wenn er innerhalb der Frist von der Gegenpartei ausdrücklich anerkannt wird, auch ohne daß ein Antrag auf Entscheidung gestellt wird.

Vorkaufsrecht.

Art. 52.

Veräußert der Zwangsberechtigte innerhalb zehn Jahren nach der Rechtsänderung [1] ein für ihn enteignetes Grundstück, so ist der Enteignete [2] zum Vorkaufe berechtigt [3], wenn nicht die Bezirksverwaltungsbehörde feststellt [4], daß wichtige Gründe des Gemeinwohls [5], insbesondere die Sicherung der ordnungsmäßigen Bewirtschaftung [6] oder die Bedürfnisse der gemeinnützigen Siedlung [7] entgegenstehen. Das Vorkaufsrecht ist nicht übertragbar; es geht auf den Erben über [8]. Das Vorkaufsrecht erstreckt sich auch auf das Zubehör [9]. Im übrigen gelten für das Vorkaufsrecht die §§ 504 bis 513 und §§ 1097 bis 1104 des Bürgerlichen Gesetzbuches.

1. Rechtsänderung. Zeitpunkt der Wirksamkeit der ersten Rechtsänderung: Art. 48.

2. Enteignete. Wegen seiner Rechtsnachfolger siehe Satz 2.

3. berechtigt. Macht der Berechtigte von dem Vorkaufsrecht Gebrauch, so kommt der Kauf zwischen den Zwangsberechtigten und dem Vorkaufsberechtigten unter den Bestimmungen zustande, welche der Vorkaufsberechtigte mit dem Dritten vereinbart hat. Dieses Recht hat dieselbe Wirkung wie ein dingliches Vorkaufsrecht, d. h. es wirkt nicht nur gegenüber einem oder einzelnen bestimmten Berechtigten, sondern gegenüber jedermann. Es besteht auch, ohne daß es in das Grundbuch eingetragen ist; die Eintragung in das Grundbuch ist jedoch nach Art. 82 von der Bezirksverwaltungsbehörde herbeizuführen. Das Vorkaufsrecht ist auflösend bedingt durch die in Satz 1 erwähnte Feststellung der Bezirksverwaltungsbehörde. Der Zwangsberechtigte hat dem Enteigneten den Verkauf des Grundstückes unverzüglich mitzuteilen; diese Mitteilung wird durch die Mitteilung des neuen Käufers ersetzt. Das Vorkaufsrecht kann nur bis zum Ablauf von zwei Monaten nach dem Empfang der Mitteilung ausgeübt werden (BGB. § 510). Steht dem früheren Eigentümer sowohl das Recht des Art. 51 wie das Vorkaufsrecht zu, so kann er wählen, welches Recht er geltend machen will.

4. festgestellt. Die Feststellung wird in der Regel erst getroffen werden können, wenn der Vorkaufsfall bereits eingetreten ist. Die Entscheidung lautet dahin, daß wichtige Gründe des Gemeinwohls der Ausübung des Vorkaufsrechts an dem Grundstück entgegenstehen. Gegen die Feststellung oder gegen die Ablehnung eines Antrages auf Feststellung kann binnen 14 Tagen Beschwerde zur Regierung, Kammer des Innern, erhoben werden; diese entscheidet endgültig (Art. 61 Abs. I, Art. 62). Solange eine rechtskräftige Feststellung, daß wichtige Gründe des Gemeinwohls der Ausübung des Vorkaufsrechts entgegenstehen, nicht vorliegt, besteht das Vorkaufsrecht. Liegt aber eine solche Feststellung vor, so ist das Vorkaufsrecht mit dem Eintritt der Rechtskraft der Feststellung erloschen. Das Grundbuch ist dadurch unrichtig geworden; die Bezirksverwaltungsbehörde hat daher die Berichtigung des Grundbuchs in entsprechender Anwendung des § 82 zu veranlassen.

5. Gemeinwohls. Die Gründe brauchen nicht mit der Ödlandverbesserung selbst zusammenzuhängen; es können Gründe der verschiedensten Art in Betracht kommen.

6. Bewirtschaftung. Bietet der Vorkaufsberechtigte nicht die Gewähr, daß das verbesserte Ödland sachgemäß bewirtschaftet wird, so kann die Bezirksverwaltungsbehörde feststellen, daß ein wichtiger Grund des Gemeinwohls der Ausübung des Vorkaufsrechtes entgegensteht. Diese Feststellung ist auch zulässig, wenn zwar die Bewirtschaftung des Vorkaufsberechtigten an sich nicht zu beanstanden ist, die Person aber, an welche der Zwangsberechtigte verkauft hat, einen ungleich höheren Ertrag aus dem Grundstück ziehen kann.

7. Siedlung. Dieser Fall wird insbesondere dann eintreten, wenn mit der Verbesserung von Ödland, das weitab von dem Anwesen seiner Eigentümer gelegen ist, die Errichtung von Siedlungsanwesen verbunden worden ist und die Rückgabe der Grundstücke das Siedlungsunternehmen unmöglich machen oder wesentlich erschweren würden.

8. über. Die Nichtübertragbarkeit ergibt sich schon aus § 514 BGB. Daselbst ist ausgesprochen, daß das Vorkaufsrecht nicht auf den Erben übergeht, soweit nicht ein anderes bestimmt ist. Diese andere Bestimmung enthält Art. 52 Satz 2 Halbsatz 2.

9. Zubehör. Das Vorkaufsrecht umfaßt die wesentlichen Bestandteile und das Zubehör. Was unter Bestandteilen, wesentlichen Bestandteilen und Zubehör zu verstehen ist, ergibt sich aus dem BGB. §§ 93—98.

Unterlassung der Verbesserung. **Art. 53.**

I Wird das Unternehmen [1] binnen drei Jahren nach der Rechtsänderung [2] nicht begonnen oder binnen fünf Jahren nach der Rechtsänderung nicht vollendet [3], so kann der Enteignete von dem Zwangsberechtigten die Wiederherstellung des früheren Rechtszustandes Zug um Zug gegen die Rückgabe der Entschädigung verlangen [4]. Die Bezirksverwaltungsbehörde kann die Fristen verlängern, wenn besondere Verhältnisse [5] den Beginn oder die Vollendung des Unternehmens innerhalb der Fristen unmöglich machen [6]. Bei erheblicher Veränderung des Geldwertes kann die Bezirksverwaltungsbehörde die Entschädigungssumme anderweitig festsetzen, wenn die Beibehaltung der Entschädigungssumme eine außergewöhnliche Härte wäre [7].

II Ist das Recht infolge der vorgenommenen Arbeiten bei der Wiederherstellung des früheren Rechtszustandes mehr wert als bei der ersten Rechtsänderung, so hat der Enteignete dem Zwangsberechtigten den Mehrwert, mindestens aber die Kosten der Verbesserung zu erstatten [8].

III Ist das Recht infolge der vorgenommenen Arbeiten bei der Wiederherstellung des früheren Rechtszustandes weniger wert als bei der ersten Rechtsänderung [9], so hat der Zwangsberechtigte den hierdurch entstandenen Schaden [10] zu ersetzen [11].

IV Der Wertsermittlung (Abs. II, III) ist der Ertrag zugrunde zu legen, den das Grundstück zur Zeit der Wiederherstellung des früheren Rechtszustandes nachhaltig abwirft [12]. In besonderen Ausnahmefällen kann zur Vermeidung außergewöhnlicher Härten ein höherer Betrag zugrunde gelegt werden [13].

1. Unternehmen. Das Unternehmen der planmäßigen Verbesserung eines Ödlandgrundstücks (Art. 41), wofür das Zwangsrecht beansprucht worden ist. Es muß nicht ganz genau dasselbe Unternehmen wie das geplante ausgeführt werden, um die Anwendbarkeit des Art. 53 auszuschließen; es sind vielmehr auch Änderungen an dem ursprünglichen Plan zulässig, wenn nur das Unternehmen in seiner Wirkung gegenüber dem Grundstück in der Hauptsache das gleiche bleibt. Einbeziehungen oder Ausscheidungen anderer Grundstücke sind daher für die Identität des

Unternehmens jedenfalls bedeutungslos, soferne dadurch nicht das Unternehmen ein ganz anderes wird.

2. Rechtsänderung. Zeitpunkt des Eintritts der Rechtsänderung: Art. 48.

3. vollendet. Es braucht nur die Verbesserung selbst vollendet zu sein; schließt sich an die Verbesserung noch die gemeinschaftliche Bewirtschaftung und Nutzung, so steht dies nicht im Weg.

4. verlangen. Siehe die Ausführungen zu Art. 51 Abs. I.

5. Verhältnisse. Krieg, Unruhen, lang dauernde Streiks, unvorhergesehene technische oder rechtliche Schwierigkeiten usw.

6. unmöglich machen. Der Unmöglichkeit stehen auch Hindernisse gleich, deren Behebung die Wirtschaftlichkeit des Unternehmens beseitigen würden.

7. wäre. Siehe die gleichlautende Vorschrift des Art. 51 Abs. I Satz 3.

8. erstatten. Siehe die beinahe gleichlautende Vorschrift in Art. 51 Abs. II Satz 1. Eine dem Art. 51 Abs. II entsprechende Vorschrift in Abs. IV Satz 1 enthalten.

9. Rechtsänderung. Es ist besonders zu beachten, daß nicht ein durch die Geldwertänderung oder durch sonstige Gründe, sondern nur der durch die Vornahme der Arbeiten verursachte Minderwert die Schadenersatzpflicht nach Abs. III nach sich zieht. Dieser Fall kann dann vorkommen, wenn Verbesserungsarbeiten zwar begonnen, aber nicht vollendet worden sind. Es kann sein, daß die Arbeiten in einem Stadium stecken geblieben sind, daß das Ödlandgrundstück weder in der früheren Weise, noch als landwirtschaftliches Kulturland benützt werden kann. Um den Minderwert, der durch die vorgenommenen, nicht vollendeten Arbeiten verursacht worden ist, festzustellen, ist zu ermitteln, welchen Wert das Grundstück bei der Wiederherstellung des früheren Rechtszustandes hat, a) wenn die Arbeiten nicht vorgenommen worden wären, b) in seinem gegenwärtigen Zustande. Der Unterschied gibt den Minderwert, der durch die Arbeiten verursacht worden ist.

10. Schaden. Es kommt nur der wirkliche Schaden, nicht auch der entgangene Gewinn in Betracht. Der wirkliche Schaden entspricht dem Minderwert (siehe Anm. 9). Die Bestimmung, daß mindestens die Kosten der Verbesserungsarbeiten zu erstatten sind, ist hier nicht aufgenommen worden. Es wurde davon ausgegangen, daß ein durch die Verbesserungsarbeiten verursachter Minderwert des Grundstücks in der Regel nur dann vorliegt, wenn der Unternehmer der Arbeiten unzweckmäßig verfahren ist. Es wäre unbillig, wollte man den früheren Eigentümer darunter leiden lassen.

11. ersetzen. Beispiel I: Grundstückswert bei der ersten Rechtsänderung 300 Mark, bei der zweiten Rechtsänderung ohne Berücksichtigung der Verbesserungsarbeiten 150 Mark, unter Berücksichtigung der Verbesserungsarbeiten 250 Mark. Hier liegt zwar ein Minderwert vor, aber dieser ist nicht durch die Verbesserungsarbeiten, die vielmehr eine Werterhöhung gebracht haben, sondern durch andere Gründe verursacht; die Voraussetzung des Abs. III ist daher nicht erfüllt.

Beispiel II: Grundstückswert bei der ersten Rechtsänderung 300 Mark, bei der zweiten Rechtsänderung ohne Berücksichtigung der Verbesserungsarbeiten 150 Mark, unter Berücksichtigung der Verbesserungsarbeiten 120 Mark. Der durch die Verbesserungsarbeiten verursachte Minderwert beträgt 150 Mark — 120 Mark = 30 Mark. Dieser Betrag ist als Schaden zu ersetzen; außerdem ist der Betrag von 150 Mark nach Abs. I zurückzugeben.

Beispiel III: Grundstückswert bei der ersten Rechtsänderung 300 Mark, bei der zweiten Rechtsänderung ohne Berücksichtigung der Verbesserungsarbeiten 600 Mark, unter Berücksichtigung der Verbesserungsarbeiten 500 Mark. Hier ist zwar, im ganzen genommen, eine Werterhöhung eingetreten; bei der Ausscheidung der Gründe hiefür ergibt sich aber, daß durch die Verbesserungsmaßnahmen eine Wertminderung von 600 Mark — 500 Mark = 100 Mark verursacht worden ist. Dieser Betrag ist als Schaden zu ersetzen.

12. abwirft. Diese Vorschrift deckt sich mit Art. 50 Abs. I Satz 2; vgl. Art. 50 Anm. 5.

13. gelegt werden. Im Gegensatz zu Art. 51 Abs. II ist hier der Härteausgleich in ähnlicher Weise wie in Art. 51 Abs. I Satz 3 vorgesehen, weil die Wertminderung meist durch ein Verschulden des Unternehmers der Verbesserungsarbeiten verursacht wird, das dem Enteigneten nicht zur Last gelegt werden kann. Zu beachten ist, daß ein höherer Betrag hier nicht bloß wegen der Veränderung des Geldwerts, sondern auch aus anderen Gründen, insbesondere zur Verhütung einer allzu großen Schädigung des Enteigneten zugebilligt werden kann. Die Festsetzung des höheren Betrags erfolgt auch hier wie in Art. 50 Abs. I Satz 3 durch die Bezirksverwaltungsbehörde; gegen die Festsetzung oder gegen die Ablehnung des Antrags auf Festsetzung eines höheren Betrags ist binnen 14 Tagen Beschwerde zur Regierung, Kammer des Innern, zulässig; diese entscheidet endgültig (Art. 61 Abs. I, Art. 62).

b) Zwangsrechte zur Bewirtschaftung von früherem Ödland.

Zwangsrechte zur Bewirtschaftung.

Art. 54.

I Die Art. 41 bis 53 mit Ausnahme des Art. 50 Abs. I Satz 2 gelten entsprechend[1] für die Bewirtschaftung und Nutzung der verbesserten Grundstücke[2].

II Der Entschädigung ist der Anteil am Reinertrag zugrunde zu legen, der auf das Grundstück unter Berücksichtigung seiner Fläche und Beschaffenheit entfällt[3]. Hat der Zwangsberechtigte auf die Bewirtschaftung Aufwendungen gemacht, deren Erfolg sich ganz oder teilweise erst nach der Beendigung des Bewirtschaftungsrechts zeigt, so kann der Entschädigungsberechtigte zur Tragung eines angemessenen Teils dieser Kosten herangezogen werden[4]. Die Entschädigung ist mit dem Ende des Wirtschaftsjahres oder, falls dieser Zeitpunkt früher liegt, mit der Beendigung der gemeinschaftlichen Bewirtschaftung fällig[5].

1. entsprechend. Die genannten Artikel sind mit folgenden Abweichungen anwendbar: An die Stelle der Verbesserung eines Ödlandgrundstückes treten die Bewirtschaftung und Nutzung des verbesserten Grundstückes und an die Stelle der Verbesserungsarbeiten die Bewirtschaftungs- und Nutzungsarbeiten.

Art. 41 Abs. III Nr. 2 ist in folgender Fassung anwendbar: „Der Eigentümer hat dem Zwangsberechtigten nach Ablauf des Wirtschaftsjahres einen angemessenen Anteil an dem Reinertrag des Grundstücks zu gewähren."

Art. 50 Abs. I Satz 2 ist ausdrücklich als nicht anwendbar erklärt und durch Art. 54 Abs. II ersetzt worden.

Art. 50 Abs. I Satz 3 ist nicht anwendbar, weil auch Satz 2 nicht angewendet werden darf.

Art. 50 Abs. III ist durch Art. 54 Abs. II Satz 3 ersetzt.

Art. 50 Abs. IV ist nicht anwendbar; denn er bezieht sich auf den Kapitalwert, nicht auf die Nutzungen.

In den Fällen der Art. 51 Abs. I und Art. 53 Abs. I kommt die Rückgabe der Entschädigung nicht in Frage, weil die Entschädigung nach Art. 54 Abs. II Satz 3 nicht einmal und zwar schon bei der Rechtsänderung, sondern erst jährlich wiederkehrend und zwar am Ende des Wirtschaftsjahres zu leisten ist.

In Art. 53 Abs. I tritt an die Stelle der drei- und der fünfjährigen Frist die Vornahme der Bewirtschaftung zu einer Zeit, in der sie nach den Regeln einer ordentlichen Wirtschaft üblich ist.

Ein Minderwert nach Art. 53 Abs. III ergibt sich insbesondere bei Unterlassung der Bewirtschaftung oder bei schlechter Bewirtschaftung. Vergleichspunkt ist hier nicht die Substanz, sondern der Ertrag.

2. Grundstücke. Es empfiehlt sich von dem Art. 54 nur in seltenen Ausnahmefällen Gebrauch zu machen. Wenn Zwangsrechte bestellt werden müssen, werden sie zweckmäßig für die Durchführung der Verbesserung bestellt; die ordnungsmäßige Bewirtschaftung wird hiedurch ohnehin gewährleistet. Art. 54 wird daher auf die Fälle zu beschränken sein, in denen der Eigentümer oder sonstige Berechtigte zwar die Verbesserung ordnungsmäßig durchführt, aber die ordnungsmäßige Bewirtschaftung und Nutzung der verbesserten Grundstücke unterläßt.

3. entfällt. Es ist also der Reinertrag für die zusammen bewirtschafteten Grundstücke zu ermitteln und hieraus der auf das Grundstück entfallende Betrag nach seiner Fläche zu berechnen. Ist das Grundstück im Verhältnis zu den übrigen an der Bewirtschaftung beteiligten Grundstücken besonders gut oder besonders schlecht, so ist der Anteil am Reinertrag entsprechend zu erhöhen oder zu verringern. Der Anteil soll nicht streng mathematisch berechnet, sondern unter billiger Berücksichtigung der Verhältnisse durch Schätzung ermittelt werden.

4. herangezogen werden. Diese Aufwendungen treten in dem Ertrag dieses Jahres noch nicht in die Erscheinung, sie sind streng genommen, nicht Bewirtschaftungs-, sondern Verbesserungskosten. Es ist daher billig, daß diese Kosten, soweit sie nicht in dem Ertrag in die Erscheinung treten, dem Zwangsberechtigten ersetzt werden.

5. fällig. Streitigkeiten über die Entschädigung sind, da Art. 50 entsprechend anzuwenden ist, und Art. 50 in Art. 84 aufgeführt ist, in dem dort vorgesehenen Verfahren zu erledigen.

IV. Abschnitt.

Zuständigkeit und Verfahren.

1. Zuständigkeit.

Im allgemeinen. **Art. 55.**

I Der Vollzug[1] dieses Gesetzes obliegt vorbehaltlich der Zuständigkeit der Gerichte[2] dem Staatsministerium für Landwirtschaft, den Regierungen, Kammern des Innern, und den Bezirksverwaltungsbehörden[3].

II Diese Behörden haben, soweit erforderlich[4], vor der Entscheidung Gutachten[5] der technischen Behörden[6], insbesondere der Landesanstalt für Moorwirtschaft, der Kulturbauämter und der Landwirtschaftsstellen sowie der Bezirksbauernkammern[7] einzuholen.

Ausführungsbestimmungen.

§ 41 Abs. I.

Die Aufgaben der Bezirksverwaltungsbehörde obliegen in München dem Stadtrat.

1. Vollzug. D. h. die Vornahme der Geschäfte, die zur Durchführung des Ödlandgesetzes von den Behörden vorzunehmen sind, sei es von amtswegen oder auf Antrag. Dazu gehören z. B. die Anregungen auf Durchführung von Ödlandverbesserungen, die Belehrung und Auskunftserteilung, die Einleitung und Durchführung des Genossenschaftsgründungsverfahrens und die Bestellung von Zwangsrechten, die Entscheidung von Streitigkeiten, die Beaufsichtigung der Ödlandgenossenschaften usw.

2. Gerichte. Den Gerichten obliegt zunächst die Verhängung der in Art. 85 vorgesehenen Kriminalstrafen. Im übrigen sind die Gerichte zuständig für die Entscheidung bürgerlich-rechtlicher Streitigkeiten, die nicht ausdrücklich einer anderen Behörde überwiesen sind. Bei der Frage, ob eine bürgerlich-rechtliche Streitigkeit vorliegt, ist die rechtliche Natur des zur Begründung des Anspruchs geltend gemachten Rechtsverhältnisses entscheidend (ebenso Brenner Art. 166 Anm. 2; Harster-Cassimir Art. 166 Anm. 1). Soll die Zuständigkeit eines Gerichtes gegeben sein, so muß zweifelsfrei feststehen: 1. Die Klage muß sich auf ein bürgerlich-rechtliches Rechtsverhältnis stützen. 2. Die Entscheidung der Streitigkeiten über solche Rechtsverhältnisse darf nicht durch ausdrückliche gesetzliche Bestimmung einer anderen Behörde übertragen sein. Soweit die Zuständigkeit der Gerichte reicht, können sie als Zwischenfragen auch solche Fragen entscheiden, die im übrigen ihrer Entscheidung entzogen sind. Solche Entscheidungen der Gerichte über Zwischenfragen binden jedoch die Verwaltungsbehörden und die Verwaltungsgerichte nicht.

3. Bezirksverwaltungsbehörden. Die erwähnten Verwaltungsbehörden sind also zuständig 1. für alle öffentlich-rechtlichen Angelegenheiten, 2. für diejenigen bürgerlich-rechtlichen Angelegenheiten, die ihnen ausdrücklich überwiesen sind. Die Verwaltungsbehörden und die Verwaltungsgerichte können ebenfalls Streitfragen, die an sich nicht zu ihrer Zuständigkeit gehören, als Zwischenfragen entscheiden; hiefür gilt das in Anm. 2 Ausgeführte. Die Bezirksverwaltungsbehörde ist, soweit nichts anderes bestimmt ist, in erster Instanz zur Erledigung aller den Verwaltungsbehörden und Verwaltungsrechtsinstanzen zugewiesenen Geschäfte zuständig. Es ist zu beachten, daß durchaus nicht in jeder Sache alle drei Behörden zuständig sind; im allgemeinen sind nur zwei Instanzen zugelassen. Näheres bei Art. 61. — Auch die Zuständigkeit des Verwaltungsgerichtshofs ist hier zu erwähnen; siehe Art. 74 Abs. IV und Art. 83 Abs. II. — Als Bezirksverwaltungsbehörde im Sinne des Ödlandgesetzes ist für München der Stadtrat erklärt (AB. § 41 Abs. I). In Nürnberg und Fürth sind ebenfalls die Stadträte zuständig, weil der Vollzug des Ödlandgesetzes der Polizeidirektion Nürnberg-Fürth nicht ausdrücklich übertragen worden ist (vgl. Verordnung vom 24. August 1923, GVBl. S. 282 und Bekanntmachung vom 29. Oktober 1923, GVBl. S. 370).

4. erforderlich. Ob eine solche Notwendigkeit vorliegt, entscheiden diese Behörden nach pflichtmäßigem Ermessen. Sie wird vorliegen, wenn die Entscheidung die Beurteilung technischer Fragen umfaßt, die nicht ohne weiteres klarliegen. Die Vorschrift ist zwar als zwingende Vorschrift („haben einzuholen"), gefaßt, sie ist aber infolge des Zusatzes „soweit erforderlich" nur eine Ordnungsvorschrift, deren Verletzung die Ungültigkeit des Verfahrens nicht nach sich zieht.

5. Gutachten. Hieraus ergibt sich, daß die Verwaltungsbehörden an die Äußerungen der technischen Behörden und der Bezirksbauernkammern nicht gebunden sind. Es steht in ihrem pflichtmäßigen Ermessen, ob und in welchem Umfang sie sich diesen Gutachten anschließen wollen.

6. technischen Behörden. Welche technische Behörde einvernommen werden soll, entscheiden die in Abs. I aufgeführten Behörden. Sie sollen hiebei insbesondere den Wirkungskreis der technischen Behörden berücksichtigen. Sie werden bei Fragen des Wasserbaus (Bewässerung, Entwässerung usw.) die Kulturbauämter, bei Fragen der Rodung, der Einebnung, des Umbruchs, der Weganlage, der Wirtschaftsgebäude, der außerordentlichen oder Vorratsdüngung, des Anbauplanes für die erste Zeit usw. die Landesanstalt für Moorwirtschaft und bei Fragen des ordentlichen landwirtschaftlichen Betriebes die Landwirtschaftsstellen hören. Die Regierungen werden sich anstelle der Kulturbauämter in der Regel ihrer Kulturbaureferenten bedienen. Das Staatsministerium für Landwirtschaft wird vielfach Gutachten anderer Behörden nicht einzuholen brauchen, da es selbst Spitzenbehörde für die erwähnten technischen Behörden ist und sachverständige Referenten für alle diese Fragen besitzt.

7. Bezirksbauernkammer. Da die Verwaltungsbehörden durch die Gutachten der technischen Behörden in den meisten Fällen genügenden sachverständigen Rat erhalten, wird die Einvernahme der Bezirksbauernkammern in der Regel nur dann erforderlich werden, wenn es sich um große Unternehmungen handelt, die eine Rückwirkung auf die landwirtschaftlichen Betriebe eines größeren Umkreises haben. Die Einvernahme der Kreisbauernkammern durch die Regierungen oder der Landesbauernkammer durch das Staatsministerium für Landwirtschaft ist nicht vorgesehen.

Bestimmung der zuständigen Behörde.

Art. 56.

I Ist in derselben Sache im ersten Rechtszuge die Zuständigkeit mehrerer Behörden begründet[1], so hat die zunächst vorgesetzte Behörde[2] eine der Behörden mit der Sachbehandlung und der Beschlußfassung zu beauftragen[3].

II Wenn die mehreren zuständigen Behörden verschiedenen Regierungen untergeordnet sind, bestimmt das Staatsministerium für Landwirtschaft die zuständige Behörde[4].

Ausführungsbestimmungen.

§ 41 Abs. II.

Zur Herbeiführung der Entscheidungen nach Art. 56 des Gesetzes sind die Akten der vorgesetzten Behörde oder dem Staatsministerium für Landwirtschaft von der Behörde oder Regierung, die sich nach dem Antrage der Beteiligten oder von Amtswegen zunächst mit der zu behandelnden Angelegenheit befasst hat, mit gutachtlichem Bericht vorzulegen.

1. begründet. Dieser Fall wird insbesondere eintreten, wenn sich ein Ödlandunternehmen auf die Bezirke mehrerer Bezirksverwaltungsbehörden erstreckt. Für die Bestellung der Zwangsrechte ist durch § 39 Abs. II der AB. vorgeschrieben, daß die Bezirksverwaltungsbehörde zuständig ist, in deren Bezirk das Grundstück ganz oder zum größeren Teile liegt. Art. 56 kann daher bei der Bestellung von Zwangsrechten nur angewendet werden, wenn die in den Bezirken der beiden Bezirksverwaltungsbehörden gelegene Grundstücksfläche gleich groß ist. Dagegen gilt er im übrigen, insbesondere für das Genossenschaftsrecht, in vollem Umfange. — Art. 56 bezieht sich seinem Wortlaut nach nur auf die Bezirksverwaltungsbehörden und die Regierungen, weil nur diesen die Sachbehandlung und Beschlußfassung übertragen werden kann; es steht jedoch nichts im Weg, ihn entsprechend auch auf die Kulturbauämter und die Landwirtschaftsstellen auszudehnen. — Dagegen ist zu beachten, daß sich Art. 56 nur auf die örtliche, nicht auf die sachliche Zuständigkeit bezieht. Es kann sich daher nur um die Zuständigkeit mehrerer gleichartiger Behörden, nicht um Streitigkeiten über die Zuständigkeit zwischen verschiedenartigen Behörden, z. B. den Bezirksverwaltungsbehörden und den Kulturbauämtern oder zwischen den Kulturbauämtern und der Landesanstalt für Moorwirtschaft usw. handeln. In solchen Fällen hat man sich an die nächsthöhere Behörde zu wenden. Da alle mit dem Vollzug des Ödlandgesetzes betrauten Behörden dem Staatsministerium

für Landwirtschaft unterstehen, können solche Streitigkeiten ohne Schwierigkeit entschieden werden.

2. vorgesetzte Behörde. D. i. die Regierung, Kammer des Innern, gegenüber den Bezirksverwaltungsbehörden desselben Regierungsbezirks und das Staatsministerium für Landwirtschaft gegenüber den Regierungen, Kammern des Innern. Handelt es sich um mehrere Bezirksverwaltungsbehörden verschiedener Regierungsbezirke, so gilt Absatz II.

3. beauftragen. Dadurch ist diese Behörde auch zu den in der Angelegenheit notwendigen Amtshandlungen außerhalb ihres örtlichen Wirkungskreises ermächtigt, während der anderen Behörde Recht und Pflicht zur Vornahme dieser Amtshandlungen entzogen ist. — Ein förmliches Beschwerdeverfahren gegen die Bestimmung der zuständigen Behörde ist nicht vorgesehen; es kann lediglich die allgemeine Aufsichtsbeschwerde eingelegt werden; diese gewährt jedoch keinen Anspruch auf Verbescheidung.

4. zuständige Behörde. Durch die Beauftragung einer Bezirksverwaltungsbehörde mit der Sachbehandlung und Entscheidung ist ohne weiteres entschieden, daß die dieser Bezirksverwaltungsbehörde vorgesetzte Regierung alle den Regierungen zugewiesenen Aufgaben in dieser Sache zu besorgen hat.

2. Verfahren.

a) Allgemeine Bestimmungen.

Vorbemerkung.

Die Art. 57—65 gelten für das gesamte Verfahren im Vollzug des Ödlandgesetzes, soweit nicht die Art. 66—84 für bestimmte Verfahrensarten entgegenstehende Sondervorschriften enthalten (ebenso Eymann Bd. II S. 515); sie können auch zur Ergänzung der Sondervorschriften herangezogen werden (AB. § 42, Seite 142).

Ermittelung des Sachverhalts. Art. 57.

I Bei allen Entscheidungen der Verwaltungsbehörden auf Grund dieses Gesetzes wird der Sachverhalt von Amts wegen ermittelt[1].

II Die Beteiligten[2] sind, soweit tunlich[3], zu hören[4]. Mehreren im gleichen Interesse Beteiligten kann die Bestellung eines gemeinsamen Bevollmächtigten aufgetragen[5] und, wenn dies nicht geschieht, ein solcher von Amts wegen aufgestellt[6] werden.

III Mit den Beteiligten ist in der Regel[7] mündlich zu verhandeln[8]. Mit der Verhandlung kann ein Augenschein verbunden werden. Bei der Verhandlung können sich die Beteiligten durch Bevollmächtigte vertreten[9] und durch Rechtsanwälte oder sachkundige Personen verbeistanden[10] lassen.

IV Die Beteiligten sind befugt Zeugen und Sachverständige vorzuschlagen[11]. Die Auswahl[12] und die Beeidigung[13] der Zeugen und der Sachverständigen erfolgt nach freiem Ermessen der Behörde[14].

V Zur Verhandlung können die ermittelten Beteiligten schriftlich[15], etwa sonstige Beteiligte durch Ausschreiben im Amtsblatt[16] mit dem Beifügen geladen werden, daß Einwendungen gegen das Unternehmen bei Vermeidung des Verlustes spätestens in der Verhandlungstagfahrt[17] geltend zu machen sind[18].

Ausführungsbestimmungen.

Almgrundstücke. § 5.

I Bei Almen und Almgrundstücken ist darauf zu achten, dass nicht die Zwecke durchkreuzt werden, welche das künftige Almschutzgesetz erreichen will.

II Bis zur Erlassung des Almschutzgesetzes sind in allen Fällen, in denen Almen und Almgrundstücke auf Grund des Ödlandgesetzes verbessert werden sollen, die Pläne dem Staatsministerium für Landwirtschaft vorzulegen. Dieses wird sich mit dem Staatsministerium der Finanzen, Ministerialforstabteilung, in Verbindung setzen.

Pläne. Allgemeines. § 7.

I Alle Pläne und Beschreibungen sind in dreifacher Ausfertigung vorzulegen; eine ist für die zur Genehmigung zuständige Verwaltungsbehörde, die zweite für die zur Prüfung berufene technische Behörde und die dritte zur Hinausgabe an den Gesuchsteller (mit dem Erlaubnis- oder Genehmigungsbescheid) bestimmt. Die Pläne und Beschreibungen müssen mit Tagesangabe versehen und von dem Gesuchsteller und dem Planfertiger unterschrieben sein.

II Von der technischen Behörde sind alle auf Grund der Genehmigungsverhandlungen etwa veranlassten Änderungen in den drei Ausfertigungen gleichlautend mit deutlich unterscheidbarer unverwaschbarer roter Farbe einzutragen. Die zur Ausführung genehmigten Pläne müssen von der technischen Behörde (mit roter Farbe) unterschrieben und von der genehmigenden Verwaltungsbehörde mit Genehmigungsvermerk versehen werden.

III Die Pläne bilden einen wesentlichen Bestandteil aller Verhandlungen und Genehmigungen; sie sind auf gutem Zeichenpapier mit guten haltbaren Farben herzustellen. Auf mechanischem Wege entstandene Vervielfältigungen sind zulässig, wenn das Verfahren sowohl für die Erhaltung der Zeichnung als auch des Papiers Gewähr bietet.

Übersichtslageplan.

§ 8.

Der Übersichtslageplan hat zu bestehen aus einem entsprechend gross bemessenen Ausschnitt aus dem Katasterabdruck im Massstab 1 : 5000 bezw. 1 : 2500 oder 1 : 1000; für die zweite und dritte Ausfertigung genügt eine Kopie des Ausschnittes. Der Übersichtslageplan muss die Lage des Ödlandes und die Zufahrtswege ersehen lassen; die Plannummern der Grundstücke sind schwarz einzuschreiben, die etwa auf den Ausschnitt treffenden Gemeinde- und Flurgrenzen sind rot zu lavieren. Die Katasterplanabdrucke sind vom Landesvermessungsamt, gegebenenfalls durch Vermittlung der Messungsämter zu beziehen; durch das Messungsamt sind am zweckmässigsten auch die Plannummern eintragen zu lassen.

Besonderer Lageplan (Situationsplan).

§ 9.

Als Masstab des besonderen Lageplans ist in der Regel 1 : 1000 zu wählen. Dieser Plan muss die Lage der ganzen Anlage und ihrer einzelnen Teile ersehen lassen; auch die Lage des gewählten Festpunktes ist einzuzeichnen. In diesen Plan werden in der Regel keine Masse eingeschrieben.

Ausmasse.

§ 10.

In den Plänen müssen alle wesentlichen Ausmasse der Anlage und ihrer Bestandteile mit deutlichen, nicht zu kleinen Ziffern eingetragen werden. Um kleinliche Streitigkeiten zu vermeiden, sind alle Masse, welche man mit einer Genauigkeit von Bruchteilen von Zentimetern zu messen pflegt, bloss auf Zentimeter genau anzugeben. Aus demselben Grunde sind Längenmasse, welche man mit einer Genauigkeit von Bruchteilen von Dezimetern zu messen pflegt, bloss auf Dezimeter genau anzugeben. Damit wird zugestanden, dass die letzte Ziffer dieser Zahlen in den Grenzen von ½ ihrer Einheit auf- oder abwärts schwanken kann.

Beschreibung.

§ 11.

I Die Beschreibung soll sich auf die eingereichten Pläne stützen und deshalb grundsätzlich nur über solche Punkte Aufschluss er-

teilen, welche in den Plänen nicht dargestellt sind oder ihrer Natur nach nicht dargestellt werden können. Je vollständiger die Pläne ausgearbeitet sind, desto knapper kann die Beschreibung gehalten werden.

II Sie soll sich über den Zweck der Anlage, über die bei und längs der Anlage bestehenden wasserwirtschaftlichen und kulturellen Verhältnisse, über die voraussichtlich eintretenden Änderungen derselben, über die Zeit der geplanten Ausführung usw. aussprechen. Der Beschreibung soll ein Verzeichnis der mittelbar oder unmittelbar in Mitleidenschaft gezogenen Grundstücke nach ihren Plannummern (Realkataster) unter Beifügung des Namens, Standes und Wohnortes der derzeitigen Eigentümer, ferner als besonderer Anhang alle Berechnungen in der Weise beigegeben werden, dass der Gang der Rechnung und das Ergebnis leicht verfolgt werden können.

Pläne für wasserwirtschaftliche Massnahmen. *§ 12.*

Welche Pläne und Beschreibungen den einzelnen Gesuchen um Erteilung der Erlaubnis oder der Genehmigung zur Herstellung oder Abänderung von Wasserbenützungs- und Instandhaltungsanlagen beizufügen sind, ist in den Vollzugsvorschriften zum Wassergesetz bestimmt. Hiebei ist im allgemeinen davon auszugehen, dass in einfacher gelagerten Fällen Erleichterungen zu gewähren sind und dass in solchen Fällen bei der Prüfung der Belege jede unnötige Strenge zu vermeiden ist.

Allgemeine Bestimmungen über das Verfahren. *§ 42.*

Die allgemeinen Bestimmungen über das Verfahren (Art. 57—64) sind von den Verwaltungsbehörden aller Instanzen beim Vollzuge des Gesetzes anzuwenden, aber nur insoweit, als nicht die Bestimmungen über das Verfahren in Verwaltungsrechtssachen (Art. 83) sowie das Verfahren bei Bildung von Genossenschaften (Art. 66—79) und das Entschädigungsverfahren (Art. 84) besondere abweichende Vorschriften enthalten. Die allgemeinen Bestimmungen (Art. 57—64) sind aber auch in den vorbezeichneten Verfahren dann anzuwenden, wenn sie den hierin enthaltenen besonderen Vorschriften nicht widersprechen, sondern sie ergänzen.

Verfahren in Verwaltungssachen. *§ 43.*

I In allen im Vollzuge des Gesetzes von den Verwaltungsbehörden zu behandelnden Angelegenheiten ist ein möglichst einfaches und rasches Verfahren zu beobachten.

II Die Beteiligten sind von Amtswegen zu ermitteln und zu hören. Ausnahmen hievon sind nur insoweit zulässig, als eine Anhörung eines Beteiligten unausführbar ist, z. B. weil sein Aufenthalt unbekannt oder weil er nicht erreichbar ist.

III Von der Anberaumung einer mündlichen Verhandlung mit den Beteiligten ist nur dann Umgang zu nehmen, wenn nach Lage der Sache die Erledigung ohne weiteres auf schriftlichem Wege erfolgen kann und eine Schädigung der Interessen der Beteiligten im Falle der schriftlichen Behandlung nach jeder Richtung hin ausgeschlossen ist. Eine mündliche Verhandlung ist insbesondere auch dann anzuberaumen, wenn sie zur gütlichen Einigung der Beteiligten dienlich ist. Anträgen von Beteiligten auf Anberaumung einer mündlichen Verhandlung ist tunlichst stattzugeben.

IV Wenn sich im zweiten Rechtszug eine mündliche Verhandlung mit den Beteiligten als erforderlich erweist, kann mit deren Durchführung die Behörde des ersten Rechtszuges beauftragt werden. Zu den mündlichen Verhandlungen können die Beteiligten oder deren Bevollmächtigte — unbeschadet der in den einzelnen gesetzlichen Bestimmungen vorgesehenen besonderen Rechtsnachteile — mit dem Eröffnen geladen werden, dass im Falle ihres Nichterscheinens nach Lage der Sache erkannt werden würde.

V Die Behörden sind bei der Ermittelung des Sachverhaltes an das Vorbringen der Beteiligten nicht gebunden. Sie können insbesondere einerseits unabhängig von den Anträgen der Beteiligten Zeugen und Sachverständige vernehmen und anderseits die beantragte Vernehmung solcher ablehnen, insoferne sie die Vernehmung nach pflichtmässigem Ermessen für belanglos erachten. Die Verwaltungsbehörden werden sich aber bei Ermittelung des Sachverhalts stets vor Augen zu halten haben, dass sie den ganzen Sachverhalt von Amts wegen zu ermitteln und zu diesem Zwecke alle Beweise, die zu seiner Feststellung nötig sind, zu erheben haben.

VI Die Bestimmungen in §§ 4—6, 10 und 12 der Vollzugsvorschriften vom 25. Januar 1901 zu dem Gesetze vom 8. August 1878, betreffend die Errichtung eines Verwaltungsgerichtshofs und das Verfahren in Verwaltungsrechtssachen sollen entsprechend beachtet werden.

1. ermittelt. Sogen. Offizialprinzip. Es ist Aufgabe der Verwaltungsbehörde, den Sachverhalt festzustellen, nötigenfalls Beweis durch Einvernahme von Zeugen und Sachverständigen oder durch Beschaffung

von Akten und Urkunden zu erheben, das bei den Akten befindliche Material zu ergänzen usw. Die Verwaltungsbehörde kann also nicht den Parteien die Beibringung von Beweisen mit der Wirkung auferlegen, daß die Anträge der Parteien abgewiesen werden, wenn sie die Beweise nicht beibringen. Glaubt sie vielmehr, daß irgend ein Punkt noch weiterer Beweisführung bedarf, so muß sie für die Beibringung der Beweise selbst sorgen (selbstverständlich werden die Parteien die Behörde in ihrem eigenen Interesse unterstützen). Vgl. auch AB. § 43 Abs. V Seite 143). Die Verwaltungsbehörde ist an das Vorbringen der Parteien nicht gebunden. Sie kann darüber hinaus Beweise erheben und die vorliegenden Beweise verwerten. Das bezieht sich selbstverständlich nur auf das Tatsachen- und Beweismaterial, nicht auch auf die Anträge. Wird von den Beteiligten ein Antrag gestellt, so hat die Verwaltungsbehörde keinen Anlaß, eine Erlaubnis zu erteilen, die über den Antrag hinausgeht; wird der Antrag zurückgezogen, so ist damit das Verfahren erledigt. Ausnahmen hievon gelten für die Fälle, in denen die Behörden von amtswegen einschreiten müssen oder dürfen. Das Tätigwerden von amtswegen ist ausdrücklich nur im Art. 68 Abs. I erwähnt; es ist aber auch sonst nicht ausgeschlossen und insbesondere da angebracht, wo die Behörde freiwillige Verbesserungen anregen will; im übrigen kann die Verwaltungsbehörde in der Regel einen Antrag oder wenigstens eine Anregung, einen Vorschlag, einen Protest oder eine Beschwerde abwarten, bevor sie tätig wird (ebenso Eymann Band II S. 511).

2. Beteiligten. Als beteiligt sind die Personen zu erachten, deren Rechte oder Interessen durch die beantragte oder beabsichtigte Entscheidung berührt werden. Hiezu gehören insbesondere die Eigentümer der Ödlandgrundstücke, die verbessert werden sollen. Ist der Staat beteiligt, so wird er durch die Behörde vertreten, die nach den allgemeinen Vorschriften zu seiner Vertretung berufen ist. Die Bestellung von Zwangsrechten für den Staat kann jedoch nur die Landesanstalt für Moorwirtschaft beantragen (Art. 80 Abs. I); der Antrag bedarf, wenn Eigentum auf den Staat übertragen werden soll, der Zustimmung des Staatsministeriums der Finanzen (Art. 80 Abs. III); die weitere Vertretung des Staates, auch in dem Zwangsverfahren, obliegt jedoch der im übrigen zur Vertretung des Staates zuständigen Behörde.

3. tunlich. Ob die Einvernahme tunlich ist, entscheiden die Verwaltungsbehörden nach pflichtmäßigem Ermessen. Die Einvernahme wird nur dann zu unterlassen sein, wenn der Aufenthalt eines Beteiligten unbekannt oder wenn seine Einvernahme mit ungewöhnlichen Schwierigkeiten verbunden ist (z. B. weil er in Amerika wohnt usw.).

4. hören. Grundsatz des rechtlichen Gehörs. Es soll für und gegen niemand eine Entscheidung getroffen werden, der nicht vorher Gelegenheit hatte, zu der Frage Stellung zu nehmen und dabei seine Rechte und Interessen zu wahren. Die Vorschrift ist in Fällen, in denen die Einvernahme tunlich ist, zwingend, so daß ihre Nichtbeachtung Nichtigkeit des Verfahrens nach sich zieht, wenn zu Ungunsten des nichteinvernommenen Beteiligten entschieden worden ist. Die Nichtigkeit kann durch nachträgliche Einvernahme vor der Entscheidung geheilt werden, auch, wenn die Einvernahme erst vor der Entscheidung in der zweiten Instanz erfolgt. — Vgl. auch AB. § 43 Abs. II Seite 143).

5. aufgetragen. Hiedurch soll die Verhandlung vereinfacht und erleichtert werden. Der Auftrag wird durch schriftliche Verfügung an die Beteiligten erteilt; es empfiehlt sich hiebei, eine Frist zu bestimmen. In der Verfügung ist anzudrohen, daß von amtswegen ein Vertreter aufgestellt werden wird, wenn die Beteiligten nicht innerhalb der Frist selbst einen Vertreter bestellen.

6. aufgestellt. Die Kosten des gemeinsamen Bevollmächtigten fallen auch bei der Aufstellung durch die Verwaltungsbehörde den Beteiligten zu, die er vertreten soll. Ist von der Behörde ein gemeinsamer Vertreter bestellt worden, nachdem die Frist fruchtlos abgelaufen ist, so kann die Bestellung nur durch amtliche Verfügung, nicht etwa durch Aufstellung eines anderen Vertreters durch die Beteiligten zurückgenommen werden.

7. Regel. In einfachen Fällen kann auf die mündliche Verhandlung verzichtet werden, wenn hievon kein Nachteil zu befürchten ist und insbesondere auch ohne mündliche Verhandlung der Sachverhalt vollständig und einwandfrei aufgeklärt werden kann. Vgl. auch AB. § 43 Abs. III Seite 143).

8. verhandeln. Die Verhandlung ist nicht öffentlich. Über das Ergebnis der Verhandlung soll tunlichst eine Niederschrift oder wenigstens eine Vormerkung aufgenommen werden. Der Zweck der Verhandlung ist die Aufklärung des Sachverhaltes, die Zurücknahme unzulässiger oder verfehlter und die Berichtigung falscher Anträge und die Herbeiführung einer gütlichen Einigung.

9. vertreten. Der Bevollmächtigte muß eine Vollmacht vorlegen. Kann er die Vollmacht in der Verhandlung nicht vorlegen, so kann er vorbehaltlich der nachträglichen Beibringung der Vollmacht einstweilen zugelassen werden. Die Vollmacht muß mit einem Stempel versehen sein (Stempelgesetz vom 16. Februar 1921 Tarifnummer 40, GVBl. S. 182, Gesetz vom 16. Dezember 1922, GVBl. S. 663, Bekanntmachung vom 4. Januar 1924, GVBl. S. 7). Der Umfang der Vollmacht bestimmt sich nach ihrem Wortlaut. Einschränkende Vereinbarungen zwischen Vollmachtgeber und Bevollmächtigten, die in der Vollmacht nicht ausgedrückt sind, kann der Vollmachtgeber anderen Personen als dem Bevollmächtigten und den Personen gegenüber, welche die Einschränkung gekannt haben, nicht geltend machen.

10. verbeistanden. Eine Vollmacht wird hier in der Regel nicht notwendig sein, weil der Verbeistandete ebenfalls zur Verhandlung erscheint und nötigenfalls die Rechte seines Beistandes mündlich bezeichnen kann (a. A. Harster-Cassimir Art. 168 Anm. 4).

11. vorzuschlagen. Das Vorschlagsrecht begründet keinen Anspruch darauf, daß die Zeugen und die Sachverständigen vernommen werden. Den Umfang der Beweisaufnahme bestimmt vielmehr die Behörde (vgl. Satz 2). Einen zugeschobenen, zurückgeschobenen und auferlegten Eid gibt es nicht; die Eidesleistung durch eine Partei ist ausgeschlossen.

12. Auswahl. Nicht nur die Auswahl, sondern auch die Frage, ob Zeugen und Sachverständige überhaupt vernommen werden sollen.

13. Beeidigung. Auf die Beeidigung finden die Vorschriften der Zivilprozeßordnung entsprechende Anwendung. In jedem Falle einer Beeidigung ist eine Niederschrift aufzunehmen.

14. Behörde. Freies Ermessen bedeutet so viel wie pflichtmäßiges Ermessen, nicht Belieben. Die Einvernahme und die Beeidigung von Zeugen und Sachverständigen erfolgt daher insoweit, als dies zur Klärung des Sachverhalts erforderlich und dienlich ist. Im Verwaltungsrechtsverfahren gilt die Sondervorschrift des Art. 20 Abs. II VGG., wonach Zeugen und Sachverständige eidlich vernommen werden.

15. schriftlich. Bei den ermittelten Beteiligten ist nur mündliche oder schriftliche Ladung möglich. Da die Beteiligten zur Verhandlung geladen werden müssen, kann das Wort „können" im ersten Teil des Satzes leicht zu Mißverständnissen führen. Nicht die Ladung steht im Ermessen der Behörde, sondern nur die Androhung des Ausschlusses von Einwendungen; nur hierauf bezieht sich das „können".

16. Amtsblatt. Durch das Ausschreiben im Amtsblatt gelten alle nicht ermittelten Beteiligten als geladen, auch wenn sie von dem Ausschreiben keine Kenntnis erhalten haben. Zu den „sonstigen Beteiligten" gehören auch diejenigen, von denen zwar bekannt ist, daß sie beteiligt sind, aber nicht, wer sie sind.

17. Verhandlungstagfahrt. Werden nicht vor oder in der Verhandlungstagfahrt Einwendungen vorgebracht, so gelten alle Beteiligten als zustimmend. Die Zustimmung kann nicht mehr zurückgenommen werden. Wiedereinsetzung in den vorigen Stand gegen die Versäumung dieser Frist ist nur im Genossenschaftsgründungsverfahren (Art. 70 Abs. II) und in den Verwaltungsrechtssachen (VGG. Art. 22 Abs. VI) zulässig (ebenso Harster-Cassimir Art. 168 Anm. 6).

18. zu machen sind. Es steht im Ermessen der Behörde, ob die Ladung (der ermittelten und der nicht ermittelten Beteiligten) unter dieser Androhung erfolgt. Erfolgt die Androhung nicht, so können auch nach der Verhandlung noch Einwendungen vorgebracht werden. Es empfiehlt sich daher in der Regel, diese Androhung in die Vorladung aufzunehmen. Die Androhung kann nur mit der Ladung zu der Verhandlung verbunden werden (ebenso Harster-Cassimir Art. 168 Anm. 6); die Androhung, daß Einwendungen ausgeschlossen werden, die nicht spätestens bis zum bestimmten Termin schriftlich vorgebracht werden, wäre ungenügend.

Bescheid, Kosten.

Art. 58.

I Dem Antragsteller und den Beteiligten, die Einsprüche erhoben haben, ist ein schriftlicher Bescheid zu erteilen[1]. Der Bescheid ist zu begründen[2], wenn eine Erlaubnis oder eine Genehmigung versagt oder nur unter Bedingungen erteilt, ein Antrag zurückgewiesen oder ein Einspruch als unbegründet erklärt wird[3].

II Mit der Entscheidung in der Hauptsache ist die Entscheidung im Kostenpunkte zu verbinden[4]. Der Antragsteller hat die Kosten des Verfahrens zu tragen[5]. Die durch unbegründete Einwendungen veranlaßten besonderen Kosten können dem auferlegt werden, der die Einwendungen erhoben hat[6].

1. erteilen. Wegen der aus Gründen des Naturschutzes zu machenden Auflagen siehe AB. § 6 (Seite 19), wegen der Eintragung von Änderungen und von Genehmigungsvermerken in die Pläne s. AB. § 7 Abs. II (Seite 140). Ist das Genossenschaftsgründungsverfahren von amtswegen eingeleitet worden (vgl. Art. 68 Abs. I), so ist der Genossenschaft, bezw. dem gewählten Vorstand Bescheid zu erteilen. — Für alle mit Beschwerde anfechtbaren schriftlichen Bescheide ist eine Beschwerdebelehrung vorgeschrieben; siehe AB. § 46 (Seite 152).

2. begründen. D. h. es sind die Anträge oder Einsprüche oder Widersprüche oder Einwendungen, der festgestellte Sachverhalt und die Anwendung des Gesetzes auf diesen Sachverhalt darzulegen.

3. erklärt wird. Eine Begründung ist darnach entbehrlich, wenn den Anträgen ohne Bedingungen und ohne Zurückweisung von Anträgen, Einsprüchen, Widersprüchen oder Einwendungen stattgegeben wird (ebenso Brenner Art. 169 Anm. 2; Harster-Cassimir Art. 169 Anm. 1).

4. verbinden. Die Entscheidung im Kostenpunkt umfaßt nur die Entscheidung, wer die Kosten zu tragen hat, nicht aber die Festsetzung der Kosten der Höhe nach. Die Festsetzung der Höhe der Kosten hat nach Abschluß des Verfahrens zu erfolgen. Hiebei wird in der Regel eine förmliche Entscheidung nicht notwendig; die Festsetzung erfolgt in der Form der Aufforderung zur Zahlung, soweit die Kosten der Staatskasse zu erstatten sind; nur wenn die Höhe dieser Kosten nicht anerkannt wird, findet eine förmliche Festsetzung statt. Die Höhe der zu erstattenden Kosten ist auf Antrag der ersatzberechtigten Partei festzusetzen. — Die Entscheidung im Kostenpunkt hat zugleich die Gebührenfestsetzung zu enthalten. Hiefür sind die Art. 142 bis 145 des Kostengesetzes vom 16. Februar 1921 (GVBl. S. 134), das Gesetz vom 16. Dezember 1922 (GVBl. S. 663) und die Bekanntmachung vom 4. Januar 1924 (GVBl. S. 7) maßgebend. Die Gebührenfreiheit ist in Art. 79 Abs. I des Ödlandgesetzes für das Genossenschaftsgründungsverfahren im ersten Rechtszug vorgesehen.

5. tragen. Für das Genossenschaftsgründungsverfahren enthält Art. 79, für das Entschädigungsverfahren Art. 84 Abs. III abweichende Vorschriften.

6. erhoben hat. Es kommen hier namentlich die Kosten der Beweiserhebung, insbesondere einer Zeugenvernehmung, eines Sachverständigengutachtens oder eines Augenscheins in Frage. Ob diese Kosten dem auferlegt werden, der die Einwendungen erhoben hat, steht im pflichtmäßigen Ermessen der Behörde.

Bürgerliche Rechtsverhältnisse. Art. 59.

Ist gegen ein Gesuch auf Grund bestehender bürgerlicher Rechtsverhältnisse Einspruch erhoben worden [1], so kann der Bescheid unter Vorbehalt der gesonderten Austragung dieses Einspruchs erteilt [2] oder das Verfahren bis zur Erledigung des Einspruchs ausgesetzt werden [3].

Ausführungsbestimmungen.

§ 44.

[I] Die Entscheidung der Frage, ob im Falle eines auf Grund bestehender bürgerlicher Rechtsverhältnisse gegen ein Gesuch er-

hobenen Einspruchs Bescheid unter Vorbehalt der gesonderten Austragung des Einspruchs zu erteilen oder das Verfahren bis zur Erledigung des Einspruches auszusetzen ist (Art. 59), muss dem pflichtmässigen Ermessen der Verwaltungsbehörde überlassen werden.

II Bei der Entscheidung wird die Bedeutung des für die Genehmigung in Frage kommenden Unternehmens und des etwaigen Eingriffes in bürgerliche Rechtsverhältnisse, sowie die Bedeutung des Einspruchs und dessen Einfluss auf den Bestand des durchzuführenden Unternehmens abzuwägen sein. Die Verwaltungsbehörde soll übrigens auch die auf Grund bestehender bürgerlicher Rechtsverhältnisse erhobenen Einsprüche mit den Beteiligten erörtern und tunlichst auf eine gütliche Ausgleichung aller Einsprüche hinwirken. Bei liquiden bürgerlichrechtlichen Einsprüchen wird sich die Aussetzung des Verfahrens als notwendig erweisen.

1. erhoben worden. Es kommen in Betracht Einsprüche gegen ein genossenschaftliches Unternehmen oder gegen die Bestellung von Zwangsrechten. Die Einsprüche können z. B. darauf gestützt werden, daß die Grundstücke, welche genossenschaftlich verbessert werden sollen, im Eigentum des Einsprechenden stehen oder daß ihm an ihnen Rechte zustehen, welche die erforderliche Einwirkung auf die Grundstücke ausschließen. Wenn gegen ein Gesuch auf Grund eines bürgerlichen Rechts förmlicher Einspruch erhoben worden ist, so kann die Verwaltungsbehörde über diesen Einspruch nicht etwa als Zwischenpunkt in der Hauptentscheidung befinden, sondern sie muß einen von den beiden in Art. 59 aufgeführten Wegen einschlagen. Welchen Weg sie einschlägt, steht im pflichtmäßigen Ermessen der Verwaltungsbehörde. Diese befindet auch selbst darüber, ob der Einspruch wirklich auf ein bürgerliches Rechtsverhältnis gestützt ist und ob dieses Rechtsverhältnis der Genehmigung des Gesuchs entgegensteht (ebenso Eymann Art. 170 Anm. 1). Selbstverständlich kann der Einspruch gegen die Bestellung eines Zwangsrechtes nicht auf das Recht gestützt werden, das durch das Zwangsrecht aufgehoben, beschränkt oder geändert werden soll; denn das ist ja gerade der Zweck der Zwangsrechte. In manchen Fällen wird der Einspruch gerade durch die Geltendmachung eines Zwangsrechtes gegenstandslos gemacht werden können.

2. erteilt. Bei der Prüfung der Frage, welcher von den beiden Wegen eingeschlagen werden soll, sollen die Interessen der Gesamtheit und der einzelnen angemessen abgewogen und es soll mit dem möglichst geringen Kostenaufwand zu einer der Sachlage entsprechenden Gesamtentscheidung gelangt werden (VGH. 33, 2). Der erstere Weg soll nach Möglichkeit vermieden werden, damit nicht widersprechende Entscheidungen zustande kommen. Man wird ihn gehen dürfen, wenn anzunehmen ist, daß die Entscheidung des Zivilprozesses sich sehr lange verzögern wird oder wenn mit sehr großer Wahrscheinlichkeit anzunehmen ist, daß der Einspruch unbegründet ist, zumal, wenn es sich um einen zweifelhaften Privatrechtsanspruch weniger Einzelpersonen gegenüber einem für die Öffentlichkeit wichtigen Unternehmen handelt (vgl. VGH. 33,2). Wird die gesonderte Austragung des Einspruchs vorbehalten und wird eine rechts-

kräftige Entscheidung im Zivilprozeßweg getroffen, welche mit dem Bescheid der Verwaltungsbehörde unvereinbar ist, so wird dieser Bescheid insoweit rechtsunwirksam, ohne daß es einer Feststellung der Behörde bedürfte Diese Rechtsfolge zeigt, daß durch die Verbescheidung vorbehaltener Privatrechtsansprüche unter Umständen die größten Unternehmungen nachträglich zu Fall gebracht werden können, so daß die aufgewendeten Kosten verloren sind, falls nicht die entgegenstehenden Rechte nach dem III. Abschnitt beseitigt werden können. Es ist daher große Vorsicht geboten. Der Ausgleich der durch den Bescheid der Verwaltungsbehörde geschaffenen Rechtsverhältnisse unter den Beteiligten hat nach den Grundsätzen über die ungerechtfertigte Bereicherung zu erfolgen.

3. ausgesetzt werden. Dieser Weg empfiehlt sich insbesondere dann, wenn über den Einspruch verhältnismäßig rasch eine Entscheidung herbeigeführt werden kann oder wenn anzunehmen ist, daß der Einspruch begründet ist. Einer Verschleppung der Sache in der Weise, daß der Einsprechende es unterläßt, eine Zivilklage zu erheben, kann dadurch begegnet werden, daß die Gegenpartei im Zivilprozeß eine Feststellungsklage erhebt. Außerdem kann der Beschluß auf Aussetzung des Verfahrens von der Verwaltungsbehörde wieder aufgehoben und das Verwaltungsverfahren weitergeführt werden.

Sicherheitsleistung.

Art. 60.

I Bei der Erteilung einer Erlaubnis oder einer Genehmigung sowie bei der Bestellung von Zwangsrechten kann dem Antragsteller, soweit dies notwendig ist[1], die Leistung einer Sicherheit auferlegt werden[2]. Die Verwaltungsbehörde bestimmt die Art und den Umfang der Sicherheitsleistung nach freiem Ermessen[3]. Die Sicherheit haftet für die Erfüllung der Bedingungen und der Auflagen für die ordnungsmäßige Unterhaltung und für die Kosten einer etwaigen späteren Beseitigung der Anlage[4].

II Ist der Grund für die Sicherheitsleistung weggefallen[5], so ist die Rückgabe der Sicherheit anzuordnen[6].

Ausführungsbestimmungen.

§ 45.

I Ob bei Erteilung einer Erlaubnis oder einer Genehmigung und bei der Bestellung von Zwangsrechten dem Antragsteller die Leistung einer Sicherheit aufzuerlegen ist (Art. 60), sowie die Art und den Umfang der Sicherheitsleistung bestimmt die entscheidende Verwaltungsbehörde nach pflichtmässigem Ermessen. Eine Sicherheitsleistung wird in der Regel nur dann zu fordern sein, wenn die Erlaubnis oder Genehmigung unter Bedingungen, auf Zeit oder auf Widerruf erteilt wird und wenn es sich um grosse und wichtige Unternehmungen handelt.

[II] *Bei kleineren Anlagen wird in der Regel keine Sicherheitsleistung notwendig sein. In manchen Fällen wird übrigens die Leistung einer Sicherheit die Handhabe bieten, um einen Ausgleich entgegenstehender Interessen zu ermöglichen und Befürchtungen Dritter, die sie gegen die Anlage hegen, zu zerstreuen.*

[III] *Sicherheitsleistung kann gefordert werden als Unterpfand für die richtige Erfüllung der bei der Erlaubnis oder Genehmigung auferlegten Bedingungen und der Entschädigungsansprüche bei der Bestellung von Zwangsrechten. Es kann bestimmt werden, dass sie auch für die Entschädigungsforderungen beteiligter Dritter haftet. Bei der Anordnung der Sicherheitsleistung ist deren Zweck genau zu bestimmen; ihr Umfang soll über das zur Erfüllung des Zweckes erforderliche Mass nicht hinausgehen. Die Persönlichkeit des Unternehmers kann bei der Frage, ob, in welcher Art und in welchem Umfang eine Sicherheitsleistung anzuordnen ist, bestimmend sein; die Anordnung einer Sicherheitsleistung wird insbesondere ausländischen Unternehmern gegenüber geboten sein.*

[IV] *Die Sicherheitsleistung wird in der Regel durch Hinterlegung von Wertpapieren bei einer der zugelassenen Hinterlegungsstellen bewirkt.*

[V] *Die Bestimmungen der §§ 232—240 des Bürgerlichen Gesetzbuches über die Sicherheitsleistung sind entsprechend anzuwenden.*

[VI] *Die Rückgabe der Sicherheit ist durch die Verwaltungsbehörde anzuordnen, wenn die Bedingungen und Auflagen erfüllt sind oder wenn die sonstigen Gründe, welche für die Auferlegung der Sicherheitsleistung massgebend waren, weggefallen sind. Die Zustimmung etwa beteiligter Dritter ist hiezu nicht erforderlich; doch sind sie zu hören, wenn sie an der Sicherheitsleistung ein Interesse haben.*

1. notwendig ist. Die Notwendigkeit besteht nicht, soweit der Staat zur Bestellung der Sicherheit verpflichtet wäre (ebenso Brenner Art. 171 Anm. 1, Eymann Art. 171 Anm. 4; Harster-Cassimir Art. 171 Anm. 1); sie besteht auch sonst nicht, soweit die Erfüllung der Verpflichtungen, für welche die Sicherheit bestellt wird, unbedingt gewährleistet ist. Je größer die Verpflichtung, je länger der Zeitraum der Verpflichtung, je geringer die Leistungsfähigkeit des Pflichtigen, desto eher ist Anlaß, eine Sicherheit zu verlangen. Bei der Bestellung von Zwangsrechten ist es in der Regel angebracht, die Sicherstellung der Entschädigung zu verlangen.

2. auferlegt werden. Ob die Sicherheit auferlegt werden soll, entscheidet die Verwaltungsbehörde nach pflichtmäßigem Ermessen. Durch die Sicherheitsleistung wird der Verwaltungsbehörde die ausschließliche

Verfügung über Vermögensgegenstände mit dem Recht übertragen, sie nötigenfalls zur Erfüllung der sichergestellten Verbindlichkeit zu verwenden. Kommen nur eine oder mehrere bestimmte Personen für den gesicherten Anspruch in Frage, so kann die Sicherheit auch für diese Personen bestellt werden; sie erlangen dann ein Pfandrecht an den hinterlegten Gegenständen (BGB. § 233).

3. Ermessen. Pflichtmäßiges Ermessen, nicht Willkür. Die Sicherheit kann in folgenden Formen geleistet werden: Hinterlegung von Geld oder Wertpapieren, Verpfändung von Forderungen, die in das Reichsschuldbuch oder in ein Staatsschuldbuch eingetragen sind, Verpfändung beweglicher Sachen, Bestellung von Hypotheken an inländischen Grundstücken, Verpfändung von Forderungen, für die eine Hypothek an einem inländischen Grundstück besteht, Verpfändung von Grundschulden oder Rentenschulden an inländischen Grundstücken und Stellung eines tauglichen Bürgen. Näheres enthalten die §§ 232—240 BGB. Die Sicherheitsleistung ist so zu bestimmen, daß sie einerseits mindestens den Wert der höchstmöglichen Verpflichtung darstellt, anderseits dem zur Sicherheitsleistung Verpflichteten möglichst leicht fällt.

4. Anlage. Bei der Bestellung von Zwangsrechten bildet die Entschädigung eine gesetzliche Bedingung; die Sicherheit haftet daher auch für die Entschädigung. — Ist streitig, ob die Haftung schon geltend gemacht, die Sicherheit also in Anspruch genommen werden kann, so entscheiden darüber, wenn die Sicherheit für eine oder mehrere bestimmte Personen bestellt worden ist, die ordentlichen Gerichte; denn die bestimmten Personen haben ein Pfandrecht an der Sicherheit; die Ansprüche und Verbindlichkeiten aus dem Pfandrecht sind aber bürgerlich-rechtlicher Natur. Ist die Sicherheit dagegen für den Staat bestellt worden, so verfügt darüber ausschließlich die Verwaltungsbehörde. Nur dann, wenn die Sicherheit dem Staat (Ärar) als Beteiligten geleistet worden ist, hat er ein Pfandrecht und untersteht er hiewegen den ordentlichen Gerichten.

5. weggefallen. Hierüber entscheidet ausschließlich die Verwaltungsbehörde (ebenso Eymann Art. 171 Anm. 8).

6. anzuordnen. Wird die Rückgabe nicht angeordnet, so kann derjenige, welcher die Sicherheit geleistet hat, binnen 14 Tagen Beschwerde nach Art. 61 erheben. Ist eine Sicherungshypothek für die Beteiligten bestellt worden, so ersetzt die Anordnung der Rückgabe der Sicherheit die Bewilligung des Hypothekgläubigers auf Löschung der Hypothek.

Beschwerde.

§ 61.

I Gegen die Bescheide und Verfügungen der Bezirksverwaltungsbehörden[1] ist Beschwerde[2] zur Regierung, Kammer des Innern, zulässig[3]. Diese entscheidet endgültig[4].

II Gegen die Entscheidungen der Regierungen, Kammern des Innern[5], im ersten Rechtszuge[6] ist Beschwerde zum Staatsministerium für Landwirtschaft zulässig.

Ausführungsbestimmungen.

§ 46.

I Bei der Eröffnung eines mit Beschwerde anfechtbaren schriftlichen Bescheides sind die Beteiligten über ihr Beschwerderecht, insbesondere über die Beschwerdefrist und die ausschliessende Wirkung derselben, sowie darüber zu belehren, bei welcher Behörde oder Stelle eine etwaige Beschwerde (schriftlich oder zu Niederschrift) anzubringen ist.

II Kommt eine Beschwerdeschrift bei einer unzutreffenden Stelle oder Behörde in Einlauf, so ist die Beschwerde unverzüglich an die richtige Stelle oder Behörde abzugeben. Den Beschwerden kommt grundsätzlich aufschiebende Wirkung zu; hieraus sich ergebenden Beeinträchtigungen des Gemeinwohls haben die Bezirksverwaltungsbehörden durch vorsorgliche Anordnungen nach Art. 64 des Gesetzes entgegenzuwirken.

1. Bezirksverwaltungsbehörden. Aus der allgemeinen Fassung ergibt sich, daß Beschwerden nicht nur gegen die Endbescheide und gegen solche Zwischenbescheide, die auch sonst mit Beschwerde selbständig anfechtbar sind, zulässig ist, sondern gegen alle Beschlüsse und Verfügungen ohne Ausnahme. Soweit die Entscheidung der Bezirksverwaltungsbehörde durch eine Sondervorschrift als endgültig bezeichnet worden ist, ist eine Beschwerde unzulässig; wegen der Aufhebung oder Abänderung der Entscheidung der Bezirksverwaltungsbehörde in solchen Fällen im Wege der Aufsichtsbeschwerde gilt dasselbe, was in Anm. 4 von der Aufhebung endgültiger Entscheidungen der Regierung im Aufsichtsbeschwerdeweg angegeben ist. Art. 61 gilt nicht für die Fälle, in welchen das verwaltungsrechtliche Verfahren stattfindet; für diese Fälle siehe VGG. Art. 22. Er gilt außerdem nicht für das Entschädigungsverfahren nach Art. 84; die Festsetzung der Entschädigung in diesem Verfahren durch die Bezirksverwaltungsbehörde ist endgültig (ebenso Eymann Art. 172 Anm. 1a). Dagegen gilt Art. 61 für das Genossenschaftsgründungsverfahren.

2. Beschwerde. Nach dem Ödlandgesetz gibt es nur eine Art von Rechtsmitteln, die Beschwerde. Ihre Einlegung hat zur Folge, daß die angefochtene Entscheidung zunächst nicht vollstreckt werden kann (Suspensiveffekt; Ausnahme: Art. 64) und daß die Entscheidung in der Sache von der höheren Behörde getroffen wird (Devolutiveffekt). Die höhere Behörde hat den gesamten Sachverhalt und alle Rechtsfragen nachzuprüfen, sie ist in keiner Beziehung an die Entscheidung der unteren Behörde gebunden. Sie kann auch neue Beweise erheben oder die untere Behörde mit der Erhebung beauftragen. Auch die Beschränkung auf bestimmte Beschwerdepunkte benimmt der höheren Behörde nicht das Recht und die Pflicht, die gesamte Frage nachzuprüfen und unter Umständen eine dem Beschwerdeführer ungünstigere Entscheidung als die untere Behörde zu treffen. Wird innerhalb der Frist des Art. 62

keine Beschwerde eingelegt, so wird die Entscheidung oder Verfügung rechtskräftig, d. h. sie schafft einen endgültigen Rechtszustand unter den Beteiligten; nur wenn Veränderungen im Sachverhalt nachträglich eingetreten sind, kann später eine andere Entscheidung getroffen werden. Eine Wiederaufnahme des Verfahrens oder eine Wiedereinsetzung in den vorigen Stand wie in Verwaltungsrechtssachen gibt es in Verwaltungssachen nicht; sie läßt sich jedoch in der Hauptsache dadurch ersetzen, daß die nächsthöhere Aufsichtsbehörde im Wege der Aufsicht oder Oberaufsicht den rechtskräftigen Bescheid aufhebt und die Sache an die Bezirksverwaltungsbehörde zur neuerlichen Entscheidung verweist.

3. zulässig. Beschwerdefrist: Art. 62. Die Beschwerde ist bei der Behörde, welche den angefochtenen Bescheid erlassen hat oder bei der Behörde, welche über die Beschwerde zu entscheiden hat, schriftlich oder zu Niederschrift einzulegen. Es empfiehlt sich die Beschwerdeeinlegung bei der unteren Behörde, weil diese mit der Beschwerde ihre Akten der höheren Behörde vorlegen kann. Die unrichtige Bezeichnung der angerufenen Beschwerdeinstanz schadet nicht, wenn sich nur aus der Beschwerde ergibt, daß die Entscheidung der höheren Behörde angerufen worden ist. Eine Beschwerdebegründung ist nicht notwendig, aber zweckmäßig.

4. endgültig. Eine weitere Beschwerde ist nicht mehr zulässig. Im Hinblick auf Art. 65 kann auch der endgültige Bescheid der Regierung im Oberaufsichtsweg durch das Staatsministerium für Landwirtschaft aufgehoben oder geändert werden. Die Ministerien sind jedoch übereingekommen, daß die Einholung der Akten und ihre Überprüfung im Wege der Oberaufsichtsbeschwerde gegenüber endgültigen Bescheiden der Regierungen nur stattfindet, wenn nach dem Vorbringen der Oberaufsichtsbeschwerde mit der Wahrscheinlichkeit der Schädigung schwerwiegender Interessen oder der Verletzung grundsätzlicher Verfahrensvorschriften zu rechnen ist.

5. Innern. Art. 61 Abs. II gilt nicht für die Verwaltungsrechtssachen (Art. 83); für diese Fälle siehe VGG. Art. 22.

6. Rechtszuge. Wegen der Entscheidungen der Regierungen im zweiten Rechtszug siehe Abs. I Satz 2.

Beschwerdefrist.

Art. 62.

Die Beschwerdefrist beträgt vierzehn Tage[1]. Sie beginnt mit dem Tage nach der Zustellung des Bescheides oder der Verfügung[2]. Fällt das Ende der Frist auf einen Sonntag oder einen allgemeinen Feiertag[3], so endigt die Frist mit dem Ablaufe des nächstfolgenden Werktags. Die Beschwerdefrist ist gewahrt, wenn die Beschwerde innerhalb der Frist bei einer der Behörden des Instanzenzugs eingelaufen ist[4].

1. Tage. Ist die Beschwerdefrist nicht gewahrt (vgl. Satz 4), so wird der angefochtene Bescheid rechtskräftig; dies gilt aber nur für Endbescheide und solche Zwischenbescheide, die einer besonderen Rechtskraft fähig sind. Bei den übrigen Bescheiden und Verfügungen besteht die Wirkung der Versäumung der Beschwerdefrist lediglich darin, daß sie nicht mehr gesondert mit Beschwerde angefochten werden können. Wird dagegen der Endbescheid mit Beschwerde angefochten, so kann auch der Zwischenbescheid nachgeprüft werden. — Wegen der Nichtzulässigkeit der Wiedereinsetzung in den vorigen Stand siehe Art. 61 Anm. 2. Da nach § 46 Abs. I der AB. bei allen mit Beschwerde anfechtbaren schriftlichen Bescheiden eine Beschwerdebelehrung beizufügen ist, und diese Bestimmung die Eigenschaft einer Rechtsverordnung hat, bedeutet eine unrichtige Beschwerdebelehrung eine Verletzung des Verfahrens; die Beschwerdefrist wird daher nicht in Lauf gesetzt, soweit die Beschwerdebelehrung unrichtig ist. (Die Grundsätze der für Verwaltungsrechtssachen erlassenen Entscheidung des VGH. 41, 72 sind auch in reinen Verwaltungsrechtssachen anwendbar). — Die Beschwerde kann auch schon vor der Zustellung des Bescheides eingelegt werden.

2. Verfügung. Auch wenn dieser Tag ein Sonntag oder ein allgemeiner Feiertag ist.

3. Feiertag. Ob ein Tag ein allgemeiner Feiertag ist, ist nach dem Ort zu bemessen, an dem die Behörde ihren Sitz hat, bei welcher die Beschwerde eingereicht wird.

4. eingelaufen ist. In Betracht kommen die Behörde, welche den Bescheid erlassen hat, und die Behörde, welche über die Beschwerde zu entscheiden hat. Wird in der Beschwerdebelehrung die Einreichung der Beschwerde in mehreren Ausfertigungen oder mit mehreren Abschriften verlangt, so genügt es, wenn eine Ausfertigung der Beschwerde innerhalb der Frist bei einer Behörde des Instanzenzugs einläuft.

Vollstreckung.

Art. 63.

Die Verwaltungsbehörden[1] sind befugt[2], die Nichtbefolgung ihrer Anordnungen[3] und Beschlüsse[4] mit Ordnungsstrafen[5] bis zu 1000 GM.[6] zu bedrohen[7] und die angedrohte Strafe[8] im Falle des Ungehorsams[9], und zwar nötigenfalls wiederholt[10] für verwirkt zu erklären[11] sowie die zum Vollzuge erforderlichen Maßnahmen, insbesondere auch die Beseitigung gesetzwidriger Anlagen[12] auf Kosten des Pflichtigen ausführen zu lassen[13].

Ausführungsbestimmungen.

§ 47.

I Die Verwaltungsbehörden haben für den richtigen und sachgemässen Vollzug ihrer Anordnungen und Beschlüsse zu sorgen. Hinsichtlich der Vollstreckung von Beschlüssen der Verwaltungsbehörden finden im allgemeinen die Bestimmungen der Art. 4, 6 und 7 des Gesetzes vom 23. Februar 1879 zur Ausführung der Reichs-Zivilprozessordnung und Konkursordnung in der Fassung der Bekanntmachung vom 26. Juni 1899 (GVBl. 406) Anwendung.

II Die Verwaltungsbehörden können unabhängig von der gerichtlichen Strafeinschreitung die Durchführung ihrer Beschlüsse und Anordnungen mit den in Art. 63 bestimmten Massregeln selbständig erzwingen. Die Verhängung wiederholter Ordnungsstrafen auf die vorhergegangene einmalige Androhung wurde hiebei zugelassen, um nicht sogleich den Weg des Zwangsvollzugs der angeordneten Massnahmen betreten zu müssen. Von den Bestimmungen des Art. 63 ist im einzelnen Falle ein wohlbemessener Gebrauch zu machen.

III Bei Androhung der vorgesehenen Ordnungsstrafen ist nicht schablonenhaft vorzugehen, sondern es ist den Beteiligten zur Befolgung der Anordnungen und Beschlüsse eine den örtlichen und sonstigen Verhältnissen angemessene Frist zu gewähren, die eine Durchführung der angeordneten Massnahmen gestattet; ferner ist, wenn sich die Verhängung wiederholter Ordnungstrafen als notwendig erweist, ebenfalls darauf Bedacht zu nehmen, dass zwischen der Verhängung der einzelnen Strafen angemessene Zwischenräume liegen, die den Beteiligten die Befolgung der behördlichen Anordnungen ermöglichen.

1. Verwaltungsbehörden. Das sind die in Art. 55 Abs. I genannten Behörden, nicht die technischen Behörden.

2. befugt. Über das Verhältnis des Art. 63 zu den weiteren Vorschriften über die Vollstreckungsbefugnisse der Verwaltungsbehörden ist zu bemerken: Für verwaltungsrechtliche Entscheidungen gilt Art. 63 nur insoweit, als die Vorschrift des Art. 46 BGG. nicht ausreicht, also insbesondere zur Erzwingung von Handlungen. Rückständige Genossenschaftsbeiträge sind, wenn sie nicht streitig sind, nach Art. 30 beizutreiben. Sind sie bestritten, so muß zunächst das Verwaltungsrechtsverfahren (Art. 83) durchgeführt werden; die rechtskräftige verwaltungsrechtliche Entscheidung ist ebenso wie sonstige verwaltungsrechtliche Entscheidungen zu vollstrecken. Bei den nichtverwaltungsrechtlichen Angelegenheiten gelten die Art. 6 und 7 AGzZPO. auch für die Vollstreckung in Angelegenheiten des Ödlandgesetzes, soweit es sich um Geldleistungen handelt. Soweit nicht Geldleistungen in Frage kommen, ist Art. 63 anzuwenden. — Eine Verpflichtung zur Anwendung der Zwangsmittel des Art. 63 besteht nicht.

3. Anordnungen. Die Nichtbefolgung der Anordnungen ist außerdem auch kriminell nach Art. 85 Abs. II strafbar.

4. Beschlüsse. Es ist für den Vollzug des Art. 63 belanglos, ob es sich um eine Verfügung oder einen Beschluß handelt.

5. Ordnungsstrafen. Diese Strafen werden von den Verwaltungsbehörden verhängt und eingezogen. Wegen derselben Zuwiderhandlung kann sowohl eine Ordnungsstrafe nach Art. 63 als auch eine Kriminalstrafe nach Art. 85 Abs. II verhängt werden. Die beiden Strafverfahren sind voneinander ganz unabhängig (AB. § 47 Abs. II Seite 155; a. A. Eymann Art. 174 Anm. 1 a).

6. 1000 Goldmark. Im Ödlandgesetz war der Betrag von 100 Mark vorgesehen. Dieser Betrag ist durch Art. III Abs. I und Art. VIII der Reichsverordnung vom 6. Februar 1924 über Vermögensstrafen und Bußen (RGBl. S. 44) auf 1000 Goldmark erhöht worden. Welcher Betrag angedroht wird, ist unter Berücksichtigung der Verhältnisse des Einzelfalls zu bemessen. Hiebei spielen die Leistungsfähigkeit des Pflichtigen und die Bedeutung der Angelegenheit eine Rolle.

7. bedrohen. Im Gegensatz zur Kriminalstrafe des Art. 85 Abs. II, welche im Gesetz für jeden Übertretungsfall angedroht ist, ist die Verhängung einer Ordnungsstrafe nur zulässig, wenn die Strafe nicht etwa allgemein, sondern für eine ganze bestimmte Handlung oder Unterlassung angedroht worden ist; die Erlassung einer allgemeinen Anordnung genügt nicht, sondern die Anordnung kann sich zwar an mehrere Personen richten, diese Personen brauchen auch namentlich nicht genannt zu werden, es muß aber schon bei Erlassung genau feststehen, welche Personen (z. B. A, B und C oder die Eigentümer der Grundstücke a, b und c usw.) in Betracht kommen. Um den Ungehorsam einwandfrei feststellen zu können, empfiehlt es sich, in die Anordnung eine Frist aufzunehmen; siehe hiewegen AB. § 47 Abs. II. Die Androhung muß auch eine ganz bestimmte Strafdrohung enthalten. Gegen die Androhung ist binnen 14 Tagen Beschwerde nach Art. 61 zulässig.

8. Strafe. Nur die angedrohte Strafe, nicht aber eine größere kann für verwirkt erklärt werden.

9. Ungehorsams. D. h. der Nichtbefolgung des genau bestimmten Auftrags innerhalb der gesetzten Frist. Ein schuldhaftes Handeln wird nicht verlangt; es ist jedoch angezeigt, die Ordnungsstrafe nur bei schuldhafter Nichtbeachtung der Anordnung für verwirkt zu erklären. Wenn der Empfänger der Anordnung durch höhere Gewalt an der Erfüllung der Anordnung verhindert war, würde es gegen die gute Sitte verstoßen, die Strafe für verwirkt zu erklären.

10. wiederholt. Die Ermächtigung ist nicht auf eine einmalige Wiederholung beschränkt; die Bestrafung kann auch dreimal oder viermal oder öfter erfolgen (a. A. Eymann Art. 174 Anm. 6). Jeder Wiederholung muß aber immer wieder eine neue Androhung vorausgehen (a. A. AB. § 47 Abs. II Satz 2 und Brenner Art. 174 Anm. 2).

11. erklären. Diese Erklärung erfolgt durch Verfügung der androhenden Behörde. Gegen die Erklärung ist binnen 14 Tagen Beschwerde nach Art. 61 zulässig. Die Beitreibung erfolgt auf Grund einer vollstreckbaren Ausfertigung der Verwirkungserklärung nach Art. 6 und 7 AGzZPO. (a. A. Eymann Art. 174 Anm. 1b).

12. Anlagen. Das sind alle Anlagen, die mit dem Ödlandgesetz in Widerspruch stehen (ebenso Brenner Art. 174 Anm. 3; a. A. Eymann Art. 174 Anm. 8).

13. lassen. Diese Maßnahmen sind von der Androhung von Ordnungsstrafen unabhängig und können daher auch ohne vorausgegangene Androhung und Verwirkterklärung einer Ordnungsstrafe erfolgen. Geht nicht die Androhung und Verwirkterklärung einer Ordnungsstrafe voraus, so muß der Pflichtige mindestens vergeblich aufgefordert worden sein, die Handlung vorzunehmen, wenn der Zwangsvollzug zulässig sein soll (ebenso Eymann Art. 174 Anm. 1b). Die Kosten sind von dem

Pflichtigen anzufordern, und , wenn sie dieser nicht bezahlt, auf Grund einer vollstreckbar erklärten Kostenfestsetzung nach Art. 6 und 7 des AGzZPO. beitreiben zu lassen (a. A. Eymann Art. 174 Anm. 1 b). Auch gegen alle diese Maßnahmen ist binnen 14 Tagen Beschwerde nach Art. 61 zulässig.

Vorsorgliche Anordnungen. Art. 64.

Aus Rücksichten des Gemeinwohls[1] kann die Bezirksverwaltungsbehörde[2] die dem augenblicklichen Erfordernis entsprechenden vorsorglichen Anordnungen treffen[3] und ungeachtet erhobener Beschwerde sofort vollstrecken lassen[4].

1. Gemeinwohls. Es genügt nicht, daß das Unternehmen selbst im Interesse des Gemeinwohls liegt, sondern das Gemeinwohl muß fordern, daß gerade die vorsorgliche Anordnung getroffen wird. Ein solches Interesse wird z. B. angenommen werden können, wenn ein größeres Ödlandunternehmen durch den Widerspruch eines nur unwesentlich beteiligten Grundstückseigentümers verzögert wird; in einem solchen Falle liegt die Durchführung des Ödlandverbesserungsunternehmens auf den übrigen Grundstücken oder wenigstens auf einem größeren Teil der übrigen Grundstücke im Interesse des Gemeinwohls. — Behauptet dagegen ein Grundstückseigentümer, daß an seinem Grundstück unbefugt Änderungen vorgenommen worden sind, so sind Anordnungen nach Art. 64 in der Regel nicht zulässig; weil hier nur ein Interesse eines Eigentümers, nicht des Gemeinwohls, gegeben ist. Werden jedoch Handlungen vorgenommen, die Dammbrüche oder Überschwemmungen usw., also Schädigungen einer größeren Anzahl von Grundstückseigentümern befürchten lassen, so wird man unter Umständen ein Interesse des Gemeinwohls annehmen können.

2. Bezirksverwaltungsbehörde. Da nach allgemeinen staatsrechtlichen Grundsätzen die vorgesetzte Behörde die Zuständigkeit der untergeordneten Behörde an sich ziehen kann, können auch die Regierung, Kammer des Innern, und das Staatsministerium für Landwirtschaft vorsorgliche Anordnungen erlassen (vgl. VGH. 30, 86).

3. treffen. Es kann sich um Gebote oder Verbote oder Ermächtigungen handeln. Beispiele: Werden Handlungen vorgenommen, welche Überschwemmungen, Dammbrüche usw. befürchten lassen, so kann die Vornahme von Schutzarbeiten angeordnet und die weitere Durchführung der begonnenen Arbeiten verboten werden. Erhebt ein Beteiligter Einspruch gegen die Benützung eines Weges, ohne den die Verbesserung und die Bewirtschaftung des Ödlands unmöglich ist, so kann als vorsorgliche Anordnung verfügt werden, daß der Weg vorbehaltlich der endgültigen Prüfung und Entscheidung bis zu dieser Entscheidung benützt werden darf. Stimmen einem Genossenschaftsunternehmen alle Beteiligten bis auf einen, der nur unwesentlich beteiligt ist, zu, so kann die einstweilige Durchführung der Arbeiten auf den übrigen Grundstücken genehmigt werden. Erhebt jemand Einspruch gegen ein Unternehmen, ist aber der Einspruch offensichtlich unbegründet (Schikane), so kann die Durchführung des Unternehmens vorbehaltlich der verwaltungsrechtlichen

Entscheidung und der etwaigen Schadenersatzpflicht nach Art. 64 genehmigt werden. — Für Verwaltungsrechtssachen ist in Art. 24 VGG. vorgesehen, daß die Verwaltungsbehörde bei Gefahr auf Verzug oder bei drohendem Nachteil für Leben, Gesundheit oder Eigentum im öffentlichen Interesse vorsorgliche Anordnungen treffen kann. Diese Bestimmung geht in Verwaltungsrechtssachen dem Art. 64 vor; in Verwaltungsrechtssachen ist daher Art. 64 nur insoweit anwendbar, als eine Anordnung nicht schon auf Art. 24 VGG. gestützt werden kann (VGH. 30, 85). Die Anordnung nach Art. 64 ist nur eine einstweilige und wird durch den Erlaß einer rechtskräftigen Entscheidung von selbst gegenstandslos. — In manchen Fällen des Art. 64 kann die Auferlegung einer Sicherheitsleistung nach Art. 60 zweckmäßig sein. — Gegen die Anordnungen nach Art. 64 ist binnen 14 Tagen Beschwerde nach Art. 61 zulässig. Diese Zuständigkeit gilt auch für Verwaltungsrechtssachen. Der Verwaltungsgerichtshof hat in solchen Beschwerden lediglich zu prüfen, ob die angefochtene Anordnung ihrem Wesen nach eine vorsorgliche Anordnung ist, nicht aber, ob sie statthaft oder sachlich gerechtfertigt ist; denn diese Prüfung ist ihm durch VGG. Art. 13 Abs. I Nr. 2 entzogen (VGH. 30, 85).

4. l a s s e n. Die Anordnung ist also sofort mit ihrer Eröffnung vollstreckbar. Die höhere Behörde kann jedoch als vorsorgliche Anordnung die Einstellung der Vollstreckung verfügen. Wegen der Vollstreckung siehe Art. 63.

Oberaufsicht.

Art. 65.

Der Vollzug dieses Gesetzes [1] durch die Behörden der inneren Verwaltung [2] unterliegt der Oberaufsicht [3] des Staatsminsteriums für Landwirtschaft.

1. G e s e t z e s. Alle Handlungen der Behörden, die auf dem Ödlandgesetz beruhen, und alle Unterlassungen der Behörden hinsichtlich der Handlungen, die sie nach dem Ödlandgesetz vornehmen können oder vornehmen müssen. Soweit die Behörden dem Staatsministerium für Landwirtschaft unterstehen, unterliegt ihre sonstige Tätigkeit auf dem Gebiete der Ödlandkultur der Aufsicht des Staatsministeriums für Landwirtschaft nicht auf Grund des Art. 65, sondern auf Grund der Überordnung des Ministeriums (vgl. auch § 61 Nr. 5 der bayerischen Verfassungsurkunde).

2. V e r w a l t u n g. Nach Art. 15 VGG. können die verwaltungsrechtlichen Beschlüsse nicht von Oberaufsichtswegen durch die Ministerien aufgehoben werden; auf die in Art. 83 aufgezählten verwaltungsrechtlichen Angelegenheiten erstreckt sich daher das Oberaufsichtsrecht des Ministeriums nicht. Umfaßt eine Entscheidung sowohl verwaltungsrechtliche Entscheidungen als auch Fragen des freien Ermessens, so ist das Oberaufsichtsrecht nur für die ersteren ausgeschlossen. Ist z. B. ein Zwangsrecht bestellt worden, so ist das Oberaufsichtsrecht ausgeschlossen hinsichtlich der Frage, ob die Bestellung zulässig war, nicht aber hinsichtlich der Frage, ob die an sich zulässige Bestellung erfolgen soll. — Das Oberaufsichtsrecht ist auch in den Angelegenheiten ausgeschlossen, die den

Gerichten oder anderen Behörden als den Behörden der inneren Verwaltung (z. B. Messungsbehörden, Finanzbehörden usw.) zugewiesen sind.

3. Oberaufsicht. Das Oberaufsichtsrecht enthält das Recht, allgemeine und besondere Weisungen zu erteilen, von der gesamten Tätigkeit der Behörden im Vollzug des Ödlandgesetzes Kenntnis zu nehmen und darüber Berichte einzufordern, Akten und Pläne einzuverlangen und einzusehen, Anordnungen der Behörden aufzuheben und abzuändern. Dies gilt auch für Entscheidungen, die als endgültig erklärt sind. Das Staatsministerium als Oberaufsichtsbehörde kann von amtswegen oder auf Antrag tätig werden. Der Antrag auf oberaufsichtliches Einschreiten, die Oberaufsichtsbeschwerde, ist an keine Frist gebunden (ebenso Harster-Cassimir Art. 176; a. A. Eymann Art. 176 Anm. 1); er begründet keinen Anspruch auf oberaufsichtliches Einschreiten und auf Verbescheidung des Antrags. — Das oberaufsichtliche Eingreifen im Einzelfall soll nur ausnahmsweise stattfinden; die Einholung und Überprüfung der Akten im Weg der Oberaufsicht findet nur statt, wenn nach dem Vorbringen der Oberaufsichtsbeschwerde mit der Wahrscheinlichkeit der Schädigung schwerwiegender Interessen oder der Verletzung grundsätzlicher Verfahrensvorschriften zu rechnen ist.

b) Verfahren bei der Bildung von Genossenschaften.

Antrag.

Art. 66.

I Der Antrag[1] auf Bildung einer Genossenschaft[2] ist bei der Bezirksverwaltungsbehörde[3], in deren Bezirk das beabsichtigte Unternehmen liegt[4], mit den erforderlichen Belegen[5] mündlich[6] oder schriftlich[7] anzubringen.

II Die Bezirksverwaltungsbehörde hat, soweit notwendig, die Ergänzung der Anträge und der Vorlagen zu veranlassen[8].

Ausführungsbestimmungen.

§ 16.

I Der Antrag auf Bildung einer Genossenschaft ist bei der Bezirksverwaltungsbehörde, in deren Bezirk das beabsichtigte Unternehmen liegt, mündlich oder schriftlich anzubringen.

II Erstreckt sich das Unternehmen auf die Bezirke mehrerer Bezirksverwaltungsbehörden, so wird die Zuständigkeit nach Art. 56 des Gesetzes bestimmt. Es ist darauf hinzuwirken, dass die Durchführung des Verfahrens zur Bildung einer Genossenschaft und die Aufsicht über die errichtete Genossenschaft (Art. 38) in den Händen derselben Bezirksverwaltungsbehörde liegen.

§ 17.

Dem Antrag auf Bildung einer Genossenschaft sind je nach Bedarf beizufügen:

1. die zur Erläuterung des Unternehmens erforderlichen Zeichnungen und Beschreibungen mit einer Darlegung der nach Art. 6 des Gesetzes für die Bildung der Genossenschaft in Frage kommenden Gesichtspunkte,

2. ein Kostenvoranschlag,

3. ein Verzeichnis der in das Unternehmen einzubeziehenden Grundstücke unter Angabe der Eigentümer, dann des katastermässigen und des in das Unternehmen einbezogenen Flächeninhalts der Grundstücke, ihrer Benützungsart, Bonität und katastermässigen Bezeichnung,

4. ein Verzeichnis der Grundstücke, die zur Durchführung des Unternehmens in Anspruch genommen werden müssen, ohne dass ihnen ein Nutzen aus dem Unternehmen erwächst (Passiv beteiligten), unter Angabe der Art der erforderlichen Inanspruchnahme,

5. die Grundlagen für die nach Art. 5, 22 und 27 des Gesetzes anzustellenden Berechnungen mit einer Schätzung des von dem Unternehmen zu erwartenden Gesamtnutzens.

§ 18.

Hinsichtlich der Pläne sind die allgemeinen Bestimmungen über Einrichtung der Pläne (§§ 7—11) massgebend. Die Übersichtslagepläne sind jedoch in der Regel nur für Anlagen von besonders grosser Ausdehnung und alsdann in einem entsprechenden Massstab (kleiner als 1:5000) und ohne Plannummern herzustellen; die besonderen Lagepläne (je nach Bedürfnis im Massstab 1:5000 bis 1:1000) müssen enthalten: die Plannummern sämtlicher beteiligten Grundstücke, die Grenzen der Anlage (grün laviert), das Wegnetz (hellbraun), das bestehende Gewässernetz (blau), Durchstiche und Entwässerungsgräben (gelb zwischen roten Linien), Bewässerungsgräben (blau zwischen blauen Linien), Drainstränge (rote Linien), Grenze der Überschwemmung (blaue Linien mit blauer Lavierung), Höhenschichtenlinien des Geländes (braun) und nötigenfalls auch des Grundwassers (blau gestrichelt), die passiv beteiligten Grundstücke (hellbraun). Die hienach für ein genossenschaftliches Unternehmen erforderlichen Unterlagen werden auf Ansuchen durch die Landesanstalt für Moorwirtschaft und die Kulturbauämter beschafft.

1. Antrag. Im Gegensatz zum Wassergesetz läßt das Ödlandgesetz die Einleitung des Genossenschaftsgründungsverfahrens nicht nur auf

Antrag, sondern auch von Amts wegen zu (siehe Art. 68 Abs. I Satz 1), weil sich gezeigt hat, daß in manchen Fällen die Stellung eines Antrags nur deswegen unterblieben ist, weil sich die Freunde des Unternehmens durch die Stellung des Antrags nicht mit den Gegnern des Unternehmens verfeinden wollten. Der Antrag kann von einem oder mehreren Beteiligten gestellt werden. Beteiligt in diesem Sinne sind nur die Personen, die im Falle des Zustandekommens der Genossenschaft Mitglieder nach Art. 7 Abs. II und Art. 8 Abs. I werden. Andere Personen, der Gemeinderat oder die technischen Behörden sind nicht antragsberechtigt; sie können aber die Einleitung des Verfahrens von Amts wegen anregen, ohne daß jedoch die Bezirksverwaltungsbehörde verpflichtet ist, dieser Anregung zu entsprechen. Ist der Antrag unklar abgefaßt, so ist die Berichtigung nach Abs. II herbeizuführen. Die Stellung des Antrags hat die Folge, daß die Bezirksverwaltungsbehörde verpflichtet ist, das Verfahren nach Art. 66 ff. durchzuführen, selbst wenn sie von der Aussichtslosigkeit des Antrags überzeugt ist.

2. Genossenschaft. Art. 66 ff. beziehen sich nur auf die Gründung einer öffentlichen Ödlandgenossenschaft. Für die Gründung bürgerlich-rechtlicher Genossenschaften gilt das Reichsgesetz über die Erwerbs- und Wirtschaftsgenossenschaften.

3. Bezirksverwaltungsbehörde. Läuft der Antrag bei einer unzuständigen Behörde ein, so gibt ihn diese an die zuständige Bezirksverwaltungsbehörde ab. Solange der Antrag bei dieser Behörde nicht einläuft, hat der Antragsteller keinen Anspruch auf Durchführung des Gründungsverfahrens.

4. liegt. Liegen die Grundstücke, die verbessert werden sollen, in den Bezirken mehrerer Bezirksverwaltungsbehörden, so ist zunächst die Entscheidung der höheren Behörde über die Zuständigkeit gemäß Art. 56 herbeizuführen.

5. Belegen. Siehe AB. §§ 17 und 18. Wegen der Beschaffung der Belege gewähren die technischen Behörden weitgehendes Entgegenkommen. Sind die Belege nicht vollständig, so hat die Bezirksverwaltungsbehörde den Antragsteller zur Ergänzung zu veranlassen (siehe Abs. II).

6. mündlich. In diesem Falle soll von der Bezirksverwaltungsbehörde eine Niederschrift aufgenommen werden, die von dem oder den Antragstellern zu unterzeichnen ist. Es genügt auch eine Aktenvormerkung; aus ihr muß sich die Persönlichkeit der Antragsteller genau ergeben.

7. schriftlich. Eine bestimmte Form ist nicht vorgeschrieben; es genügt, daß aus dem Schriftstück hervorgeht, daß die Gründung einer bestimmten Genossenschaft beantragt wird. Die Einreichung des Antrages in mehreren Ausfertigungen ist nicht vorgeschrieben.

8. veranlassen. Die Mängel der Anträge und der Vorlagen sollen auf die Aufforderung der Bezirksverwaltungsbehörde behoben werden, damit die Durchführung des Verfahrens ermöglicht wird. Es steht nichts im Wege, daß die Bezirksverwaltungsbehörde eine technische Behörde um die Ergänzung der Vorlage ersucht; falls die Vorlagen von dieser Behörde ergänzt werden und der Antragsteller mit dieser Ergänzung einverstanden ist, hat dies dieselbe Wirkung, wie wenn die Ergänzung durch den Antragsteller erfolgt wäre. Gegen die Anordnung der Ergänzung des Antrags oder der Belege ist Beschwerde nach Art. 61 Abs. I zulässig; Beschwerdefrist 14 Tage (Art. 62). Werden die verlangten Ergänzungen nicht beigebracht, so kann die Bezirksverwaltungsbehörde das Verfahren auch von Amts wegen weiterführen.

Prüfung des Antrags. **Art. 67.**

Erweist sich der Antrag als unzulässig[1], so ist er ohne weitere Verhandlung zurückzuweisen[2].

Ausführungsbestimmungen.

§ 19.

Die Prüfung der Anträge nach Art. 67 des Gesetzes hat durch die Bezirksverwaltungsbehörde im Benehmen mit den nach der Art des Unternehmens in Betracht kommenden technischen Behörden (Landesanstalt für Moorwirtschaft, Kulturbauämter, Landwirtschaftsstellen), wenn diese nicht selbst den Entwurf hergestellt haben, zu erfolgen. Die Prüfung der Anträge hat sich auch auf die in Art. 76 angeführten Gesichtspunkte zu erstrecken. Gegen einen zurückweisenden Bescheid ist Beschwerde nach Art. 61 Abs. I zulässig.

1. unzulässig. Der Antrag ist unzulässig,

a) wenn die Bildung einer Ödlandgenossenschaft für Zwecke beantragt wird, die nicht zu den Aufgaben der Ödlandgenossenschaften (Art. 3) gehören,

b) wenn bei dem Unternehmen weder ein Interesse des Gemeinwohls noch ein gemeinwirtschaftlicher Nutzen vorliegt (Art. 6 Abs. I),

c) wenn nicht mindestens drei Personen als Genossenschaftsmitglieder in Betracht kommen (Art. 7 Abs. I),

d) wenn eine bestehende Genossenschaftsanlage durch das beantragte Unternehmen wesentlich beeinträchtigt würde und die Beeinträchtigung nicht verhütet werden kann (Art. 76),

e) wenn der Antragsteller nicht zur Stellung des Antrags berechtigt ist (vgl. Art. 66 Anm. 1),

f) wenn der Antrag trotz Aufforderung nach Art. 66 Abs. II so unklar oder so ungenügend ist, daß nicht einwandfrei festgestellt werden kann, welches Unternehmen durchgeführt werden soll.

Wegen Nichtvorliegens der Voraussetzungen des Art. 6 Abs. II kann der Antrag nicht als unzulässig zurückgewiesen werden, selbst wenn anzunehmen ist, daß eine freiwillige Genossenschaft nicht zustande kommt, weil endgültig erst nach der Abstimmung in der Tagfahrt feststeht, ob die Genossenschaft eine freiwillige Genossenschaft oder eine Genossenschaft mit Beitrittszwang ist. — Handelt es sich um Almgrundstücke, so sind die AB. § 5 (Seite 140) zu beachten — Das Vorliegen eines anderen Antrags, der nicht gleichzeitig durchführbar ist, ist kein Grund für die Unzulässigkeit des Verfahrens; in diesem Fall ist vielmehr ein Antrag nach Art. 77 auszuwählen und in dem Verfahren hierüber sind die übrigen Antragsteller als Beteiligte zu behandeln. — Besteht für den gleichen Bereich bereits eine öffentliche Wassergenossenschaft, so ist die Errichtung einer öffentlichen Ödlandgenossenschaft für den gleichen Bereich und mit den gleichen Beteiligten nicht unzulässig; dagegen ist es zweckmäßig, in diesem Fall nicht eine neue Genossenschaft zu gründen, sondern die bestehende Wassergenossenschaft nach Art. 32 und 78 auf die Zwecke des Ödlandgesetzes zu erstrecken. — Ist die Bezirksverwaltungsbehörde, bei welcher der Antrag eingereicht worden ist, örtlich unzuständig, so ist der Antrag nicht abzuweisen, sondern an die zuständige Bezirksverwaltungsbehörde abzugeben.

2. zurückzuweisen. Die Zurückweisung erfolgt durch Beschluß der Bezirksverwaltungsbehörde; sie ist gebührenfrei (Art. 79 Abs. I); sind besondere Kosten entstanden, so sind diese von dem Antragsteller zu tragen. Gegen die Zurückweisung ist Beschwerde nach Art. 61 Abs. I innerhalb 14 Tagen nach der Zustellung des Beschlusses (Art. 62) zulässig. Der Bescheid der Regierung ist nicht gebührenfrei (Art. 79 Abs. I). Das Verfahren nach Art. 67 ist ein reines Verwaltungsverfahren, kein Verwaltungsrechtsverfahren. — Ist der Antrag aus formellen Gründen zurückgewiesen worden, so kann die Bezirksverwaltungsbehörde das Genossenschaftsgründungsverfahren gleichwohl von amtswegen durchführen.

Vorbereitung der Verhandlungstagfahrt.

Art. 68.

I Ist der Antrag zulässig[1] oder wird das Verfahren von Amts wegen eingeleitet[2], so ist in der Sache mündlich zu verhandeln[3]. Zu diesem Zwecke hat die Bezirksverwaltungsbehörde an der Hand der Anträge und Vorlagen[4] unter Mitwirkung der Messungsämter[5], der Finanzämter[6] und der Grundbuchämter[7] die Beteiligten[8] festzustellen und die Pläne mit einer Beschreibung des Unternehmens bei Amt oder an einem anderen geeigneten Orte bis zur Verhandlungstagfahrt aufzulegen[9].

II Hierzu sind die ermittelten Beteiligten[10] schriftlich[11], etwa sonstige Beteiligte[12] durch Ausschreiben im Amtsblatte[13] mit dem Beifügen zu laden[14],

1. daß und wo die Pläne und Beschreibungen bis zur Tagfahrt zur Einsichtnahme aufliegen[15],

2. daß Widersprüche gegen den Beitritt[16] und Einsprüche gegen das Unternehmen[17] spätestens in der Verhandlungstagfahrt geltend zu machen sind[18],

3. daß die Antragsteller, wenn sie nicht erscheinen und nicht vertreten sind, die Erschienenen für Auslagen und Versäumnisse schadlos zu halten und die Kosten der vereitelten Tagfahrt zu tragen haben[19],

4. daß die übrigen Geladenen[20], die in der Tagfahrt weder persönlich erscheinen noch vertreten[21] sind oder nicht abstimmen, unter Ausschluß[22] ihrer Widersprüche und Einsprüche, selbst wenn sie diese früher schon geltend gemacht haben[23], als dem beantragten Unternehmen in der durch die Mehrheit beschlossenen Gestalt[24] zustimmend erachtet werden[25].

III Zwischen der Tagfahrt und der Ausgabe des die Ladung enthaltenden Amtsblattes muß eine Frist von drei Wochen liegen[26].

Ausführungsbestimmungen.

§ 20.

I Erweist sich der gestellte Antrag als zulässig oder ist das Verfahren von Amts wegen eingeleitet worden, so hat die Bezirksverwaltungsbehörde im Benehmen mit der technischen Behörde die weitere Frage zu prüfen, ob die Beilagen des Antrags die entsprechende Grundlage für die Verhandlung mit den Beteiligten nach jeder Richtung bieten; die erforderlichen Ergänzungen sind gegebenenfalls anzuordnen.

II Von besonderer Wichtigkeit ist neben der Prüfung der Vollständigkeit und Richtigkeit der technischen Unterlagen die Feststellung des Kreises der beteiligten Grundstücke, sowie ihrer verfügungsberechtigten Eigentümer. Diese hat an der Hand des Antrages und seiner Beilagen unter Mitwirkung der Messungsämter, Finanzämter und Grundbuchämter von Amts wegen zu erfolgen. Die genaue Feststellung der Grundstücke wird sich mit Hilfe der Messungsämter ermöglichen lassen. Für die Feststellung des Eigentums ist der Inhalt des Grundbuches massgebend. Wenn es sich um das Eigentum von Ehegatten handelt, so ist es zweckmässig, stets die beiden Ehegatten als Beteiligte beizuziehen. Gehört ein Grundstück zu einem Nachlass, so sind bis zu dessen Auseinandersetzung alle Erben als Beteiligte anzusehen.

III Nach Abschluss der zur Vorbereitung der Verhandlung erforderlichen Erhebungen hat die Bezirksverwaltungsbehörde eine Verhandlungstagfahrt anzuberaumen und hiezu die Ladungen nach Art. 68 des Gesetzes ergehen zu lassen; die technische Behörde ist beizuziehen. In der Verhandlungstagfahrt selbst ist auf eine gütliche Einigung der Beteiligten tunlichst hinzuwirken. Es gilt dies insbesondere auch hinsichtlich des in der Genossenschafts-

satzung in allgemeinen Grundzügen niederzulegenden Massstabes für die Teilnahme an den Vorteilen und Lasten der Genossenschaft und hinsichtlich der Art der Aufbringung der Anlagekosten. Etwaige hiebei auftauchende Widersprüche im Sinne des Art. 28 des Gesetzes werden sich dadurch beseitigen lassen, dass die Genossenschaft entweder den Widersprechenden die sie treffenden Beiträge gegen Verzinsung und Tilgung vorschiesst oder deren Anteile durch Aufnahme eines Landeskulturrentendarlehens deckt, dessen Zinsen, Tilgungs- und Verwaltungskostenzuschläge die Widersprechenden zu tragen haben.

IV *Ist die Zahl der an einem genossenschaftlichen Unternehmen Beteiligten so gross, dass eine Verhandlungstagfahrt an einem Ort mit allen Beteiligten nicht möglich ist, so kann die Bezirksverwaltungsbehörde die Beteiligten in Gruppen ausscheiden und mit diesen Gruppen an passenden Orten Tagfahrten abhalten.*

V *Wenn die Verhandlungen in der Abstimmungstagfahrt nicht am gleichen Tage erledigt werden können, so ist die Fortsetzung der Tagfahrt innerhalb der nächstfolgenden Tage gestattet, ohne dass eine neue förmliche Vorladung der Beteiligten nötig ist; es genügt, wenn den Anwesenden von dem Tage der Fortsetzung der Verhandlung mündliche Eröffnung gemacht wird.*

1. zulässig. Der Antrag ist zulässig, wenn nicht einer der in Art. 67 Anm. 1 Buchstabe a—f aufgeführten Unzulässigkeitsgründe vorliegt.

2. eingeleitet. Diese Möglichkeit besteht bei den öffentlichen Wassergenossenschaften nicht. Die Einleitung des Verfahrens von Amts wegen erfolgt durch die zuständige Bezirksverwaltungsbehörde nach freiem Ermessen oder auf Anordnung der Regierung, Kammer des Innern, oder des Staatsministeriums für Landwirtschaft. Andere Behörden, insbesondere die technischen Behörden, können bei der Bezirksverwaltungsbehörde die Einleitung des Verfahrens von amtswegen anregen; die Bezirksverwaltungsbehörde ist jedoch nicht verpflichtet, diesen Anregungen zu entsprechen. Die Einleitung des Verfahrens von Amts wegen erfolgt dadurch, daß die Bezirksverwaltungsbehörde die in Abs. I Satz 2 aufgeführten Maßnahmen trifft; ein Einleitungsbeschluß oder auch nur eine Einleitungsverfügung ist nicht notwendig.

3. verhandeln. Vor der Verhandlung ist zu prüfen, ob nicht auch wasserwirtschaftliche Maßnahmen (z. B. Entwässerung, Bewässerung) in Frage kommen, so daß sich die Errichtung einer erweiterten Genossenschaft nach Art. 32 empfiehlt (AB. § 32 Abs. II Seite 87); für das Verfahren gilt in diesem Falle Art. 78. — Die mündliche Verhandlung ist zwingend vorgeschrieben; von ihr kann in keinem Falle abgesehen werden, auch nicht, wenn sämtliche Beteiligte bereits der Errichtung der Genossenschaft vorbehaltlos zugestimmt haben oder wenn die Durchführung des Verfahrens aussichtslos ist (a. A. Eymann Band II S. 230).

In vielen Fällen ist es zweckmäßig, die mündliche Verhandlung nicht am Sitze der Bezirksverwaltungsbehörde, sondern an einem Orte abzuhalten, welcher dem zu verbessernden Ödland benachbart ist, weil vielleicht die Einnahme eines Augenscheins notwendig werden kann und weil dadurch die Teilnahme der Beteiligten an der Verhandlung außerordentlich erleichtert wird.

4. Vorlagen. Die Bezirksverwaltungsbehörde darf sich nicht darauf beschränken, die Personen zuzuziehen, welche in den Vorlagen als beteiligt bezeichnet sind, sondern sie muß im Benehmen mit der technischen Behörde selbst feststellen, welche Personen beteiligt sind.

5. Messungsämter. Die Messungsämter können insbesondere die Plannummern und die Größe der Grundstücke angeben. Da fortgesetzt Änderungen in dem Bestande der Grundstücke eintreten, ist es geboten, in dem Lageplan die Plannummern und in den Beteiligtenverzeichnissen die Größenangaben der Grundstücke durch die Messungsämter nachprüfen zu lassen.

6. Finanzämter. Die Finanzämter werden nur selten weitere Angaben als die Messungsämter und die Grundbuchämter machen können: ihre Inanspruchnahme wird daher in der Regel entfallen.

7. Grundbuchämter. Die Grundbuchämter können angeben, wer Eigentümer der Grundstücke ist.

8. Beteiligten. Hiezu gehören die aktiv Beteiligten, das sind die Personen, welche Mitglieder der Genossenschaft werden sollen, also die Eigentümer der Grundstücke, auf die sich die nutzbringende Wirkung des Genossenschaftsunternehmens erstreckt (Art. 7 Abs. II, Art. 8 Abs. I), ferner die passiv Beteiligten, d. h. die Grundstückseigentümer oder sonstigen Berechtigten, die infolge der Durchführung des genossenschaftlichen Unternehmens keinen Vorteil erfahren, sondern nur einen Nachteil erleiden oder gegen welche Zwangsrechte beansprucht werden. — Es ist besonders wichtig, festzustellen, daß es sich in allen diesen Fällen um die Eigentümer, nicht um die Besitzer der Grundstücke handelt. Wer Eigentümer der Grundstücke ist, ist aus dem Grundbuch zu entnehmen; die Eintragung im Grundsteuerkataster läßt keinen Schluß auf die Eigentumsverhältnisse zu. Es ist daher unerläßlich, daß die Eigentümer der beteiligten Grundstücke aus dem Grundbuch festgestellt werden. Auch in Fällen, in denen der bisherige Eigentümer sein Grundstück verkauft hat und der Kauf schon notariell beurkundet worden ist und das Grundstück schon in den Besitz des neuen Erwerbers übergegangen ist, muß noch der bisherige Eigentümer zugezogen werden, solange der neue Erwerber im Grundbuch noch nicht eingetragen ist. Der Eigentumswechsel in der Zeit zwischen der Überprüfung des Beteiligtenverzeichnisses durch das Grundbuchamt und der Tagfahrt kann nicht berücksichtigt werden, wenn er nicht geltend gemacht und nachgewiesen wird. Es wird daher angenommen, daß die in dem geprüften Beteiligtenverzeichnis eingetragenen Personen Eigentümer des Grundstücks sind, solange nicht das Gegenteil bekannt ist oder nachgewiesen wird. Die Rechte des neuen Eigentümers werden hiedurch nicht geschädigt, weil er ja durch das Ausschreiben zur Tagfahrt eingeladen ist. — Da die ehelichen Güterrechtsverhältnisse aus dem Grundbuch nicht mit Sicherheit entnommen werden können, empfiehlt es sich, bei Grundstücken, die Ehegatten gehören, stets beide Ehegatten als prozessual beteiligt zu behandeln (AB. § 20 Abs. II Seite

164). Welcher von den Ehegatten materiell beteiligt ist, bemißt sich danach, welcher Ehegatte nach den Vorschriften des BGB. über das Grundstück verfügen darf. — Wegen der Nießbraucher, der Erbbauberechtigten, der Erbpächter und der Pfründenießbraucher siehe Art. 86 Abs. I.

9. aufzulegen. Die Pläne und Beschreibungen sind von der Hinausgabe der Ladung und der Ausschreibung im Amtsblatt bis zur Tagfahrt aufzulegen. Die Pläne und Beschreibungen können von jedem, der ein rechtliches oder tatsächliches Interesse daran glaubhaft machen kann, während der Geschäftsstunden eingesehen werden; es sollen insbesondere alle Personen die Möglichkeit erhalten, das Maß ihrer Beziehung festzustellen und die Rückwirkung des Unternehmens auf ihre Grundstücke und Rechte zu beurteilen.

10. Beteiligten. Das sind die Personen, die nach den Erhebungen aktiv oder passiv beteiligt sind. Haben einzelne Personen zu der Sache Anträge gestellt oder Einwendungen erhoben, so empfiehlt sich auch die besondere Ladung dieser Personen.

11. schriftlich. Es genügt nicht die Absendung der Ladung, sondern die Ladung muß ordnungsmäßig zugestellt werden. Um diesen Nachweis führen zu können, muß die Ladung entweder gegen Postzustellungsurkunde oder gegen Empfangsbestätigung erfolgen. Auch hier ist es zweckmäßig, jeden Ehegatten besonders zu laden.

12. sonstige Beteiligte. Das sind insbesondere die Beteiligten, deren Beteiligung bisher nicht bekannt geworden ist. Hat ein beteiligter Grundstückseigentümer nach der Feststellung des Kreises der Beteiligten, aber vor der Verhandlungstagfahrt das Eigentum an seinem Grundstück an einen anderen übertragen, so gehört dieser andere zu den sonstigen Beteiligten, die durch das Ausschreiben als geladen gelten.

13. Amtsblatt. Das Ausschreiben muß enthalten a) die Bezeichnung des beabsichtigten Unternehmens in einer Weise, daß man einigermaßen daraus entnehmen kann, was geschehen soll (die einzelnen Grundstücke brauchen nicht angegeben zu werden; es genügt z. B. die Bezeichnung „Verbesserung der Schöntalfilze in der Gemeinde Oberdorf"), b) die Angabe, daß für dieses Unternehmen eine öffentliche Ödlandgenossenschaft gegründet werden soll, c) die Angaben unter Abs. II Nr. 1—4, d) die Angaben, wann und wo die Tagfahrt stattfindet. Die Ausschreibung im Amtsblatt muß drei Wochen vor der Tagfahrt erfolgen (siehe Abs. III). Ein Stück des Amtsblatts soll zum Akt genommen werden, damit die Beobachtung der Vorschrift leicht festgestellt werden kann.

14. laden. Die Ladung der Beteiligten mit den in Nummer 1—4 des Abs. II gebotenen Beisätzen ist eine Voraussetzung für das Zustandekommen der Genossenschaft. Da sich häufig die Ladung einzelner Beteiligter unter der im Grundbuch angegebenen Adresse als undurchführbar erweist und in solchen Fällen noch Erhebungen nach dem Aufenthaltsort der Beteiligten gepflogen werden müssen, ist es zweckmäßig, die Ladungen sehr frühzeitig, etwa fünf Wochen vor der Tagfahrt, hinauszugeben, damit auch die Ladung der Personen, deren richtige Adresse erst nachträglich ermittelt werden kann, noch möglich ist. Ist die Ladung im Amtsblatt unterblieben oder sind ermittelte Beteiligte nicht schriftlich geladen worden, so brauchen die nicht richtig Geladenen die Beschlüsse in der Verhandlungstagfahrt nicht gegen sich gelten zu lassen. Würde die Mehrheit für die Genossenschaftsbildung (Art. 5 Abs. I) nicht erreicht werden, wenn die nicht geladenen Beteiligten zu der Tagfahrt erschienen wären und gegen die Genossenschaftsbildung abgestimmt hätten, so ist die Genossenschaftsbildung unzulässig und die Regierung darf die Satzung nicht genehmigen. Wird dagegen die Mehrheit auch erreicht, wenn die nicht Geladenen gegen die Genossenschaftsbildung gestimmt hätten, so beschränkt sich die Wirkung der Unterlassung der Ladung auf die nicht geladenen Personen. Mit diesen muß dann gesondert verhandelt werden. — Die Auffassung von Harster-Cassimir Art. 181 Anm. 4, daß die ermittelten Beteiligten, bei denen die Zustellung der Ladung nicht möglich war, durch das Ausschreiben im Amtsblatt geladen sind, kann ich nicht teilen. Nach dem Gesetz muß jeder Beteiligte, dessen Person ermittelt worden ist, besonders geladen werden. Ist sein Aufenthalt unbekannt, so kann er öffentlich geladen werden. — Wegen mehrerer getrennter Tagfahrten siehe AB. § 20 Abs. IV (Seite 165).

15. aufliegen. Es empfiehlt sich, hier auch die Amtsstunden anzugeben, während deren die Pläne und Beschreibungen eingesehen werden können. Ist der Beisatz nach Ziff. 1 in den schriftlichen Ladungen oder im Ausschreiben weggelassen worden, so liegt ein wesentlicher Mangel des Verfahrens vor, der das ganze Verfahren ungültig macht, wenn nicht alle Beteiligten nachträglich auf die Einhaltung der Vorschrift verzichten. Der Verzicht kann ausdrücklich oder stillschweigend (durch Nichtbeanstandung) erklärt werden.

16. Beitritt. Unter Widerspruch versteht das Ödlandgesetz die Erklärung eines Grundstückseigentümers, der als aktiv beteiligt behandelt wird, daß er der Genossenschaft nicht oder nicht mit allen im Entwurf vorgesehenen Grundstücken beitrete. Vgl. auch AB. § 22 Abs. II (Seite 172). Über die Widersprüche ist in der Tagfahrt zu verhandeln (Art. 69 Abs. I) und, falls sie nicht zurückgezogen werden, verwaltungsrechtlich durch die Regierung zu entscheiden (Art. 74 Abs. II).

17. Unternehmen. Unter Einspruch versteht das Ödlandgesetz die Erklärung irgend einer Person, daß sie die Durchführung des Unternehmens in der beantragten Form nicht zulassen will. Vgl. auch AB. § 22 Abs. III (Seite 172). Auch über die Einsprüche wird in der Tagfahrt verhandelt (Art. 69 Abs. I), und, wenn sie nicht zurückgezogen werden, durch die Regierung verwaltungsrechtlich entschieden (Art. 74 Absatz II).

18. zu machen sind. Hieraus ergibt sich, daß die Einsprüche und die Widersprüche auch schon vor der Verhandlungstagfahrt bei der Bezirksverwaltungsbehörde schriftlich eingereicht oder zu Niederschrift erklärt werden können. Es ist aber zu beachten, daß sie im Falle des Nichterscheinens des Einsprechenden oder des Widersprechenden zu der Tagfahrt als ausgeschlossen gelten, also nicht mehr weiterverfolgt werden können. Ist der Beisatz nach Ziffer 2 in den schriftlichen Ladungen oder in dem Ausschreiben weggeblieben, so liegt ein wesentlicher Mangel des Verfahrens vor, der aber durch ausdrücklichen Verzicht des Widersprechenden oder des Einsprechenden hinsichtlich dessen Person geheilt wird.

19. zu tragen haben. In Fällen, in denen das Verfahren von amtswegen eingeleitet wird, gibt es keinen Antragsteller. Eine Vereitlung der Tagfahrt wegen Nichterscheinens eines Antragstellers kommt in diesen Fällen nicht in Frage, weshalb in die Ladungen und in das Ausschreiben eine Bemerkung nach Ziffer 3 nicht aufzunehmen ist. Im übrigen ergibt sich aus Ziffer 3, daß die Verhandlungstagfahrt nicht abgehalten werden kann, wenn nicht alle Antragsteller oder deren Vertreter erschienen sind. Die Ersatzverbindlichkeit der Antragsteller ist eine öffentlich-rechtliche Verpflichtung. Die Ersatzpflicht gegenüber den nicht erschienenen Beteiligten umfaßt den Ersatz der infolge der Teilnahme an der Tagfahrt entstandenen besonderen Aufwendungen (Reisekosten, Mehraufwand für Verpflegung, Kosten der Stellung eines Vertreters im Beruf oder eines Vertreters für die Tagfahrt usw.) und den Ersatz des entgangenen Arbeitverdienstes. Die Verbindlichkeit gegenüber dem Staat umfaßt den Ersatz der Kosten der vereitelten Tagfahrt, insbesondere die Kosten der Ladung der Beteiligten und des Ausschreibens im Amtsblatt, die Reisekosten und Aufwandsentschädigungen der Vertreter der Bezirksverwaltungsbehörde und der technischen Behörde, die für die Bereitstellung, Heizung, Beleuchtung und Reinigung des Versammlungsraums entstandenen Kosten. Streitigkeiten bilden einen Bestandteil des verwaltungsrechtlichen Verfahrens und werden daher zugleich mit der Entscheidung über Einsprüche und Widersprüche von der Regierung, Kammer des Innern, entschieden; sind Einsprüche und Widersprüche nicht erhoben worden, so ist von der Regierung über die Ersatzverbindlichkeit allein zu entscheiden (ebenso Eymann Art. 181 Anm. 12).

Die Verpflichtung zur Ersatzleistung beruht für die ausgebliebenen Antragsteller nicht etwa auf dem Gesetz selbst, sondern auf der gemäß der gesetzlichen Ermächtigung, ja sogar dem gesetzlichen Auftrag erlassenen Anordnung der Bezirksverwaltungsbehörde. Wird diese Anordnung nicht erlassen, so besteht die Verpflichtung nicht. Hieraus ergibt sich, daß die Nichtaufnahme des Zusatzes nach Ziff. 3 in die Ladung der Antragsteller und in das Ausschreiben zur Folge hat, daß die Ersatzpflicht der Antragsteller nicht vorhanden ist; ist sie dagegen entweder in die schriftliche Ladung oder in das Ausschreiben aufgenommen worden, so genügt dies für die Begründung der Verbindlichkeit. Die Weglassung des Zusatzes in den Ladungen der nichtantragstellenden Beteiligten ist ohne Einfluß; diese Personen können mit dem Weglassen der Ersatzverpflichtung ihr Fernbleiben nicht entschuldigen; die in Nr. 4 vorgesehenen Folgen treffen daher für sie auch dann ein, wenn in ihrer Ladung ein Zusatz nach Nr. 3 nicht enthalten ist.

20. Geladenen. Das sind diejenigen, welche keinen Antrag auf Gründung der Genossenschaft gestellt haben. Ziff. 4 bezieht sich nicht auf die Antragsteller. Sind diese nicht vollzählig erschienen oder vertreten, so kann die Tagfahrt nicht abgehalten werden.

21. vertreten. Die Vertretung kann durch Rechtsanwälte oder durch sonstige Personen erfolgen. Die Vollmacht muß entweder der Bezirksverwaltungsbehörde mündlich erklärt oder schriftlich übergeben werden. Eine Beglaubigung der Vollmacht ist nicht notwendig. Kann der Vertreter in der Tagfahrt die Vollmacht nicht beibringen, so kann ihn der Vertreter der Bezirksverwaltungsbehörde zunächst ohne Vollmacht zulassen; die Wirksamkeit seiner Erklärungen für den Vertreter hängt jedoch davon ab, daß er vor der Entscheidung eine genügende Vollmacht beibringt. Ein Anspruch auf Zulassung ohne Vollmacht besteht jedoch nicht (ebenso Eymann Art. 181 Anm. 14).

22. Ausschluß. Der Ausschluß ist nach Art. 70 Abs. I besonders zu eröffnen.

23. gemacht haben. Die Einsprüche und Widersprüche können zwar schon vor der Tagfahrt erhoben werden (vgl. Abs. II Nr. 2); wenn sie aber in der Tagfahrt nicht wiederholt werden, sind sie verloren; auch im Beschwerdeverfahren können sie nicht mehr vorgebracht werden. Es besteht nur die Möglichkeit der Wiedereinsetzung nach Art. 70 Abs. II in den daselbst vorgesehenen besonderen Fällen. Wegen des Begriffs der Einsprüche und Widersprüche siehe Anm. 16 und 17.

24. Gestalt. Hieraus ergibt sich, daß die gestellten Anträge hinsichtlich des Unternehmens nicht nur unverändert angenommen oder abgelehnt, sondern durch Mehrheitsbeschluß auch abgeändert werden können. Die Abänderung erfolgt in der Weise, daß über das Unternehmen, wie es im Antrag vorgesehen ist, und über das Unternehmen, wie es sich nach den Abänderungsanträgen gestaltet, abgestimmt wird. Für beide Abstimmungen wird die Mehrheit nach Art. 5 zu berechnen sein. Zuerst ist über das größere Unternehmen abzustimmen; kann man nicht ein Unternehmen dem anderen gegenüber als das größere bezeichnen, so ist zuerst über die Abänderungsanträge allein abzustimmen; werden diese abgelehnt, so wird über das unveränderte ursprüngliche Projekt abgestimmt; werden sie angenommen, so ist über das ursprüngliche Projekt mit den Abänderungen abzustimmen (a. A. Eymann Art. 181 Anm. 17). Die Zustimmung der Antragsteller zu den Abänderungen ist nicht erforderlich. Sind sie mit den Abänderungen nicht einverstanden, so können sie den Antrag auf Errichtung der Genossenschaft zurückziehen und dadurch das weitere Verfahren unmöglich machen. Es hat jedoch jeder Beteiligte die Möglichkeit, den Antrag auf Errichtung der Genossenschaft in der abgeänderten Form aufzunehmen; außerdem kann die Bezirksverwaltungsbehörde das Verfahren von Amts wegen weiterführen. — Bedeutet die beschlossene Abänderung des Unternehmens eine Erweiterung auf neue Beteiligte, so ist mit diesen eine neue Tagfahrt abzuhalten.

25. erachtet werden. Es handelt sich hier nicht um eine Rechtsvermutung, die etwa durch nachträgliche Erklärung widerlegt werden könnte, sondern um eine Fiktion. Die Zustimmung wird fingiert, selbst wenn amtsbekannt ist, daß die nichterschienenen und nichtvertretenen Personen dem Unternehmen nicht zustimmen, oder wenn sie schriftlich der Bezirksverwaltungsbehörde erklärt haben, daß sie am Erscheinen in der Tagfahrt verhindert sind und dem Unternehmen nicht zustimmen. Die Ablehnung kann nur durch die Erklärung des Beteiligten oder eines bevollmächtigten Vertreters in der Verhandlungstagfahrt selbst, daß er nicht zustimme, oder daß er Einspruch oder Widerspruch erhebe, erfolgen. Die Zustimmung gilt als Verzicht auf Einwendungen, bei den aktiv Beteiligten außerdem noch als Beitritt zur Genossenschaft (ebenso Eymann Art. 181 Anm. 17). Von dem Eintritt der in Nr. 4 vorgesehenen Fiktion ist den Betroffenen Mitteilung zu machen (Art. 70 Abs. I). — Der Rechtsnachfolger kann die Fiktion der Zustimmung nicht mehr anfechten (Art. 69 Abs. IV Satz 2). — Auch das Offizialprinzip (Art. 57 Abs. I) gestattet die nachträgliche Erhebung von ausgeschlossenen Einsprüchen und Widersprüchen nicht (VGH. 25, 74). Ebenso können sie im Beschwerdeverfahren nicht berücksichtigt werden (VGH. 13, 306).

26. liegen. Für den Beginn der Frist ist die Ausgabe des die Ladung enthaltenden Amtsblattes maßgebend. Das Amtsblatt ist dann als herausgegeben anzusehen, wenn die bestellten Stücke der Auflage zur Post gegeben oder ausgetragen worden sind oder abgeholt werden können. Werden z. B. die ersten Nummern noch am Abend der Bezirksverwaltungsbehörde übergeben, die übrigen Stücke aber erst am nächsten Morgen versandt oder abgegeben, so ist erst die Tätigkeit am Morgen entscheidend. Der Tag, in den hienach die maßgebende Ausgabe des Amtsblattes fällt, ist in die Frist nicht einzurechnen (entsprechend nach BGB. § 187). Endigt die Frist mit einem Sonntag oder einem allgemeinen Feiertag, so wird dadurch eine Verlängerung der Frist durch entsprechende Anwendung des BGB. § 193 nicht herbeigeführt, weil sich § 193 nur auf die Fälle bezieht, in denen innerhalb der Frist eine Willenserklärung abzugeben oder eine Leistung zu bewirken ist (ebenso Harster-Cassimir Art. 181 Anm. 5; a. A. Eymann Art. 181 Anm. 19). Die Tagfahrt darf nicht etwa schon am letzten Tag der Frist, sondern erst nach Ablauf der Frist stattfinden. Wird die Frist nicht eingehalten, so liegt ein wesentlicher Mangel des Verfahrens vor, welcher die Verhandlungstagfahrt ungültig macht. Auf die Einhaltung der dreiwöchigen Ladungsfrist kann mit Einverständnis aller Beteiligter verzichtet werden; der Verzicht kann auch stillschweigend erklärt werden (durch Verzicht auf Geltendmachung des Verfahrensmangels). Macht jedoch ein zur Zeit des Verzichts nicht bekannter Beteiligter den Mangel nachträglich geltend, so treten ihm gegenüber die in Nr. 4 erwähnten Rechtsfolgen nicht ein (teilweise a. A. Eymann Vorbem. 25 zum 5. Abschnitt; ich halte seine Ausführungen hinsichtlich der Nichtbeachtung der dreiwöchigen Frist oder der Vorschrift der Auflage der Pläne für inkonsequent).

Tagfahrt.

Art. 69.

I Bei der Tagfahrt [1], die erforderlichenfalls mit einer Ortsbesichtigung zu verbinden ist [2], hat die Bezirksverwaltungsbehörde [3] das gesamte Unternehmen zu erörtern [4], über erhobene Widersprüche gegen den Beitritt zur Genossenschaft [5] sowie über die gegen das Unternehmen geltend gemachten Einsprüche [6], insbesondere auch beantragte Zwangsrechte [7] zu verhandeln [8].

II Neben den von der Bezirksverwaltungsbehörde aufgestellten Sachverständigen [9] können auch von den Beteiligten Sachverständige zur Tagfahrt mitgebracht werden [10]. Diese sind, soweit es die Klarstellung des Sachverhalts erfordert, ebenfalls einzuvernehmen [11].

III Sodann sind die gesetzlichen Voraussetzungen für die Genossenschaftsbildung [12] auf Grund des Verhandlungsergebnisses zu prüfen [13] und hiernach die erforderlichen Abstimmungen zu veranlassen [14].

IV Die Verhandlungen [15] und die Erklärungen [16] sind zu Niederschrift zu nehmen [17]. Zustimmende Erklärungen können nich mehr zurückgenommen werden[18] und sind auch für den Rechtsnachfolger bindend[19].

Ausführungsbestimmungen.

§ 22.

I Werden für ein genossenschaftliches Unternehmen Zwangsrechte in Anspruch genommen (Art. 41—46), so sind die hiezu erforderlichen Verhandlungen mit der Tagfahrt nach Art. 69 tunlichst zu verbinden.

II Widersprüche im Sinne des Art. 69 sind Einwendungen von Personen gegen ihre Beiziehung als Mitglied zur Genossenschaft oder gegen den Umfang ihrer Beiziehung.

III Einsprüche sind dagegen alle anderen Einwendungen öffentlichrechtlicher oder bürgerlichrechtlicher Natur gegen das Genossenschaftsunternehmen als solches, z. B. gegen die Art und Weise der beabsichtigten Ausführung und gegen beanspruchte Zwangsrechte.

§ 23 Abs. I.

Der über den Verlauf der Tagfahrt aufzunehmenden Niederschrift sind die Ergebnisse der Abstimmung über die Genossenschaftsbildung (Art. 5) und die Deckung der Genossenschaftslasten (Art. 22) sowie die Feststellung der Satzung (Art. 71 und 72) beizufügen. Die Abstimmung erfolgt durch Unterschrift (Art. 69 Abs. IV).

1. Tagfahrt. Die Tagfahrt muß in allen Fällen stattfinden, auch wenn alle Beteiligten mit der Genossenschaftsgründung einverstanden sind. Die Tagfahrt ist nicht öffentlich. Sie bezweckt die mündliche Verhandlung über die Errichtung der Genossenschaft, die Durchführung des Unternehmens und die erhobenen Einsprüche und Widersprüche. Soweit Zwangsrechte beantragt werden, ist sie zugleich mündliche Verhandlung im Sinne des Art. 81 Abs. II und, falls die Festsetzung der Höhe einer Entschädigung erfolgen soll, im Sinne des Art. 84 Abs. II Satz 2. — Die Tagfahrt bildet die Grundlage für die ganze künftige Durchführung des genossenschaftlichen Unternehmens. Wird nach der Tagfahrt das Projekt erheblich geändert, so muß eine neue Tagfahrt abgehalten werden (VGH. 33, 97). Der Verwaltungsgerichtshof hat jedoch in einem Fall, in dem nach der Tagfahrt erhebliche Änderungen an dem Projekt vorgenommen worden sind, ohne daß eine neuerliche Tagfahrt abgehalten worden wäre, von der Aufhebung des Vorverfahrens abgesehen, weil der Beschwerdeführer auch ohne neuerliche Tagfahrt von den Änderungen Kenntnis erhalten und seinen Widerspruch auch gegenüber dem geänderten Projekt ausdrücklich wiederholt hat, sohin prozessual nicht geschädigt worden ist (VGH. 33, 98).

2. zu verbinden ist. Hierüber entscheidet die Bezirksverwaltungsbehörde und, falls diese keine Anordnung darüber getroffen hat, der Vertreter der Bezirksverwaltungsbehörde, welcher die Tagfahrt leitet. Eine Ortsbesichtigung ist insbesondere dann zweckmäßig, wenn der Kreis der einzubeziehenden Grundstücke streitig ist. Es ist nicht notwendig, daß zu der Ortsbesichtigung alle an der Tagfahrt teilnehmenden Personen erscheinen. Das Wegbleiben bei der Ortsbesichtigung hat nicht die in Art. 68 Abs. II Nr. 3 und 4 erwähnten Folgen.

3. Bezirksverwaltungsbehörde. Der Vertreter der Bezirksverwaltungsbehörde leitet die ganze Verhandlung, auch nachdem die Genossenschaftsbildung beschlossen und der Genossenschaftsvorstand gewählt ist.

4. erörtern. Der Vertreter der Bezirksverwaltungsbehörde hat die gesamten tatsächlichen, wirtschaftlichen, technischen und rechtlichen Verhältnisse zu schildern. Er wird insbesondere den gegenwärtigen Zustand und Ertrag mit dem nach der Verbesserung vorhandenen Zustand und Ertrag, die gegenwärtige Rente der Grundstücke mit der künftigen vergleichen, eine Übersicht über die Kosten und deren Deckung geben und die Beteiligten über die Vorteile der Genossenschaftsbildung aufklären. Hinsichtlich der technischen Fragen wird er den Vertreter der technischen Behörde um nähere Erläuterung ersuchen.

5. Genossenschaft. Wegen des Begriffs Widerspruch siehe Artikel 68 Anm. 16 und AB., § 22 Abs. II (Seite 172).

6. Einsprüche. Wegen des Begriffs Einspruch siehe Art. 68 Anm. 17 und AB. § 22 Abs. III (Seite 172).

7. Zwangsrechte. Sollen Zwangsrechte bestellt werden, so ist das Verfahren mit dem Genossenschaftsgründungsverfahren zu vereinigen. Hieraus ergibt sich eine Abweichung von dem in Art. 80 ff. vorgesehenen Verfahren insoferne, als 1. in allen Fällen die mündliche Verhandlung stattfinden muß, die mit der Tagfahrt verbunden wird, 2. die Genossenschaft bereits im Gründungsstadium vor Genehmigung der Satzung den Antrag stellen kann, 3. über den Antrag nicht die Bezirksverwaltungsbehörde, sondern die Regierung, Kammer des Innern, im verwaltungsrechtlichen Senat entscheidet und 4. das Beschwerderecht sich nicht aus Art. 83 Abs. II, sondern aus Art. 74 Abs. IV Satz 2 ergibt. Im übrigen gelten auch für dieses Verfahren die Vorschriften der Art. 80—82.

8. verhandeln. Die Verhandlung besteht in der Darstellung des Sachverhalts, der Einvernahme der Beteiligten, der Erhebung der etwa erforderlichen Beweise (insbesondere Augenschein und Sachverständigengutachten), dem Versuch einer gütlichen Einigung und Veranlassung der Stellung der Schlußanträge. Vgl. auch AB. § 20 Abs. III und V (Seite 164 und 165).

9. Sachverständigen. Diesen stehen die Vertreter der zuständigen technischen Behörden gleich. Die Aussagen der Vertreter der technischen Behörden und der sonstigen Sachverständigen sind, soweit sie sich auf Fragen beziehen, welche verwaltungsrechtlich entschieden werden (Einsprüche, Widersprüche, Zwangsrechte) als förmliche Sachverständigengutachten zu behandeln. Insoweit müssen die Sachverständigen nach Artikel 74 Abs. IV und VGG. Art. 20 Abs. II beeidigt werden; sind jedoch die Sachverständigen oder die Vertreter der technischen Behörden für die Erstattung von Gutachten der betreffenden Art im allgemeinen beeidigt, so genügt die Berufung auf den geleisteten Eid (BGG. Art. 20 Abs. V). Im übrigen steht es im Ermessen des Vertreters der Bezirksverwaltungsbehörde, ob die Vertreter der technischen Behörden und die Sachverständigen eidlich oder nichteidlich einvernommen werden; in der Regel wird kein Anlaß zur Beeidigung bestehen.

10. mitgebracht werden. Wenn die Beteiligten das unbeschränkte Recht der Mitnahme von Sachverständigen haben, so enthält dieses Mitnahmerecht noch keinen Anspruch darauf, daß diese Sachverständigen gehört werden, wie sich aus Satz 2 ergibt.

11. einzuvernehmen. Ob es die Klarstellung des Sachverhalts erfordert, bestimmt der Vertreter der Bezirksverwaltungsbehörde nach pflichtmäßigem Ermessen. Es gibt kein Mittel, um entgegen der Entscheidung des Vertreters der Bezirksverwaltungsbehörde die Einvernahme der Sachverständigen in der Tagfahrt zu erzwingen. Eine besondere Beschwerde gegen die Entscheidung des Vertreters ist nicht zugelassen; die Beschwerde nach Artikel 61 gilt nur für die Anordnungen der Bezirksverwaltungsbehörde selbst, nicht ihres Vertreters. Die Entscheidung des Vertreters der Bezirksverwaltungsbehörde kann daher nur zugleich mit der Entscheidung der Regierung selbst über die Nichtgenehmigung der Satzung oder über die Einsprüche, Widersprüche und Zwangsrechte angefochten werden. — Wegen der Beeidigung der von den Beteiligten mitgebrachten Sachverständigen gelten die Ausführungen in Anm. 9.

12. Genossenschaftsbildung. Gesetzliche Voraussetzungen der Genossenschaftsbildung sind

1. daß es sich um die planmäßige Verbesserung von Ödland handelt (Art. 3 Abs. I),
2. daß bei dem Unternehmen ein Interesse des Gemeinwohls oder ein gemeinwirtschaftlicher Nutzen vorliegt (Art. 6 Abs. I),
3. daß mindestens drei Beteiligte vorhanden sind (Art. 7 Abs. I),
4. daß eine hinreichende Anzahl von Beteiligten der Genossenschaft beitritt; dieser Voraussetzung wird genügt,
   a) in allen Fällen durch den freiwilligen Beitritt aller Beteiligten (Art. 4 Nr. 1);
   b) wenn das Unternehmen in wirtschaftlich oder technisch zweckmäßiger Weise nur durch Ausdehnung auf die Grundstücke der Widerstrebenden ausgeführt werden kann und der voraussichtliche Nutzen des Unternehmens den zu erwartenden Schaden überwiegt (Art. 6 Abs. II), auch durch Mehrheitsbeschluß der Beteiligten (Art. 4 Nr. 2, Art. 5).

13. prüfen. Diese Prüfung enthält keine Entscheidung in dem Sinne, daß etwa der Antrag zugelassen oder zurückgewiesen wird; denn die Entscheidung hierüber liegt, wenn einmal eine Tagfahrt anberaumt worden ist, nicht bei der Bezirksverwaltungsbehörde, sondern bei der Regierung (Art. 74 Abs. II, Art. 75 Abs. I). Die „Prüfung" ist daher nichts anderes als die Klärung und Besprechung der Sache mit den Beteiligten und die Stellung der Fragen für die Abstimmung.

14. veranlassen. Bei der Abstimmung ist insbesondere Art. 5 zu beachten. Die Abstimmung hat so zu erfolgen, daß aus der Niederschrift hervorgeht, wie jeder Beteiligte abgestimmt hat (vgl. auch Abs. IV). Am Schlusse der Abstimmung wird das Abstimmungsergebnis von dem

Vertreter der Bezirksverwaltungsbehörde vorläufig festgestellt. Diese vorläufige Feststellung hat lediglich Bedeutung für die Entscheidung der Frage, ob das Verfahren nach Art. 71 noch weiter durchgeführt werden soll (vgl. auch Art. 72 Abs. I). Dagegen bindet die vorläufige Feststellung des Abstimmungsergebnisses in keiner Weise die Regierung.

15. Verhandlungen. Nur das wesentliche Ergebnis der Verhandlungen.

16. Erklärungen. Insbesondere die Erklärung des Beitritts zur Genossenschaft, die Erhebung von Widersprüchen und Einsprüchen und die Erklärung über die beantragten Zwangsrechte.

17. nehmen. Über die Tagfahrt muß eine Niederschrift geführt werden. Wer die Niederschrift führt, bestimmt der Vertreter der Bezirksverwaltungsbehörde. Er kann sie selbst führen, er kann seine Führung auch einem anderen Beamten der Bezirksverwaltungsbehörde oder einem Referendar oder dem Vertreter der technischen Behörde oder einem amtlichen Sachverständigen oder einer anderen Person, die nicht beteiligt ist, übertragen. Alle genannten Personen sind zur Übernahme der Niederschriftführung nur verpflichtet, soweit sie bei der Bezirksverwaltungsbehörde beschäftigt sind. Hat die Person, welche die Niederschrift führt, keinen Diensteid geleistet, so ist es zweckmäßig, wenn auch nicht notwendig, sie auf die richtige Führung der Niederschrift besonders zu verpflichten. Die Niederschrift ist von dem Vertreter der Bezirksverwaltungsbehörde, dem Vertreter der technischen Behörde und der Person, welche die Niederschrift führt, zu unterzeichnen. Wegen des Inhaltes der Niederschrift siehe AB. § 23 (Seite 172).

18. zurückgenommen werden. Insbesondere die Erklärungen des Beitrittes zur Genossenschaft und der Anerkennung beantragter Zwangsrechte sind, so bald sie abgegeben worden sind, unwiderruflich. Lediglich die Anfechtung wegen Irrtums oder Zwang ist nach allgemeinen Rechtsgründen zulässig. Dagegen können Einsprüche und Widersprüche und Ablehnungen beantragter Zwangsrechte jederzeit in der Tagfahrt und später bis zur Entscheidung zurückgenommen und durch eine zustimmende Erklärung ersetzt werden. — Die Erklärung verliert ihre Bedeutung mit der rechtskräftigen Ablehnung des Antrags auf Bildung der Genossenschaft. Wird in einem solchen Falle später neuerdings der Antrag auf Bildung der gleichen Genossenschaft gestellt, so sind in dem neuen Verfahren die Beteiligten an ihre Erklärungen in dem früheren Verfahren nicht gebunden. — Die gleiche Bindung besteht für die fingierte Zustimmungserklärung der Beteiligten, die nicht erschienen und vertreten sind oder nicht abgestimmt haben, soweit ihnen nicht Wiedereinsetzung bewilligt wird (Art. 70 Abs. II).

19. bindend. Das ist eine Folge des Realprinzips (Art. 7 Absatz II). Der Beteiligte gibt die Erklärung nicht für sich persönlich, sondern als Eigentümer eines Grundstücks ab. Ebenso gut wie bei der Veräußerung eines Grundstücks die dinglichen Belastungen eines Grundstücks (Hypotheken, Grundschulden, Rentenschulden, Reallasten, Dienstbarkeiten usw.) auf einem Grundstück lasten bleiben, bildet die zustimmende Erklärung des Grundstückseigentümers und die sich daraus ergebende Haftung des Grundstücks (vgl u a. Art. 26 Abs. I) eine öffentlich-rechtliche Verbindlichkeit des Grundstücks, die ohne weiteres auf den neuen Eigentümer übergeht. — Auch die fingierte Zustimmung (vgl. Anm. 18 am Ende) ist für den Rechtsnachfolger bindend.

Wiedereinsetzung.

Art. 70.

I Den Beteiligten[1], die bei der Tagfahrt weder erschienen noch vertreten[2] waren, ist der Eintritt der in Art. 68 Abs. II Nr. 3 und 4 ausgesprochenen Folgen zu eröffnen[3].

II Binnen vierzehn Tagen nach der Eröffnung[4] können sie bei der Bezirksverwaltungsbehörde[5] Wiedereinsetzung[6] verlangen[7], wenn sie nachweisen[8], daß sie ohne ihr Verschulden von der Tagfahrt keine Kenntnis erhielten[9] oder am Erscheinen bei der Tagfahrt durch ein Naturereignis oder durch andere unabwendbare Zufälle verhindert[10] waren.

Ausführungsbestimmungen.

§ 24 Abs. I und II.

I Nach der Tagfahrt ist den Beteiligten, welche weder erschienen noch vertreten waren, der Eintritt der in Art. 68 Abs. II Ziff. 3 und 4 ausgesprochenen Folgen zu eröffnen (Art. 70 Abs. I).

II Werden Anträge auf Wiedereinsetzung nach Art. 70 Abs. II gestellt, so hat die Bezirksverwaltungsbehörde hierüber zu entscheiden und diesen Bescheid dem Antragsteller und dem Genossenschaftsvorstand oder den nach Art. 72 Abs. III gewählten Bevollmächtigten zuzustellen.

1. Beteiligten. Hiezu gehören die aktiv und passiv Beteiligten. Art. 70 macht eine sorgfältige Vergleichung der Beteiligtenverzeichnisse mit der Anwesenheits- und Abstimmungsliste erforderlich. — Die Eröffnung nach Art. 70 ist nur den ermittelten, nicht etwa auch den sonstigen Beteiligten zu machen (a. A. Harster-Cassimir Art. 183 Anm. 1).

2. vertreten. Sind in der Tagfahrt Vertreter ohne Vollmachtsvorlage zugelassen worden, so ist die Eröffnung nach Art. 70 erforderlich, wenn die Vollmacht in der Zwischenzeit nicht beigebracht worden ist. Wird nach der Eröffnung, aber vor der Entscheidung nach Art. 74 die Vollmacht beigebracht, so ist die Eröffnung gegenstandslos und unwirksam, selbst wenn die 14tägige Frist des Abs. II bereits abgelaufen ist, ohne daß um Wiedereinsetzung gebeten worden ist; in diesem Falle erlangt die Erklärung des Vertreters in der Tagfahrt volle Rechtsgültigkeit und das Verfahren nach Art. 70 ist nicht weiterzuführen. — Den Beteiligten, welche in der Tagfahrt anwesend waren, aber nicht abgestimmt haben, ist eine Eröffnung nach Art. 70 nicht zu machen; sie haben unter keinen Umständen mehr die Möglichkeit, die versäumte Abstimmung nachzuholen.

3. eröffnen. Die Eröffnung hat nur die Bedeutung einer Mitteilung über die bereits kraft Gesetzes eingetretenen Folgen. Auch bei

Unterlassung der Eröffnung sind daher die Folgen eingetreten; nur hat in diesem Falle die Frist des Abs. II nicht zu laufen begonnen. Die Eröffnung hat gegen Nachweis zu erfolgen, damit der Beginn der Frist des Abs. II festgestellt werden kann.

4. Eröffnung. Der Tag der Eröffnung wird in die Frist nicht eingerechnet (entsprechend nach BGB. § 187 Abs. I). Fällt der letzte Tag der Frist auf einen Sonntag oder einen für den Sitz der Bezirksverwaltungsbehörde staatlich anerkannten allgemeinen Feiertag, so endigt die Frist erst mit dem nächsten Werktag (entsprechend nach BGB. § 193). Gegen die Versäumung der 14tägigen Frist gibt es keine Wiedereinsetzung; die Frist kann auch nicht von der Bezirksverwaltungsbehörde verlängert werden.

5. Bezirksverwaltungsbehörde. Die Frist wird nur durch die rechtzeitige Einreichung des Antrags bei der Bezirksverwaltungsbehörde, welche die Eröffnung gemacht hat, nicht bei einer anderen, gewahrt. Das Wiedereinsetzungsgesuch kann schriftlich eingereicht oder zu Niederschrift erklärt werden.

6. Wiedereinsetzung. Wiedereinsetzung in den vorigen Stand. Die Wirkung der Bewilligung der Wiedereinsetzung besteht darin, daß die in Art. 68 Abs. II Nr. 3 und 4 erwähnte Folge hinsichtlich der Personen, denen die Wiedereinsetzung bewilligt worden ist, als nicht eingetreten gilt. Wegen des weiteren Verfahrens siehe Art. 73 Abs. II.

7. verlangen. Über diesen Antrag entscheidet die Bezirksverwaltungsbehörde durch Beschluß. Sind die gesetzlichen Voraussetzungen erfüllt, so muß die Wiedereinsetzung erteilt werden. Gegen den Beschluß auf Ablehnung der Wiedereinsetzung ist binnen 14 Tagen Beschwerde nach Art. 61 zulässig. Die Richtigkeit des Beschlusses und des Beschwerdebescheids ist übrigens auch von amtswegen im verwaltungsrechtlichen Verfahren des Art. 74 nachzuprüfen.

8. nachweisen. Der Nachweis braucht nicht unbedingt innerhalb der 14tägigen Frist erbracht zu werden. Es genügt, wenn das Wiedereinsetzungsgesuch innerhalb der 14 Tage vorgelegt und die Nachweise erst nach Ablauf der 14 Tage vollständig vorgelegt werden. Die Bezirksverwaltungsbehörde kann die Nachweise auch durch Ermittlungen von amtswegen ergänzen (a. A. Eymann Art. 183 Anm. 9).

9. erhielten. Diese Voraussetzung ist nicht erfüllt, wenn statt eines Beteiligten dessen bevollmächtigter Vertreter zu der Tagfahrt geladen wurde. Sie ist auch nicht erfüllt, wenn ein Beteiligter zwar keine besondere Ladung erhält, dagegen von dem Ausschreiben im Amtsblatt Kenntnis erhalten hat oder ohne Schwierigkeit hätte erhalten können, oder wenn er auf andere glaubhafte Weise (z. B. durch Mitteilung von geladenen Beteiligten) den Termin erfahren hat (ebenso Eymann Artikel 183 Anm. 10). Sie ist bei ordnungsmäßiger Ersatzzustellung nicht erfüllt, auch wenn der Beteiligte von der Ersatzzustellung keine Kenntnis erhalten hat. Nach der Begründung des Entwurfs des Wassergesetzes, welches eine gleichlautende Vorschrift enthält, soll dagegen die Voraussetzung als erfüllt angesehen werden, wenn die an die Haustüre angeheftete Ladung von unberufenen Händen entfernt wurde, bevor der Beteiligte von ihr Kenntnis erhalten hat.

10. verhindert. Beispiele: Krankheit des Beteiligten, schwerer Krankheits- oder Todesfall innerhalb seiner engsten Familie, Verkehrsstörung, welche das rechtzeitige Erscheinen unmöglich gemacht hat, Unmöglichkeit der Besorgung eines Stellvertreters im Beruf, falls die berufliche Tätigkeit nicht unterbrochen werden kann usw.

Beschlußfassung über die Satzung.

Art. 71.

Wird gegen den Beitritt zur Genossenschaft von keiner Seite ein Widerspruch erhoben[1], so sind die erschienenen Zustimmenden sofort zur Bildung der Genossenschaft[2] und zur Beschlußfassung über die Satzung[3] zu veranlassen[4]. Bei der Feststellung der Satzung entscheidet die einfache Mehrheit der Abstimmenden[5]. Hierauf ist der Genossenschaftsvorstand zu wählen und über die vorliegenden Einsprüche gegen das Unternehmen zu hören[6].

Ausführungsbestimmungen.

§ 21.

Zur Erleichterung der Beschlussfassung über die Genossenschaftssatzung, die sich in der Regel sofort an die Bildung der Genossenschaft anschliessen soll (Art. 71), wird die in der Anlage I) entworfene Mustersatzung dienen. Sie enthält sämtliche nach Art. 15 des Gesetzes in die Satzung aufzunehmenden Bestimmungen und ist für die Verhältnisse von Genossenschaften mittleren Umfanges berechnet. Für Genossenschaften mit einer sehr beschränkten Teilnehmerzahl wird — unbeschadet der Vorschrift des Art. 15 des Gesetzes — eine Zusammenfassung und Streichung einzelner Bestimmungen zulässig und zweckmässig sein. In den der Mustersatzung beigefügten Bemerkungen sind einzelne Bestimmungen der Satzung erläutert und Zusätze beigefügt, die sich je nach Art und Grösse der Genossenschaften ergeben können.*

§ 23 Abs. II.

Die an die Feststellung der Satzung sich anschliessende Wahl des Genossenschaftsvorstandes (Art. 71 und 72) hat bereits nach Massgabe der in der Satzung hiefür vorgesehenen Bestimmungen zu erfolgen (vgl. § 11 der Mustersatzung).

1. erhoben. Einen Widerspruch kann nur erheben, wer als Mitglied zu der Genossenschaft zugezogen werden soll, also nur ein aktiv

*) Siehe Seite 223.

Beteiligter. Wenn jemand anderer Widerspruch erheben sollte, so ist dies kein Widerspruch im Sinne des Gesetzes. Der Nichterhebung eines Widerspruchs steht es gleich, wenn die erhobenen Widersprüche zurückgezogen worden sind. Die Erhebung von Einsprüchen gegen das Unternehmen steht dem weiteren Verfahren nach Art. 71 nicht entgegen. Über den Unterschied zwischen Widersprüchen und Einsprüchen siehe Art. 68 Anm. 16 und 17. Einwendungen gegen beantragte Zwangsrechte sind als Einsprüche zu erachten und hindern das weitere Verfahren nicht. Auch bürgerlichrechtliche Einwendungen stehen nicht im Wege.

2. Genossenschaft. Die Bildung der Genossenschaft erfolgt dadurch, daß die Beteiligten beschließen, daß sie eine öffentliche Ödlandgenossenschaft bilden wollen. In der Regel kann der Beschluß über die Bildung der Genossenschaft mit dem Beschluß über die Durchführung des Unternehmens verbunden werden. Es empfiehlt sich sogar in den meisten Fällen, wenn keine Abänderungen des Projektes verlangt und keine Einwendungen erhoben werden, diese beiden Beschlußfassungen mit der Abstimmung über den Beitritt zur Genossenschaft zu verbinden in der Weise, daß eine Anlage der Niederschrift in zwei Spalten geteilt und alle aktiv Beteiligten, welche der Durchführung des Unternehmens und der Gründung der Genossenschaft zustimmen und der Genossenschaft beitreten, ihren Namen in der linken, alle anderen ihren Namen in der rechten Spalte eintragen. Sämtliche Abstimmungen erfolgen sowohl nach der Zahl der Beteiligten als auch nach der beteiligten Grundfläche, die ihnen gehört (Art. 5). Bei allen Abstimmungen ist zu beachten, daß die nichterschienenen, die nichtvertretenen und die nichtabstimmenden Beteiligten als zustimmend gerechnet werden (siehe Art. 68 Abs. II Nr. 4).

3. Satzung. Es empfiehlt sich, daß die Bezirksverwaltungsbehörde einen Satzungsentwurf aufstellt. Die Satzung muß den Vorschriften des Art. 15 entsprechen. Die Aufstellung der Satzung ist durch Veröffentlichung einer Mustersatzung als Anlage I zu den Vollzugsvorschriften erleichtert. Die Mustersatzung ist auf Seite 223 abgedruckt. Siehe auch AB. § 21 (Seite 178). Wegen der erforderlichen Mehrheit siehe Satz 2.

4. veranlassen. Der Vertreter der Bezirksverwaltungsbehörde führt die Abstimmungen durch.

5. Abstimmenden. Hiebei ist weder schriftliche Abstimmung noch die Feststellung der Grundstücksfläche notwendig, welche die Zustimmenden vertreten. Es genügt die Abstimmung durch Handerheben oder Aufstehen. Die Beteiligten, die nicht erschienen und nicht vertreten sind oder nicht abstimmen, werden hier nicht mitgezählt. — Eine Ausnahme enthält Art. 22 Abs. I. Hienach ist für die Abstimmung über die Satzungsbestimmungen, welche die Deckung der Genossenschaftslasten und die Bewirtschaftung und Nutzung des verbesserten Ödlandes betreffen, die Mehrheit nach der beteiligten Grundfläche zu berechnen (ebenso Eymann Art. 184 Anm. 6). Auch hier ist nur die Grundfläche zu berücksichtigen, deren Eigentümer an der Abstimmung teilnehmen.

6. Wahlen. Bei dieser Wahl ist bereits die beschlossene Satzung maßgebend (AB. § 23 Abs. II Seite 178), insbesondere hinsichtlich der Zahl der Mitglieder des Genossenschaftsvorstandes. Auch diese Wahl kann durch Zuruf erfolgen, wenn die Satzung nicht ein anderes Verfahren vorschreibt. An die Wahl des Vorstandes schließt sich zweckmäßig die Befragung der Gewählten über die Annahme der Wahl und die Aufnahme der Erklärungen der Gewählten in die Niederschrift.

7. **Hören.** Eine Beschlußfassung der ganzen Versammlung hierüber kommt nicht in Frage. Es können daher die übrigen Beteiligten entlassen werden. Neben den Vertretern der Bezirksverwaltungsbehörde und der technischen Behörde bleibt nur der Genossenschaftsvorstand zurück; es ist zweckmäßig, auch die Personen, die Einsprüche erhoben haben, zurückzubehalten, um ihnen nach der Beschlußfassung des Vorstandes nochmals Gelegenheit zur Zurücknahme ihrer Einsprüche zu geben. Der Genossenschaftsvorstand beschließt unter Leitung des Vertreters der Bezirksverwaltungsbehörde über die Stellungnahme zu jedem einzelnen Einspruch. Diese Beschlußfassung ist nicht etwa eine Entscheidung über den Einspruch — die Entscheidung obliegt nach Art. 74 Abs. II der Regierung — sondern lediglich die Abgabe einer Parteierklärung. Die Beschlußfassung enthält zugleich den nach Art. 80 Abs. I für die Durchführung des Zwangsverfahrens erforderlichen Antrag. Da die Beteiligten zu der Frage der Bestellung der Zwangsrechte bereits in der Tagfahrt gehört worden sind, ist ihre nochmalige Verständigung und Aufforderung zur Erklärungsabgabe nach Art. 81 nicht notwendig. Es ist jedoch zweckmäßig, daß die Einsprechenden, wie schon erwähnt, zurückgehalten und von dem Beschluß des Genossenschaftsvorstandes verständigt werden, weil sie in manchen Fällen daraufhin ihre Einsprüche zurückziehen werden. — Die Genossenschaft entsteht erst mit der Genehmigung der Satzung (Art. 16); infolgedessen kann sie vorher weder Rechte noch Verbindlichkeiten haben und ihre Organe können eine für die Genossenschaft verbindliche Tätigkeit nicht entfalten. Aus Zweckmäßigkeitsgründen hat aber Art. 71 eine Ausnahme hievon getroffen und schon der Genossenschaft und ihren Organen im Gründungsstadium bestimmte Rechte und Pflichten eingeräumt. Auch im übrigen vertritt der Vorstand die Genossenschaft in allen Fragen der Genossenschaftsgründung. Soweit der Genossenschaftsvorstand vor der Genehmigung der Satzung andere Beschlüsse, insbesondere über die Eingehung von Verbindlichkeiten faßt, sind diese Beschlüsse aufschiebend bedingt durch die Genehmigung der Satzung. Vorher haften die Vorstandsmitglieder persönlich.

Verfahren bei Widersprüchen. **Art. 72.**

I Wird bei der Abstimmung gegen den Beitritt zur Genossenschaft ein Widerspruch erhoben [1] und sind die Voraussetzungen für einen Mehrheitsbeschluß im Sinne des Art. 5 gegeben [2], so ist gleichfalls nach Art. 71 zu verfahren [3].

II Der von den erschienenen Zustimmenden gewählte Genossenschaftsvorstand [4] ist sodann zur Erklärung sowohl über etwaige Einsprüche [5] als auch über die gegen den Beitritt zur Genossenschaft eingelegten Widersprüche [6] insbesondere zur Antragstellung hinsichtlich der zwangsweisen Beiziehung der Minderheit [7] zu veranlassen.

III Ist die sofortige Bildung einer Genossenschaft untunlich,[8] so haben die Zustimmenden einen oder mehrere Bevollmächtigte zu wählen[9]. Diese haben im Sinne des Abs. II die Erklärung abzugeben und Antrag zu stellen[10] sowie die Zustimmenden im Streitverfahren bis zur Genossenschaftsbildung zu vertreten[11].

Ausführungsbestimmungen.

§ 23 Abs. III.

Die Wahl der Bevollmächtigten nach Art. 72 Abs. III kann durch Zuruf erfolgen; dem Antrag eines zustimmenden Beteiligten auf Vornahme der Wahl durch Stimmzettel ist stattzugeben.

1. erhoben. Die Erhebung von Einsprüchen hindert das Verfahren nach Art. 72 nicht. Vgl. auch Art. 71 Anm. 1.

2. gegeben. Ob diese Voraussetzung erfüllt ist, entscheidet zunächst der Vertreter der Bezirksverwaltungsbehörde; diese Entscheidung bindet aber die Regierung, die endgültig entscheidet (Art. 74 Abs. II) nicht. Stellt der Vertreter der Bezirksverwaltungsbehörde fest, daß die Voraussetzungen für den Mehrheitsbeschluß nicht gegeben sind, so unterbleiben die in Art. 71 und Art. 72 Abs. II vorgeschriebenen Handlungen. In diesem Falle ist nach Abs. III zu verfahren. Darnach sind die Verhandlungen gemäß der zwingenden Vorschrift des Art. 74 der Regierung vorzulegen, welche über die Einsprüche und Widersprüche entscheidet. Die abweichende Meinung von Eymann Art. 185 Anm. 2, welche eine Zuständigkeit der Regierung nicht annimmt, sondern gegen die Feststellung des Vertreters der Bezirksverwaltungsbehörde nur den Antrag bei der Bezirksverwaltungsbehörde auf Anberaumung einer neuen Tagfahrt zuläßt, halte ich aus folgenden Gründen für unzutreffend: a) Gegen sie spricht zunächst der Wortlaut des Art. 74 Abs. I, daß nach Abschluß der Verhandlungen die Akten der Regierung vorzulegen sind. b) Weiterhin ist es in hohem Maße unbefriedigend, daß über Einsprüche und Widersprüche bald verwaltungsrechtlich, bald im einfachen Verwaltungsweg ohne eigentliche Beschwerdemöglichkeit entschieden wird, je nachdem einige Widersprüche mehr oder weniger vorliegen. c) Sodann muß der bei der Bezirksverwaltungsbehörde gestellte Antrag seine ordnungsmäßige Erledigung finden; hiefür sind drei Möglichkeiten im Gesetz ausdrücklich vorgesehen (Zurückweisung ohne Verhandlung nach Art. 67, verwaltungsrechtliche Entscheidung nach Art. 74 Abs. II, Entscheidung im Verwaltungsverfahren (Satzungsgenehmigung) nach Artikel 75), — weitere Arten der Beendigung des Verfahrens kennt das Gesetz nicht. d) Es ist ferner zu erwähnen, daß die gesamte Tätigkeit der Bezirksverwaltungsbehörde grundsätzlich nur eine vorbereitende ist und daß dieser entscheidende Befugnisse nur insoweit zustehen, als sie ihr ausdrücklich überwiesen sind. e) Endlich muß noch darauf verwiesen werden, daß der Vertreter der Bezirksverwaltungsbehörde nichts anderes als der Leiter der Verhandlung ist und daß es widerspruchsvoll wäre, über einen an die Bezirksverwaltungsbehörde gerichteten Antrag einen Kommissar dieser Behörde entscheiden zu lassen, insbesondere, wenn kein Rechtsmittel gegen seine Entscheidung zugelassen ist.

3. verfahren. Das in Art. 71 vorgeschriebene Verfahren ist unverändert durchzuführen.

4. Genossenschaftsvorstand. Siehe Art. 71 Anm. 7.

5. Einsprüche. Siehe auch Art. 71 Anm. 7. Wegen des Begriffes des Einspruches siehe Art. 68 Anm. 17 und AB. § 22 Abs. III (Seite 172).

6. Widersprüche. Wegen des Begriffes des Widerspruchs siehe Art. 68 Anm. 16 und AB. § 22 Abs. II (Seite 172). Auch hier handelt es sich nur um die Abgabe einer Parteierklärung.

7. Minderheit. Wenn auch der Antrag auf zwangsweise Beiziehung der Widersprechenden die natürliche Folge der Erhebung von Widersprüchen ist, so ist doch der Genossenschaftsvorstand nicht verpflichtet, in allen Fällen die zwangsweise Beiziehung zu beantragen. Er kann in Fällen, in denen er einen Widerspruch für begründet hält, das Grundstück aus dem Unternehmen ausscheiden, so daß der Widerspruch gegenstandslos wird. Diese Befugnis hat er nur dann nicht, wenn das Recht auf nachträgliche Entlassung eines Grundstücks aus dem Genossenschaftsverbande der Genossenschaftsversammlung übertragen ist.

8. untunlich. Dies ist der Fall, wenn gegen den Beitritt zur Genossenschaft Widersprüche erhoben worden sind und die Voraussetzungen für einen Mehrheitsbeschluß nach Art. 5 nicht erfüllt sind oder wenn sich nachträglich ergibt, daß die Voraussetzungen der Genossenschaftsbildung nicht gegeben sind. In diesen Fällen kann sich bei Verwerfung von Widersprüchen immer noch eine Mehrheit nach Art. 5 ergeben. Hier soll zunächst die Entscheidung über die Widersprüche herbeigeführt und erst darnach die Genossenschaft gegründet werden.

9. wählen. Die Bevollmächtigten haben nur die in Satz 2 aufgeführten Rechte. Siehe auch AB. § 23 Abs. III (Seite 181).

10. stellen. Die Erklärungen und Anträge gelten als Anträge der im Gründungsstadium befindlichen Genossenschaft.

11. vertreten. Insbesondere auch bei der Verhandlung vor dem verwaltungsrechtlichen Senat der Regierung über die Widersprüche und Einsprüche. Sie sind daher zu der Verhandlung des Regierungssenates zu laden und ihnen ist der Regierungsbescheid zuzustellen.

Ergänzung der Verhandlung. Art. 73.

I Muß infolge des Vorbringens der Beteiligten die Verhandlung ergänzt werden [1], so hat die Bezirksverwaltungsbehörde die erforderlichen Anordnungen zu treffen [2] und nötigenfalls mit den einschlägigen Beteiligten eine neuerliche Tagfahrt abzuhalten [3].

II Dies gilt auch, wenn einem Beteiligten Wiedereinsetzung gegen die Folgen der Versäumung der Tagfahrt (Art. 70) bewilligt worden ist [4].

1. ergänzt werden. Dies gilt z. B. dann, wenn gegen das Unternehmen überhaupt oder gegen die Beiziehung bestimmter Grundstücke Einwendungen erhoben worden sind, die nicht ohne weitere Prü-

fung als unbegründet angesehen werden müssen, oder wenn eine so wesentliche Änderung des Projektes gewünscht wird, daß sie in der Verhandlungstagfahrt nicht vorgenommen werden kann, oder daß weitere Personen beteiligt werden.

2. treffen. Die Anordnungen können in der Ergänzung oder Abänderung des Projektes, in der Prüfung der vorgebrachten Einwendungen, in der Einvernahme weiterer Sachverständiger, in der Abhaltung einer Ergänzungstagfahrt usw. bestehen. Werden so erhebliche Änderungen vorgenommen, daß die bisherigen Verhandlungen nicht mehr verwertbar sind, so empfiehlt es sich, daß die Bezirksverwaltungsbehörde die Zurücknahme des Genossenschaftsgründungsantrags veranlaßt oder, wenn das Verfahren von amtswegen eingeleitet worden ist, das Verfahren einstellt. — Die Bezirksverwaltungsbehörde kann nicht selbst die Verhandlungen in der Tagfahrt für ungültig erklären und eine neue Tagfahrt abhalten. Auch die Regierung kann im Bureauwege diese Anordnung nicht treffen, weil sie die Erklärung der Beteiligten nicht für ungültig erklären kann (a. A. Eymann Art. 186 Anm. 2); dagegen kann der verwaltungsrechtliche Senat wegen eines wesentlichen Mangels des Verfahrens das Ergebnis der Tagfahrt aufheben und die Abhaltung einer neuen Tagfahrt verfügen.

3. abzuhalten. Ob eine Ergänzungstagfahrt nötig ist, entscheidet die Bezirksverwaltungsbehörde nach pflichtmäßigem Ermessen. Zu der Ergänzungstagfahrt sind nur die hieran Beteiligten zuzuziehen, insbesondere die Antragsteller und die Personen, deren Rechte oder Interessen durch die Ergänzungen berührt werden. Ist der Antrag nicht zurückgenommen oder das Verfahren nicht eingestellt worden, so bleibt das Ergebnis der abgehaltenen Tagfahrt die Grundlage für das weitere Verfahren. Die tatsächlichen oder fingierten Erklärungen in der Tagfahrt bleiben aber nur insoweit verbindlich, als die Beteiligten von der Änderung des Projekts nicht selbst betroffen werden. Soweit dies der Fall ist, tritt für sie an die Stelle der ersten Tagfahrt die Ergänzungstagfahrt. Für diese Ergänzungstagfahrt gelten dieselben Vorschriften wie für die erste Tagfahrt mit den Abweichungen, die sich aus der Beschränkung der Tagfahrt für die nunmehr in Betracht kommenden Beteiligten ergeben.

4. bewilligt worden ist. In diesem Fall braucht nur der zu der Tagfahrt geladen zu werden, dem die Wiedereinsetzung bewilligt worden ist, ferner der Genossenschaftsvorstand. Das Ergebnis der Tagfahrt kann zu einer Änderung des Abstimmungsergebnisses führen, so daß nunmehr die Mehrheit des Art. 5 erreicht wird oder nach wie vor bestehen bleibt oder verschwindet.

Entscheidung der Regierung.

Art. 74.

I Nach der Bildung der Genossenschaft[1] (Art. 71) oder nach dem Abschlusse der Verhandlungen[2] (Art. 72, 73) sind die Verhandlungen der Regierung, Kammer des Innern, vorzulegen[3].

II Diese hat über die Einsprüche[4] und Widersprüche[5], insbesondere über die zwangsweise Beiziehung der Minderheit[6] zu entscheiden[7].

III In dem Bescheide ist eine Frist zu bestimmen, binnen deren das Unternehmen ausgeführt werden muß[8]. Wird die Frist nicht eingehalten, so kann die Regierung, Kammer des Innern, die Genossenschaft als aufgelöst erklären[9].

IV Die Entscheidung erfolgt im verwaltungsrechtlichen Verfahren nach Abschnitt II des Gesetzes vom 8. August 1878 über den Verwaltungsgerichtshof[10]. Gegen die Entscheidung ist Beschwerde an den Verwaltungsgerichtshof zulässig[11].

Ausführungsbestimmungen.

§ 24 Abs. III.

III Die allenfalls nach Art. 73 ergänzten Verhandlungen sind der Regierung, Kammer des Innern, zur Verbescheidung vorzulegen.

1. Genossenschaft. Das ist der Fall der freiwilligen Genossenschaften (Art. 4 Nr. 1).

2. Verhandlungen. Alle Fälle, die nicht unter Art. 71 gehören, fallen ohne weiteres unter Art. 72 oder 73. Hieraus ergibt sich, daß die Verhandlungen in allen Fällen der Regierung vorzulegen sind, auch wenn nach Ansicht der Bezirksverwaltungsbehörde oder ihres Vertreters die in Art. 4 Nr. 2 verlangte Mehrheit nicht zustande gekommen ist (a. A. Eymann Art. 185 Anm. 2). In jedem Falle findet das Genossenschaftsgründungsverfahren durch einen Regierungsbescheid seinen Abschluß, mag dieser in der Zurückweisung des Antrags auf Genossenschaftsbildung oder in der Genehmigung der Satzung bestehen.

3. vorzulegen. Das Verfahren der Regierung ist verschieden, je nachdem es sich um einen der folgenden Fälle handelt:

a) Alle aktiv Beteiligten sind der Genossenschaft freiwillig beigetreten; es werden auch keine Zwangsrechte beansprucht. In diesem Falle ist eine verwaltungsrechtliche Entscheidung nach Art. 74 Abs. II nicht zu treffen; es ist lediglich nach Art. 75 die Zulässigkeit der Genossenschaftsbildung und die Satzung zu prüfen.

b) Alle aktiv Beteiligten sind der Genossenschaft freiwillig beigetreten; es liegt jedoch ein Einspruch vor oder es werden Zwangsrechte nach Art. 41 ff. beansprucht. In diesem Falle muß eine verwaltungsrechtliche Entscheidung nach Art. 74 Abs. II über den Einspruch und über die beanspruchten Zwangsrechte getroffen und nach Art. 75 über die Zulässigkeit der Genossenschaftsbildung und die Genehmigung der Satzung entschieden werden. Beide Verfahren laufen getrennt; zuerst soll das Verfahren nach Art. 75 durchgeführt werden. Der Regierungssenat kann jedoch im Hinblick auf Art. 31 Abs. III BGG. gleichzeitig auch die Entscheidung nach Art. 75 erlassen, ohne daß dadurch an der Eigenschaft dieser Frage als Ermessensfrage etwas geändert und die Zuständigkeit des Verwaltungsgerichtshofs im zweiten Rechtszug begründet würde (ebenso Eymann Art. 189 Anm. 1 c e).

c) Es sind nicht alle aktiv Beteiligten der Genossenschaft freiwillig beigetreten, ein Teil der aktiv Beteiligten hat Widerspruch erhoben; es liegt jedoch weder ein Einspruch vor, noch werden Zwangsrechte beansprucht. In diesem Falle ist über die Widersprüche und damit über die zwangsweise Beiziehung der nichtbeigetretenen Beteiligten im Verfahren des Art. 74 Abs. II und über die Zulässigkeit der Genossenschaftsbildung und die Genehmigung der Satzung nach Art. 75 zu entscheiden. Beide Verfahren laufen getrennt; zuerst soll das Verfahren nach Art. 75 durchgeführt werden. Wegen der Verbindung mit der verwaltungsrechtlichen Entscheidung siehe b).

d) Fall c; außerdem liegen auch Einsprüche vor oder es werden Zwangsrechte nach Art. 41 ff. beansprucht. Hier gilt dasselbe wie bei c; über die Einsprüche und die beanspruchten Zwangsrechte wird zugleich mit den Widersprüchen im Verfahren des Art. 74 Abs. II entschieden.

e) Nur ein Teil der aktiv Beteiligten ist der Genossenschaft freiwillig beigetreten; von den anderen liegen Widersprüche vor; es steht fest, daß die Mehrheit nach Art. 4 Nr. 2 nicht erreicht ist oder es ist wenigstens zweifelhaft, ob die Mehrheit erreicht ist. In diesem Falle ist zunächst im Verfahren nach Art. 75 zu prüfen, ob die Genossenschaftsbildung zulässig ist oder nicht. Wird die Frage verneint, so ist der Antrag auf Bildung der Genossenschaft abzuweisen oder das von amtswegen eingeleitete Verfahren ist einzustellen; dadurch sind die Widersprüche und die etwa erhobenen Einsprüche und beantragten Zwangsrechte gegenstandslos geworden, so daß über sie nicht mehr entschieden zu werden braucht. Wird die Genossenschaftsbildung als zulässig erklärt, so ist zunächst die Satzung im Verfahren nach Art. 75 zu prüfen und zu genehmigen; darnach ist das Verfahren nach Art. 74 Abs. II hinsichtlich der Widersprüche und der etwa erhobenen Einsprüche und beantragten Zwangsrechte durchzuführen. Wegen der Verbindung der beiden Verfahren siehe b).

4. Einsprüche. Über den Begriff des Einspruchs siehe Art. 68 Anm. 17 und AB. § 22 Abs. III (Seite 172). Wendet sich der Einspruch nicht gegen die Zulässigkeit des Unternehmens überhaupt, so beruht der Einspruch in der Regel darauf, daß die in Aussicht genommene Einwirkung auf ein Grundstück das Recht eines anderen verletzt. In den meisten Fällen wird dem Einspruch der Antrag auf Bestellung eines Zwangsrechtes, welches die erwähnte Einwirkung zuläßt, gegenüberstehen. Umgekehrt steht jeder Beantragung eines Zwangsrechtes ein Einspruch gegenüber; denn jeder, der in dem Verzeichnis der passiv Beteiligten aufgeführt ist, muß Einspruch erheben, wenn er nicht das im Passivbeteiligtenverzeichnis erwähnte oder aus dem Projekt ersichtliche Zwangsrecht infolge Stillschweigens zugestehen will. Eine Ausnahme hievon ist nur denkbar, wenn das Zwangsrecht erst nachträglich beansprucht wird. In der Regel werden daher Zwangsrechte und Einspruch dasselbe betreffen; Zwangsrecht ist die aktive, Einspruch die passive Bezeichnung. Für die Zwangsrechte bemißt sich im allgemeinen das Verfahren nach Art. 80 ff. Werden jedoch Zwangsrechte von einer Genossenschaft im Genossenschaftsgründungsverfahren beantragt, so gelten hiefür die Vorschriften der Art. 80 ff. nur insoweit, als nicht die Vorschriften über die Genossenschaftsbildung (Art. 66—79) Abweichendes bestimmen. Das ist hier der Fall. Über einen Einspruch und ein Zwangsrecht läßt sich nicht getrennt verhandeln, weil das Zwangsrecht nur die Kehrseite des Einspruches ist; infolgedessen muß im Genossenschaftsgründungsverfahren die Entscheidung über die Zwangsrechte zugleich mit der Entscheidung über die Einsprüche erfolgen. Das bedeutet u. a., daß im ersten Rechtszug nicht die Bezirksverwaltungsbehörde, sondern die Regierung zuständig ist. Über die Fassung des Tenors ist folgendes zu bemerken: Steht dem Einspruch ausnahmsweise kein Zwangsrecht gegenüber, so lautet die Entscheidung entweder: Der Einspruch wird verworfen, oder: Die Verbesserung der Grundstücke a, b und c nach dem Projekt des . . . . vom . . . . . . wird als unzulässig erklärt. Steht dem Einspruch ein Zwangsrecht gegenüber, so lautet die Entscheidung beispielsweise: Der Einspruch wird verworfen; der Eigentümer des Grundstücks d ist verpflichtet, zur Verbesserung der Grundstücke e, f und g eine Geh- und Fahrtdienstbarkeit auf einem fünf Meter breiten Streifen an der östlichen Seite des Grundstücks d zu bestellen. Oder: Der Antrag auf Bestellung eines Zwangsrechtes an dem Grundstück d zur Verbesserung der Grundstücke e, f und g nach dem Projekt des . . . . vom . . . . wird abgewiesen.

5. Widersprüche. Über den Begriff des Widerspruchs siehe Art. 68 Anm. 16 und AB. § 22 Abs. II (Seite 172). Der Widerspruch kann sich nur dagegen wenden, daß jemand als aktiv Beteiligter zu einer Genossenschaft zugezogen wird. Diesem Widerspruch muß stets ein Antrag auf zwangsweise Beiziehung gegenüberstehen. Denn jede in dem Verzeichnis der aktiv Beteiligten aufgeführte oder nach dem Projekt als beteiligt behandelte Person ist ohne weiteres Mitglied, wenn sie nicht in der Tagfahrt Widerspruch erhebt. Erhebt aber jemand Widerspruch, so muß die zwangsweise Beiziehung beantragt werden, wenn nicht das Ausscheiden des Grundstücks zugelassen wird, wodurch die Widersprüche gegenstandslos werden. Der Antrag auf zwangsweise Beiziehung ist das Aktive, der Widerspruch das Passive. Es kann daher niemand zwangsweise beigezogen werden, der nicht Widerspruch erhoben hat, und es braucht über keinen Widerspruch entschieden zu werden, wenn nicht die zwangsweise Beiziehung beantragt ist. Die zwangsweise Beiziehung zur Genossenschaft ist zwar auch ein Zwangsrecht im weiteren Sinne des Wortes; sie gehört dagegen nicht zu den Zwangsrechten im Sinne des Ödlandgesetzes. Ist der Widerspruch begründet, so lautet die Entscheidung dahin, daß A nicht verpflichtet ist, der Genossenschaft mit seinen Grundstücken a, b und c beizutreten; ist der Widerspruch unbegründet, so ist die Entscheidung so zu fassen, daß der Widerspruch verworfen wird und A verpflichtet ist, mit seinen Grundstücken a, b und c der Genossenschaft beizutreten.

6. Minderheit. Siehe Anm. 4.

7. entscheiden. Die Entscheidung erfolgt in dem Verwaltungsrechtsverfahren (Abs. IV) durch den verwaltungsrechtlichen Senat der Regierung. Wenn es auch die Regel zu bilden hat, daß zuerst über die Zwangsbeiziehung entschieden und dann erst das Unternehmen aus-

geführt wird, so ist es nach der Absicht des Gesetzgebers nicht als grundsätzlich ausgeschlossen zu erachten, daß auch nach der Ausführung des Unternehmens ausnahmsweise die Zwangsbeiziehung durch die Regierung noch ausgesprochen wird (VGH. 34, 13). Wegen der Gebühren und Kosten siehe Art. 79.

8. muß. Die Frist soll nicht zu knapp bemessen sein; sie soll so bestimmt werden, daß in ihr das Unternehmen auch unter ungünstigen Verhältnissen leicht durchgeführt werden kann. Es ist insbesondere darauf zu achten, ob der Zweck der Genossenschaft auch auf die gemeinschaftliche Bewirtschaftung und Nutzung ausgedehnt ist. Diese Ausdehnung braucht zeitlich nicht beschränkt zu werden; infolgedessen wird in solchen Fällen die Frist lediglich für die Durchführung der eigentlichen Verbesserung zu bestimmen sein.

9. erklären. Die Regierung kann die Frist verlängern; auch eine wiederholte Verlängerung ist zulässig. Die Erklärung der Regierung ist im verwaltungsrechtlichen Verfahren durch den Senat zu erlassen; gegen die Auflösungserklärung ist hinsichtlich der Rechtsfrage, ob die Auflösung zulässig ist, Beschwerde zum Verwaltungsgerichtshof (siehe Absatz IV) und hinsichtlich der Ermessensfrage, ob von der Auflösungsbefugnis Gebrauch gemacht werden soll, Beschwerde zum Staatsministerium für Landwirtschaft (Art. 61 Abs. II) zulässig (a. A. Eymann Artikel 189 Anm. 8, welcher eine verwaltungsrechtliche Zuständigkeit verneint). Ist die Auflösung rechtskräftig ausgesprochen, so hat die Liquidation nach Art. 34 ff. stattzufinden. Die Auflösung und die Durchführung der Liquidation schließt nicht aus, daß später wieder für dasselbe Unternehmen eine öffentliche Ödlandgenossenschaft gebildet wird. Es genügt jedoch in diesem Falle nicht, den rechtskräftigen Auflösungsbeschluß zurückzunehmen — das wäre nicht zulässig —, sondern es muß das vollständige Genossenschaftsgründungsverfahren durchgeführt werden.

10. Verwaltungsgerichtshof. Die Entscheidung ist daher von dem verwaltungsrechtlichen Senat der Regierung zu erlassen. Absatz IV enthält eine Erweiterung des Verzeichnisses der Verwaltungsrechtssachen in Art. 83 (a. A. Harster-Cassimir Art. 189 Anm. 4); es sind daher die Entscheidungen über die Einsprüche und die Widersprüche, insbesondere über die zwangsweise Beiziehung der Minderheit sowie über die Zulassung der Auflösung der Genossenschaft bei Fristversäumnis Verwaltungsrechtssachen.

11. zulässig. Die Beschwerde ist binnen 14 Tagen nach der Zustellung des Regierungsbescheids bei der Regierung, Kammer des Innern, einzulegen; auch durch Einlegung beim Verwaltungsgerichtshof wird die Frist gewahrt. Der Verwaltungsgerichtshof hat die gesamte Sach- und Rechtslage von amtswegen zu würdigen; er hat hienach zu prüfen, ob die Beteiligten in der Tagfahrt persönlich erschienen oder vertreten waren und abgestimmt haben; hat die Prüfung zur Verneinung dieser Fragen geführt, so muß auch der Verwaltungsgerichtshof die in dem Art. 68 Abs. II Nr. 3 und 4 bezeichneten Folgen anerkennen. Wer daher als zustimmend fingiert wird, kann nicht durch Beschwerde zum Verwaltungsgerichtshof die Prüfung seiner materiellen Einwendungen herbeiführen (vgl. VGH. 13, 306).

Genehmigung der Satzung. **Art. 75.**

I Die Prüfung und Genehmigung der Satzung[1] (Art. 16) hat soweit möglich, unabhängig von der Entscheidung nach Art. 74 unverzüglich zu erfolgen[2].

II Ergeben sich bei der Prüfung der Satzung Beanstandungen[3], so sind sie der Genossenschaft[4] mit der Aufforderung mitzuteilen die erhobenen Anstände binnen einer bestimmten Frist zu beseitigen[5]. Werden die Beanstandungen innerhalb dieser Frist nicht behoben, so setzt die Regierung, Kammer des Innern, die Satzung fest[6].

Ausführungsbestimmungen.

§ 25.

Wenn gegen das genossenschaftliche Unternehmen weder ein Widerspruch noch ein Einspruch erfolgt ist, so ist für die Regierung, Kammer des Innern, ein Anlass zu einer verwaltungsrechtlichen Entscheidung nicht gegeben; es hat vielmehr lediglich die Prüfung und Genehmigung der Satzung nach Art. 75 Abs. I des Gesetzes zu erfolgen. In dieser Genehmigung ist sodann zugleich die Erlaubnis zur Bildung der Genossenschaft enthalten. Diese Genehmigung kann übrigens auch unabhängig von der Entscheidung über die erhobenen Einsprüche und Widersprüche erteilt werden.

1. Satzung. Die Genehmigung der Satzung enthält zugleich die Genehmigung zur Bildung der Genossenschaft. Der Prüfung der Satzung muß daher die Prüfung der Voraussetzungen für die Genossenschaftsbildung vorangehen. Über die Fragen, die hiebei zu prüfen sind, siehe Art. 67 Anm. 1. Diese Prüfung und Entscheidung ist insbesondere auch in den Fällen notwendig, in denen die Satzung bei der Tagfahrt nicht festgesetzt worden ist, weil der Vertreter der Bezirksverwaltungsbehörde der Ansicht war, daß die Voraussetzungen für einen Mehrheitsbeschluß nach Art. 5 nicht gegeben sind. In diesem Falle weist die Regierung den Antrag auf Genossenschaftsbildung ab, oder sie stellt, falls das Gründungsverfahren von amtswegen eingeleitet war, das Verfahren ein (a. A. die Literatur zum Wassergesetz). Gegen die Abweisung des Antrags ist binnen 14 Tagen Beschwerde zum Staatsministerium für Landwirtschaft zulässig (Art. 61 Abs. II, Art. 62). Ist daher die Regierung im Gegensatz zum Vertreter der Bezirksverwaltungsbehörde der Ansicht, daß die Voraussetzungen für einen Mehrheitsbeschluß nach Art. 5 erfüllt sind, so weist sie die Bezirksverwaltungsbehörde an, die Zustimmenden zur Bildung der Genossenschaft und zur Beschlußfassung über die Satzung zu veranlassen. — Die Prüfung der Satzung beschränkt sich nicht nur darauf, ob die Satzung mit dem Gesetz in Einklang steht, sondern auch, ob die Satzungsbestimmungen zweckmäßig sind. Wegen der aus Gründen des Naturschutzes erforderlichen Auflagen siehe AB. § 6 (Seite 19). Die Genehmigung der Satzung ist keine Verwaltungsrechtssache; sie erfolgt im einfachen Verwaltungsverfahren durch Bureaubescheid; dieser Bescheid ist dem gewählten Genossenschaftsvorstande zuzustellen. Mit der Zustellung des Bescheides an den Genossenschaftsvorstand erlangt die Genossenschaft Rechtsfähigkeit (Artikel 16 Abs. II Satz 1). — Gegen die Genehmigung der Satzung kann niemand (auch die Einsprechenden und Widersprechenden nicht) Beschwerde erheben; infolgedessen ist der Bescheid sofort mit der Zustellung an den Genossenschaftsvorstand rechtskräftig.

2. erfolgen. Die Genossenschaft soll so bald als möglich Rechtsfähigkeit erlangen. Infolgedessen soll die Satzungsgenehmigung unverzüglich erteilt werden, auch wenn das Verfahren hinsichtlich der Einsprüche und Widersprüche noch nicht entscheidungsreif ist. Ein Verfahren nach Art. 74 findet nur statt, wenn Einsprüche oder Widersprüche vorliegen, wenn also entweder Zwangsrechte oder die zwangsweise Beiziehung der Minderheit beantragt werden.

3. Beanstandungen. Es ist insbesondere zu prüfen, ob den Anforderungen der Art. 14 und Art. 15 Abs. II genügt ist und ob die Satzung nicht mit dem Ödlandgesetz oder mit sonstigen Rechtsvorschriften im Widerspruch steht, sowie ob die Satzungsbestimmungen zweckmäßig sind.

4. Genossenschaft. Dem gewählten Genossenschaftsvorstande.

5. beseitigen. Gegen diese Aufforderung ist binnen 14 Tagen Beschwerde zum Staatsministerium für Landwirtschaft zulässig (Art. 61 Abs. II, Art. 62). Wird Beschwerde erhoben, so beginnt die Frist erst mit der Zustellung der abweisenden Entschließung des Ministeriums zu laufen. Die Frist kann verlängert werden. Hinsichtlich der Frage, wer die Beanstandungen beseitigen soll, ist zu unterscheiden, ob in der Gründungstagfahrt der Genossenschaftsvorstand hiezu ermächtigt worden ist oder nicht. Ist dies der Fall, so erfolgt die Beseitigung der Beanstandungen durch Beschluß des Genossenschaftsvorstandes, andernfalls muß eine Genossenschaftsversammlung einberufen werden. Hierauf ist bei der Bemessung der Frist Rücksicht zu nehmen. Ist die Einberufung der Genossenschaftsversammlung z. B. wegen der großen Zahl der Genossenschaftsmitglieder mit großen Schwierigkeiten und Kosten verbunden und sind die Beanstandungen nicht sehr erheblich, so kann es zweckmäßig sein, daß der Genossenschaftsvorstand die Frist unbenützt verstreichen läßt.

6. fest. Die Festsetzung erfolgt im einfachen Verwaltungsverfahren. Gegen die Festsetzung ist, soweit sie die Genehmigung der Beschlüsse in der Verhandlungstagfahrt darstellt, kein Rechtsmittel zulässig. Soweit dagegen die Regierungen bei der Festsetzung an der beschlossenen Satzung Änderungen vornehmen, ist binnen 14 Tagen Beschwerde zum Staatsministerium für Landwirtschaft zulässig (Art. 61 Abs. II, Art. 62).

Konkurrierende Unternehmungen.

Art. 76.

I Der Fortbestand bestehender Genossenschaftsanlagen darf durch ein späteres Genossenschaftsunternehmen nicht wesentlich beeinträchtigt werden[1].

II Ist eine solche Beeinträchtigung durch das beabsichtigte Unternehmen erwiesen [2] und deren Beseitigung nicht zu ermöglichen [3], so ist der Antrag auf Bildung der neuen Genossenschaft ohne weitere Verhandlungen zurückzuweisen [4].

III Kann dagegen das neue Unternehmen ohne Beeinträchtigung der bestehenden Genossenschaft ausgeführt werden [5], so ist nach Art. 66 bis 75, 77 zu verfahren [6].

1. beeinträchtigt werden. Art. 76 bezieht sich auf das Verhältnis der zu errichtenden Genossenschaft zu den öffentlichen Genossenschaften, deren Satzung bereits genehmigt ist oder für die zum mindesten in der Tagfahrt bereits ein Mehrheitsbeschluß erzielt worden ist (ebenso Eymann Art. 193 Anm. 2; etwas abweichend Harster-Cassimir Art. 192 Anm. 1). Es soll verhindert werden, daß mehrere Genossenschaften gebildet werden, deren Zwecke ineinandergreifen. Art. 76 bezieht sich nur auf öffentliche Genossenschaften; hier kommen öffentliche Ödland-, Wasser- und Flurbereinigungsgenossenschaften in Betracht. Hinsichtlich der Wassergenossenschaften sind die Art. 32 und 78, welche die Möglichkeit der Verschmelzung der Ödland- und Wassergenossenschaften vorsehen, besonders zu beachten. Die Möglichkeit der Verschmelzung der Ödlandgenossenschaften mit den Flurbereinigungsgenossenschaften ist nicht vorgesehen, weil die Organisation beider Genossenschaften nicht ganz übereinstimmt. Wenn auch Art. 76 nicht auf die Genossenschaften, sondern auf die Genossenschaftsanlagen abgestellt ist und daher seinem Wortlaut nach sich lediglich auf Genossenschaften bezieht, die mit der Ausführung ihres Unternehmens mindestens schon begonnen haben, so muß doch als Absicht des Gesetzes angenommen werden, daß er sich auch auf solche Genossenschaften erstrecken soll, die mit der Ausführung des Unternehmens noch nicht begonnen haben; denn seine Absicht geht dahin, eine Überorganisation zu vermeiden, die nicht nur unnütz, sondern in vielen Fällen wegen mangelnder Einheitlichkeit sogar schädlich ist. Es ist daher in jedem Falle zu prüfen, ob der Zweck der Genossenschaft nicht schon von einer anderen Genossenschaft ganz oder teilweise verfolgt wird; besteht die Verschmelzungsmöglichkeit nach Art. 32, so ist auf die Verschmelzung hinzuwirken. Weiter ist zu prüfen, ob der Genossenschaftszweck nicht dem Zweck einer bestehenden öffentlichen Genossenschaft, wenn auch nur teilweise, widerspricht oder ob die genossenschaftlichen Unternehmungen in die Unternehmungen anderer öffentlicher Genossenschaften ungünstig übergreifen. Ist die Beeinträchtigung nach Ansicht der entscheidenden Behörde nur unbedeutend, so ist hiedurch die Errichtung der neuen Genossenschaft nicht gehemmt; es muß aber wohl verlangt werden, daß der Nutzen der neuen Genossenschaft größer ist als die Schädigung der alten.

2. erwiesen. Nach der Auffassung der entscheidenden Behörde ermöglicht werden durch Verschmelzung der Wasser- und der Ödlandgenossenschaft oder durch Abänderung des Projekts, unter Umständen auch durch Abtrennung eines Teils des früheren genossenschaftlichen Unternehmens und Eingliederung in die neue Genossenschaft oder durch Schadenersatzleistung.

4. zurückzuweisen. Die Zurückweisung erfolgt durch die Bezirksverwaltungsbehörde im einfachen Verwaltungsverfahren (ebenso Brenner Art. 192 Anm. 5, Eymann Art. 192 Anm. 4; Harster-Cassimir Art. 192 Anm. 2). Gegen die Entscheidung der Bezirksverwaltungsbehörde ist binnen 14 Tagen Beschwerde zur Regierung, Kammer des Innern, zulässig (Art. 61 Abs. I, Art. 62). Hat die Bezirksverwaltungsbehörde eine solche Entscheidung nicht getroffen, so kann die Regierung, Kammer des Innern, bei der Satzungsgenehmigung den Antrag auf Bildung der Genossenschaft im Satzungsgenehmigungsverfahren (Art. 75) zurückweisen; gegen die Zurückweisung durch die Regierung ist binnen 14 Tagen Beschwerde zum Staatsministerium für Landwirtschaft zulässig (Art. 61 Abs. II, Art. 62). Die bestehende Genossenschaft hat keinen prozessual gesicherten Anspruch auf Zurückweisung des Antrags auf Errichtung einer neuen Genossenschaft im Wege des Art. 76; sie kann daher wegen Nichterlassung einer Abweisung nach Art. 76 höchstens die Aufsichtsbehörde anrufen. Dagegen steht ihr das Recht des Einspruchs gegen das Unternehmen zu; dieses Recht ist für sie viel wertvoller, weil über den Einspruch verwaltungsrechtlich durch die Regierung zu entscheiden ist.

5. ausgeführt werden. Nach Ansicht der Bezirksverwaltungsbehörde; diese Auffassung bindet allerdings die Regierung nicht (siehe Anm. 4).

6. verfahren. Es ist also das Genossenschaftsgründungsverfahren genau wie sonst durchzuführen.

Auswahl unter mehreren Anträgen.

Art. 77.

I Bei dem Vorliegen mehrerer nicht gleichzeitig durchführbarer Anträge auf Bildung von Genossenschaften[1] hat die Verwaltungsbehörde[2] vom Standpunkte des Gemeinwohls die Auswahl unter diesen Anträgen zu treffen[3].

II In dem weiteren Verfahren sind die nichtberücksichtigten Antragsteller als Beteiligte zu behandeln[4].

1. Genossenschaft. Art. 77 bezieht sich auf das Verhältnis einer zu bildenden Ödlandgenossenschaft zu den öffentlichen Genossenschaften, deren Bildung ebenfalls beantragt und für die in der Tagfahrt noch kein Mehrheitsbeschluß erzielt ist (ebenso Eymann Art. 193 Anm. 2). Auch hier handelt es sich nur um öffentliche Genossenschaften (Ödland-, Wasser- und Flurbereinigungsgenossenschaften). Da diese drei Arten von Genossenschaften verschiedene Zwecke verfolgen, wird in der Regel eine gegenseitige Beeinträchtigung nicht angenommen werden können. Soll für dasselbe Gebiet eine Wasser- und eine Ödlandgenossenschaft errichtet werden, so ist auf die Verquickung beider Genossenschaften nach Art. 32 und 78 hinzuwirken. Art. 77 bezieht sich in der Hauptsache auf die Errichtung mehrerer konkurrierender Ödlandgenossenschaften. Bei der Prüfung, ob die Anträge gleichzeitig durchführbar sind, ist nicht nur

die rechtliche und technische Möglichkeit, sondern auch die technische und wirtschaftliche Zweckmäßigkeit der genossenschaftlichen Unternehmungen zu prüfen. Art. 77 trifft zu, wenn eines der mehreren Unternehmungen im Falle der Durchführung der anderen Unternehmungen aus rechtlichen, technischen oder wirtschaftlichen Gründen undurchführbar oder unzweckmäßig wäre. Die Entscheidung, ob diese Voraussetzung erfüllt ist, liegt bei der Verwaltungsbehörde (Anm. 2).

2. Verwaltungsbehörde. Bezirksverwaltungsbehörde.

3. treffen. Die Rücksichten des Gemeinwohls werden in der Regel für die Durchführung des Unternehmens sprechen, das die größere Ertragssteigerung erwarten läßt; hiebei ist jedoch nicht die absolute Ertragssteigerung, sondern die unter Berücksichtigung der Forderungen der Wirtschaftlichkeit erzielbare relativ größte Ertragssteigerung zu berücksichtigen. Kann durch eine Änderung der Projekte die gegenseitige Beeinträchtigung ausgeschlossen werden, so ist in erster Linie hierauf hinzuwirken. Gelingt dies nicht, so wird die Bezirksverwaltungsbehörde für die Genossenschaft, deren Gründung sie vom Standpunkt des Gemeinwohls für die zweckmäßigste hält, das Gründungsverfahren nach Artikel 66 ff. durchführen und die übrigen Anträge durch Beschluß im einfachen Verwaltungsverfahren zurückweisen. Gegen die Einleitung des Verfahrens kann höchstens die Aufsichtsbehörde angerufen werden (a. A. Harster-Cassimir zu Art. 193, welcher die selbständige Anfechtbarkeit der Nichtweiterverfolgung der Anträge leugnet). Dagegen kann die Regierung sowohl bei der Satzungsgenehmigung nach Art. 75 als auch auf einen Einspruch im verwaltungsrechtlichen Verfahren nach Art. 74 Abs. II nachprüfen, ob die Bezirksverwaltungsbehörde vom Standpunkt des Gemeinwohls den richtigen Antrag weiterverfolgt hat (a. A. Harster-Cassimir zu Art. 193). Gegen den Beschluß auf Zurückweisung eines Gründungsantrags ist binnen 14 Tagen Beschwerde zur Regierung, Kammer des Innern, zulässig (Art. 61 Abs. I, Art. 62), welche im einfachen Verwaltungsverfahren hierüber endgültig entscheidet. Es empfiehlt sich, hinsichtlich der anderen Genossenschaften das Gründungsverfahren auszusetzen, bis über die Beschwerde wegen der Zurückweisung entschieden ist. Sprechen für keinen der Anträge Gründe des Gemeinwohls, sondern nur Gründe des gemeinwirtschaftlichen Nutzens, so trifft die Bezirksverwaltungsbehörde die Auswahl nach ihrem pflichtmäßigen Ermessen; für das Verfahren gilt hier dasselbe.

4. behandeln. Sie können daher Einspruch gegen das Unternehmen erheben.

Verbindung mit Wassergenossenschaften.

Art. 78.

Für die Ausdehnung der Zwecke einer öffentlichen Wassergenossenschaft auf die Zwecke des Art. 3 dieses Gesetzes und für die Ausdehnung der Zwecke einer öffentlichen Ödlandgenossenschaft auf die Zwecke des Art. 110 des Wassergesetzes (Art. 32) gelten die Art. 66 bis 77 entsprechend [1].

Ausführungsbestimmungen.

§ 33.

I Das Verfahren bei den Satzungsänderungen, welche die Ausdehnung des Genossenschaftszwecks auf ein Ergänzungsunternehmen im Sinne des Art. 32 des Ödlandgesetzes bezwecken, richtet sich nicht nur nach den Bestimmungen der Genossenschaftssatzung über Satzungsänderungen, sondern auch nach den Vorschriften des Art. 32 Abs. III.

II Das Verfahren kann auf Antrag und von Amts wegen eingeleitet werden.

III Zunächst ist ein Entwurf für das Ergänzungsunternehmen aufzustellen. Für diesen Entwurf gelten dieselben Vorschriften wie wenn das Ergänzungsunternehmen einziger Zweck einer Genossenschaft wäre. Können die Pläne mit den Plänen des Hauptunternehmens ohne Gefährdung der Übersichtlichkeit verbunden werden, so ist dies zulässig.

IV Sodann sind die Beteiligten zu ermitteln und in gleicher Weise wie im Gründungsverfahren in ein Verzeichnis einzutragen. Wenn sich der Kreis der Beteiligten und die einbezogenen Flächen der einzelnen Grundstücke decken, so braucht ein neues Verzeichnis nicht aufgestellt zu werden. Wenn sich der Kreis der Beteiligten oder die einbezogenen Flächen der einzelnen Grundstücke nicht vollständig decken und die Abweichungen in dem bereits vorhandenen Beteiligtenverzeichnis ohne Gefährdung der Übersichtlichkeit eingetragen werden können, so genügt diese Ergänzung des Verzeichnisses. Hat jedoch seit der ersten Aufstellung des Beteiligtenverzeichnisses eine grössere Anzahl von Ummessungen oder von Eigentumsveränderungen stattgefunden, so ist die Aufstellung eines neuen Beteiligtenverzeichnisses der Ergänzung des alten Verzeichnisses vorzuziehen (vgl. auch Anlage II Bem. zu Ziffer 3 und 5).

V Das weitere Verfahren wickelt sich sodann wie das Gründungsverfahren mit der Massgabe ab, dass an die Stelle der Bildung der Genossenschaft die Ausdehnung des Genossenschaftszwecks, an die Stelle der Festsetzung der Satzung die Änderung der Satzung, an die Stelle des Einspruchs gegen das Unternehmen der Einspruch gegen das Ergänzungsunternehmen, an die Stelle des Widerspruchs gegen die Beiziehung zur Genossenschaft der Widerspruch gegen die Aufnahme in das Verzeichnis der an dem Ergänzungsunternehmen Beteiligten und an die

Stelle der zwangsweisen Beiziehung der Minderheit die zwangsweise Aufnahme der Minderheit in das Verzeichnis der an dem Ergänzungsunternehmen Beteiligten tritt.

1. entsprechend. Art. 78 stellt die Verfahrensvorschrift zu Artikel 32 dar. Er bezieht sich sowohl auf den Fall, daß eine bereits vorhandene Genossenschaft auf die erwähnten weiteren Zwecke ausgedehnt werden soll, als auch auf den Fall, daß von vorneherein eine Genossenschaft errichtet wird, welche beide Zwecke verfolgt. Die Anwendung der Art. 66—77 gestaltet sich verschieden, je nachdem es sich um den einen oder den anderen Fall handelt.

a) Es soll von vornherein eine Genossenschaft errichtet werden, welche sowohl Zwecke der Wassergenossenschaften als auch Zwecke der Ödlandgenossenschaften verfolgt. Fällt das Hauptunternehmen in den Bereich des Wassergesetzes, so ist für die Errichtung ein Antrag erforderlich (Wassergesetz Art. 179); fällt das Hauptunternehmen dagegen in den Bereich des Ödlandgesetzes, so ist ein Antrag auch für das in den Bereich des Wassergesetzes fallende Ergänzungsunternehmen nicht notwendig. Für die etwa gestellten Anträge gelten die Art. 66 und 67 unverändert. Die Beteiligten sind gemäß Art. 68 Abs. I für jedes Unternehmen gesondert festzustellen (Art. 32 Abs. III Nr. 1). Die Beschreibungen und Pläne beider Unternehmungen sind gleichzeitig aufzulegen. Zu der Verhandlungstagfahrt sind alle an dem einen, dem anderen oder beiden Unternehmungen Beteiligten nach der Vorschrift des Art. 68 Abs. II und III einzuladen. Art. 69 ist unverändert anzuwenden. Die Abstimmung (Art. 69 Abs. III) erfolgt zunächst für das Hauptunternehmen, dann für das Ergänzungsunternehmen. Bei der ersteren Abstimmung dürfen nur mitstimmen die an dem Hauptunternehmen Beteiligten, bei der letzteren Abstimmung nur die an dem Ergänzungsunternehmen Beteiligten. Bei den Einsprüchen und den Widersprüchen ist ausdrücklich festzustellen, ob sie sich auf das Hauptunternehmen oder auf das Ergänzungsunternehmen oder auf beide beziehen. Art. 70 ist unverändert anwendbar. Wird kein Widerspruch erhoben, so ist über die Bildung der erweiterten Genossenschaft abzustimmen; hiebei haben die an beiden Unternehmen Beteiligten gleiches Stimmrecht. Selbstverständlich haben die Personen, die an dem Haupt- und an dem Ergänzungsunternehmen beteiligt sind, deswegen nicht etwa doppeltes Stimmrecht. Hierauf erfolgt die Abstimmung über die einzelnen Satzungsbestimmungen (Art. 71). Bei den Satzungsbestimmungen, die sich nur auf das Haupt- oder nur auf das Ergänzungsunternehmen beziehen, sind nur die an diesem Unternehmen Beteiligten stimmberechtigt (Art. 32 Abs. III Nr. 3). Ist die unveränderte Annahme der Satzung zu erwarten, so kann das an sich umständliche Abstimmungsverfahren dadurch verkürzt werden, daß nur drei Abstimmungen vorgenommen werden und zwar zunächst die Abstimmung über sämtliche gemeinsamen Satzungsbestimmungen, dann über alle nur auf das Hauptunternehmen, endlich über alle nur auf das Ergänzungsunternehmen bezüglichen Satzungsvorschriften. Bei der ersten Abstimmung sind sämtliche Beteiligte, bei der zweiten sind die an dem Hauptunternehmen Beteiligten, bei der dritten die an dem Ergänzungsunternehmen Beteiligten stimmberechtigt. Darnach ist von allen Beteiligten der Genossenschaftsvorstand zu wählen (Art. 71). Wird gegen den Beitritt zur Genossenschaft Widerspruch erhoben, so ist festzustellen, ob Mehrheitsbeschlüsse nach Art. 5 sowohl für das Hauptunternehmen als auch für das Ergänzungsunternehmen vorliegen; die Mehrheit ist für jedes Unternehmen gesondert festzustellen (Art. 32 Abs. III Nr. 2 Satz 2); bei der Abstimmung über jedes Unternehmen sind nur die an diesem Unternehmen Beteiligten mitzuzählen. Ergibt sich so die vorgeschriebene Mehrheit für beide Unternehmungen, so sind die bereits erwähnten Abstimmungen über die Satzung durchzuführen, der Genossenschaftsvorstand zu wählen und über die Einsprüche und die Widersprüche zu hören (Art. 72). Ergibt sich die vorgeschriebene Mehrheit nur für das Hauptunternehmen, nicht für das Ergänzungsunternehmen, so sind die Abstimmungen nur hinsichtlich der gemeinschaftlichen und der auf das Hauptunternehmen bezüglichen Satzungsbestimmungen durchzuführen und der Genossenschaftsvorstand ist ausschließlich von den am Hauptunternehmen Beteiligten zu wählen, über die Einsprüche und Widersprüche nur hinsichtlich des Hauptunternehmens zu hören und zur Antragstellung hinsichtlich der zwangsweisen Beiziehung zu veranlassen (Art. 72). Von den dem Ergänzungsunternehmen Zustimmenden sind ein oder mehrere Bevollmächtigte zu wählen; diese haben über die Einsprüche und Widersprüche lediglich hinsichtlich des Ergänzungsunternehmens eine Erklärung abzugeben und die zwangsweise Beiziehung der Widersprechenden zu beantragen (Art. 72 Abs. III). Ergibt sich endlich die vorgeschriebene Mehrheit nur für das Ergänzungsunternehmen, so wählen die dem Hauptunternehmen Zustimmenden einen oder mehrere Bevollmächtigte; diese haben über die Einsprüche und Widersprüche hinsichtlich des Hauptunternehmens eine Erklärung abzugeben und die zwangsweise Beiziehung der Minderheit zu beantragen (Art. 72 Abs. III). Fällt das Ergänzungsunternehmen in den Bereich des Wassergesetzes, so haben die an dem Ergänzungsunternehmen Beteiligten über die gemeinsamen und die auf das Ergänzungsunternehmen bezüglichen Satzungsbestimmungen in der oben erwähnten Weise abzustimmen und einen Genossenschaftsvorstand zu wählen; dieser hat sodann über die Einsprüche und Widersprüche hinsichtlich des Ergänzungsunternehmens eine Erklärung abzugeben und die zwangsweise Beiziehung der Widersprechenden zu beantragen (Art. 72 Abs. I und II). Fällt aber das Ergänzungsunternehmen in den Bereich des Wassergesetzes und liegt kein Antrag auf Genossenschaftsbildung vor, so haben die dem Ergänzungsunternehmen Zustimmenden lediglich einen oder mehrere Bevollmächtigte zu wählen, welche eine Erklärung über die Einsprüche und Widersprüche abzugeben haben. Ist eine Mehrheit weder für das Haupt- noch für das Ergänzungsunternehmen erreicht worden, so haben die dem Hauptunternehmen Zustimmenden und die dem Ergänzungsunternehmen Zustimmenden je für sich einen oder mehrere Bevollmächtigte zu wählen; die Bevollmächtigten haben Erklärungen über die Einsprüche und Widersprüche hinsichtlich ihres Unternehmens abzugeben und die zwangsweise Beiziehung der Widersprechenden zu beantragen (Art. 72 Abs. III). In allen Fällen sind sodann die Verhandlungen der Regierung vorzulegen.

Die Regierung hat die Voraussetzungen für die Genossenschaftsbildung und die Satzung zu prüfen (Art. 75). Ist die vorgeschriebene Mehrheit für das „Haupt- und das Ergänzungsunternehmen erreicht worden und ergibt die Prüfung der Satzung keine Beanstandung, so genehmigt die Regierung die Satzung; liegen Beanstandungen der Satzung vor, so verfährt sie nach Art. 75 Abs. II. Ist die vorgeschriebene Mehrheit nur für das Hauptunternehmen erreicht worden, so genehmigt die Regierung die gemeinschaftlichen und die auf das Hauptunternehmen bezüglichen Vorschriften der Satzung und weist den Antrag auf Genossenschaftsbildung hinsichtlich des Ergänzungsunternehmens ab; in diesem Fall entsteht keine erweiterte Genossenschaft, sondern lediglich eine einfache Ödland- oder Wassergenossenschaft. Ist die vorgeschriebene Mehrheit nur für das Ergänzungsunternehmen erreicht worden, so ist zu unterscheiden: Fällt das Ergänzungsunternehmen in den Bereich des Wassergesetzes und liegt kein Antrag auf Genossenschaftsbildung vor, so ist der Antrag auf Genossenschaftsbildung hinsichtlich des Haupt- und Ergänzungsunternehmens abzuweisen; fällt dagegen das Ergänzungsunternehmen in den Bereich des Wassergesetzes und liegt ein Antrag auf Genossenschaftsbildung vor oder fällt das Ergänzungsunternehmen in den Bereich des Ödlandgesetzes, so ist die Satzung hinsichtlich der gemeinschaftlichen und der auf das Ergänzungsunternehmen bezüglichen Vorschriften zu genehmigen, falls das Ergänzungsunternehmen für sich allein durchgeführt werden kann, und der Antrag auf Genossenschaftsbildung hinsichtlich des Hauptunternehmens ist abzuweisen; in diesem Fall entsteht keine erweiterte Genossenschaft, sondern lediglich eine einfache Wasser- oder Ödlandgenossenschaft. Ist endlich die vorgeschriebene Mehrheit weder für das Haupt- noch für das Ergänzungsunternehmen erreicht worden, so ist der Antrag auf Genossenschaftsbildung abzuweisen. Nach positivem Abschluß des Verfahrens nach Art. 75 ist das Verfahren nach Art. 74 durchzuführen, wenn Einsprüche oder Widersprüche vorliegen oder Zwangsrechte beantragt werden oder — im Hinblick auf Art. 189 Abs. III des Wassergesetzes — wenn eine Wasserbenützungs- oder Instandhaltungsanlage genehmigt werden muß. Soweit sich die Einsprüche, Widersprüche, Zwangsrechte oder Genehmigungen auf ein Unternehmen beziehen, für welches der Antrag auf Genossenschaftsbildung abgelehnt wurde, sind sie gegenstandslos, so daß sich eine Verbescheidung erübrigt.

b) Es soll eine bestehende Wassergenossenschaft auf einen der Zwecke der Ödlandgenossenschaft oder eine bestehende Ödlandgenossenschaft auf einen der Zwecke der Wassergenossenschaft ausgedehnt werden. Für beide Fälle ist das Verfahren vollständig dasselbe; das Verfahren kann in allen Fällen von amtswegen oder auf Antrag durchgeführt werden; der Antrag kann sowohl von der bestehenden Genossenschaft wie auch von einem an dem künftigen Ergänzungsunternehmen Beteiligten gestellt werden. Zunächst ist ein etwa gestellter Antrag auf seine Zulässigkeit zu prüfen (Art. 67). Sodann sind die an dem künftigen Ergänzungsunternehmen Beteiligten festzustellen (AB. § 33 Abs. IV, Seite 193), und zwar gesondert für das Ergänzungsunternehmen (Artikel 32 Abs. III Nr. 1) und die Pläne und Beschreibungen des Ergänzungsunternehmens öffentlich aufzulegen (Art. 68 Abs. I). Hierauf sind alle Beteiligten, auch soweit sie schon Mitglieder der bestehenden Genossenschaft sind, in der in Art. 68 Abs. II und III bezeichneten Weise zur Tagfahrt zu laden; die bestehende Genossenschaft ist ebenfalls als beteiligt zu laden. Die Tagfahrt ist genau nach Art. 69 Abs. I und II durchzuführen. Hierauf sind die gesetzlichen Voraussetzungen für die Erweiterung der Genossenschaft (Art. 32) auf Grund des Verhandlungsergebnisses zu erörtern. Darnach haben alle an dem Ergänzungsunternehmen Beteiligten zu erklären, ob sie dem Ergänzungsunternehmen zustimmen; für diese Erklärungen gilt Art. 69 Abs. IV. Art. 70 findet unverändert Anwendung. Werden keine Widersprüche erhoben, so ist über die erforderlichen Satzungsänderungen abzustimmen und zwar zunächst von der bestehenden Genossenschaft in ihrem satzungsmäßig hiefür zuständigen Organ (in der Regel Genossenschaftsversammlung, weshalb es sich empfiehlt, mit der Tagfahrt eine Genossenschaftsversammlung zu verbinden). Wird der Antrag auf Satzungsänderung abgelehnt, so ist das Verfahren erledigt, weil einer bestehenden Genossenschaft gegen ihren Willen nicht eine Erweiterung ihres Unternehmens aufgezwungen werden kann; in diesem Falle sind die Verhandlungen lediglich der Regierung vorzulegen, welche den Antrag auf Erweiterung der Genossenschaft abweist. Wird dagegen der Antrag auf Satzungsänderung von der Genossenschaft angenommen, so haben noch die an dem Ergänzungsunternehmen beteiligten Einzelpersonen über die Satzungsänderung abzustimmen. Es empfiehlt sich, daß die Mitglieder des Genossenschaftsvorstandes hierauf ihr Amt niederlegen, so daß die Neuwahl des Genossenschaftsvorstandes von allen an dem Haupt- und dem Ergänzungsunternehmen Beteiligten vorgenommen werden kann. Der Genossenschaftsvorstand kann jedoch zum Rücktritt nicht gezwungen werden. Tritt er nicht zurück, so findet die Neuwahl erst statt, wenn seine Wahlzeit abläuft. Sieht die eben beschlossene Satzungsänderung eine Vermehrung der Zahl der Vorstandsmitglieder vor, so ist entweder der neue Vorstand in dieser vermehrten Zahl zu wählen oder es sind nur die neuen Vorstandsmitgliederstellen durch Wahl aller an dem Haupt- und dem Ergänzungsunternehmen Beteiligten zu wählen. Der Genossenschaftsvorstand hat sich sodann über die erhobenen Einsprüche zu äußern. Wird gegen den Beitritt zur erweiterten Genossenschaft ein Widerspruch erhoben, so ist festzustellen, ob bei der Abstimmung über den Beitritt zu der Genossenschaft die in Art. 5 vorgeschriebene Mehrheit für das Ergänzungsunternehmen erreicht worden ist; bei der Berechnung der Mehrheit sind nur die an dem Ergänzungsunternehmen Beteiligten zu berücksichtigen (Art. 32 Abs. III Nr. 2). Ist die Mehrheit für das Ergänzungsunternehmen erreicht worden, so hat in gleicher Weise die doppelte Abstimmung über die Satzungsergänzung und unter den obenerwähnten Voraussetzungen die Neuwahl oder Ergänzungswahl zum Genossenschaftsvorstand stattzufinden. Der Genossenschaftsvorstand hat sich sodann über die Einsprüche und die Widersprüche zu äußern und die zwangsweise Beiziehung der Widersprechenden zu beantragen. Ist dagegen die Mehrheit für das Ergänzungsunternehmen nicht erreicht worden, so ist von der Beschlußfassung über die Satzungsänderung und der Wahl zum Genossenschaftsvorstand abzusehen; es haben lediglich die dem Ergänzungsunternehmen Zustimmenden einen oder mehrere Bevollmächtigte zu wählen; diese haben sich über die Einsprüche und die Widersprüche zu äußern und die zwangsweise Beiziehung der Minderheit zu beantragen (Art. 72 Abs. III). In allen Fällen sind sodann die Verhandlungen der Regierung vorzulegen.

Die Regierung hat die Voraussetzungen für die Erweiterung der Genossenschaft und die Satzungsänderungen zu prüfen (Art. 75). Ist die in Art. 5 vorgeschriebene Mehrheit für das Ergänzungsunternehmen erreicht worden und ergibt die Prüfung der Satzungsänderungen keine Beanstandung, so genehmigt die Regierung die Satzungsänderung; liegen Beanstandungen der Satzungsänderungen vor, so verfährt sie nach Art. 75 Abs. II. Ist die erforderliche Mehrheit für das Ergänzungsunternehmen nicht erreicht worden, so ist der Antrag auf Erweiterung der Genossenschaft abzuweisen. Nach positivem Abschluß des Verfahrens nach Art. 75 ist das Verfahren nach Art. 74 durchzuführen, wenn Einsprüche oder Widersprüche vorliegen oder sonstige Zwangsrechte beansprucht werden, oder wenn das Ergänzungsunternehmen eine Wasserbenützungs- oder Instandhaltungsanlage umfaßt, die genehmigungspflichtig ist (Wassergesetz Art. 189 Abs. III). Mit der Zustellung des die Satzungsänderung genehmigenden Regierungsbescheids an den Genossenschaftsvorstand ist die Genossenschaft zu einer erweiterten Genossenschaft geworden.

c) Soll dagegen eine bestehende Wassergenossenschaft auf andere Zwecke der Wassergenossenschaften oder eine bestehende Ödlandgenossenschaft auf andere Zwecke der Ödlandgenossenschaften ausgedehnt werden, so liegt der Fall der Art. 32 und 78 überhaupt nicht vor; diese Ausdehnungen sind im Wege der einfachen Satzungsänderung mit Genehmigung der Regierung zulässig.

Die Zuständigkeit der Behörden ist in Angelegenheiten der Wassergenossenschaften dieselbe wie in Angelegenheiten der Ödlandgenossenschaften; nur in der Ministerialinstanz ist für Wassergenossenschaften das Staatsministerium des Innern, für Ödlandgenossenschaften das Staatsministerium für Landwirtschaft zuständig. Handelt es sich um erweiterte Genossenschaften, so sind die beiden Staatsministerien gemeinsam für alle Angelegenheiten zuständig, die bei den Wassergenossenschaften dem Staatsministerium des Innern, bei den Ödlandgenossenschaften dem Staatsministerium für Landwirtschaft zustehen.

Kosten.

Art. 79.

I Das gesamte Verfahren (Art. 66 bis 78) ist im ersten Rechtszuge[1] einschließlich des Verfahrens vor der Bezirksverwaltungsbehörde[2] gebührenfrei[3].

II Die Kosten, die durch Abordnung von Kommissären zu Ortsbesichtigungen und Tagfahrten erwachsen[4], werden auf die Staatskasse übernommen[5]. Dies gilt nicht, wenn die Ortsbesichtigung oder die Tagfahrt durch das Ausbleiben des Antragstellers (Art. 68 Abs. II Nr. 3) vereitelt worden ist[6].

III Alle sonstigen Kosten[7] sind von der Genossenschaft[8] und, soferne diese noch nicht gebildet ist[9], von den Antragstellern[10] zu tragen[11]. Ist die Genossenschaft noch nicht gebildet und ist das Verfahren von Amts wegen eingeleitet worden, so werden die Kosten auf die Staatskasse übernommen.

Ausführungsbestimmungen.

§ 26.

Reisen der bezirksamtlichen Nebenbeamten zu den in Art. 79 des Gesetzes genannten Geschäften fallen nicht unter die Offizialdienstreisen.

1. Rechtszug. Der erste Rechtszug gliedert sich in ein Verfahren vor der Bezirksverwaltungsbehörde (Art. 66—73, 76, 77) und in das Hauptverfahren vor der Regierung. Letzteres besteht entweder bloß in einem Verwaltungsverfahren nach Art. 75 oder in diesem Verfahren und einem Verwaltungsrechtsverfahren nach Art. 74. Beide Verfahren vor der Regierung gehören noch zum ersten Rechtszug. Der erste Rechtszug endigt daher entweder mit der Zustellung des Regierungsbescheides, welcher die Satzung oder die Satzungsänderung (Artikel 78) genehmigt oder, wenn auch ein Verfahren nach Art. 74 durchgeführt wird, mit der Zustellung des Bescheids des verwaltungsrechtlichen Senats nach Art. 74. Sind Zwischenverfügungen der Bezirksverwaltungsbehörde im Vorverfahren selbständig mit Beschwerde angefochten worden, so gehören die Entschließungen der Regierung auf diese Beschwerde nicht zum ersten Rechtszug im Sinne des Art. 194 (ebenso Harster-Cassimir Art. 194 Anm. 1).

2. Bezirksverwaltungsbehörde. Dieses Verfahren umfaßt die Tätigkeit der Bezirksverwaltungsbehörde nach Art. 66 bis 73, 76 und 77. Es ist ohne weiteres anzunehmen, daß auch die gesamte Tätigkeit der technischen Behörden im Genossenschaftsgründungsverfahren hinsichtlich der Gebührenfreiheit dem Verfahren vor der Bezirksverwaltungsbehörde gleichsteht.

3. gebührenfrei. In dem Genossenschaftsgründungsverfahren 1. Instanz werden die Staatsgebühren, die sonst auf Grund des Kostengesetzes zu erheben wären, nicht erhoben. Die Nichterhebung der im Kostengesetz vorgeschriebenen Gebühr in den Fällen, in denen dies durch besonderes Gesetz vorgeschrieben ist, ist auch in Art. 3 Nr. 3 des Kostengesetzes vom 16. Februar 1921 (GVBl. S. 134) ausdrücklich vorgesehen. Dagegen befreit die Gebührenfreiheit nicht von der Tragung der dem Staat erwachsenen Kosten und Auslagen, soweit nicht auch hievon ausdrücklich (z. B. Abs. II Satz 1) befreit ist; siehe hiewegen die ausdrückliche Vorschrift in Abs. III. Für das Verfahren im zweiten Rechtszug vor dem Verwaltungsgerichtshof und dem Staatsministerium für Landwirtschaft gilt das Kostengesetz ohne Einschränkung. Die Entscheidungen dieser Behörden sind daher gebührenpflichtig. Die Gebühr wird in der Entscheidung selbst festgesetzt.

4. erwachsen. Es handelt sich hier um die Kosten, welche durch die Entsendung von Beamten und sonstigen Personen durch die Bezirksverwaltungsbehörde und die technische Behörde zu der Tagfahrt oder zu Ortsbesichtigungen entstehen, insbesondere die Reisekosten und die

Aufwandsentschädigungen dieser Beamten. Es ist anzunehmen, daß dasselbe auch für die Abordnung von Beamten der Bezirksverwaltungsbehörde und der technischen Behörde zu den Ergänzungsverhandlungen nach Art. 73, ferner für die Abordnung von Beamten der Regierung zu Ortsbesichtigungen und Verhandlungen gilt.

5. übernommen. Der Ausdruck ist ungenau. Sämtliche Kosten werden zunächst auf die Staatskasse übernommen. Das will aber Absatz II Satz 1 nicht sagen; er will vielmehr anordnen, daß diese Kosten des Staates nicht ersetzt verlangt werden. Abs. II ist also nur eine Ausnahme von dem allgemeinen Grundsatz des Abs. III. Findet im zweiten Rechtszug eine Ortsbesichtigung oder eine auswärtige Verhandlung statt, so fallen die Kosten der Abordnung von Kommissären zu diesen Verhandlungen nicht unter die Gebührenfreiheit.

6. vereitelt worden ist. In diesem Falle ist der Antragsteller auf Grund der von der Bezirksverwaltungsbehörde nach Art. 68 Absatz II Nr. 3 erlassenen Anordnung zur Erstattung dieser Kosten an den Staat verpflichtet. Auch in diesem Falle erhalten die Beamten die Kosten von der Staatskasse, nicht etwa unmittelbar von dem erstattungspflichtigen Antragsteller vergütet. — Auch die nach Art. 68 Abs. II Nr. 3 den Antragsteller treffenden Kosten sind auf die Staatskasse zu übernehmen, wenn den Antragstellern nach Art. 70 Abs. II Wiedereinsetzung bewilligt worden ist.

7. sonstige Kosten. Das sind die in den Art. 161—163 des Kostengesetzes vom 16. Februar 1921 (GVBl. S. 134) aufgeführten Kosten und die dem Staat erwachsenen Barauslagen, z. B. die Post-, Telegramm- und Fernsprechgebühren, die Kosten des Ausschreibens im Amtsblatt, die Kosten der von der Bezirksverwaltungsbehörde zugezogenen weiteren Sachverständigen und der Zeugen (nicht aber die Kosten der Bereitstellung, Beheizung, Beleuchtung und Reinigung des Raumes für die Verhandlungstagfahrt), die Kosten der nicht unterlegenen Gegenbeteiligten für die Teilnahme an den Terminen und die Vertretung, soweit diese Kosten zur zweckentsprechenden Wahrung der Rechte und Interessen notwendig waren, die Kosten der Anfertigung des Projekts, die Kosten von Geländeaufnahmen und von Absteckungen usw.

8. Genossenschaft. Die Zahlungspflicht der Genossenschaft entsteht erst mit der Bildung der Genossenschaft (siehe Anm. 9), umfaßt aber von diesem Zeitpunkt an auch die schon vorher entstandenen Kosten. Die von der Genossenschaft zu tragenden Kosten gehören zu den Ausgaben der Genossenschaft (Art. 26 Abs. I) und den Lasten der Genossenschaft (Art. 27), die von den Genossenschaftsmitgliedern zu tragen sind, soweit sie nicht aus Einnahmen der Genossenschaft gedeckt werden können. In welcher Weise sie auf die Genossenschaft auszuschlagen sind, bestimmt Art. 27.

9. gebildet ist. Es ist nicht erforderlich, daß die Genossenschaft bereits die Rechtsfähigkeit erlangt hat; es genügt vielmehr schon das Vorliegen eines einstimmigen oder den Erfordernissen des Art. 5 entsprechenden Mehrheitsbeschlusses der Beteiligten, daß die Genossenschaft gebildet ist.

10. Antragsteller. Die Kostentragungspflicht für die Antragsteller besteht nur solange, bis eine Genossenschaft gebildet ist, (siehe

Anm. 9). Ist die Genossenschaft gebildet, so entfällt die Kostentragungspflicht der Antragsteller auch hinsichtlich der schon bisher angefallenen Kosten (teilweise anderer Meinung Eymann Art. 194 Anm. 6). Es wäre falsch, aus dem Wort „und" etwa eine solidarische Haftung der Genossenschaft und der Antragsteller abzuleiten. Die besondere Kostentragungspflicht der Antragsteller nach Art. 68 Abs. II Nr. 3 erlischt dadurch, daß den Antragstellern Wiedereinsetzung nach Art. 70 Abs. II bewilligt und daraufhin in einer neuerlichen Tagfahrt die Genossenschaft gebildet worden ist. — Mehrere Antragsteller haften für die Erfüllung der Kostentragungspflicht als Gesamtschuldner.

11. tragen. Die Verpflichtung zur Tragung ist in den Beschlüssen und Bescheiden auszusprechen. Auch gegen die Entscheidung im Kostenpunkt ist dasselbe Rechtsmittel wie gegen die Entscheidung in der Hauptsache zugelassen. Die Kosten werden ihrer Höhe nach von der Behörde, welche den Bescheid erlassen hat, festgesetzt; auch gegen die Festsetzung der Kosten ist in gleicher Weise ein Rechtsmittel zulässig; gegen die Festsetzung der Kosten durch den Verwaltungsgerichtshof oder das Staatsministerium für Landwirtschaft ist nur Gegenvorstellung zulässig.

c) Verfahren bei der Bestellung von Zwangsrechten.

Antrag.

Art. 80.

I Die Landesanstalt für Moorwirtschaft [1], die Gemeinden [2] und die Ödlandgenossenschaften [3] können die Durchführung des Zwangsverfahrens [4] beantragen [5].

II Der Antrag ist bei der Bezirksverwaltungsbehörde zu stellen, in deren Bezirk das Grundstück liegt [6].

III Der Antrag bedarf, wenn Eigentum auf den Staat übertragen werden soll [7], der Zustimmung des Staatsministeriums der Finanzen [8].

Ausführungsbestimmungen.

§ 39.

I Wer eines der in Art. 41—44 des Gesetzes bezeichneten Zwangsrechte geltend machen will, hat einen hierauf gerichteten Antrag bei der Bezirksverwaltungsbehörde einzureichen oder zu Niederschrift zu geben. Zu beachten ist, dass die antragsberechtigten Personen in Art. 41 Abs. I erschöpfend aufgezählt sind.

II Zuständig ist die Bezirksverwaltungsbehörde, in deren Bezirk die Grundstücke, hinsichtlich deren ein Zwangsrecht geltend gemacht wird, ganz oder zum grösseren Teil sich befinden.

III Der Antrag hat zu enthalten:

1. eine Beschreibung der beabsichtigten Massnahme unter Angabe des Zweckes, dem sie dienen soll, und eine Bezeichnung der Grundstücke, Anlagen und Unternehmungen, für welche Zwangsrechte in Anspruch genommen werden,

2. eine Bezeichnung der Grundstücke, hinsichtlich deren die Zwangsrechte geltend gemacht werden, und ihrer Eigentümer,

3. eine Darlegung über das Vorhandensein der gesetzlichen Voraussetzungen für die Geltendmachung der Zwangsrechte,

4. eine Angabe über die den Inanspruchgenommenen angebotene Entschädigung.

IV Dem Antrage sind die zur Erläuterung dienlichen Lagepläne und Zeichnungen beizugeben und zwar im allgemeinen in dreifacher Ausfertigung. Weitere Ausfertigungen kann die Bezirksverwaltungsbehörde im Bedarfsfalle, insbesondere für die Zustellungen an die einzelnen in Anspruch genommenen Beteiligten verlangen.

V Für die im Antrage bezeichneten Grundstücke ist die Plannummer, das Flächenmass und die Kulturart oder sonstige Zweckbestimmung anzugeben. Bei Einbeziehung von Grundstücksteilen ist das Flächenmass des ganzen Grundstückes und des einbezogenen Teiles anzugeben.

VI Sowohl im Verwaltungsrechtsverfahren, als im Verfahren zur Feststellung der Entschädigungen ist auf eine gütliche Verständigung der Beteiligten tunlichst hinzuwirken.

VII Soll auf den Staat Eigentum übertragen oder für ihn eine Dienstbarkeit bestellt werden und ist die Zustimmung des Staatsministeriums der Finanzen hiezu nicht nachgewiesen, so sind die Verhandlungen vor der Entscheidung dem Staatsministerium für Landwirtschaft vorzulegen, das sich erforderlichenfalls mit dem Staatsministerium der Finanzen in Verbindung setzen wird.

1. Moorwirtschaft. Die Landesanstalt für Moorwirtschaft ist die Behörde, welcher die staatliche Moorkultur übertragen ist und welche daher auf weitgehende Verbesserung der Moore und sonstigen Ödländereien hinzuwirken hat. Um ihr diese Aufgabe zu erleichtern, ist ihr das Recht der Antragstellung eingeräumt worden. Wegen der Zustimmung des Finanzministeriums bei Anträgen auf Übertragung des Eigentums siehe Abs. III. — Da die Landesanstalt für Moorwirtschaft dem Staatsministerium für Landwirtschaft untergeordnet ist und jede übergeordnete Verwaltungsbehörde die Zuständigkeit der untergeordneten an sich ziehen kann, ist auch das Staatsministerium für Landwirtschaft, ohne daß dies im Gesetz ausdrücklich ausgesprochen ist, zur Antragstellung berechtigt. — Das Recht der Antragstellung schließt auch das Recht in sich, diesen Antrag vor den zuständigen Behörden zu vertreten und Rechtsmittel einzulegen. Dadurch ist für diesen besonderen Fall die Zuständigkeit zur Vertretung des Staates abweichend von den sonstigen Vorschriften geregelt. Die Zwangsrechte sind selbstverständlich für den bayerischen Staat, nicht etwa für die Landesanstalt für Moorwirtschaft, zu bestellen; denn diese vertritt lediglich den bayerischen Staat.

2. Gemeinden. Das Wort „Gemeinden" ist hier im weiteren Sinne des Wortes gebraucht; es umfaßt daher die Gemeinden im engeren Sinne, die Ortschaften, die Bezirke und die Kreise, nicht aber die Kirchengemeinden.

3. Ödlandgenossenschaften. Darunter sind nur die öffentlichen Ödlandgenossenschaften zu verstehen. Sollen die Zwangsrechte schon bei der Bildung der Genossenschaft bestellt werden, so erfolgt die Bestellung im Genossenschaftsgründungsverfahren. In diesem Falle sind die Vorschriften der Art. 80—82 nur insoweit anzuwenden, als sich nicht aus den Art. 66—79 etwas anderes ergibt. Die Abweichungen bestehen insbesondere darin, daß ein Antrag nicht notwendig ist, sondern das Zwangsverfahren von amtswegen eingeleitet werden kann, daß die Verständigung und Fristsetzung nach Art. 81 unterbleibt und durch die Auflage des Projekts und die Ladung zur Tagfahrt (Art. 68) ersetzt wird, daß nicht in einer besonderen mündlichen Verhandlung, sondern in der Tagfahrt nach Art. 69 über den Antrag verhandelt wird und daß nicht die Bezirksverwaltungsbehörde, sondern die Regierung über den Antrag entscheidet (Art. 74 Abs. II).

4. Zwangsverfahren. Unter Zwangsverfahren ist nur das Verfahren auf Bestellung der in den Art. 41—46 aufgeführten Zwangsrechte zu verstehen, nicht etwa das Verfahren auf zwangsweise Beiziehung der einer Genossenschaft nicht freiwillig beitretenden Beteiligten.

5. beantragen. Das Verfahren auf Bestellung von Zwangsrechten nach Art. 41—46 kann nicht von amtswegen eingeleitet werden, außer, wenn es mit einem Genossenschaftsgründungsverfahren verbunden ist. Antragsberechtigt sind nur die in Art. 80 aufgeführten Stellen und wie in Anm. 1 ausgeführt ist, das Staatsministerium für Landwirtschaft. Auch diese können die Bestellung von Zwangsrechten nur für sich selbst, nicht aber für andere Personen beantragen. Es besteht daher keine Möglichkeit, Zwangsrechte für andere als die erwähnten Personen zu bestellen. Der Entwurf sah mit Genehmigung des Staatsministeriums für Landwirtschaft auch die Bestellung von Zwangsrechten an andere Personen vor; diese Bestimmung ist jedoch bei den Landtagsverhandlungen gestrichen worden. Es ist daher nicht zulässig, Zwangsrechte nach Art. 41—46 für Privatpersonen, Industrieunternehmungen usw. zu bestellen. — Die Antragstellung führt keine Beschränkung des Eigentümers oder des sonstigen Berechtigten in der Verfügung über sein Grundstück oder über sein sonstiges Recht herbei; infolgedessen wird die Einleitung des Zwangsverfahrens auch im Grundbuch nicht eingetragen.

6. liegt. Handelt es sich um mehrere zusammenhängende Grundstücke, die in den Bezirken mehrerer Bezirksverwaltungsbehörden liegen, so ist Art. 56 Abs. I maßgebend. Eine abweichende Zuständigkeit kann sich ergeben, wenn die Zwangsrechte in einem Genossenschaftsgründungsverfahren bestellt werden sollen; wenn die Grundstücke, welche genossenschaftlich verbessert werden sollen, in den Bezirken mehrerer Bezirksverwaltungsbehörden liegen, ist nach Art. 56 Abs. I eine Bezirksverwaltungsbehörde mit der Sachbehandlung zu betrauen. Liegen nun die

Grundstücke, an denen Zwangsrechte bestellt werden sollen, im Bezirk einer anderen Bezirksverwaltungsbehörde, so ist für diesen Fall die Zuständigkeit der nach Art. 80 Abs. II zuständigen Bezirksverwaltungsbehörde ausgeschlossen. — Wegen des Inhalts des Antrags und seiner Beilagen siehe AB. § 39 Abs. III—V (Seite 201 und 202).

7. übertragen werden soll. Diese Bestimmung bezieht sich lediglich auf den Fall des Art. 41 Abs. II.

8. Finanzen. Es soll hiedurch verhindert werden, daß der Staat mit allzu großen Entschädigungsverpflichtungen belastet wird. Vgl. auch AB. § 39 Abs. VII (Seite 202).

Prüfung und Entscheidung. **Art. 81.**

I Die Bezirksverwaltungsbehörde verständigt die Beteiligten[1] von dem Antrag[2] und fordert sie zur Erklärungsabgabe binnen einer angemessenen Frist auf[3]. Fristversäumnis gilt als Zustimmung[4]. Art. 70 Abs. II findet sinngemäße Anwendung[5].

II Stimmt ein Beteiligter dem Antrage nicht zu[6], so ist der Antrag in mündlicher Verhandlung zu erörtern[7]. Zu dieser Verhandlung sind alle bekannten Beteiligten zu laden[8]. Nichterscheinen gilt als Zustimmung[9].

III Die Bezirksverwaltungsbehörde entscheidet über den Antrag[10]. Sie hat dem Zwangsberechtigten (Art. 41 bis 45) die Entschädigung der Personen, deren Rechte aufgehoben, beschränkt oder geändert wurden, aufzuerlegen[11] und die Entschädigung festzusetzen[12]. Hat sich der Zwangsberechtigte mit dem Entschädigungsberechtigten über die Entschädigung geeinigt, so hat die Bezirksverwaltungsbehörde dem Zwangsberechtigten diese Entschädigung aufzuerlegen[13].

IV Die Entscheidung kann zunächst auf die Rechtsänderung beschränkt werden[14]. In diesem Falle ist nach rechtskräftiger Beendigung dieses Verfahrens das Entschädigungsverfahren nach den gleichen Vorschriften durchzuführen[15].

Ausführungsbestimmungen.

§ 40.

I In der Entscheidung über die Einräumung eines Zwangsrechts sind der Unternehmer, die Grundstücke, für welche das Zwangsrecht eingeräumt wird, die Art der in Anspruch genommenen Beschränkung und die davon berührten Grundstücke genau zu bezeichnen. Auch soll der Ausfertigung der Entscheidung tunlichst ein Plan oder eine Zeichnung beigegeben werden, aus welchen die geschaffene Belastung ersichtlich ist.

II Für die Ausführung der auf Grund eines Zwangsrechts genehmigten Arbeiten und Anlagen ist in der Entscheidung eine angemessene Frist zu bestimmen, die nur bei nachgewiesener unverschuldeter Verhinderung auf Antrag zu verlängern ist.

III Der Ausspruch über die zu leistenden Entschädigungen soll mit der Entscheidung über die Zulassung des Zwangsrechtes selbst tunlichst verbunden werden. Gemäss Art. 60 des Gesetzes kann auf Antrag des Inanspruchgenommenen die Ausübung des Zwangsrechtes von der Leistung einer Sicherheit abhängig gemacht werden.

1. Beteiligten. Beteiligt sind alle Personen, die ein Recht an dem Grundstück haben, insbesondere der Eigentümer, aber auch alle sonstigen dinglich Berechtigten, die Besitzer von Erbbaurechten, Hypotheken, Grundschulden, Rentenschulden, Reallasten, Dienstbarkeiten, dinglichen Vorkaufsrechten, ferner die obligatorisch Berechtigten, soweit sie bekannt sind, insbesondere die Mieter und Pächter und sonstige Berechtigte, die vermöge ihres Rechtes Anspruch auf den Besitz des Grundstücks haben. Die Beteiligten sind, ähnlich wie bei Art. 68 Abs. I, unter Mitwirkung der Messungsämter, der Finanzämter und der Grundbuchämter festzustellen.

2. Antrag. Es genügt, daß den Beteiligten mitgeteilt wird, wer den Antrag gestellt hat, welches Zwangsrecht und zu welchem Zweck es bestellt werden soll und welche Entschädigung dafür angeboten wird. Es ist nicht notwendig, daß eine Abschrift des Antrags übermittelt wird. Dagegen muß den Beteiligten bei der Bezirksverwaltungsbehörde die Einsicht des Antrags und seiner Beilagen gestattet werden.

3. auf. Die Frist ist so zu bemessen, daß die Beteiligten hinreichend Zeit haben, um sich über die Sach- und Rechtslage zu unterrichten und die Angelegenheit nach allen Seiten zu prüfen. Es empfiehlt sich, die Frist nicht unter drei Wochen zu bemessen, wie dies auch für die Tagfahrt bei der Genossenschaftsgründung vorgeschrieben ist (Art. 68 Abs. III). Bei besonders umfangreichen oder schwierigen Sachen ist eine längere Frist zu setzen. Damit der Beginn der Frist einwandfrei festgestellt werden kann, ist die Aufforderung gegen Nachweis zu erlassen. Eine öffentliche Ausschreibung zur Verständigung unbekannter Beteiligter ist nicht notwendig; dagegen kann die öffentliche Zustellung an einen bekannten Beteiligten, dessen Adresse nicht ermittelt werden kann, sehr wohl in Frage kommen. Die Frist kann vor ihrem Ablauf auf Ansuchen oder von amtswegen verlängert werden; ist sie schon abgelaufen, so kann sie nicht mehr verlängert werden. Die Aufforderung soll auch einen Hinweis auf die Folgen der Fristversäumnis enthalten. Die Frist wird nur dadurch gewahrt, daß der Beteiligte innerhalb der Frist eine Erklärung abgibt, aus der eindeutig hervorgeht, daß er dem beantragten Zwangsrecht zustimmt oder nicht zustimmt oder nur mit bestimmten Abänderungen oder unter gewissen Bedingungen zustimmt. Alle anderen Erklärungen, insbesondere, daß er sich die Erklärung vorbehält oder daß er nicht in der Lage ist, innerhalb der Frist eine Erklärung abzugeben, wahren die Frist nicht. Die Erklärung muß von den Beteiligten innerhalb der Frist entweder schriftlich bei der Bezirksverwaltungsbehörde eingereicht oder bei ihr zu Niederschrift erklärt werden. Die Frist wird nicht dadurch gewahrt, daß die Erklärung bei einer anderen Bezirksverwaltungsbehörde oder einer anderen Behörde innerhalb der Frist einläuft oder zu Niederschrift erklärt wird, falls sie nicht noch innerhalb der Frist an die zuständige Bezirksverwaltungsbehörde weitergegeben wird und bei dieser einläuft. Eine Erklärung, die nach Ablauf der Frist einläuft, darf nur dann beachtet werden, wenn sie erhobene Einwendungen zurücknimmt oder eine bereits abgegebene Erklärung begründet oder Beweismittel bezeichnet; im übrigen ist sie als nichtabgegeben zu erachten. Bei der Wiedereinsetzung siehe Satz 3.

4. Zustimmung. Es ist hier eine ähnliche Regelung getroffen worden wie bei den Einsprüchen und Widersprüchen im Genossenschaftsgründungsverfahren. Es handelt sich hier nicht etwa um eine Vermutung, sondern um eine Fiktion, die nicht widerlegt werden kann. Wer die Frist versäumt hat, gilt als zustimmend, selbst wenn amtsbekannt ist, daß er nicht zustimmt.

5. Anwendung. Wiedereinsetzung in den vorigen Stand gegen die Versäumung der Frist ist unter denselben Voraussetzungen zulässig wie bei dem Genossenschaftsgründungsverfahren. Art. 70 Abs. II setzt die Eröffnung der Folge der Fristversäumung voraus. Die entsprechende Anwendung des Art. 70 Abs. II verlangt daher, daß auch im Verfahren nach Art. 80 ff. dem Beteiligten, der die Frist versäumt hat, die hiedurch bewirkte Folge schriftlich gegen Nachweis eröffnet wird. Von dem Zeitpunkt dieser Eröffnung an läuft die 14tägige Frist, innerhalb deren Wiedereinsetzung bei der Bezirksverwaltungsbehörde erbeten werden kann. Die Wiedereinsetzung kann nur beansprucht werden, wenn der Beteiligte nachweist, daß er ohne sein Verschulden von dem Antrag keine Kenntnis erhalten hat oder an der Einhaltung der Frist durch ein Naturereignis oder durch andere unabwendbare Zufälle verhindert war. Im übrigen vgl. die Anm. zu Art. 70 Abs. II. Gegen die Verweigerung der Wiedereinsetzung ist binnen 14 Tagen Beschwerde zur Regierung, Kammer des Innern, zulässig; diese entscheidet hierüber endgültig (Art. 61 Abs. I, Art. 62); sowohl die Entscheidung der Bezirksverwaltungsbehörde wie die Entscheidung der Regierung ist im gewöhnlichen Verwaltungsverfahren, nicht im Verwaltungsrechtsverfahren zu erlassen, da in Artikel 83 ausdrücklich nur die Entscheidungen nach Art. 81 Abs. III als Verwaltungsrechtssachen erklärt worden sind.

6. zu. Stimmen alle Beteiligten dem Antrag zu, so ist eine Einigung erzielt; die beantragten Zwangsrechte sind nunmehr keine Zwangsrechte, sondern gewöhnliche Rechte geworden, deren Bestellung nach den gewöhnlichen Vorschriften vor sich geht. Stimmt ein Teil der Beteiligten zu, ein anderer Teil nicht, so ist zu prüfen, inwieweit gegenüber mehreren Beteiligten nur einheitlich entschieden werden kann. Kann gegenüber mehreren Beteiligten nur einheitlich entschieden werden, so liegt eine Zustimmung, welche das weitere Verfahren unnötig macht, nur vor, wenn diese mehreren Beteiligten sämtlich zustimmen; muß dagegen gegenüber den mehreren Beteiligten nicht einheitlich entschieden werden, so liegt eine Zustimmung schon vor, wenn ein Beteiligter zustimmt. Soll z. B. ein Nießbrauch bestellt werden und es hat der Eigentümer zugestimmt, der Inhaber eines Nießbrauchs an dem Grundstück aber nicht, so liegt eine volle Zustimmung nicht vor, weil gegenüber dem Eigentümer und dem Nießbraucher nur einheitlich entschieden werden kann. Hat aber der Eigentümer des Grundstücks a der Enteignung zugestimmt, der Eigentümer des Grundstückes b nicht, so ist das Verfahren gegenüber dem Eigentümer des Grundstücks a erledigt, während es gegenüber dem Eigentümer des Grundstücks b weitergeführt wird. Wer der Bestellung eines Zwangsrechtes zustimmt, übernimmt damit eine obligatorische Verpflichtung zu der seinem Recht entsprechenden Mitwirkung an der freiwilligen Bestellung des beanspruchten Rechtes. Alle Zustimmungserklärungen, auch die fingierten, sind endgültig und können nicht zurückgenommen werden; sie können jedoch ebenso wie alle Willenserklärungen wegen Irrtum, Zwang usw. angefochten werden (vgl. BGB. §§ 119 ff.). Die Zustimmung bindet auch den Rechtsnachfolger.

7. erörtern. Diese Erörterung ist nur geboten, soweit die Anträge nicht durch wirkliche oder fingierte Zustimmung bereits erledigt sind. Die Verhandlung findet in der Regel in den Amtsräumen der Bezirksverwaltungsbehörde statt; sie kann aber auch, wenn hievon eine Förderung zu erwarten ist, an Ort und Stelle abgehalten werden. Bei der Verhandlung sind, da es sich um eine Verwaltungsrechtssache handelt (siehe Art. 81 Abs. III, Art. 83), die Vorschriften über das Verwaltungsrechtsverfahren zu beachten.

8. laden. Die Ladung ist nur für die Beteiligten geboten, die noch nicht zugestimmt haben; kann aber gegenüber mehreren Beteiligten nur einheitlich entschieden werden und haben nicht alle Beteiligte tatsächlich oder fiktiv zugestimmt, so sind von diesen Beteiligten auch diejenigen zu laden, welche bereits zugestimmt haben. Die Ladung soll einen Hinweis auf die Folgen des Nichterscheinens enthalten.

9. Zustimmung. Von Nichterscheinen ist nicht schon dann die Rede, wenn der Beteiligte nicht selbst zu der Verhandlung erscheint; die Abordnung eines bevollmächtigten Vertreters genügt. Erscheint ein Vertreter ohne Vollmacht, so steht es im Ermessen der Bezirksverwaltungsbehörde, ob sie den Vertreter vorläufig zulassen will; wird er zugelassen, so erlangen seine Erklärungen erst dann verbindliche Wirkung für den Vertretenen, wenn eine ordnungsmäßige Vollmacht nachgebracht wird. Wird die Vollmacht vor der Entscheidung nicht mehr vorgelegt, so ist der Vertretene wie ein Nichterschienener zu behandeln. — Hier wird neuerdings die Zustimmung fingiert. — Im Gegensatz zu dem Fall des Abs. I ist hier eine Wiedereinsetzung gegen die Fristversäumnis nicht zugelassen; sie ist hier weniger notwendig, weil nur ein sehr beschränkter Personenkreis in Frage kommt und die Gültigkeit der Verhandlung ohnehin den Nachweis der Zustellung der Ladung voraussetzt.

10. Antrag. Die Entscheidung umfaßt in der Regel drei Aussprüche:

a) Die Bestellung des Zwangsrechtes. Die materiell-rechtlichen Vorschriften hierüber sind in den Art. 41—47, 54 enthalten. Dieser Teil der Entscheidung umfaßt eine Rechtsfrage (ist die Bestellung eines Zwangsrechtes zulässig?) und eine Frage des freien Verwaltungsermessens (soll das gesetzlich zulässige Zwangsrecht bestellt werden und unter welchen Bedingungen?*). Bei der Bezirksverwaltungsbehörde wird über

*) Wegen der aus Gründen des Naturschutzes erforderlichen Auflagen siehe AB. § 6 (Seite 19), wegen der Auflage der Sicherheitsleistung siehe Art. 60.

beide Fragen im verwaltungsrechtlichen Verfahren entschieden (Art. 83 Abs. I). Die innere Natur der beiden Fragen zeigt sich erst bei der Beschwerdemöglichkeit. Wird die gesetzliche Zulässigkeit der Bestellung des Zwangsrechtes bestritten, so ist die Entscheidung der Bezirksverwaltungsbehörde mit Beschwerde zum Verwaltungsgerichtshof (Art. 83 Abs. II) anzufechten. Wird lediglich beanstandet, daß von der nichtbestrittenen Zulässigkeit der Bestellung des Zwangsrechts Gebrauch gemacht wird, so darf der Verwaltungsgerichtshof diese Frage nicht entscheiden, weil sich nach Art. 13 Abs. I Nr. 1 die Zuständigkeit des Verwaltungsgerichtshofs nicht auf Angelegenheiten und Fragen erstreckt, in welchen die Verwaltungsbehörden nach ihrem Ermessen zu verfügen berechtigt sind; in diesem Fall ist vielmehr Beschwerde zur Regierung, Kammer des Innern, zulässig (Art. 61 Abs. I). Wird sowohl die gesetzliche Zulässigkeit des Zwangsrechts bestritten, als auch beanstandet, daß dieses Recht tatsächlich bestellt worden ist, so muß Doppelbeschwerde zum Verwaltungsgerichtshof und zur Regierung erhoben werden. Ist nur ein Beteiligter in der Sache vorhanden, so hängt es von dessen Antrag ab, ob die Akten dem Verwaltungsgerichtshof oder der Regierung vorgelegt werden; in Ermangelung eines solchen Antrages oder wenn mehrere Beteiligte vorhanden sind, entscheidet zunächst der Verwaltungsgerichtshof (VGG. Artikel 49 Abs. II).

b) Die Auflage der Entschädigungspflicht. Materiell-rechtliche Vorschrift: Art. 50, 54. Dieser Teil der Entscheidung gehört eng zu a); es handelt sich um eine Auflage, unter der das Zwangsrecht bestellt wird. Wird das Zwangsrecht bestellt, so ist die Auflage der Entschädigungspflicht keine Ermessens-, sondern eine Rechtsfrage. Beschwerden hiewegen führen daher zum Verwaltungsgerichtshof. Vgl. auch AB. § 40 Abs. III (Seite 205).

c) Die Festsetzung der Entschädigung nach ihrer Höhe. Materiellrechtliche Vorschrift: Art. 50, 54. Dieser Teil der Entscheidung ist nicht verwaltungsrechtlicher Natur, sondern eine reine Verwaltungsangelegenheit, für welche das Verfahren in Art. 84 geregelt ist. In dieser Sache ist, wie zu Art. 84 näher ausgeführt ist, eine Beschwerdemöglichkeit weder zum Verwaltungsgerichtshof noch zur Regierung eröffnet, sondern nur der Zivilrechtsweg zulässig. Wegen des Entscheidungssatzes und der Fristbestimmung siehe AB. § 40 Abs. I und II (Seite 204).

Die Entscheidung hat auch einen Ausspruch über die Verpflichtung zur Tragung der Kosten zu enthalten. Es sei ausdrücklich hervorgehoben, daß eine Gebührenfreiheit nicht vorgesehen ist, auch soweit Zwangsrechte für eine Ödlandgenossenschaft bestellt werden. Gebührenfreiheit besteht nur bei der Bestellung von Zwangsrechten für den Staat (Kostengesetz vom 16. Februar 1921 Art. 3 Nr. 2, GVBl. S. 134).

11. aufzuerlegen. Die Auflage der Entschädigungspflicht muß erfolgen, wenn ein Zwangsrecht bestellt wird. Im übrigen vgl. Anmerkung 10 b).

12. festzusetzen. Vgl. hiezu Anm. 10 c und Art. 84.

13. aufzuerlegen. Auch wenn die Bezirksverwaltungsbehörde diesen Entschädigungsbetrag für zu hoch oder zu gering erachtet.

14. beschränkt werden. Auch in diesem Falle muß die Auflage der Entschädigungspflicht erfolgen; nur die Festsetzung der Höhe der Entschädigung wird zurückgestellt. Gegen die Beschränkung der Entscheidung auf die Rechtsänderung und die Auflage der Entschädigungspflicht ist binnen zwei Wochen Beschwerde zur Regierung, Kammer des Innern, zulässig (Art. 61 Abs. II, Art. 62); erachtet die Regierung die Beschwerde für begründet, so kann sie die Entschädigung nicht selbst festsetzen, sondern sie muß die Bezirksverwaltungsbehörde anweisen, die Festsetzung vorzunehmen.

15. durchzuführen. Nach den gleichen Vorschriften, wie wenn die Entscheidung verbunden worden wäre. Selbstverständlich können die Teile der Entscheidung wegbleiben, welche sich auf das Entschädigungsverfahren nicht beziehen. Außerdem gilt Art. 84.

Berichtigung des Grundbuchs.

Art. 82.

Liegt eine rechtskräftige Entscheidung über den Antrag[1] vor, so ersucht die Bezirksverwaltungsbehörde das Grundbuchamt um Eintragung der Rechtsänderungen und des Vorkaufsrechtes (Art. 52) im Grundbuch[2].

1. Antrag. Auf Bestellung eines Zwangsrechtes.

2. Grundbuch. Mit der Rechtskraft der Entscheidung der Bezirksverwaltungsbehörde ist das Zwangsrecht entstanden (Art. 48), ohne daß die Entstehung des Zwangsrechts von der Eintragung in das Grundbuch abhängig wäre. Mit der Rechtskraft der Entscheidung wird daher das Grundbuch unrichtig und muß berichtigt werden. Art. 82 verleiht der Bezirksverwaltungsbehörde das Recht, das Grundbuchamt um die Eintragung des Zwangsrechts und — falls es sich um die Übertragung des Eigentums handelt — des mit der Eigentumsübertragung kraft Gesetzes entstehenden Vorkaufsrecht im Grundbuch zu ersuchen. Dem Ersuchen ist eine vollstreckbare Ausfertigung des Beschlusses der Bezirksverwaltungsbehörde beizulegen. Das Grundbuchamt ist gemäß § 39 der Grundbuchordnung verpflichtet, dem Ersuchen zu entsprechen.

d) Verwaltungsrechtsverfahren.

Art. 83.

I Streitigkeiten über Rechtsansprüche und Verbindlichkeiten[1] in den Fällen der Art. 8 bis 12, 26, 27, 29, 30, Art. 31 Abs. III, Art. 81 Abs. III[2] sind Verwaltungsrechtssachen[3] mit der Maßgabe, daß über die vorgesehenen Entschädigungen in dem besonderen Verfahren des Art. 84 entschieden wird[4].

Gegen die Entscheidung der Bezirksverwaltungsbehörde[5] ist binnen zwei Wochen[6] Beschwerde zum Verwaltungsgerichtshof zulässig.

Ausführungsbestimmungen:

§ 48.

I *Für das Verfahren in Verwaltungsrechtssachen sind die Bestimmungen des II. Abschnittes (Art. 16—44) des Gesetzes über die Errichtung eines Verwaltungsgerichtshofes und das Verfahren in Verwaltungsrechtssachen vom 8. August 1878, sowie die Vollzugsvorschriften hiezu vom 25. Januar 1901 (GVBl. S. 41) massgebend.*

II *Bei den Artikeln des Gesetzes, durch welche Streitigkeiten über Rechtsansprüche und Verbindlichkeiten als Verwaltungsrechtssachen erklärt sind, in Ansehung deren aber auch Entschädigungsansprüche Platz greifen können, ist hinsichtlich der letzteren ausdrücklich das besondere Entschädigungsverfahren nach Art. 84 als massgebend erklärt.*

III *Für den Vollzug verwaltungsrechtlicher Bescheide sind neben Art. 46 des Verwaltungsgerichtshofsgesetzes die Bestimmungen des Art. 63 des Ödlandgesetzes anwendbar; die Erlassung vorsorglicher Anordnungen nach Art. 64 des Ödlandgesetzes ist auch in Verwaltungsrechtsstreitigkeiten zulässig.*

IV *Besonders hervorzuheben ist noch, dass neben den in Art. 83 aufgezählten Fällen auch die Entscheidung der Regierung nach Art. 74 verwaltungsrechtlicher Natur ist.*

1. Verbindlichkeiten. Unter Art. 83 fallen nur Rechtsstreitigkeiten, nicht aber Fragen des freien behördlichen Ermessens. Auch soweit solche Fragen in den in den aufgeführten Artikeln behandelten Angelegenheiten vorkommen, erhalten sie dadurch nicht die Eigenschaft von Verwaltungsrechtsstreitigkeiten.

2. Art. 81 Abs. III. Durch die Aufführung des Art. 31 Absatz III sind die Streitigkeiten über die in Art. 31 Abs. I und II behandelten Angelegenheiten ebenfalls zu Verwaltungsrechtssachen erklärt. Das gleiche gilt infolge des Zitats des Art. 81 Abs. III von den Streitigkeiten über die sich aus Art. 41—47 ergebenden Rechtsansprüche und Verbindlichkeiten. Sodann ist zu beachten, daß Art. 74 Abs. IV auch die Entscheidungen über Einsprüche gegen die Unternehmungen öffentlicher Ödlandgenossenschaften und Widersprüche gegen den Beitritt zu solchen Genossenschaften als Verwaltungsrechtssachen erklärt. Endlich enthält noch Art. 88 Verwaltungsrechtssachen. Alle sonstigen aus dem Ödlandgesetz sich ergebenden Streitigkeiten sind entweder reine Verwaltungssachen oder gehören vor die ordentlichen Gerichte. Verwaltungsstreitsachen kommen im Bereich des Ödlandgesetzes nicht vor.

3. Verwaltungsrechtssachen. Die Erklärung zu Verwaltungsrechtssachen hat die Folge, daß auf das Verfahren die Art. 16 bis 44 des Verwaltungsgerichtsgesetzes Anwendung finden. Bei der

Bezirksverwaltungsbehörde und bei dem verwaltungsrechtlichen Senat der Regierung, Kammer des Innern, können Verwaltungsrechtssachen und Verwaltungssachen zusammen behandelt werden; der Verwaltungsgerichtshof ist auf die Verwaltungsrechtssachen beschränkt.

4. entschieden wird. Über die Höhe der Entschädigungen wird nicht in dem Verwaltungsrechtsverfahren, sondern in dem besonderen Verfahren des Art. 84 entschieden.

5. Bezirksverwaltungsbehörde. Im Falle des Art. 74 gegen die Entscheidung der Regierung, Kammer des Innern.

6. zwei Wochen. Die Frist beginnt mit der Zustellung des Bescheides der ersten Instanz. Wiedereinsetzung gegen die Versäumung der Frist kann bewilligt werden, wenn die Partei durch Naturereignisse oder andere unabwendbare Zufälle verhindert worden ist, die Beschwerdefrist einzuhalten (VGG. Art. 22 Abs. VI, ZPO. § 233).

e) Entschädigungsverfahren.

Art. 84.

I In den Fällen der Art. 11 Abs. II, III, Art. 12 Abs. III, Art. 23 Satz 2, Art. 24 Abs. III, IV, Art. 45, 50, Art. 53 Abs. II, III[1] wird die Entschädigung[2] auf Antrag eines Beteiligten[3] im Wege der Schätzung durch die Bezirksverwaltungsbehörde festgestellt[4]. Der nach Art. 80 gestellte Antrag gilt zugleich als Antrag im Sinne dieser Vorschrift[5].

II Art. 17 Abs. I Satz 2, 3, Art. 18 bis 20, Art. 21 Abs. I, III und Art. 26 des ersten Abschnitts des Gesetzes vom 23. Februar 1879 zur Ausführung der Reichszivilprozeßordnung und Konkursordnung in der Fassung der Bekanntmachung vom 26. Juni 1899 sind entsprechend anzuwenden[6]. Der Abschätzungstermin ist nach Möglichkeit mit der Verhandlung nach Art. 69 oder Art. 81 Abs. II zu verbinden[7].

III Die Kosten des Verwaltungsverfahrens sowie die Vergütung der den Beteiligten hierdurch verursachten notwendigen Auslagen fallen vorbehaltlich des Art. 58 Abs. II Satz 3 dem Entschädigungspflichtigen zur Last[8]. Das Verwaltungsverfahren ist gebührenfrei[9].

Ausführungsbestimmungen:

§ 49.

I Der Art. 84 des Gesetzes zählt erschöpfend die Fälle auf, in denen nach dem Gesetze ein Eingriff in bürgerliche Rechte Dritter ohne vorgängige Zwangsenteignung für zulässig erklärt, gleichzeitig aber auch die Verpflichtung zur Entschädigung ausgesprochen ist.

II *Wird in diesen Fällen die Verpflichtung zur Entschädigung dem Grunde nach nicht bestritten, und besteht nur über den Betrag (Art oder Umfang) der zu leistenden Entschädigung Streit, so kann jeder Beteiligte Antrag auf Feststellung der Entschädigung im Wege der Schätzung durch die zuständige Bezirksverwaltungsbehörde stellen.*

§ 50.

I *Für das Schätzungsverfahren gelten die Bestimmungen der Abs. II und III des Art. 84; daneben finden auf das Verfahren vor der Bezirksverwaltungsbehörde die Vorschriften der Art. 57 bis 64 des Gesetzes Anwendung.*

II *Die Kosten des Verwaltungsverfahrens sowie die Vergütung der den Beteiligten hierdurch verursachten notwendigen Auslagen fallen dem Entschädigungspflichtigen zur Last. Die durch unbegründete Einwendungen veranlassten besonderen Kosten können dem auferlegt werden, welcher die Einwendungen erhoben hat. Das Verwaltungsverfahren ist gebührenfrei.*

1. Art. 53 Abs. II, III. Die erwähnten Vorschriften enthalten sowohl Fälle, in denen über die Entschädigungspflicht eine Entscheidung getroffen worden ist, als solche, in denen die Entschädigungspflicht auf dem Gesetz beruht; in beiden Fällen ist das Verfahren nach Art. 84 zulässig; nur muß mindestens gleichzeitig die Entschädigungspflicht selbst geregelt werden. Es handelt sich hier um eine Ausnahmevorschrift (siehe Anm. 4); sie darf daher nicht ausdehnend ausgelegt und nicht auf andere als hier erwähnte Fälle erstreckt werden. Die Frage der Entschädigungspflicht kann in dem Verfahren des Art. 84 nicht erledigt werden; es handelt sich hier nur um die Höhe der Entschädigung.

2. Entschädigung. Nur die Höhe der Entschädigung, nicht auch die Entschädigungspflicht selbst. Streitigkeiten über die Entschädigungspflicht sind bürgerlich-rechtlicher Natur und werden daher von den ordentlichen Gerichten entschieden, soweit die Entschädigungspflicht dem Pflichtigen im Verfahren auf Bestellung der Zwangsrechte als Auflage auferlegt worden ist.

3. Beteiligten. Beteiligt ist der Entschädigungsberechtigte und der Entschädigungsverpflichtete. Stellt der Beteiligte diesen Antrag nicht oder wird dieser Antrag nicht nach Abs. I Satz 2 fingiert, so unterbleibt das Verfahren nach Art. 84.

4. festgestellt. Zuständig ist die Bezirksverwaltungsbehörde in deren Bezirk das Grundstück liegt. Soweit das Verfahren in Art. 84 nicht geregelt ist, gelten die allgemeinen Vorschriften der Art. 57 ff. Es handelt sich hier um bürgerlich-rechtliche Entschädigungsansprüche, die im Streitfalle vor die ordentlichen Gerichte gehören. Das Schätzungsverfahren vor der Bezirksverwaltungsbehörde ändert an der bürgerlich-rechtlichen Eigenschaft der Streitigkeiten nichts und hindert auch die gerichtliche Entscheidung nicht, die in keiner Weise an das Ergebnis des Schätzungsverfahrens gebunden ist. Das Schätzungsverfahren führt daher zu keiner endgültigen Entscheidung, sondern es dient lediglich dem Zweck, eine rasche, vorläufige Entscheidung herbeizuführen. Da die Festsetzung der Entschädigung durch die Bezirksverwaltungsbehörde ein Ausnahmeverfahren und gegen die Festsetzung durch die Bezirksverwaltungsbehörde ausdrücklich der Antrag auf gerichtliche Entscheidung zugelassen worden ist, ist eine Beschwerde gegen die Festsetzung der Bezirksverwaltungsbehörde nicht zulässig; Art. 61 Abs. I findet auf die Festsetzung keine Anwendung (ebenso Eymann Art. 195 Anm. 5).

5. Vorschrift. Es handelt sich hier um eine gesetzliche Fiktion, nicht bloß um eine Vermutung. Wird ein Antrag nach Art. 80 gestellt, so kann die Durchführung des Schätzungsverfahrens nach Art. 84 nicht ausgeschlossen werden.

6. anzuwenden. Was in diesen Vorschriften von der Zwangsenteignung und der Bestellung von Dienstbarkeiten ausgeführt ist, gilt für die Bestellung aller Zwangsrechte. Die erwähnten Vorschriften lauten folgendermaßen:

Art. 17 Abs. I Satz 2, 3. Der Antrag hat die genaue Bezeichnung des abzutretenden Grundstücks sowie die Angabe des Abtretungspflichtigen und der sonstigen Beteiligten zu enthalten. Der Antrag soll, soweit tunlich, für die in demselben Verwaltungsbezirke gelegenen Grundstücke gleichzeitig gestellt werden.

Art. 18. Die Bezirksverwaltungsbehörde bestimmt sofort einen Termin [a]) zur Abschätzung der in dem Antrage bezeichneten Gegenstände. Nach Lage der Sache können zur Abschätzung einzelner Gegenstände oder bestimmter Gruppen derselben gesonderte Termine bestimmt werden.

II Zu dem Termine sind die Beteiligten zu laden sowie drei Sachverständige als Schätzleute entweder für alle zur Abschätzung bestimmten Gegenstände oder für einzelne Gegenstände oder einzelne Arten derselben beizuziehen. Auf die Ladung finden die Vorschriften des Art. XV Abs. 1 Satz 2, Abs. 2, 3 des Gesetzes vom 17. Februar 1837 entsprechende Anwendung; schriftliche Mitteilung erfolgt nur an den Abtretungsberechtigten, die Abtretungspflichtigen und die sonstigen Beteiligten, die sich zur Teilnahme an dem Schätzungsverfahren bei der Bezirksverwaltungsbehörde gemeldet haben. Die Schätzleute sind, sofern sich nicht die Beteiligten über deren Wahl geeinigt und spätestens eine Woche vor dem Termine hievon Anzeige gemacht haben, von der Bezirksverwaltungsbehörde zu ernennen. Personen, welche als Entschädigungsberechtigte von der Enteignung betroffen sind oder welche an der Feststellung der Entschädigungssumme sonst ein rechtliches Interesse haben, können nicht als Schätzleute bestimmt werden.

a) Termin. Der Termin ist nach Möglichkeit mit der Verhandlung nach Art. 69 oder Art. 81 Abs. II zu verbinden (siehe Art. 81 Abs. II Satz 2); geschieht dies, so ist die weitere in Art. 18 vorgeschriebene Ladung nicht nötig; dagegen gelten auch in diesem Falle die Vorschriften des Art. 18 über die Auswahl und die Ladung der Sachverständigen.

Art. 19. I In dem Abschätzungstermine hat zunächst mit Zuziehung der Schätzleute Einnahme des Augenscheins und Vernehmung der Beteiligten über etwaige besondere auf die Wertbestimmung Einfluß äußernde Verhältnisse, sowie über die von den Abtretungspflichtigen beanspruchten und von dem Abtretungsberechtigten angebotenen Summen zu Protokoll zu erfolgen und ist unter den Beteiligten eine gütliche Einigung zu versuchen [a]). Im Falle des Nichtzustandekommens derselben wird sodann nach Beeidigung und entsprechender Belehrung der Schätzleute zur protokollarischen Aufnahme der Schätzungen geschritten. Für die Schätzung sind die in Titel II des Gesetzes vom 17. November 1837 aufgestellten Grundsätze maßgebend.

II Den Schätzleuten kann nach Lage der Sache auch eine kurze Frist zur schriftlichen Abgabe der Schätzung eröffnet werden. In diesem Falle sind die zu beantwortenden Fragen zum Protokolle festzustellen und den Schätzleuten in Abschrift zu übergeben.

a) versuchen. Hat sich der Zwangsberechtigte mit dem Entschädigungsberechtigten über die Entschädigung geeinigt, so hat die Bezirksverwaltungsbehörde dem Zwangsberechtigten diese Entschädigung aufzuerlegen. (Art. 81 Abs. III Nr. 3).

Art. 20. Auf Grund der von den Schätzleuten abgegebenen Erklärungen hat die Bezirksverwaltungsbehörde die Entschädigungssummen für die einzelnen Abtretungsgegenstände auszusprechen. Hiebei ist dieselbe, falls die Wertsbestimmungen der Schätzleute übereinstimmen, an den hienach sich ergebenden Betrag gebunden. Besteht Meinungsverschiedenheit unter den Schätzleuten, so ist die Entschädigungssumme unter Würdigung der Begründung der verschiedenen Wertsangaben, jedoch innerhalb der Grenze derselben, festzustellen.

Art. 21 Abs. I. Gegen die Feststellung der Entschädigungssumme durch die Bezirksverwaltungsbehörde steht sowohl den Abtretungspflichtigen als auch dem Abtretungsberechtigten innerhalb einer von Bekanntgabe der festgestellten Beträge an laufenden Ausschlußfrist von einem Monate die Betretung des Rechtsweges behufs richterlicher Entscheidung über den Betrag der zu leistenden Entschädigung offen [a]).

Art. 21 Abs. III. Auf Verlangen einer Partei ist eine neue Schätzung vorzunehmen [b]). Die Schätzleute, welche den Abtretungsgegenstand im Verfahren vor der Bezirksverwaltungsbehörde geschätzt haben, dürfen ohne Zustimmung der Parteien nicht als Sachverständige ernannt werden.

a) offen. Wird die Frist versäumt, so ist die Festsetzung durch die Bezirksverwaltungsbehörde rechtskräftig.

b) vorzunehmen. Dieser Satz gilt nur für das gerichtliche Verfahren.

Art. 26. Eine gütliche Einigung der Beteiligten über die Abtretung oder über die zu leistende Entschädigung wird mit der Protokollierung durch die Bezirksverwaltungsbehörde rechtswirksam. Vor dieser kann auch die Auflassung erklärt werden [a]).

a) erklärt werden. Art. 26 ist nur insoweit anzuwenden, als er sich auf die Höhe der Entschädigung bezieht. Satz 2 kann daher nicht in Frage kommen.

7. verbinden. Wird voraussichtlich eine Einigung unter den Beteiligten gelingen, so kann von der Ladung der Schätzleute abgesehen werden, um Kosten zu ersparen; in einem solchen Falle muß die Schätzung nachträglich durchgeführt werden. Auch wird der Hinweis auf die hohen Kosten des Schätzungsverfahrens (Augenschein, drei Sachverständige!) in den meisten Fällen die Beteiligten zu einer gütlichen Einigung veranlassen.

8. läßt. Verlangt der Entschädigungsberechtigte eine unangemessen hohe Entschädigung, so wird von dem Recht des Art. 58 Abs. II Satz 3 Gebrauch zu machen sein; denn, wenn er angemessene Forderungen gestellt hätte, wäre in den meisten Fällen das ganze Entschädigungsverfahren entbehrlich geworden. Es dürfen daher keine Bedenken bestehen, in solchen Fällen die ganzen Kosten des Entschädigungsverfahrens als „besondere Kosten" im Sinne des Art. 58 Abs. II Satz 3 zu behandeln.

9. gebührenfrei. Es werden also Staatsgebühren nicht erhoben, wohl aber die dem Staat erwachsenen Kosten und Auslagen (vgl. Art. 79 Anm. 7).

V. Abschnitt.

Straf- und Schlußvorschriften.

Strafvorschriften.

Art. 85.

Wer die durch Art. 36 vorgeschriebene Verpflichtung nicht erfüllt[1], wird an Geld bis zu 150 Goldmark[2] oder mit Haft bis zu 8 Tagen[3] bestraft.

II Soweit zum Vollzug einzelner Bestimmungen des Gesetzes oberpolizeiliche Vorschriften[4] oder Anordnungen der Verwaltungsbehörden[5] erlassen werden, wird deren Übertretung an Geld bis zu 150 Goldmark[2] oder mit Haft bis zu 14 Tagen[3], soweit ortspolizeiliche Vorschriften und Anordnungen[6] erlassen werden, wird deren Übertretung an Geld bis zu 150 Goldmark[2] oder mit Haft bis zu 3 Tagen[3] bestraft.

1. erfüllt. Der Tatbestand erfordert ein Verschulden, umfaßt aber sowohl Vorsatz wie jeden Grad von Fahrlässigkeit.

2. 150 Goldmark. Dieser Betrag ist durch Art. XIV Abs. II bzw. Art. III und VIII des Gesetzes vom 6. Februar 1924 (RGBl. S. 44) an die Stelle des im Ödlandgesetz enthaltenen Betrages gesetzt worden. Da es sich um eine Übertretung handelt, ist der Mindestbetrag der Geldstrafe 1 Goldmark (§ 27 Abs. I Nr. 2 des Strafgesetzbuchs, Art. III des Gesetzes vom 6. Februar 1924). Verjährung in drei Monaten (StGB. § 67 Abs. III).

3. Tagen. Trotz der Vereinheitlichung der Strafrahmen für die Geldstrafe sind die Höchstsätze der Haftstrafe unverändert geblieben.

4. Vorschriften. Polizeiliche Vorschriften sind nur solche Vorschriften, welche Gebote oder Verbote enthalten, die sich an die Bevölkerung oder wenigstens an Teile der Bevölkerung (nicht bloß an Behörden) richten und für den Übertretungsfall Bestrafung oder sonstige Zwangsmaßnahmen androhen. (Näheres bei Eymann Art. 206 Anmerkung 1 I). Nach Art. 85 und nach Art. 7 PStGB. können die Regierungen, Kammern des Innern, für ihren Regierungsbezirk und das Staatsministerium für Landwirtschaft für ganz Bayern oder für einzelne

Regierungsbezirke oberpolizeiliche Vorschriften zum Vollzuge einzelner Bestimmungen des Gesetzes erlassen. Diese Vorschriften können zu allen Bestimmungen des Gesetzes erlassen werden, sie sind nur insoweit beschränkt, als es sich um polizeiliche Anordnungen handeln muß; hieraus ergibt sich praktisch allerdings ein ziemlich enges Anwendungsgebiet. Für die Erlassung der oberpolizeilichen Vorschriften gelten die Art. 1—13 des PStGB. Bis jetzt sind solche Vorschriften nicht erlassen worden. Die Beachtung der oberpolizeilichen Vorschriften kann nicht nur im Wege der Strafandrohung und Bestrafung, sondern auch im Wege des Art. 63 erzwungen werden.

5. Verwaltungsbehörden. Diese Vorschrift ist von sehr großer Tragweite. Sie ermächtigt die in Art. 55 Abs. I genannten Verwaltungsbehörden (Staatsministerium für Landwirtschaft, Regierungen, Kammern des Innern, und Bezirksverwaltungsbehörden) zur Erlassung von allgemeinen oder besonderen Anordnungen zum Vollzug aller Vorschriften des Gesetzes. Die Anordnungen unterscheiden sich von den erwähnten polizeilichen Vorschriften, abgesehen von der Zuständigkeit zu ihrer Erlassung, hauptsächlich dadurch, daß sie aus einem bestimmten Anlaß und nur für diesen Anlaß getroffen werden, während die oberpolizeilichen Vorschriften nicht auf einen bestimmten Anlaß beschränkt sind, sondern auch darüber hinaus gelten. Beispiele von Verwaltungsanordnungen: Für die Dauer der Verbesserungsarbeiten kann das Betreten oder Befahren der Grundstücke oder das Viehweiden verboten werden, oder es kann angeordnet werden, daß für die Dauer der Arbeiten ein Wasserlauf abzusperren oder umzuleiten ist oder es kann das Abtorfen verboten werden usw. Diese Anordnungen können an die Allgemeinheit oder eine bestimmte Anzahl von Personen oder an eine einzelne Person gerichtet sein.

6. Anordnungen. Hier ist besonders zu beachten, daß bis jetzt den Ortspolizeibehörden Befugnisse im Vollzug des Ödlandgesetzes nicht übertragen sind, wie das z. B. in Art. 55 Abs. I gegenüber den Bezirksverwaltungsbehörden geschehen ist. Ortspolizeiliche Vorschriften und Anordnungen können daher, solange nicht durch eine Vollzugsvorschrift den Ortspolizeibehörden besondere Befugnisse übertragen sind, nicht erlassen werden. Die Strafvorschrift hat daher, soweit sie sich auf die ortspolizeilichen Vorschriften und Anordnungen bezieht, zur Zeit keine Bedeutung. Wegen der Zuständigkeit und des Verfahrens siehe PStGB. Art. 1—13. Wegen des Unterschieds der polizeilichen Vorschriften und der Anordnungen siehe Anm. 4 und 5.

Dingliche Rechte. **Art. 86.**

I Die Rechte und Verpflichtungen, welche dieses Gesetz hinsichtlich der Eigentümer von Grundstücken festsetzt[1], gelten auch für Personen, die solche vermöge eines nutzbaren dinglichen Rechtes besitzen[2].

II Für die Rechtsverhältnisse und Ansprüche zwischen diesen Besitzern und Eigentümern sind die Bestimmungen des bürgerlichen Rechtes maßgebend[3].

1. festsetzt. Alle Rechte und Verbindlichkeiten, welche das Ödlandgesetz dem Eigentümer eines Grundstückes auferlegt, sind auch den in Abs. I bezeichneten Personen auferlegt.

2. besitzen. Solche Rechte sind lediglich der Nießbrauch, das Erbbaurecht, die Erbpacht und der Pfründenießbrauch, nicht aber obligatorische Rechte, wie Miete, Pacht, Leihe usw. Dem Eigentümer gleichgestellt sind also auch der Nießbraucher, der Erbbauberechtigte, der Erbpächter und der Pfründenießbraucher. Hieraus ergibt sich, daß bei den Grundstücken, an denen die erwähnten Rechte bestehen, zwei Personen die im Ödlandgesetz vorgesehenen Rechte und Verbindlichkeiten haben. Es handelt sich hier um ein Gesamtrechtsverhältnis; die Rechte und Verbindlichkeiten beider werden dadurch ausgeglichen, daß einer von ihnen die Rechte ausübt oder die Verbindlichkeiten erfüllt. Beispiel: Der Nießbraucher (Erbbauberechtigte, Erbpächter, Pfründenießbraucher) eines Grundstückes tritt der Ödlandgenossenschaft bei; dadurch ist das Grundstück in den Genossenschaftsverband einbezogen; die auf dem Genossenschaftsverband beruhenden Rechte und Pflichten hat der Eigentümer ebenso wie der Nießbraucher (Erbbauberechtigte, Erbpächter, Pfründenießbraucher). Macht der Nießbraucher von einem genossenschaftlichen Rechte Gebrauch (z. B. Abstimmungsrecht in der Genossenschaftsversammlung), so ist dieses Recht hinsichtlich dieses Grundstückes erschöpft; der Eigentümer kann es nicht mehr ausüben. Begleicht der Nießbraucher die Beiträge zur Genossenschaft, so ist dadurch hinsichtlich dieser Beiträge auch der Eigentümer entlastet. Begleicht er die Beiträge nicht, so kann sich die Genossenschaft an ihn oder an den Eigentümer halten. Bei der Ausübung der Rechte, die sich aus dem Genossenschaftsverband ergeben, entscheidet zunächst die Priorität. Besteht eine Meinungsverschiedenheit zwischen dem Eigentümer und dem Nießbraucher usw., so entspricht es wohl der Absicht des Gesetzes, im Genossenschaftsgründungsverfahren den Art. 5 Abs. III entsprechend anzuwenden; es gilt daher als Zustimmung, wenn entweder der Nießbraucher usw. oder der Eigentümer zustimmt. Beanspruchen im übrigen beide die Ausübung eines Rechtes (zum Beisp. das Stimmrecht in der Genossenschaftsversammlung) und können sie sich wegen der Ausübung dieses Rechts nicht einigen, so kann, da keiner von ihnen nach außen eine Vorzugsstellung hat, das Recht nicht ausgeübt werden. Streitigkeiten darüber, ob die Ausübung eines Rechtes nach außen wirksam ist, d. h. ob z. B. der Beitritt zur Genossenschaft gültig erklärt ist oder ob die Abstimmung in der Genossenschaftsversammlung gültig ist, ferner Streitigkeiten, ob der Eigentümer oder der Nießbraucher usw. der Genossenschaft gegenüber zu einer Leistung verpflichtet ist, werden in demselben Verfahren entschieden, das sonst für Streitigkeiten der gleichen Art vorgesehen ist. Außerhalb des Rechts der öffentlichen Ödlandgenossenschaften wird Artikel 86 kaum je praktisch werden; denn für die Zwangsrechte stellt Artikel 43 ohnehin schon eine Sonderbestimmung vor, die für den Nießbrauch, das Erbbaurecht, die Erbpacht und den Pfründenießbrauch gilt.

3. maßgebend. Abs. II bezieht sich nur auf das Innenverhältnis zwischen dem Eigentümer und dem Nießbraucher usw., er regelt nur die Frage, ob der Eigentümer oder der Nießbraucher dem andern

Teil gegenüber verpflichtet ist, ihm die Ausübung eines aus dem Genossenschaftsverband hervorgehenden Rechts zu überlassen oder eine auf dem gleichen Verband beruhende Pflicht zu erfüllen oder ihm die Vorteile, die sich aus dem Verbande ergeben, zu überlassen oder ihm die Leistungen, die auf Grund dieses Verbandes gemacht werden mußten, zu erstatten. Dieses Innenverhältnis wirkt aber in keiner Weise nach außen. Wer nach außen, d. h. der Genossenschaft gegenüber berechtigt oder verpflichtet ist, ergibt sich aus Abs. I. Übt der Nießbraucher usw. ein auf dem Genossenschaftsverband beruhendes Recht aus, obgleich er im Innenverhältnis durch den Vertrag zwischen Eigentümer und Nießbraucher verpflichtet ist, die Ausübung dieses Rechts dem Eigentümer zu überlassen, so ist das im Verhältnis zwischen Genossenschaft und Nießbraucher vollständig belanglos. Wird umgekehrt der Nießbraucher auf Grund des Abs. I zu den Beiträgen zur Genossenschaft herangezogen, so kann er die Erfüllung der Beitragspflicht nicht mit der Begründung ablehnen, daß durch Vertrag zwischen dem Eigentümer und dem Nießbraucher dem Eigentümer die Beitragspflicht auferlegt sei; er kann nur, nachdem er die Beitragsleistung erfüllt hat, von dem Eigentümer den Ersatz der Aufwendungen verlangen. Streitigkeiten, die sich aus dem Abs. II ergeben, sind, wie sonstige Streitigkeiten, aus dem Nießbrauch, der Erbpacht, dem Erbbaurecht oder dem Pfründenießbrauch zu behandeln.

Aenderung des Landeskulturrentengesetzes.

Art. 87.

Das Gesetz über die Landeskulturrentenanstalt in der Fassung vom 31. März 1908 (GVBl. S. 235) wird folgendermaßen geändert:

1. Art. 2 Nr. I Ziff. 4 und 5 erhält folgende Fassung:
   „4. Verbesserung von Feldern, Wiesen und Weiden,
   5. Verbesserung von Ödland[1]."
2. An die Stelle des Art. 9 Abs. II treten folgende Vorschriften[2]:

   „Für Darlehen an öffentliche Wasser-, Flurbereinigungs- und Ödlandgenossenschaften, ferner für Darlehen zu Unternehmungen nach Art. 55 Abs. II der rechtsrheinischen und Art. 40 Abs. II der pfälzischen Gemeindeordnung gelten folgende Vorschriften:

   1. Für die Verteilung der Kulturrente auf die beteiligten Grundstücke sind maßgebend:

      bei den zur Benützung von Gewässern und zur Herstellung und Unterhaltung von Trink- und Nutzwasserleitungen gebildeten Wassergenossenschaften sowie bei den Ödlandgenossenschaften die Genossenschaftssatzung, Art. 142 und 152 des Wassergesetzes und Art. 27 des Ödlandgesetzes,

bei den zur Instandhaltung von Gewässern gebildeten Wassergenossenschaften die Genossenschaftssatzung,

bei den Unternehmungen nach Art. 55 Abs. II der rechtsrheinischen und Art. 40 Abs. II der pfälzischen Gemeindeordnung der Art. 55 Abs. III der rechtsrheinischen und der Art. 40 Abs. I Nr. 1 der pfälzischen Gemeindeordnung,

bei den Flurbereinigungsgenossenschaften die Genossenschaftssatzung, Art. 67, 83, 85, 86 des Flurbereinigungsgesetzes und Art. 142 und 152 des Wassergesetzes.

2. Die Teilrenten sind öffentliche Lasten der Grundstücke, aus denen sie nach Ziff. 1 zu entrichten sind.

1. Ödland. Nr. 1 drückt aus, daß für alle Unternehmungen im Sinne des Ödlandgesetzes Landeskulturrentendarlehen gewährt werden. Mit Rücksicht darauf, daß die Landeskulturrentendarlehen zu besonders günstigen Bedingungen gewährt werden, bedeutet dies eine erhebliche Förderung der Ödlandkultur. Der Begriff Ödland ist auch hier im Sinne des Art. 1 auszulegen. Landeskulturrentendarlehen werden zur Zeit gegen 4 und 8 v. H. Zins und $^1/_2$ v. H. Verwaltungskostenbeitrag gegeben; außerdem ist ein Tilgungszuschlag von mindestens 2 v. H. jährlich zu entrichten. Bei 4 v. H. Zins und 2 v. H. Tilgung ist das Darlehen in 28 Jahren abbezahlt. Wird der Tilgungssatz auf 3 v. H. erhöht, so beträgt die Tilgungsdauer 21 Jahre. Privatpersonen haben für das Darlehen eine Hypothek oder Reallast innerhalb der ersten Hälfte des Grundstückswerts zu bestellen. Die Landeskulturrentendarlehen werden entweder in Bargeld zum Nennbetrag oder in Goldbriefen (Pfandbriefen) gegeben. In letzterem Falle muß der Darlehensnehmer die Goldbriefe veräußern; gelingt es ihm nicht, die Goldbriefe zum Nennwert oder darüber zu verkaufen, so hat er den Kursverlust und die Verkaufskosten zu tragen. Selbst wenn hiedurch ein Kursverlust entsteht, so wird dieser doch durch den niedrigen Zinsfuß ausgeglichen. Gesuche um Landeskulturrentendarlehen sind bei den Bezirksverwaltungsbehörden zu stellen.

2. Vorschriften. Fassung nach Art. VI des Gesetzes vom 27. November 1924. — Aus Nr. 2 ergibt sich, daß die Landeskulturrentendarlehen an Ödlandgenossenschaften ebenso behandelt werden wie die an Wassergenossenschaften. Die Ödlandgenossenschaften brauchen daher keine Hypothek oder Reallast zu bestellen, wodurch erhebliche Kosten eingespart werden. Die Kulturrenten (Zinsen, Tilgungs- und Verwaltungskostenzuschläge) sind in doppelter Weise dinglich gesichert:

a) Im Verhältnis zwischen Genossenschaft und Genossen bildet die Verpflichtung zur Entrichtung der auf jeden Genossen treffenden Teilkulturrenten eine Beitragspflicht im Sinne des Art. 26 Abs. I.

Dieser Beitrag ist eine öffentliche Last des Grundstücks, d. h. sie gewährt für die Genossenschaft einen Anspruch auf Befriedigung aus dem Grundstück im Vorrang vor den Hypotheken und sonstigen bürgerlich-rechtlichen Belastungen.

b) Im Verhältnis zwischen Landeskulturrentenanstalt und Genossen bildet die Verpflichtung der Genossen zur Entrichtung der Teilkulturrenten durch Vermittlung der Genossenschaft an die Anstalt ebenfalls eine öffentliche Last, welche dieselbe dingliche Sicherheit gewährt.

Hieraus ergibt sich, daß die Landeskulturrentendarlehen eine bessere dingliche Sicherheit genießen, als die Darlehen von Hypothekenbanken und daß die Goldbriefe mindestens dieselbe Wertung wie die Pfandbriefe der Hypothekenbanken beanspruchen können.

Zwangsrechte zur Besiedelung.

Art. 88.

I Die Art. 41 bis 53, 55 bis 65, 80 bis 84, 86 dieses Gesetzes gelten entsprechend für die Fälle des § 3 des Reichssiedlungsgesetzes vom 11. August 1919 (RGBl. S. 1429), soweit nicht das Reichssiedlungsgesetz etwas anderes bestimmt[1].

II Die Entschädigung wird endgültig im Verwaltungsverfahren festgesetzt.[2])

Ausführungsbestimmung:

§ 51.

I *Die Bayerische Landessiedlung — Verwaltungsabteilung — kann die Durchführung des Zwangsverfahrens in diesen Fällen des § 3 des Reichssiedelungsgesetzes beantragen.*

II *Die Zwangsrechte sind in diesen Fällen für die Bayerische Siedelungs- und Landbank, G. m. b. H., zu bestellen.*

1. bestimmt. § 3 des Reichssiedlungsgesetzes vom 11. August 1919 (RGBl. S. 1429) lautet:

„Das gemeinnützige Siedlungsunternehmen ist berechtigt, unbewirtschaftetes oder im Wege der dauernden Brennkultur oder zur Torfnutzung verwendetes Moorland oder anderes Ödland für Besiedlungszwecke im Enteignungswege in Anspruch zu nehmen. Wenn der Eigentümer sich verpflichtet, innerhalb einer ihm gesetzten angemessenen Frist eine seinen wirtschaftlichen Verhältnissen entsprechende Fläche in Kulturland umzuwandeln, kann die Enteignung dieser Fläche erst stattfinden, wenn die Frist nicht gewahrt wird.

Als Entschädigung ist der kapitalisierte Reinertrag zu gewähren, den das Land im unverbesserten Zustande hat. Die Enteignungsbehörde kann dann eine höhere Entschädigung festsetzen, wenn besondere Verhältnisse dies als angemessen erscheinen lassen. Der Rechtsweg gegen die Festsetzung der Entschädigung ist ausgeschlossen. Im übrigen bleibt die Regelung der Enteignung einschließlich der Rechtsbehelfe gegen die Festsetzung der Entschädigung den Bundesstaaten vorbehalten."

In Bayern ist durch § 1 der Bekanntmachung vom 5. Sept. 1919 (MABl. Seite 209) die Bayerische Landessiedlung als gemeinnütziges Siedlungsunternehmen im vorstehenden Sinne erklärt worden.

§ 3 des Reichssiedlungsgesetzes regelt die Enteignung von Ödland für Siedlungszwecke. Er ordnet nur die Grundzüge des Verfahrens und überläßt die Regelung der Enteignung einschließlich der Rechtsbehelfe gegen die Festsetzung der Entschädigung den Ländern. Da es sich um ähnliche Fragen wie im vorliegenden Gesetz handelt, empfahl es sich, die entsprechende Anwendung der Vorschriften dieses Gesetzes auf die Fälle des § 3 des Reichssiedlungsgesetzes anzuordnen. Die abweichenden Vorschriften des Reichssiedlungsgesetzes gehen den Vorschriften dieses Gesetzes gemäß Art. 13 Abs. 1 der Reichsverfassung vor. Um Zweifel auszuschließen, sei ausdrücklich festgelegt, daß die entsprechende Anwendung der erwähnten Artikel nur besagt, daß in den Fällen, in denen nach § 3 des Reichssiedlungsgesetzes die Enteignung für Siedlungszwecke zulässig ist, sich die weiteren Fragen, die nicht im Reichssiedlungsgesetze geregelt sind, nach dem Ödlandgesetz bestimmen. Art. 88 will aber nicht dem gemeinnützigen Siedlungsunternehmen darüber hinaus Zwangsrechte zur Verbesserung von Ödland einräumen, weil diese die Aufgaben der Siedlungsunternehmen überschreiten würden.

Zu den für entsprechend anwendbar erklärten Vorschriften ist folgendes zu bemerken: Art. 41—47 sind nicht anwendbar, weil die hier geregelten Fragen in § 3 des Reichssiedlungsgesetzes behandelt sind. Art. 48 gilt wörtlich. Art. 49 gilt mit Ausnahme des Nebensatzes „soweit nicht gemäß Art. 43 anders verfügt wird". Art. 50 Abs. I und II gelten, soweit sie sich nicht mit der Entschädigung des Eigentümers befassen; die Entschädigung des Eigentümers ist in § 3 des Reichssiedlungsgesetzes geregelt. Art. 50 Abs. III und IV gelten unbeschränkt. Art. 51 kommt nicht in Betracht, weil durch die Rückgabe der Zweck der Siedelung vereitelt würde. Art. 52 gilt; es ist jedoch zu beachten, daß der Zweck des Siedlungsverfahrens die Übereignung des verbesserten Ödlands an einen Siedler ist; die Bezirksverwaltungsbehörde wird daher fast regelmäßig feststellen können, daß bei der Veräußerung an einen Siedler die Bedürfnisse der gemeinnützigen Siedlung der Ausübung des Vorkaufsrechtes des Enteigneten entgegenstehen. Art. 53 Abs. I—III gelten unverändert; Abs. IV ist nicht anwendbar, weil der Maßstab für die Entschädigung in § 3 Abs. II des Reichssiedlungsgesetzes festgesetzt ist. Art. 55—65 enthalten die allgemeinen Verfahrensvorschriften und sind anwendbar, soweit nicht eine andere Gesetzesvorschrift etwas Abweichendes bestimmt. Art. 80 ist anwendbar; nur tritt an die Stelle der dort genannten Stelle die bayerische Landessiedlung, Verwaltungsabteilung (AB. § 51 Abs. I, S. 220). Wenn das gemeinnützige Siedlungsunternehmen Ödland auf Grund des § 3 des Reichssiedlungsgesetzes in Anspruch nimmt, so hat es den Vorrang vor den Zwangsrechten des Ödlandgesetzes, weil das Ödlandgesetz sonst eine Einschränkung eines Reichsgesetzes enthalten würde, wozu die Landesgesetzgebung nicht befugt ist. Das hindert natürlich nicht, daß eine gütliche Einigung unter mehreren Antragstellern versucht wird.

Art. 82 und 83 gelten unverändert. Auch Art. 84 ist anwendbar. Wegen der Rechtsmittel gegen die Festsetzung der Entschädigung durch die Bezirksverwaltungsbehörde siehe Art. 88 Abs. II.

2. festgesetzt. Dieser Satz ändert den Art. 84 insoweit, als dieser die Herbeiführung der gerichtlichen Entscheidung gegen die Festsetzung der Entschädigung durch die Bezirksverwaltungsbehörde zuläßt. Die gerichtliche Entscheidung über die Höhe der Entschädigung ist durch § 3 Abs. II Satz 3 des Reichssiedlungsgesetzes ausgeschlossen worden. Es mußte daher für diesen Fall eine anderweitige Regelung getroffen werden. Diese enthält Abs. II. Hienach kann gegen die Entscheidung der Bezirksverwaltungsbehörde binnen 14 Tagen die gewöhnliche Verwaltungsbeschwerde nach Art. 61 Abs. I zur Regierung, Kammer des Innern, erhoben werden; diese entscheidet endgültig.

Ausführungsvorschriften.

Art. 89.

Die Staatsministerien für Landwirtschaft, der Justiz, des Innern und der Finanzen erlassen die Vorschriften zur Ausführung dieses Gesetzes[1]).

1. Gesetzes. Vgl. die Ausführungsbestimmungen vom 30. Juni 1923 (GVBl. S. 210). Es ist zu beachten, daß weitere Vorschriften zum Vollzuge des Ödlandgesetzes auf Grund des Art. 85 Abs. II erlassen werden können und zwar oberpolizeiliche Vorschriften durch das Staatsministerium für Landwirtschaft und die Regierungen, Kammern des Innern, ferner Anordnungen, die sich auf einen Anlaß beziehen und beschränken, durch das Staatsministerium für Landwirtschaft, die Regierungen, Kammern des Innern, und die Bezirksverwaltungsbehörden. Näheres in den Anm. zu Art. 85 Abs. II.

Inkrafttreten.

Art. 90.

Dieses Gesetz ist dringend[1] und tritt mit dem 1. April 1923 in Kraft.

Ausführungsbestimmung:

§ 52.

Diese Vorschriften traten mit ihrer Verkündung in Kraft.

1. dringend. Die Erklärung des Gesetzes als dringend schloß lediglich die Möglichkeit der Herbeiführung einer Volksabstimmung aus (Verfassungsurkunde § 77 Abs. I Nr. 6). Jetzt äußert diese Erklärung als dringendes Gesetz für das Ödlandgesetz keine Wirkung mehr.

München, den 6. März 1923.

Im Namen des Landtags: Königbauer, Präsident. Das Gesamtministerium: Dr. v. Knilling. Gürtner. Dr. Schweyer. Dr. Matt. Dr. Krausneck. Oswald. Wutzlhofer. Dr. v. Meinel.

III. Ausführungsbestimmungen.

Vom 30. Juni 1923 (GVBl. S. 210).

Der Wortlaut der Ausführungsbestimmungen ist bei den einzelnen Artikeln des Ödlandgesetzes abgedruckt (vgl. die Übersicht im Inhaltsverzeichnis). Hier folgen nur die Anlagen I und II.

Anlage I.

Mustersatzung für öffentliche Ödlandgenossenschaften

nebst Bemerkungen.

Satzung der Genossenschaft

zur (z. B. Verbesserung der Schöntalfilze in der Gemeinde Oberdorf).

Die an der (z. B. Verbesserung der Schöntalfilze in der Gemeinde Oberdorf) beteiligten Grundeigentümer haben auf Grund des Art. 3 des Ödlandgesetzes eine Genossenschaft gebildet und die Rechtsverhältnisse der Genossenschaft und der Genossen in nachstehender, durch die Regierung . . . . ., Kammer des Innern, mit Entschließung vom . . . . . 19 . ., Nr. . . genehmigten Satzung geregelt.

Name und Sitz der Genossenschaft.

§ 1.

Die Genossenschaft führt den Namen „Genossenschaft . . . .“ und hat ihren Sitz in . . . . . .

Zweck der Genossenschaft.

§ 2.

I Zweck der Genossenschaft ist . . . .

II Zur Erfüllung dieses Zweckes werden von der Genossenschaft folgende Anlagen (Bauten) ausgeführt und unterhalten . . . .

III Die Ausführung erfolgt nach dem von . . . . hergestellten Entwurf unter Leitung und Aufsicht de . . . .

Zu § 2. In § 2 ist insbesondere anzugeben, ob der Genossenschaftszweck nur die Verbesserung (Ödlandgesetz Art. 3 Abs. I) oder auch die gemeinschaftliche Bewirtschaftung und Nutzung (Art. 3 Abs. II) umfaßt. Wenn wasserwirtschaftliche Maßnahmen (Bewässerung, Entwässerung, Uferschutz, Dammbauten, Wasserleitungen usw.) in Frage kommen, jedoch die rein landwirtschaftlichen Verbesserungsmaßnahmen überwiegen, empfiehlt es sich, auch diese Maßnahmen in den Zweck der Genossenschaft aufzunehmen und dabei das Ödlandunternehmen im Hinblick auf Art. 32 Abs. II des Gesetzes als „Hauptunternehmen“, das wasserwirtschaftliche Unternehmen als „Ergänzungsunternehmen“ zu bezeichnen. Die Ödlandgenossenschaft erlangt dadurch auch die rechtliche Stellung einer Wassergenossenschaft.

Unter Leitung und Aufsicht ist hier die der technischen Behörde zu verstehen. Diese wird in der Regel die Behörde sein, welche bei Errichtung der Genossenschaft mitgewirkt hat (s. § 19 der Ausführungsbestimmungen).

Bei solchen genossenschaftlichen Unternehmungen, bei welchen eine Überwachung regelmäßig vorzunehmender Unterhaltungsarbeiten oder der gemeinschaftlichen Bewirtschaftung und Nutzung der zur Genossenschaft gehörigen Grundstücke oder eine öftere Nachschau der geschaffenen Anlagen und Einrichtungen geboten ist, empfiehlt es sich, in die Satzung noch aufzunehmen:

§ 2a: Ihr obliegt auch die Überwachung der genossenschaftlichen Unterhaltungsarbeiten und der gemeinschaftlichen Bewirtschaftung und Nutzung der zur Genossenschaft gehörigen Grundstücke, sowie die Aufsicht über die genossenschaftlichen Anlagen und Einrichtungen.

Ausführung des genossenschaftl. Unternehmens u. Kostendeckung. **§ 3 (ff.)** [1].

. . . .

Zu § 3. Im Anschluß an die Beschreibung des genossenschaftlichen Unternehmens (§ 2 der Satzung) werden hier im allgemeinen die Art und Weise der Ausführung und die Grundzüge für die Aufbringung des Aufwands (Darlehensaufnahme) sowie für die Kostenverteilung sowohl hinsichtlich der erstmaligen Herstellung der genossenschaftlichen Anlagen, als hinsichtlich ihrer Unterhaltung, ferner je nach den Verhältnissen der einzelnen Genossenschaften etwa noch folgende Punkte zu erörtern sein:

a) Berechtigung oder Verpflichtung der Genossen zur Leistung von Naturaldiensten oder -Lieferungen,
b) Entschädigung von Genossen und anderen Personen für Abtretung von Grundeigentum, Bestellung von Dienstbarkeiten usw.,
c) Gründung einer Unterhaltungsrücklage.

Für die Berechnung des Nutzens zur Bestimmung des der Kostenverteilung zugrunde zu legenden Maßstabes (Art. 27 des Gesetzes) wird in erster Linie die Fläche oder Teilfläche der an dem Kulturunternehmen beteiligten Grundstücke maßgebend sein, so daß der Nutzen für die Flächeneinheit (ha) in der Regel gleich groß angenommen werden darf.

Daneben kann aber auch die Höhenlage, Bodenbeschaffenheit, Kulturart usw. der einzelnen Grundstücke mit in Betracht gezogen werden müssen; es führt dies zur Bildung von Beitragsklassen, in welche die Grundstücke je nach der Größe des Nutzens, den sie ziehen, eingereiht werden. Die Feststellung der Beitragsklassen und ihres Verhältnisses zu einander erfolgt auf dem Wege der Schätzung. Das Verhältnis der Beitragsklassen wird zweckmäßig ausgedrückt durch Zahlen, deren Summe 100 gibt.

Ist die gemeinschaftliche Bewirtschaftung und Nutzung der zur Genossenschaft gehörenden Grundstücke beschlossen worden, so ist hier auch festzusetzen, ob der gesetzliche Maßstab für die Ver-

[1]) Bei größeren Unternehmungen werden die Bestimmungen über die Ausführung und die Kostendeckung und über die damit im Zusammenhang stehende Benützungsfrage der Übersichtlichkeit wegen auf verschiedene Paragraphen zu verteilen sein.

teilung der Nutzungen und Lasten (Art. 31 des Gesetzes) beibehalten oder welcher andere Maßstab gewählt wird.

Bei der Ausdehnung des Genossenschaftszweckes auf wasserwirtschaftliche Maßnahmen (siehe § 2 Abs. I) ist hier zu bemerken, daß der Kreis der Beteiligten für das Ödlandunternehmen und das wasserwirtschaftliche Unternehmen gesondert bestimmt wird (Art. 32 Abs. III Nr. 1 des Gesetzes). Außerdem ist auszusprechen, daß die auf jedes Unternehmen treffenden Kosten, soweit irgend möglich, auszuscheiden und in gesonderten Rechnungen durchzuführen sind, sowie, daß die nicht ausscheidbaren Kosten den Kosten des Ödlandunternehmens zuzuschlagen sind. Des weiteren ist eine Vorschrift notwendig, daß die Kosten des Ödlandunternehmens und des wasserwirtschaftlichen Unternehmens je für sich von den an diesen Unternehmen Beteiligten aufzubringen sind. Die Unterverteilung innerhalb dieser Beteiligtengruppen richtet sich bei den Ödlandunternehmungen nach Art. 26 bis 30 des Ödlandgesetzes und den in Abs. 2 und 3 dieser Bemerkung niedergelegten Grundsätzen, bei Bewässerungen und Entwässerungen nach Art. 124 bis 126, 142 und 144 des Wassergesetzes und den Grundsätzen in Abs. 2 und 3 dieser Bemerkung, bei sonstigen Wasserbenützungsunternehmungen nach Art. 124—126, 142 und 144 des Wassergesetzes und den Grundsätzen in Nr. 2 der Bemerkung zu § 3 der Mustersatzung für Wassergenossenschaften (GVBl. 1907 S. 1009), bei den Wasserinstandhaltungsunternehmungen nach Art. 124 bis 126 des Wassergesetzes und den Grundsätzen in Nr. 3 und 4 der Bemerkung zu § 3 der Mustersatzung für Wassergenossenschaften, endlich bei Wasserversorgungsgenossenschaften nach Art. 124 bis 126, 142, 144 und 152 des Wassergesetzes und den Grundsätzen in Nr. 5 der Bemerkung zu § 3 der Mustersatzung für Wassergenossenschaften.

Da die Feststellung des Beitragsmaßstabes für die Kostendeckung in der Regel nach dem Nutzen der beteiligten Grundstücke zu erfolgen hat, so wird sich die Notwendigkeit ergeben, im Zusammenhang mit der Kostendeckung auch die Benützung der genossenschaftlichen Anlagen im allgemeinen zu regeln. Bedingen die Verhältnisse des genossenschaftlichen Unternehmens Einzelbestimmungen, so wird es sich unter Umständen zur Entlastung der Satzung empfehlen, besondere „Ordnungen" über die Benützung der genossenschaftlichen Anlagen zu erlassen, z. B. Wiesenordnungen (siehe hiezu auch die Bemerkungen zu § 6 der Satzung).

Rechte und Pflichten der Genossenschaft.

§ 4.

I Die Genossenschaft als solche hat selbständig ihre Rechte und ihre Pflichten, sie kann Eigentum und andere dingliche Rechte an Grundstücken erwerben, vor Gericht klagen und verklagt werden.

II Für die Verbindlichkeiten der Genossenschaft haftet den Gläubigern ausschließlich das Genossenschaftsvermögen; die Genossen sind nur zu den satzungsmäßigen Beiträgen verpflichtet (Art. 13 des Ödlandgesetzes).

III Ist eine Willenserklärung der Genossenschaft gegenüber abzugeben, so genügt die Abgabe gegenüber einem Mitgliede des Vorstandes (Art. 17 Abs. III des Ödlandgesetzes).

Zu § 4. Ist der Genossenschaftszweck auf ein wasserwirtschaftliches Unternehmen ausgedehnt worden (§ 2 Abs. I), so empfiehlt sich, dem § 4 folgenden Abs. IV anzufügen:

IV „Die Genossenschaft hat nach Artikel 32 des Ödlandgesetzes auch die rechtliche Stellung einer öffentlichen Wassergenossenschaft."

Siehe auch die Bemerkung zu § 5.

Mitgliedschaft.

§ 5.

I Mitglieder der Genossenschaft (Genossen) sind die jeweiligen Eigentümer der in die Genossenschaft einbezogenen Grundstücke (Art. 7 Abs. II des Ödlandgesetzes); die Mitgliedschaft geht von selbst auf den Rechtsnachfolger über. Von den in die Genossenschaft einbezogenen Grundstücken, sowie deren Eigentümern ist ein Verzeichnis (Genossenschaftskataster) herzustellen und richtig zu erhalten.

II Anträge auf nachträgliche Aufnahme in die Genossenschaft und auf Ausscheidung eines Grundstücks aus der Genossenschaft bedürfen zu ihrer Gültigkeit der schriftlichen Form.

Zu § 5. Die Aufnahme der gesetzlichen Bestimmungen ist zweckmäßig, um irrtümlichen Anschauungen der Genossen über den Umfang der von ihnen übernommenen Haftung und über die Frage des Mitgliedschaftserwerbs im Falle des Eigentumswechsels vorzubeugen. Die Fassung des § 5 Abs. 1 ist für die Fälle zweckmäßig, in denen die Anführung der einzelnen in die Genossenschaft einbezogenen Grundstücke, sowie der Eigentümer zur Bezeichnung des Zweckes des Unternehmens nicht erforderlich ist; es soll damit vermieden werden, daß jede nachträgliche Aufnahme eines Grundstückes und jedes Ausscheiden eines solchen, sowie jeder Eigentumswechsel eine Änderung der Satzung notwendig macht.

Wenn der Genossenschaftszweck auch auf wasserwirtschaftliche Maßnahmen ausgedehnt worden ist (§ 2 Abs. I) und wenn sich für beide Maßnahmen der Kreis der Beteiligten und der einbezogenen Flächen der einzelnen Grundstücke nicht decken, so ist in der Regel in der Satzung (am besten als § 5 Abs. I Satz 3) vorzuschreiben, daß ein gesondertes Verzeichnis der in das Ergänzungsunternehmen einbezogenen Grundstücke und deren Eigentümer herzustellen und richtig zu erhalten ist.

In welchem Falle auf ein besonderes Verzeichnis verzichtet werden kann, ist aus dem § 33 Abs. IV der Ausführungsbestimmungen und der Bemerkung zu Ziff. 5 der Anlage II ersichtlich.

Rechte und Pflichten der Genossen.

§ 6.

I Jeder Genosse ist berechtigt:

1. die genossenschaftlichen Anlagen und Einrichtungen nach Maßgabe dieser Satzung (und der hiezu besonders erlassenen Ordnungen) zu benützen,

2. in der Genossenschaftsversammlung in eigener Person oder durch seinen gesetzlichen Vertreter oder einen besonderen Bevollmächtigten zu stimmen.

II Jeder volljährige, im Genuß der bürgerlichen Ehrenrechte befindliche Genosse ist zu der Stelle eines Vorstandsmitgliedes wählbar.

III Jeder Genosse ist verpflichtet:

1. die über die Benützung und Unterhaltung der gemeinsamen Anlagen erlassenen Bestimmungen zu beobachten,
2. den Leistungen, welche ihn nach Maßgabe der Satzung und der in ihrem Vollzuge ergangenen Beschlüsse der zuständigen Organe treffen, zu erfüllen und insbesondere die ordnungsgemäß eingeforderten Beiträge zu bezahlen,
3. jede Änderung in den Eigentumsverhältnissen der zum Genossenschaftsverband gehörigen Grundstücke alsbald dem Genossenschaftsvorstande anzuzeigen und ihm auf Verlangen die erforderlichen Nachweise hierüber vorzulegen.

IV Die Beitragspflicht zu den Ausgaben der Genossenschaft ist eine öffentliche Last der bei dem genossenschaftlichen Unternehmen beteiligten Grundstücke.

Zu § 6. Soweit die Bestimmungen über die Benützung und Unterhaltung der genossenschaftlichen Anlagen nicht bereits der Beschreibung des Unternehmens (s. §§ 2 und 3 der Satzung und Bemerkungen hiezu) angefügt wurden oder in besonderen „Ordnungen" niedergelegt werden sollen, werden der von den Rechten und Pflichten der Genossen handelnde § 6 oder die sich hieran anschließenden eigenen Paragraphen zur Aufnahme jener Bestimmungen die geeignete Stelle sein.

Da die Abänderung der Satzung der Zuständigkeit der Genossenschaftsversammlung vorzubehalten sein wird und der Genehmigung der Regierung unterliegt (siehe § 8 der Satzung), so wird sich die Zusammenfassung in besonderen „Ordnungen" insbesondere für solche Einzelbestimmungen über die Benutzung und Unterhaltung genossenschaftlicher Anlagen empfehlen, bei denen sich nach Lage der Verhältnisse öfter Anlaß zu einer Abänderung ergeben kann.

Organe der Genossenschaft.

§ 7.

Die Angelegenheiten der Genossenschaft werden durch die Genossenschaftsversammlung und durch den Vorstand verwaltet.

Obliegenheiten der Genossenschaftsversammlung.

§ 8.

Der Versammlung sämtlicher Mitglieder der Genossenschaft ist vorbehalten:

1. die Wahl des Genossenschaftsvorstandes,
2. die Beschlußfassung über die Deckung der Genossenschaftslasten und über den allgemeinen Maßstab, nach dem die Verteilung der Lasten der Genossenschaft auf die Genossen zu berechnen ist,
3. die Beschlußfassung über eine Änderung oder Erweiterung der gemeinsamen Anlagen, wenn der Aufwand den Betrag von .... Mark übersteigt,

3a. die Beschlußfassung über die Ausschließung eines Grundstücks aus der Genossenschaft (Art. 12 des Ödlandgesetzes),
4. die Beschlußfassung über eine Änderung der Satzung — vorbehaltlich der Genehmigung der Regierung . . . ., Kammer des Innern, (Art. 16 Abs. I des Ödlandgesetzes) —,
5. die Beschlußfassung über die Auflösung der Genossenschaft — vorbehaltlich der Genehmigung der Aufsichtsbehörde (Art. 33 Abs. II des Ödlandgesetzes) — und gleichzeitig über die etwaige Bestellung besonderer Liquidatoren (Art. 34 Abs. I Satz 2 des Ödlandgesetzes),
6. die Beratung und Beschlußfassung über alle Angelegenheiten, welche der Versammlung von dem Vorstand oder von der Aufsichtsbehörde vorgelegt werden.

Zu § 8. Eine Ausdehnung der Zuständigkeit der Genossenschaftsversammlung dürfte in der Regel nicht veranlaßt sein, zumal die Aufsichtsbehörde nach Art. 39 des Gesetzes und die Genossen selbst nach Art. 21 des Gesetzes jederzeit in der Lage sind, über einzelne Fragen eine Beschlußfassung der Genossenschaftsversammlung herbeizuführen.

Im Falle der gemeinschaftlichen Bewirtschaftung und Nutzung der zur Genossenschaft gehörigen Grundstücke empfiehlt es sich, hinter Ziffer 3 noch folgende neue Ziffer einzusetzen:

„Die Beschlußfassung über eine Änderung der nach dem Kulturplan in Aussicht genommenen Bewirtschaftungsform, soweit diese Änderung die Wahl der Kulturart und die Nutzung durch Eigenbetrieb oder Verpachtung betrifft."

Solange der Geldwert starken Schwankungen unterworfen ist, kann in Ziffer 3 an die Stelle der Worte „den Betrag von . . . . Mark" ein Sachwert (z. B. „den Wert von . . . . Ztr. Roggen" oder „den Wert von . . . . Liter Milch") gesetzt werden.

Bei größeren Genossenschaften — etwa mit mehr als 100 Genossen — kann es zweckmäßig sein, zur Vereinfachung an Stelle der Genossenschaftsversammlungen „Vertreterversammlungen" einzuführen. In diesem Falle können in die Satzung etwa folgende Bestimmungen aufgenomemn werden:

§ 8a. I Die Genossenschaftsversammlung kann beschließen, daß die Beratung und Beschlußfassung über alle in § 8 bezeichneten Angelegenheiten — mit Ausnahme der unter Nr. 5 aufgeführten — einer Versammlung von Vertretern, die von den Genossen gewählt werden, zusteht.

II Die Vertreterversammlung tritt an die Stelle der Genossenschaftsversammlung und hat innerhalb ihrer Zuständigkeit alle Rechte der Genossenschaftsversammlung.

§ 8b. I Beschließt die Genossenschaftsversammlung die Wahl von Vertretern, so hat sie zugleich zu beschließen, auf welche Anzahl von Genossen je ein Vertreter trifft und ob die Vertreter bestimmte Gruppen von Genossen oder alle Genossen zu vertreten haben.

II Die Vertreter werden von den Genossen aus ihrer Mitte auf die Dauer von . : . . Jahren gewählt. Für jeden Vertreter ist ein Ersatzmann zu wählen. Sollen die Vertreter alle Genossen vertreten, so wird die Wahl in zwei Wahlgängen durch Stimmzettel in der Weise vorgenommen, daß im ersten Wahlgang jeder Genosse soviel Namen auf den Stimmzettel schreibt, als Vertreter zu wählen sind, im zweiten Wahlgang soviel Namen, als Ersatzmänner zu wählen sind.

III Gewählt sind diejenigen, welche die meisten Stimmen erhalten haben. Bei Stimmengleichheit entscheidet das Los, welches von dem die Wahl Leitenden gezogen wird.

IV Sollen die Vertreter nur bestimmte Gruppen von Genossen vertreten, so wählt jede Gruppe von Genossen nach Maßgabe der vorstehenden Bestimmungen in zwei Wahlgängen durch Stimmzettel so viele Vertreter und Ersatzmänner, als sie nach dem Beschluß der Genossenschaftsversammlung zu wählen berechtigt ist.

§ 8c. I Die gewählten Vertreter sind von der Wahl unverzüglich zu benachrichtigen.

II Jeder Genosse ist verpflichtet, die Stelle eines Vertreters oder Ersatzmannes eines Vertreters anzunehmen und bis zum Ablauf der Wahlzeit zu versehen, soferne nicht Alter, Krankheit oder sonstige, von der Aufsichtsbehörde für genügend befundene Gründe zur Ablehnung der Wahl oder zum Rücktritt vom Amte berechtigen. Jeder gewählte Vertreter ist verpflichtet, in der Vertreterversammlung rechtzeitig zu erscheinen, soferne er nicht durch Krankheit oder unvermeidliche Abhaltungen verhindert ist. Ein Vertreter kann sich in Ausübung seiner Pflichten nicht durch einen anderen vertreten lassen.

Einberufung und Leitung, Beschlußfähigkeit und Abstimmung der Genossenschaftsversammlung.

§ 9.

I Die Einberufung der Genossenschaftsversammlung erfolgt auf Grund Vorstandsbeschlusses durch den Vorsitzenden des Vorstandes.

II Die Einberufung muß erfolgen, wenn mindestens der . . . te Teil der Genossen die Einberufung unter Angabe des Zweckes verlangt (Art. 21 des Ödlandgesetzes) oder die Aufsichtsbehörde die Einberufung anordnet (Art. 39 des Ödlandgesetzes).

III Die Einberufung erfolgt mittels . . . . unter Bekanntgabe der vorliegenden Beratungsgegenstände.

IV Jede ordnungsgemäß berufene Genossenschaftsversammlung ist — vorbehaltlich der für die Auflösung der Genossenschaft geltenden Bestimmungen (vgl. § 20) — beschlußfähig.

V Jede Genossenschaftsversammlung wird daher — vom Falle der Auflösung abgesehen — mit dem ausdrücklichen Anfügen berufen, daß die Beschlußfassung ohne Rücksicht auf die Zahl der Erschienenen nach Maßgabe der abgegebenen Stimmen erfolgen wird.

VI Der Aufsichtsbehörde ist von der Einberufung einer Genossenschaftsversammlung rechtzeitig Kenntnis zu geben.

VII Den Vorsitz in der Genossenschaftsversammlung führt der Vorsitzende, in dessen Verhinderung sein Stellvertreter oder ein anderes Vorstandsmitglied; in den Fällen, in denen die Berufung der Genossenschaftsversammlung durch die Aufsichtsbehörde erfolgt ist, kann der Vertreter der Aufsichtsbehörde den Vorsitz führen.

VIII Die Abstimmung erfolgt mündlich durch Namensaufruf. Das Ergebnis der Abstimmung ist in einer Abstimmungsliste niederzulegen.

IX Für das Stimmrecht der Genossen sind folgende Bestimmungen maßgebend: . . . . Bei Stimmengleichheit entscheidet die Stimme des Versammlungsleiters, soferne dieser ein Genosse ist.

X Die Genossen sind berechtigt, in der Genossenschaftsversammlung auf Grund schriftlicher Vollmacht sich durch einen anderen, zur Ausübung des Stimmrechts befugten Genossen vertreten zu lassen.

Zu § 9. 1. Die hier vorgesehenen Bestimmungen über die Genossenschaftsversammlungen können, falls hiezu ein Bedürfnis für gegeben erachtet wird, eine entsprechende Ausgestaltung erfahren.

Es kann z. B. die regelmäßig wiederkehrende Einberufung einer Genossenschaftsversammlung „zur Entgegennahme von Berichten und Rechnungsablagen des Vorstandes" (unter entsprechender Ergänzung des § 8) vorgesehen werden.

Es kann bestimmt werden,

daß der Vorsitzende in den Fällen des § 9 Abs. 2 innerhalb einer bestimmten Frist die Genossenschaftsversammlung einzuberufen hat und daß zwischen der Einladung zur Genossenschaftsversammlung und dieser selbst ein bestimmter Zeitraum liegen muß.

Die Einladung wird je nach dem Umfang der Genossenschaft und ihrer Zusammensetzung durch Schreiben, Anschlag an den Gemeindetafeln, Ausschreiben im Amtsblatte oder Veröffentlichung in der Tagespresse zu erfolgen haben.

Es kann hiezu folgende Bestimmung erlassen werden:

§ 9 a. Beschlüsse können in der Genossenschaftsversammlung nur über solche Angelegenheiten gefaßt werden, welche bei der Einberufung als Gegenstand der Verhandlung bezeichnet sind oder mit Zustimmung aller anwesenden stimmberechtigten Genossen vom Vorsitzenden zur Verhandlung gestellt werden.

2. Hinsichtlich der Abstimmung wird die Satzung folgendermaßen zu lauten haben:

§ 9 b. I Bei der Beschlußfassung über die Deckung der Genossenschaftslasten (§ 8 Ziffer 2) bemißt sich das Stimmrecht der Genossen nach der Fläche des beteiligten Grundbesitzes und zwar gewähren . . . . Ar je eine Stimme; Bruchteile eines Ares werden als voll gerechnet, wenn sie ein halbes Ar übersteigen; geringere Bruchteile kommen nicht in Ansatz. Kein Genosse darf mehr als zwei Fünftel der Stimmen führen (Art. 22 Abs. I Satz 2 des Ödlandgesetzes).

II In sonstigen Angelegenheiten hat jeder Genosse in der Genossenschaftsversammlung eine Stimme (Art. 22 Abs. II des Ödlandgesetzes). Hiebei ist jeder Miteigentümer stimmberechtigt, wenn sich ein Grundstück ungeteilt im Miteigentum mehrerer Genossen befindet.

Ist der Genossenschaftszweck auf ein wasserwirtschaftliches Unternehmen ausgedehnt worden, das nicht lediglich in einer Entwässerung oder Bewässerung besteht, so wird der eben erwähnte Paragraph eine der in Nr. 2 der Bemerkung zu § 9 der Mustersatzung für öffentliche Wassergenossenschaften angegebenen Fassungen erhalten müssen.

Ist der Zweck der Genossenschaft auf die gemeinschaftliche Bewirtschaftung und Nutzung ausgedehnt, so ist in Abs. I dieses Paragraphen hinter den Worten „Deckung der Genossenschaftslasten (§ 8 Ziffer 2)" noch einzufügen „und über die gemeinschaftliche Bewirtschaftung und Nutzung der zur Genossenschaft gehörigen Grundstücke (§ 8 Ziff. . . .)".

Neben den durch Art. 33 des Gesetzes bestimmten besonderen Voraussetzungen für die Auflösung einer Genossenschaft (vgl. § 20) können in die Satzung noch besondere Bestimmungen über die zu einer Satzungsänderung erforderliche Mehrheit aufgenommen werden.

Bei Genossenschaften, die Vertreterversammlungen einführen, wird in der Satzung zum Ausdruck zu bringen sein, daß die Bestimmungen über die Einberufung und Leitung der Genossenschaftsversammlung, ihre Beschlußfähigkeit und über die Veröffentlichung ihrer Beschlüsse auf die Vertreterversammlungen entsprechende Anwendung finden; außerdem wird die Frage der Abstimmung zu regeln sein, wobei in Betracht kommt, daß Vertreterversammlungen zur Beschlußfassung über die Auflösung der Genossenschaft nicht zuständig sind.

§ 10.

Schriftliche Niederlegung und Veröffentlichung der Beschlüsse der Genossenschaftsversammlung.

I Die Beschlüsse der Genossenschaftsversammlung sind mit dem Abstimmungsergebnis von dem Schriftführer oder dessen Stellvertreter in ein Protokollbuch einzutragen und von dem Vorsitzenden der Versammlung sowie zwei weiteren Genossenschaftsmitgliedern zu unterzeichnen.

II Die Beschlüsse der Genossenschaftsversammlungen werden innerhalb (zweier Wochen) nach der Versammlung durch (Auflegen in (Aushang an . . . . .) (Veröffentlichung in . . . .) bekannt gemacht.

(III Die Auflegung) (der Aushang) hat mindestens (eine) Woche zu dauern).

§ 11.

Wahl des Genossenschaftsvorstandes.

I Der aus . . . Mitgliedern bestehende Vorstand wird nebst der gleichen Zahl von Ersatzmännern von der Genossenschaftsversammlung auf die Dauer von . . . Jahren gewählt. Eine Nachwahl hat innerhalb der Wahlzeit stattzufinden, wenn der Vorstand nicht mehr vollzählig besetzt ist.

II Vorstandsmitglieder können auch Personen sein, die nicht Genossen sind (Art. 18 des Ödlandgesetzes).

III Die Wahl kann durch Zuruf geschehen; beantragt jedoch ein Genosse Wahl durch Stimmzettel, so ist dem Antrage stattzugeben.

IV Die Wahl erfolgt sodann in zwei Wahlgängen durch Stimmzettel in der Weise, daß im ersten Wahlgang jeder Genosse soviele Namen auf den Stimmzettel schreibt, als Vorstandsmitglieder zu wählen sind, im zweiten Wahlgang soviele Namen, als Ersatzmänner zu wählen sind.

V Gewählt sind die Personen, welche die meisten Stimmen erhalten haben. Bei Stimmengleichheit entscheidet das Los, welches von dem Leiter der Wahl (vgl. § 9 Abs. VII) gezogen wird.

VI Jeder Genosse ist verpflichtet, die Stelle eines Vorstandsmitgliedes oder Ersatzmannes anzunehmen und bis zum Ablauf der Wahlzeit zu versehen, soferne nicht Alter, Krankheit oder sonstige für genügend befundene Gründe zur Ablehnung der Wahl oder zum Rücktritt vom Amte berechtigen. Über diese Berechtigung entscheidet die Aufsichtsbehörde.

VII Der Vorstand hat seine Bestellung und jede Änderung in seiner Zusammensetzung der Aufsichtsbehörde binnen einer Woche anzuzeigen (Art. 17 Abs. II des Ödlandgesetzes).

Zu § 11. Die Wahlzeiten für die Vorstandsmitglieder werden zweckmäßig nicht zu kurz sein.

Bei Genossenschaften mit sich gleich bleibenden Verhältnissen kann es erwünscht sein, eine Ausdehnung der Amtsdauer der Vorstandsmitglieder zu ermöglichen. Dies kann durch folgende Bestimmung geschehen:

§ 11a. Der Vorstand hat nach Ablauf der Wahlzeit sein Amt auf die gleiche Zeitdauer fortzuführen, soferne nicht aus der Reihe der übrigen Genossen ein Antrag auf Vornahme einer Neuwahl gestellt wird.

Es wird sich empfehlen, hier zu bestimmen, ob die Vorstandsmitglieder ihr Amt als Ehrenamt unentgeltlich versehen (was die Regel sein wird) oder ob sie Ersatz für Barauslagen und Zeitversäumnis erhalten und wie derselbe zu bemessen ist.

Obliegenheiten des Vorstandes. **§ 12.**

Dem Vorstande kommt vorbehaltlich der Zuständigkeit der Genossenschaftsversammlung (§ 8 der Satzung) die Besorgung aller auf die Ausführung des genossenschaftlichen Unternehmens und die Herstellung, Unterhaltung und gemeinsame Benützung der genossenschaftlichen Anlagen und Einrichtungen bezüglichen Geschäfte zu und zwar in technischen Fragen im Benehmen mit der zuständigen technischen Behörde; im einzelnen obliegt dem Vorstand:

1. die Bestellung der erforderlichen Bediensteten, die Erlassung von Dienstanweisungen hiefür; die Aufsicht über die Dienstesführung und die Entlassung dieser Bediensteten;
2. die Prüfung und die Richtigstellung des Genossenschaftskatasters;
3. die stete Aufsicht über die ganze Unterhaltung und ordnungsgemäße Benützung der gemeinsamen Anlagen und Einrichtungen;
4. die Aufstellung des jährlichen Voranschlages (Einnahmen und Ausgaben) und die Festsetzung der Beitragsleistungen der Genossen (Barleistungen und Sachleistungen) nach dem von der Genossenschaftsversammlung beschlossenen allgemeinen Maßstabe, sowie die Bestimmung des Zeitpunktes für die Erfüllung der Beitragspflicht;

5. die Beschlußfassung über Änderungen und Erweiterungen der gemeinsamen Anlagen, wenn der Aufwand den Betrag von ..... Mark nicht übersteigt (vgl. § 8 Ziff. 3);
6. die Erteilung der für die Durchführung des genossenschaftlichen Unternehmens und die Art der Benützung und Unterhaltung der genossenschaftlichen Anlagen erforderlichen Anordnungen (Art. 19 des Ödlandgesetzes);
7. die Beschlußfassung über die nachträgliche Aufnahme (Art. 9) und das Ausscheiden eines Grundstückes (Art. 10 Abs. I) sowie die Erwerbung eines solchen nach Art. 11 Abs. II des Ödlandgesetzes, ferner die Beschlußfassung über die Höhe der Einzahlung der nachträglich eintretenden Genossen und der Entschädigung des Austretenden;
8. die Aufsicht und die Verwaltung des Vermögens der Genossenschaft einschließlich der Aufnahme von Darlehen nach Maßgabe der Beschlüsse der Genossenschaftsversammlung, die sorgfältige Überwachung des Rechnungswesens und der Geschäftsführung des Kassenführers sowie die Prüfung und Abnahme der Jahresrechnung;
9. die Antragstellung an die zur Beitreibung rückständiger Leistungen zur Genossenschaftskasse verpflichtete Gemeinde (Art. 30 des Ödlandgesetzes);
10. der Zwangsvollzug und die Erlassung von Ordnungsstrafen nach Art. 19 des Ödlandgesetzes;
11. die Durchführung der Liquidation, soferne sie nicht durch Beschluß der Genossenschaftsversammlung anderen Personen übertragen worden ist (Art. 34 des Ödlandgesetzes).

Zu § 12. Je nach der Art und Größe der Genossenschaft können an den über die Obliegenheiten des Genossenschaftsvorstandes handelnden Bestimmungen der Mustersatzung durch Abstriche oder Zusätze Änderungen veranlaßt sein.

Ist dem § 5 der in der Bemerkung dazu erwähnte Satz 3 des Abs. I angefügt worden, so ist der Ziffer 2 am Schlusse anzufügen: „und des Verzeichnisses der in das Ergänzungsunternehmen einbezogenen Grundstücke".

Ist § 8 Nr. 3 entsprechend dem Abs. III der Bemerkung zu § 8 geändert worden, so ist die gleiche Änderung in § 12 Nr. 5 vorzunehmen.

Ist die gemeinschaftliche Bewirtschaftung und Nutzung der Genossenschaftsgrundstücke vorgesehen (§ 2 Abs. I), so ist nach Ziffer 5 einzufügen:

„5a. Die Beschlußfassung über die Durchführung der gemeinschaftlichen Benutzung und Bewirtschaftung der Genossenschaftsgrundstücke und über die Verteilung des Reinertrags (Art. 31 des Ödlandgesetzes)";

Unter den Anordnungen der Ziffer 6 sind auch etwaige besondere Vorschriften (vgl. Bemerkung zu § 3 am Ende und zu § 6) verstanden.

Im allgemeinen wurde davon ausgegangen, daß es in der Regel zweckmäßig sein wird, dem Vorstand tunlichst freie Hand zu lassen und die genossenschaftliche Geschäftsführung nicht zu schwerfällig zu machen; vgl auch Bemerkung zu § 8.

Geschäftsverteilung u. Beschlußfassung des Vorstandes.

§ 13.

I Der Vorstand wählt aus seiner Mitte auf die Dauer der Amtszeit einen Vorsitzenden, einen Stellvertreter des Vorsitzenden, einen Schriftführer nud einen Kassenführer.

II Der Vorstand ist beschlußfähig, wenn einschließlich des Vorsitzenden oder seines Stellvertreters mehr als die Hälfte der Mitglieder anwesend ist. Die Beschlüsse werden mit Stimmenmehrheit gefaßt; bei Stimmengleichheit entscheidet der Vorsitzende.

III Die Beschlüsse des Vorstandes sind vom Schriftführer in ein Protokollbuch einzutragen und von den anwesenden Vorstandsmitgliedern zu unterzeichnen.

Zu § 13. Die Aufnahme folgender Bestimmungen kann sich als zweckmäßig erweisen:

§ 13a. I Der Vorsitzende, bei dessen Verhinderung sein Stellvertreter, oder, sofern auch dieser behindert sein sollte, das an Lebensjahren älteste Mitglied des Vorstandes beruft, leitet und schließt die Sitzungen des Vorstandes. Jedes Vorstandsmitglied ist abgesehen von Fällen dringender Behinderung verpflichtet, an den Sitzungen teilzunehmen.

II Der Vorsitzende ist verpflichtet, innerhalb einer Frist von . . . Tagen eine Sitzung des Vorstandes zu berufen, wenn solches von . . . Vorstandsmitgliedern beantragt wird.

Die zu den §§ 9 und 12 etwa der einzelnen Genossenschaft wünschenswert erscheinenden Bestimmungen über die Formen der Berufung und Leitung der Genossenschafts- oder Vertreterversammlungen und der Vorstandssitzungen sowie über die Verteilung der Geschäfte zwischen Vorsitzenden und Vorstand (§ 13) können in einer Geschäftsordnung vereinigt werden, deren Erlassung in der Satzung dem Vorstand übertragen werden kann.

Obliegenheiten des Vorsitzenden und des Schriftführers.

§ 14.

I Dem Vorsitzenden des Vorstandes obliegt die Leitung der genossenschaftlichen Geschäfte, die unmittelbare Aufsicht über die genossenschaftlichen Arbeiten, Einrichtungen und Anlagen sowie über deren Benützung, die Anregung der zur Erreichung des genossenschaftlichen Zweckes erforderlichen Maßnahmen, der Vollzug der Beschlüsse des Vorstandes und der Genossenschaftsversammlung, insbesondere der Abschluß der vom Vorstand oder von der Genossenschaftsversammlung genehmigten Verträge auf Grund der ihm beschlußmäßig erteilten besonderen Vollmacht; ferner obliegt ihm der unmittelbare Verkehr mit den Behörden und anderen Personen, sowie die Einberufung und Leitung der Genossenschaftsversammlungen und Vorstandssitzungen. Der Vorsitzende des Vorstandes hat vom Beginn sowie von der Vollendung der Ausführung des genossenschaftlichen Unternehmens der Aufsichtsbehörde Anzeige zu erstatten.

II Der Schriftführer hat in den Versammlungen und Vorstandssitzungen die Niederschrift zu führen, sowie unter der Leitung des Vorsitzenden den Genossenschaftskataster aufzustellen und richtig zu erhalten, für die Aufbewahrung von Abschriften der Pläne und Beschreibungen des Unternehmens zu sorgen und die anfallenden Schreibgeschäfte zu erledigen.

Zu § 14. Bei der Ausführung größerer genossenschaftlicher Anlagen können dem Vorsitzenden des Vorstandes einige Genossen zur Überwachung der Arbeiten, zum Verkehr mit den Akkordanten, Lieferanten und dgl. beigegeben werden, deren Aufstellung durch die Genossenschaftsversammlung oder deren Vorstand geschehen kann (Bauausschüsse).

Rechnungswesen der Genossenschaft. **§ 15.**

I Das Rechnungsjahr fällt mit dem Kalenderjahr zusammen.

II Der Vorstand hat alljährlich für die Verwaltung des Genossenschaftsvermögens einen Voranschlag der Einnahmen und Ausgaben für das kommende Rechnungsjahr aufzustellen, und zwar, soweit technische Fragen in Betracht kommen, im Benehmen mit den zuständigen technischen Behörden.

III Der Voranschlag ist während zweier Wochen zur Einsicht der Genossen an einem geeigneten Orte aufzulegen. Die Erfüllung dieser Vorschrift hat der Vorsitzende auf dem Voranschlag zu bestätigen.

IV An den Voranschlag ist der Vorstand bei seiner Geschäftsführung gebunden.

V Falls sich im Laufe des Jahres die unabweisbare Notwendigkeit einer Überschreitung des Voranschlags ergeben sollte, hat der Vorstand hierüber Beschluß zu fassen.

VI Eine Abschrift des Beschlusses ist zur Einsicht der Genossen an einem geeigneten Orte während zweier Wochen aufzulegen. Die Erfüllung dieser Vorschrift ist ebenfalls vom Vorsitzenden auf der Beschlußabschrift zu bestätigen.

VII Die Auflage des Voranschlags und der die Überschreitungen betreffenden Beschlüsse sind durch (Anschlag an der Gemeindetafel usw.) mit dem Beifügen öffentlich bekannt zu geben, daß es jedem Genossen freisteht, innerhalb der Auflagefrist die Einsendung des Voranschlags und der Beschlüsse an die Aufsichtsbehörde behufs Prüfung zu beantragen.

VIII Werden derartige Anträge gestellt, so hat der Vorstand nach Ablauf der Auflagefrist sofort unter Vorlage des Voranschlags und der Beschlußabschriften an die Aufsichtsbehörde Bericht zu erstatten.

IX Werden gegen den Voranschlag und die zur Überschreitung gefaßten Beschlüsse keine Erinnerungen erhoben, so ist dies vom Vorsitzenden zu bestätigen.

X Der Voranschlag und die Beschlußabschriften sind hienach in der Registratur der Gemeinde, in welcher die Genossenschaft ihren Sitz hat, zu hinterlegen.

Zu § 15. Ist der Genossenschaftszweck auf ein Ergänzungsunternehmen erstreckt worden (§ 2 Abs. I), so ist in Abs. II zwischen Satz 1 und Satz 2 einzufügen: „Der Voranschlag ist für das Haupt- und das Ergänzungsunternehmen gesondert aufzustellen."

Ist der Genossenschaftszweck auf die gemeinschaftliche Bewirtschaftung und Nutzung ausgedehnt worden, so ist an gleicher Stelle einzusetzen: „Für die gemeinschaftliche Bewirtschaftung und Nutzung der Genossenschaftsgrundstücke ist ein besonderer Voranschlag aufzustellen."

Von dem Bestreben der Geschäftsvereinfachung wurde auch bei der Regelung des genossenschaftlichen Rechnungswesens ausgegangen; es wurde infolgedessen insbesondere von einer alljährlichen Genehmigung des Voranschlags durch die Genossenschaftsversammlung und der Erholung der Zustimmung dieser Versammlung zu Überschreitungen des Voranschlags abgesehen, zumal die Zuständigkeit des Vorstandes ohnehin schon durch § 8 Ziff. 2 und 3 der Satzung beschränkt ist.

Es erschien nicht veranlaßt, alljährliche Vorlage des Voranschlags und der Rechnungen der Genossenschaften an die Aufsichtsbehörde zu verlangen; die Interessen der Genossen sind durch die Möglichkeit der Herbeiführung einer aufsichtlichen Prüfung genügend gewahrt, die übrigens die Erwirkung eines schiedsgerichtlichen Ausspruches nicht ausschließt.

Den Interessen der Genossen und der Absicht, sowohl der Gemeindebehörde als auch anläßlich der Gemeindebesichtigungen der Aufsichtsbehörde einen Einblick in die genossenschaftliche Tätigkeit zu ermöglichen, dient die Vorschrift der Hinterlegung der Voranschläge und Rechnungen (vgl. § 17) bei der Gemeindebehörde des Genossenschaftsitzes.

§ 16.

I Auf Grund des von dem Vorstand aufgestellten Kostenverteilungsplanes hat der Kassenführer ein Zahlungsverzeichnis anzufertigen, in dem die von den einzelnen Genossen zu zahlenden Beiträge unter Angabe des Zahlungstags aufzunehmen sind.

II Der Kassenführer hat alle Einnahmen und Ausgaben der Genossenschaft zu bewirken.

III Für alle Zahlungen bedarf es einer schriftlichen Anweisung des Vorsitzenden oder seines Vertreters.

IV Alle Einnahmen und Ausgaben hat der Kassenführer in ein Kassenbuch einzutragen.

Zu § 16. Ist der Genossenschaftszweck auf ein Ergänzungsunternehmen erstreckt worden (§ 2 Abs. I), so ist dem Abs. IV anzufügen: „Das Kassenbuch ist für das Hauptunternehmen und das Ergänzungsunternehmen gesondert zu führen."

Ist der Genossenschaftszweck auf die gemeinschaftliche Bewirtschaftung und Nutzung ausgedehnt worden, so ist an gleicher Stelle anzufügen: „Über die Einnahmen und Ausgaben für die gemeinschaftliche Bewirtschaftung und Nutzung ist ein besonderes Kassenbuch zu führen".

Bei großen Genossenschaften kann folgende Bestimmung beigefügt werden:

§ 16a. Dem Kassenführer wird nach Beschluß des Vorstandes ein Kassengehilfe beigegeben; dieser braucht nicht Genosse zu sein. Der Vorstand regelt die Geschäftsaufgabe des

Kassengehilfen, bestimmt seine Vergütung und die Höhe der Sicherheitsleistung, die er zu erlegen hat.

§ 17.

I Alljährlich bis . . . . hat der Kassenführer die Rechnung abzuschließen und dem Vorstand nebst den erforderlichen Belegen über Einnahmen und Ausgaben zur Prüfung vorzulegen.

II Hinsichtlich der Prüfung der Rechnung durch den Vorstand und deren Auflage sowie der Hinterlegung der vom Vorstande geprüften Rechnung finden die Bestimmungen des § 15 entsprechende Anwendung.

Zu § 17. Ist der Genossenschaftszweck auf ein Ergänzungsunternehmen erstreckt worden (§ 2 Abs. I), so ist am Schlusse von Abs. I anzufügen: „Die Rechnung ist für das Haupt- und das Ergänzungsunternehmen gesondert aufzustellen."

Ist der Genossenschaftszweck auf die gemeinschaftliche Bewirtschaftung und Nutzung ausgedehnt worden, so ist an gleicher Stelle einzusetzen: „Für die gemeinschaftliche Bewirtschaftung und Nutzung der Genossenschaftsgrundstücke ist eine besondere Rechnung aufzustellen."

Schiedsgericht.

§ 18.

Streitigkeiten, welche zwischen der Genossenschaft und Genossen oder zwischen Genossen untereinander über die aus dem genossenschaftlichen Verhältnisse sich ergebenden Rechte und Verbindlichkeiten entstehen, werden, wenn sich die Streitsteile bei der vorerst zu erholenden Entscheidung des Vorstandes nicht beruhigen, durch das Schiedsgericht entschieden. Insbesondere obliegen der Entscheidung des Schiedsgerichts:

1. Streitigkeiten über die Kostenverteilungsfrage (z. B. die Klassenzugehörigkeit);
2. Streitigkeiten über die Art der Benützung der genossenschaftlichen Anlagen und Einrichtungen;
3. Streitigkeiten, die sich anläßlich der von den Genossen übernommenen oder ihnen obliegenden Naturaldienste und Naturallieferungen ergeben.

§ 19.

I Das Schiedsgericht setzt sich aus je einer, von jedem der Streitteile benannten sachverständigen, an dem genossenschaftlichen Unternehmen nicht beteiligten Person, sowie einem Vorsitzenden zusammen. Der Vorsitzende des Schiedsgerichts wird von der Aufsichtsbehörde bestimmt.

II Auf das Verfahren bei dem Schiedsgericht sowie auf den Schiedsspruch finden die Bestimmungen der §§ 1025 bis 1048 der Zivilprozeßordnung entsprechende Anwendung.

Auflösung.

§ 20.

Zur Gültigkeit eines Beschlusses über die Auflösung der Genossenschaft ist die Zustimmung von drei Vierteilen der Genossen, sowie die Genehmigung der Aufsichtsbehörde erforderlich. Nichtabstimmende werden den Nichtzustimmenden gleich geachtet (Art. 33 Abs. II und III des Ödlandgesetzes).

Liquidation.

§ 21.

I Hat die Genossenschaftsversammlung die Auflösung der Genossenschaft rechtsgültig beschlossen und hat die Aufsichtsbehörde die Genehmigung zur Auflösung erteilt, so findet die Liquidation statt.

II Sie erfolgt durch den Vorstand oder durch etwaige von der Genossenschaftversammlung aufzustellende besondere Liquidatoren (Artikel 34 Abs. I des Ödlandgesetzes). Für die Aufstellung besonderer Liquidatoren finden die Bestimmungen des § 11 über die Wahl des Genossenschaftsvorstandes entsprechende Anwendung.

III Für die Durchführung der Liquidation finden die Bestimmungen der Art. 34 bis 37 des Ödlandgesetzes Anwendung.

IV Mit der Beendigung der Liquidation erlischt die Beitragspflicht zu den Ausgaben der Genossenschaft.

Zu § 21. Nach Art. 34 Abs. I Satz 2 des Gesetzes ist es zulässig, die Liquidation auch anderen Personen als dem Vorstande durch die Satzung zu übertragen. Da aber bei Ableben der in der Satzung benannten Liquidatoren eine Satzungsänderung notwendig würde, so ist es zweckmäßiger, die allenfallsige Aufstellung besonderer Liquidatoren der seinerzeitigen Genossenschaftsversammlung, welche die Auflösung beschließt, vorzubehalten (vgl. § 8 Ziffer 5 und § 12 Ziffer 11 der Satzung).

Form der Bekanntmachungen.

§ 22.

Erweisen sich öffentliche Bekanntmachungen — abgesehen von den in den obigen Bestimmungen bereits erwähnten Fällen — als erforderlich, so erfolgen sie . . . .

Zu § 22. Welche Form der Bekanntmachungen angebracht ist und ob insbesondere ein Bedürfnis besteht, die Tagespresse (öffentliche Blätter) zur Erlassung von Bekanntmachungen zu wählen, wird von der Art und Ausdehnung der Genossenschaft abhängen.

Wenn die Tagespresse hiezu benützt werden will, so muß im Hinblick auf Art. 15 Ziffer 9 des Gesetzes die Satzung die gewählten öffentlichen Blätter bezeichnen.

§ 23.

Aufsichtsbehörde ist . . . .

Anlage II.

Muster einer Satzungsänderung für Bewässerungs- und Entwässerungsgenossenschaften bei Erstreckung auf die Zwecke des Ödlandgesetzes.

Die Satzung der Genossenschaft . . . . wird auf Grund des Art. 32 des Ödlandgesetzes vom 6. März 1923 (GVBl. S. 89) wie folgt geändert:

1.

§ 1 erhält folgende Fassung:

„Die Genossenschaft führt den Namen „Genossenschaft zur . . . ." und hat ihren Sitz in . . . . . .

Zu Ziffer 1: Es empfiehlt sich, den Namen der Wassergenossenschaft beizubehalten und noch einen Beisatz anzufügen, welcher die Ausdehnung auf die Ödlandverbesserung ersichtlich macht, z. B.: „Genossenschaft zur Entwässerung des Schöntals und zur Verbesserung der Schöntalfilze in der Gemeinde Oberdorf".

2.

§ 2 erhält folgende Fassung:

„I Zweck der Genossenschaft ist . . . . (Hauptunternehmen) und . . . . (Ergänzungsunternehmen).

II Zur Erfüllung dieses Zweckes werden von der Genossenschaft folgende Anlagen (Bauten) ausgeführt und unterhalten: . . . .

III Die Ausführung erfolgt nach den vom . . . . am und vom . . . . . am . . . . . . hergestellten Entwürfen unter Leitung und Aufsicht de . . . .

Zu Ziffer 2. Auch in Ziffer 2 ist der bisherige Wortlaut der Satzung beizubehalten; außerdem sind die Zusätze einzufügen, die sich auf das Ödlandverbesserungsprojekt beziehen. Der wasserwirtschaftliche Zweck ist als Hauptunternehmen, der Zweck des Ödlandgesetzes als Ergänzungsunternehmen zu bezeichnen; bei letzterem ist, wenn der Zweck auch auf die gemeinschaftliche Bewirtschaftung und Nutzung der Ödlandgrundstücke ausgedehnt werden soll, dies besonders hervorzuheben.

3.

Am Schluß des § 3 wird folgendes angefügt: . . . .

Zu Ziffer 3. Wenn sich der Kreis der Beteiligten und die einbezogenen Flächen der einzelnen Grundstücke bei beiden Unternehmungen decken, so sind lediglich über die Art und Weise der Ausführung der Ödlandverbesserung Vorschriften neu aufzunehmen. Ist die Ausdehnung des Genossenschaftszwecks auch auf die gemeinschaftliche Bewirtschaftung und Nutzung der Genossenschaftsgrundstücke beschlossen worden, so ist hier auch festzusetzen, ob der gesetzliche Maßstab für die Verteilung der Nutzungen und Lasten (Artikel 31 des Ödlandgesetzes) beibehalten oder welcher andere Maßstab gewählt wird.

Wenn sich der Kreis der Beteiligten oder die einbezogenen Flächen der einzelnen Grundstücke bei beiden Unternehmungen nicht decken, so ist zu bemerken, daß der Kreis der Beteiligten oder die gesamte einbezogene Fläche oder beide für das Haupt- und das Ergänzungsunternehmen gesondert bestimmt werden. Außerdem ist auszusprechen, daß die auf jedes Unternehmen treffenden Kosten soweit irgend möglich auszuscheiden und in gesonderten Rechnungen durchzuführen sind, sowie, daß die nicht ausscheidbaren Kosten den Kosten des Entwässerungs- oder Bewässerungsunternehmens zuzuschlagen sind. Des weiteren ist eine Vorschrift notwendig, daß die Kosten des Ödlandunternehmens und des wasserwirtschaftlichen Unternehmens je von den an diesen Unternehmen Beteiligten aufzubringen sind. Die Unterverteilung innerhalb dieser Beteiligtengruppen richtet sich bei der Bewässerung und Entwässerung nach den Vorschriften, die schon bisher in der Satzung bestanden, bei der Ödlandverbesserung nach Art. 26—30 des Ödlandgesetzes und denselben Grundsätzen, die in der Satzung der Wassergenossenschaft enthalten sind.

4.

§ 4 enthält folgenden Abs. IV:

„Die Genossenschaft hat nach Art. 32 des Ödlandgesetzes auch die rechtliche Stellung einer öffentlichen Ödlandgenossenschaft".

5.

§ 5 Abs. I erhält folgenden Satz 3:

„Außerdem ist ein besonderes Verzeichnis der in das Ergänzungsunternehmen einbezogenen Grundstücke und deren Eigentümer herzustellen und richtig zu erhalten."

Zu Ziffer 5. Ziffer 5 ist nur dann nötig, wenn der Kreis der in dem Hauptunternehmen und dem Ergänzungsunternehmen Beteiligten oder die einbezogenen Flächen der einzelnen Grundstücke bei beiden Unternehmungen so wesentlich von einander abweichen, daß das Verzeichnis für das Hauptunternehmen durch die erforderlichen Ergänzungen (auch mit andersfarbiger Tinte) unübersichtlich würde (vgl. auch Ausführungsbestimmungen § 33 Abs. IV und Mustersatzung Bem. zu § 5).

6.

Dem § 12 Nr. 2 ist am Schlusse anzufügen:

„und des Verzeichnisses der in das Ergänzungsunternehmen einbezogenen Grundstücke".

Zu Ziffer 6. Ziffer 6 ist nur nötig, wenn auch Ziffer 5 erforderlich ist.

7.

In § 12 wird nach Ziffer 5 folgende Ziffer 5a eingefügt:

„5a. Die Beschlußfassung über die Durchführung der gemeinschaftlichen Bewirtschaftung und Nutzung der Genossenschaftsgrundstücke und über die Verteilung des Reinertrags (Art. 32 des Ödlandgesetzes)."

Zu Ziffer 7. Ziffer 7 ist nur nötig, wenn der Zweck der Genossenschaft nicht bloß auf die Verbesserung, sondern auch auf die gemeinschaftliche Bewirtschaftung und Nutzung der Ödlandgrundstücke erstreckt worden ist.

8.

In § 15 Abs. II wird nach Satz 1 eingefügt:

„Der Voranschlag ist für das Haupt- und das Ergänzungsunternehmen gesondert aufzustellen."

Zu Ziffer 8. Ziffer 8 ist nur nötig, wenn auch Ziffer 5 erforderlich ist.

9.

In § 15 Abs. II wird vor dem letzten Satz eingefügt:

„Für die gemeinschaftliche Bewirtschaftung und Nutzung der Genossenschaftsgrundstücke ist ein besonderer Voranschlag aufzustellen."

Zu Ziffer 9. Ziffer 9 ist nur nötig, wenn auch Ziffer 7 erforderlich ist.

10.

§ 16 Abs. IV erhält folgenden Zusatz:

„Das Kassenbuch ist für das Hauptunternehmen und das Ergänzungsunternehmen gesondert zu führen."

Zu Ziffer 10. Ziffer 10 ist nur notwendig, wenn auch Ziffer 5 erforderlich ist.

11.

§ 16 Abs. IV erhält folgenden weiteren Zusatz:

„Über die Einnahmen und Ausgaben für die gemeinschaftliche Bewirtschaftung und Nutzung ist ein besonderes Kassenbuch zu führen."

Zu Ziffer 11. Ziffer 11 ist nur nötig, wenn auch Ziffer 7 erforderlich ist.

12.

§ 17 Abs. I erhält folgenden Zusatz:

„Die Rechnung ist für das Haupt- und das Ergänzungsunternehmen gesondert aufzustellen."

Zu Ziffer 12. Ziffer 12 ist nur nötig, wenn auch Ziffer 5 erforderlich ist.

13.

§ 17 Abs. I erhält folgenden weiteren Zusatz:

„Für die gemeinschaftliche Bewirtschaftung und Nutzung der Genossenschaftsgrundstücke ist eine besondere Rechnung aufzustellen."

Zu Ziffer 13. Ziffer 13 ist nur nötig, wenn auch Ziffer 7 erforderlich ist.

IV. Verordnung über die Vereinfachung der Genossenschaftsbildung und die Förderung der Ödlanderschließung.

Vom 13. Februar 1924. (RGBl. S. 111).

Vorbemerkung.

Die Verordnung vom 13. Februar 1924 bezweckt,

a) die Bildung von Ödlandgenossenschaften zu erleichtern (Art. I § 1),
b) die Widersprüche von Eigentümern oder Nutzungsberechtigten gegen die Durchführung von Ödlandkulturen bestimmter Art zu beseitigen (Art. I § 2),
c) die Enteignung von Ödland zu erleichtern (Art. II).

Dieselben Ziele verfolgt auch das Ödlandgesetz. Es ist daher erforderlich, die Frage zu prüfen, in welchem Verhältnis die Verordnung zu dem Ödlandgesetz steht. Es wäre falsch anzunehmen, daß die Verordnung als Reichsrecht das Ödlandgesetz als Landesrecht aufhebt oder ändert, soweit die Bestimmungen mit einander in Widerspruch zu stehen scheinen. Die Verordnung will auf dem schnellsten Wege die rechtlichen Hindernisse beseitigen, welche der sofortigen Ödlandkultur entgegenstehen, um so bald als irgend möglich die landwirtschaftliche Erzeugung zu steigern und den zahlreichen Erwerbslosen Beschäftigung zu bieten. Dagegen will die Verordnung nicht für die Dauer die Landesgesetzgebung auf diesem Gebiete ausschalten. Die Verordnung steht also zum Ödlandgesetz in dem Verhältnis des Spezialgesetzes zum allgemeinen Gesetz. Sie hebt nicht etwa das Ödlandgesetz auf oder ändert es ab, sondern schafft nur neue rechtliche Möglichkeiten neben dem unberührt gebliebenen Ödlandgesetz. Wer also die in der Verordnung und im Ödlandgesetz geregelten Rechte in Anspruch nehmen will, kann wählen, ob er einen Anspruch nach der Verordnung oder dem Ödlandgesetz erheben will. Die Bildung der Genossenschaften ist sowohl in dem abgekürzten Verfahren der Verordnung wie auch in dem Verfahren des Ödlandgesetzes möglich.

Auf Grund des Ermächtigungsgesetzes vom 8. Dezember 1923 (Reichsgesetzblatt I S. 1179) verordnet die Reichsregierung nach Anhörung eines Ausschusses des Reichrats und des Reichtags:

Artikel I.

§ 1.

[1] Zur Sicherung der Volksernährung und zur Entlastung des Arbeitsmarktes[1] können Bodenverbesserungsgenossenschaften (Ödlandgenossenschaften)[2] bis zum 31. Dezember 1928[3] von der

obersten Landesbehörde[4] unter Feststellung von Plan und Satzung errichtet werden[5]. Soweit über Einwendungen gegen den Beitritt zu einer Genossenschaft oder über die Nützlichkeit und Zweckmäßigkeit eines genossenschaftlichen Unternehmens, seinen Plan und seinen Satzungsentwurf Beschlußbehörden zu entscheiden haben[6], tritt an ihre Stelle die oberste Landesbehörde[7].

II Diese Vorschrift gilt auch für Genossenschaften, deren Bildung beim Inkrafttreten dieser Verordnung bereits eingeleitet ist[8].

Ausführungsbekanntmachung
vom 28. Juli 1924 (GVBl. S. 189):

§ 1.

„Oberste Landesbehörde im Sinne des Art. I § 1 der Verordnung vom 13. Februar 1924 ist das Staatsministerium für Landwirtschaft."

1. Arbeitsmarktes. Ob diese Voraussetzungen gegeben sind, entscheidet ausschließlich das Staatsministerium für Landwirtschaft. Seine Entscheidung hierüber kann nicht angefochten werden. Auch wenn die Frage, ob diese Voraussetzungen erfüllt sind, einen Zwischenpunkt in einem bürgerlichrechtlichen oder verwaltungsrechtlichen Verfahren bildet, ist der Zivilrichter oder der Verwaltungsrichter zur Nachprüfung der Frage nicht berechtigt. Vgl. auch die Literatur und Rechtsprechung zum Art. 48 der Reichsverfassung, bei dem dieselbe Frage auftritt.

2. Ödlandgenossenschaften. Hieraus ergibt sich, daß sich die Ermächtigung nicht auf Wasser- oder Flurbereinigungsgenossenschaften erstreckt.

3. 31. Dezember 1928. Nach diesem Zeitpunkt ist die Errichtung neuer Genossenschaften auf dem Wege des § 1 nicht mehr möglich; die bereits auf diesem Wege errichteten Genossenschaften bleiben aber bestehen.

4. Oberste Landesbehörde. In Bayern Staatsministerium für Landwirtschaft (siehe obigen § 1 der AB).

5. errichtet werden. An die Stelle des Mehrheitsbeschlusses der Beteiligten tritt die staatliche Anordnung. Das Staatsministerium für Landwirtschaft bestimmt also das Unternehmen, das von der Genossenschaft ausgeführt werden soll, bis in die Einzelheiten, den Kreis der Beteiligten und damit auch den Kreis der Genossenschaftsmitglieder, die Lasten, welche die Mitglieder zu tragen haben, und die Verfassung der Genossenschaft. Die Genossenschaft entsteht mit der amtlichen Bekanntgabe der Errichtung der Genossenschaft, mag diese Bekanntgabe durch Verständigung aller Mitglieder der Genossenschaft oder durch Ausschreiben in einem Amtsblatt erfolgen. In diesem Zeitpunkt erlangt die neue Genossenschaft die rechtliche Stellung einer öffentlichen Ödlandgenossenschaft; ihre Rechte und Pflichten richten sich nach dem Ödlandgesetz; sie steht in jeder Beziehung den übrigen öffentlichen Ödlandgenossenschaften gleich. Bei der Errichtung der Satzung wird das Landwirtschaftsministerium darauf Rücksicht nehmen, daß die Satzung mit dem Ödlandgesetz in Einklang steht. Selbstverständlich entfällt die Genehmigung der Satzung durch die Regierung, Kammer des Innern.

6. zu entscheiden haben. In Bayern die Regierungen, Kammern des Innern, nach Art. 74 Abs II und Art. 75 des Ödlandgesetzes.

7. oberste Landesbehörde In Bayern Staatsministerium für Landwirtschaft (siehe obigen § 1 der AB.). — Da die Erhebung von Einsprüchen und Widersprüchen in der Verordnung ausdrücklich vorgesehen ist und für die Erhebung der Einsprüche und Widersprüche eine Frist bestimmt werden muß, damit das Verfahren abgeschlossen werden kann, empfiehlt es sich, daß das Staatsministerium für Landwirtschaft entweder durch die Bezirksverwaltungsbehörde eine Tagfahrt in derselben Weise, wie im Ödlandgesetz vorgesehen, abhalten läßt oder mindestens die Pläne des Unternehmens und den Entwurf der Satzung bei der Bezirksverwaltungsbehörde zur Einsicht aller Beteiligten auflegen läßt und eine Frist bestimmt, innerhalb welcher Einsprüche und Widersprüche bei Meidung des Ausschlusses erhoben werden müssen.

8. eingeleitet ist. In diesem Falle gehen die Verhandlungen in ihrem gegenwärtigen Stand auf das Staatsministerium für Landwirtschaft über. Sie verlieren nicht ihre Gültigkeit, sondern werden vom Ministerium weitergeführt.

§ 2.

I Übernehmen die Länder[1] oder mit ihrer Ermächtigung[2] Körperschaften des öffentlichen Rechtes oder gemeinnütziger Art die Kultivierung[3] von Flächen, die bereits zu einer Genossenschaft[4] gehören oder für die das Verfahren zur Bildung einer Genossenschaft[4] eingeleitet ist[5], so sind die Eigentümer oder Nutzungsberechtigten[6] verpflichtet[7], die zur Vorbereitung und Durchführung der Kultivierung erforderlichen Handlungen auf ihrem Grund und Boden geschehen zu lassen[8].

II Eine Einrede der Eigentümer oder der Nutzungsberechtigten[6], daß sie die Kultivierung selbst vorzunehmen beabsichtigen, findet nicht statt[9]. Im Falle der Inanspruchnahme von im Abs. 1 bezeichneten Flächen für Besiedlungszwecke gemäß § 3 des Reichssiedlungsgesetzes[10] vom 11. August 1919 (RGBl. S. 1429) bleibt die Vorschrift im § 3 Abs. 1 Satz 2 des Reichssiedlungsgesetzes außer Anwendung.[11]

1. Länder. In Bayern kann die Kultivierung durch die Landesanstalt für Moorwirtschaft oder die Kulturbauämter in Frage kommen.

2. Ermächtigung. In Bayern ist bisher eine solche Ermächtigung nicht erteilt worden.

3. Kultivierung. Die Übernahme der Kultivierung durch den Staat mit Zustimmung der Eigentümer oder Nutzungsberechtigten kommt hier nicht in Frage, weil in diesen Fällen kein Bedürfnis für die Bestimmungen in § 2 besteht. § 2 bezieht sich daher auf die Fälle, in denen der Staat gegen den Willen oder mindestens ohne ausdrückliche Zustimmung der Eigentümer oder der Nutzungsberechtigten die Kultivierung von Grundstücken übernimmt. Dies war in Bayern bisher nur im Wege der Bestellung von Zwangsrechten für den Staat nach dem Art. 41 ff. des Ödlandgesetzes möglich. Nach dem

Wortlaut der Verordnung muß angenommen werden, daß der Staat jetzt ohne weiteres die Kultivierung von Ödland übernehmen kann. Die Übernahme erfolgt durch Erklärung der zuständigen Behörde gegenüber dem Eigentümer oder dem Nutzungsberechtigten. Man kann wohl annehmen, daß die Behörde, welche nach Art. 80 des Ödlandgesetzes die Bestellung von Zwangsrechten für den Staat beantragen kann, nämlich die Landesanstalt für Moorwirtschaft, nach außen zuständig ist, die Übernahme der Kultivierung zu erklären. Ob sie innerdienstlich verpflichtet ist, die Genehmigung des Staatsministeriums für Landwirtschaft zu erholen, berührt das Rechtsverhältnis gegenüber der Bevölkerung nicht.

Die rechtliche Wirkung der Übernahme der Kultivierung auf den Staat ist in der Verordnung nur in einzelnen Beziehungen geregelt. Im übrigen fehlt eine Regelung. Jedenfalls steht fest, daß die Übernahme zur Kultivierung keine Übertragung des Eigentums in sich schließt. Man kann wohl ohne Irrtum annehmen, daß die Erklärung der Übernahme von Grundstücken zur Kultivierung dieselbe rechtliche Wirkung hat, wie wenn eine Dienstbarkeit des in Art. 41 Abs. III bezeichneten Inhalts für den Staat bestellt worden wäre. Die Übernahme zur Kultivierung durch den Staat wird im Grundbuch nicht eingetragen. Sie wirkt auch gegen den gutgläubigen Erwerber der Grundstücke.

4. Genossenschaft. Aus dem Zusammenhang mit § 1 ergibt sich, daß unter „Genossenschaft" nur eine öffentliche Ödlandgenossenschaft zu verstehen ist.

5. eingeleitet ist. Gleichgültig, ob es sich um das Gründungsverfahren nach dem Ödlandgesetz oder nach § 1 dieser Verordnung handelt.

6. Nutzungsberechtigten. Insbesondere Pächter, Nießbraucher, Erbpächter, Pfründenießbraucher.

7. verpflichtet. Diese Verpflichtung begründet einen öffentlichrechtlichen Anspruchs des Staates auf Duldung der Vorbereitung oder Durchführung der Kultivierung. Streitigkeiten sind öffentlichrechtlicher Natur und werden von den Verwaltungsbehörden (Bezirksverwaltungsbehörde, Regierung, Kammer des Innern, Staatsministerium für Landwirtschaft) entschieden. Sie können auch als Zwischenpunkte in einem Zivilprozeß (insbesondere Eigentumsklage, Besitzungsklage) von den ordentlichen Gerichten entschieden werden.

8. lassen. Es kann nur die Duldung der Kultivierungshandlungen, nicht aber irgend eine positive Mitwirkung verlangt werden. Eine ähnliche Verpflichtung enthält für die Vorbereitung eines genossenschaftlichen Unternehmens Art. 23 und für die Durchführung eines solchen Art. 24 Abs. I des Ödlandgesetzes. Vgl. daher auch die Bemerkungen hiezu.

9. statt. Aus Abs. I ergibt sich, daß auch die Einrede der Durchführung durch eine Genossenschaft nicht zugelassen wird. Daß die Einrede nicht stattfindet, bedeutet, daß diese Einrede gegenüber dem Anspruch des Staates nicht durchdringt

10. Reichssiedlungsgesetzes. § 3 des Reichssiedlungsgesetzes ist auf Seite 220 abgedruckt.

11. Anwendung. Die Enteignung ist also sofort zulässig, auch wenn sich der Eigentümer verpflichtet, innerhalb einer angemessenen Frist eine seinen wirtschaftlichen Verhältnissen entsprechende Fläche in Kulturland umzuwandeln.

Artikel II.

§ 1.

Unbewirtschaftetes [1] oder im Wege der dauernden Brennkultur oder zur Torfnutzung verwendetes Moorland oder anderes Ödland [2] kann auf Antrag [3] zwecks Herbeiführung der Urbarmachung gegen Entschädigung [4] enteignet werden [5]. Die Enteignung erfolgt durch Bescheid der von der obersten Landesbehörde bestimmten Behörde [6] nach Anhörung des von ihr Betroffenen [7]. Gegen den Bescheid steht dem Antragsteller und dem Eigentümer [8] das Recht der Beschwerde an eine von der obersten Landesbehörde zu bestimmende Stelle [9] binnen zwei Wochen nach der Zustellung zu. Ist die Enteignung rechtskräftig für zulässig erklärt, so kann der Antragsteller von der Enteignungsbehörde in den Besitz des Grundstücks eingewiesen werden [10].

Ausführungsbekanntmachung
vom 28. Juli 1924 (GVBl. S. 189):

§ 2.

Zur Enteignung gemäß Art. II § 1 der Verordnung vom 13. Februar 1924 ist die Regierung, Kammer des Innern, in deren Bezirk das Grundstück liegt, zuständig. Die Beschwerden gegen die Entscheidungen der Regierungen werden vom Staatsministerium für Landwirtschaft verbeschieden.

1. Unbewirtschaftetes. Flächen, bei denen nur die Streu genützt wird, ohne daß zur Hebung des Pflanzenwuchses irgend etwas, sei es durch Bodenbearbeitung oder Düngung unternommen wird, können nicht als bewirtschaftet bezeichnet werden.

2. Ödland. Es steht nichts im Wege, auch hier den Begriff des Ödlandes im Sinne des Art. 1 des Ödlandgesetzes aufzufassen. — Bei den Reichstagsverhandlungen über den Verordnungsentwurf wurde von der Reichsregierung erklärt, daß ein Eingreifen in wirtschaftlich arbeitende Torfgewinnungsbetriebe auf Grund des Art. II nicht beabsichtigt sei und daß das im Wege der dauernden Brennkultur oder zur Torfnutzung verwendete Moorland nicht allgemein dem unbewirtschaftetem Moorland gleichgestellt werden solle, sondern daß Einwendungen und Beschwerden der Besitzer solcher Grundstücke gegen die Enteignung besonders auf ihre Berechtigung geprüft werden würden.

3. Antrag. Die Antragstellung ist nicht auf die in Art. 80 des Ödlandgesetzes aufgeführten Stellen beschränkt, sondern allgemein freigegeben. Die Enteignungsbehörde wird aber nur solchen Anträgen stattgeben, die von natürlichen oder juristischen Personen gestellt sind, die volle Gewähr für eine einwandfreie Durchführung der Kultivierung und für zweckmäßige Ver-

wendung nach der Kultivierung bieten und über die erforderlichen Mittel verfügen.

4. Entschädigung. Siehe § 2. — Eine Enteignung ohne Entschädigung ist unzulässig.

5. enteignet werden. Es ist nur die Übertragung des Eigentums, nicht auch die Bestellung, Aufhebung, Übertragung oder Veränderung anderer Rechte zugelassen. In den Enteignungsbescheid sind die Verpflichtung zur Entschädigung und die Auflagen nach § 3 aufzunehmen.

6. Behörde. Regierung, Kammer des Innern (siehe obige AB. § 2) im Bureauwege. Die Enteignung wird in dem Zeitpunkt wirksam, in dem der Enteignungsbescheid rechtskräftig wird. In diesem Zeitpunkt geht das Eigentum über. Das Grundbuch wird hiedurch unrichtig und muß berichtigt werden. Die Berichtigung des Grundbuchs erfolgt auf Grund einer vollstreckbaren Ausfertigung des Enteignungsbescheides; sie ist von der Regierung, Kammer des Innern, von amts wegen herbeizuführen. — Der Enteignungsbescheid ist gebührenpflichtig.

7. Betroffenen. Hiezu gehören die Eigentümer und die Inhaber solcher Rechte, welche einen Anspruch auf den Besitz oder die Benützung des Grundstückes gewähren.

8. Eigentümer. Nicht den anderen Betroffenen.

9. Stelle. Staatsministerium für Landwirtschaft (siehe oben AB. § 2).

10. eingewiesen werden. D. h. es kann die tatsächliche Verfügungsgewalt übertragen werden.

§ 2.

Hinsichtlich der Entschädigung findet § 3 Abs. 2 des Reichssiedlungsgesetzes vom 11. August 1919 (Reichsgesetzbl. S. 1429) Anwendung [1]. Die Entschädigung muß wertbeständig sein [2]. Gegen ihre Festsetzung muß ein Rechtsmittel an eine mit richterlicher Unabhängigkeit ausgestattete Behörde [3] gegeben sein. Sie kann auch in einer als Reallast einzutragenden in spätestens 30 Jahren zu tilgenden Naturalwertrente [4] oder mit Zustimmung des Enteigneten in der Hingabe von Schuldverschreibungen öffentlich-rechtlicher Kreditanstalten [5] oder solcher Schuldverschreibungen, die durch wertbeständige Hypotheken oder Reallasten gesichert sind [6], bestehen.

Ausführungsbekanntmachung
vom 28. Juli 1924 (GVBl. S. 189):

§ 3.

Gegen die Festsetzung der Entschädigung nach Art. II § 2 der Verordnung vom 13. Februar 1924 ist Beschwerde zum Verwaltungsgerichtshof zulässig.

1. Anwendung. Siehe den Wortlaut Seite 220.

2. sein. D. h. sie muß in Beziehung zu einem Sachwert (Roggen, Weizen, Heu, Milch, Holz, Gold usw.) oder zu einer als stabil anerkannten

Währung (Dollar, Pfund usw.) stehen. Diese Vorschrift hat mit der Einführung der Rentenmark und der Reichsmark ihre Bedeutung in der Hauptsache verloren.

3. Behörde. In Bayern Verwaltungsgerichtshof (siehe oben AB. § 3). Die Beschwerde ist an keine Frist gebunden.

4. Naturalwertrente. D. i. eine jährliche Geldleistung, deren Höhe sich nach dem jeweiligen Wert einer bestimmten Menge von Waren richtet.

5. Kreditanstalten. In Bayern kommen insbesondere die Goldbriefe der Bayer. Landeskulturrentenanstalt in Betracht.

6. gesichert sind. Z. B. Goldpfandbriefe, Roggenpfandbriefe.

§ 3.

Wird die Enteignung zugelassen [1], so ist dem Antragsteller die Verpflichtung aufzuerlegen [2], das enteignete Land innerhalb eines bestimmten Zeitraums [3] urbar zu machen und einen bestimmten Teil davon in einer angemessenen Frist [4] nach beendeter Urbarmachung zur Schaffung neuer Ansiedlungen von Bauern und landwirtschaftlichen Arbeitern dem gemeinnützigen Siedlungsunternehmen [5] gegen Erstattung der darauf verwendeten, nachweisbar erforderlichen Kultivierungskosten [6] zu überlassen sowie in dem vor Inangriffnahme der Urbarmachung aufzustellenden Teilungsplan, insbesondere bei Auslegung der Wege und Gräben von vornherein die spätere Aufteilung vorzusehen [7]; die Innehaltung der Verpflichtung ist in geeigneter Weise [8] zu sichern. Bei der Besiedlung sollen in erster Reihe die von der Enteignung betroffenen Grundeigentümer entsprechend den wirtschaftlichen Bedürfnissen ihrer landwirtschaftlichen Betriebe sowie nahe Angehörige, insbesondere Nachkommen dieser Grundeigentümer, die die allgemeinen Voraussetzungen für die Ansetzung erfüllen, berücksichtigt werden [9].

1. zugelassen. d. h. wird das Eigentum übertragen.

2. aufzuerlegen. In dem Enteignungsbescheid.

3. Zeitraums. Die Länge dieses Zeitraumes ist unter Berücksichtigung der Flächengröße und der Kultivierungskosten so zu bemessen, daß die Arbeiten ohne Schwierigkeit auch beim Eintreten kleinerer Störungen vo-endet werden können. Die Frist kann nachträglich verlängert werden.

4. Frist. Hier gilt das in Bem. 3 Ausgeführte.

5. Siedelungsunternehmen. In Bayern die Bayer. Landessiedelung.

6. Kultivierungskosten. Nicht auch der Entschädigung für die Enteignung.

7. vorzusehen. Es empfiehlt sich, ausdrücklich die Genehmigung dieses Planes vorzusehen.

8. Weise. Durch Sicherheitsleistung (Hinterlegung von Wertpapieren, Bestellung einer Sicherungshypothek usw.).

9. berücksichtigt werden. Ein Rechtsanspruch hierauf besteht nicht.

Artikel III.

Die obersten Landesbehörden erlassen die erforderlichen Ausführungsbestimmungen [1].

1. Ausführungsbestimmungen. Siehe die in den Bemerkungen zu der Verordnung abgedruckte Bekanntmachung vom 28. Juli 1924 (GBBl. S. 189).

Berlin, den 13. Februar 1924.

Der Reichskanzler
Marx

Der Reichsminister für Ernährung und Landwirtschaft
Graf von Kanitz

Der Reichsarbeitsminister
Dr. Brauns

V. Nachtrag.

Zufolge § 2 der zweiten Verordnung vom 12. Dezember 1924 zur Durchführung des Münzgesetzes (RGBl. S. 775) im Zusammenhalt mit der Verordnung vom 6. Februar 1924 (RGBl. S. 44) lauten jetzt die in Art. 19, 39, 63 und 85 des Ödlandgesetzes angegebenen Strafen nicht mehr auf Goldmark, sondern auf den gleichen Betrag Reichsmark. Diese Änderung konnte im Text nicht mehr berücksichtigt werden.

Sachverzeichnis.

Die Zahlen bedeuten die Seitenzahlen.

A.

B.

D.

V.

W.

Z.

FSC
www.fsc.org
MIX
Papier | Fördert gute Waldnutzung
FSC® C083411

Kolibri 360 GmbH
Ferdinand-Jühlke-Straße 7
99095 Erfurt, Deutschland
produktsicherheit@kolibri360.de